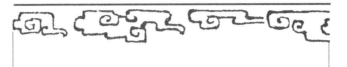

武学圣经　兵家宝鉴

武经七书

插图版

中华书局

图书在版编目(CIP)数据

武经七书:插图版/骈宇骞等译注. —北京:中华书局,2020.9
(2025.2重印)
ISBN 978-7-101-14719-3

Ⅰ.武… Ⅱ.骈… Ⅲ.①兵法-中国-古代②《武经七书》-译文③《武经七书》-注释 Ⅳ.E892.2

中国版本图书馆 CIP 数据核字(2020)第 157189 号

书　　名	武经七书(插图版)
译 注 者	骈宇骞　李解民　盛冬铃
责任编辑	刘胜利
装帧设计	毛　淳
责任印制	陈丽娜
出版发行	中华书局
	(北京市丰台区太平桥西里 38 号　100073)
	http://www.zhbc.com.cn
	E-mail:zhbc@zhbc.com.cn
印　　刷	北京新华印刷有限公司
版　　次	2020 年 9 月第 1 版
	2025 年 2 月第 10 次印刷
规　　格	开本/920×1250 毫米　1/32
	印张 26⅛　插页 2　字数 500 千字
印　　数	80001-90000 册
国际书号	ISBN 978-7-101-14719-3
定　　价	66.00 元

出版说明

我国古代由于战争频仍，产生了为数众多的兵家著作。据不完全统计，历代史志目录录存的兵书有二千多部，现在流传下来的有五百部左右。这些兵书是中华民族优秀文化遗产的重要组成部分。

宋代是我国古代军事实力较弱的时代，但也是较为重视兵书的时代。宋仁宗时设立武学，也就是军事学校。他曾令曾公亮采集古代兵法及当代计谋方略，编成《武经总要》一书，供武职官员阅读。到神宗时，武学作为一种固定的制度确立下来。为适应当时军事斗争、教学、考选武举的需要，元丰三年（1080），神宗令国子监司业朱服、武学博士何去非等挑选、汇编兵书。他们从当时流行的三百四十多部中国古代兵书中挑选出《孙子兵法》《吴子兵法》《司马法》《黄石公三略》《尉缭子》《六韬》《唐太宗李卫公问对》七部兵书，共二十五卷，作为武学经典，并把它们定为武学必读的教科书，这就是著名的《武经七书》。

《武经七书》基本包括了北宋以前的我国古代军事著作的代表作，是我国冷兵器时代军事思想的智慧结晶，是中国古代兵书的精华，是中国军事理论殿堂里的瑰宝。它奠定了中国古代军事学的基础，对中国和世界发展近代、现代军事科学起了积极的作用。校定、颁行《武经七书》，是北宋朝廷在军事理论建设上的一个贡献。它阐述了一系列军事战略思想和战术原则，凝聚了中国古代人们对战争的认识的精华。不论在军事理论上，还是在战争实践中，它都对后世乃至世界产生了深远的影响。南宋高宗时还曾指定《武经七书》为选拔将领考试的内容。明太祖朱元璋提倡"军官子孙，讲读武书"，为军事斗争和教学之急需，他命令兵部刻印《武经七书》发给有关官员和高级将领及其子孙学习。17世纪以来，在日本出现了多种重刊本、译注本，而《孙子兵法》《吴子兵法》在欧、亚、美流传更广。它不仅是中华民族的精神财富，也是世界人民共同的精神财富。

《武经七书》不仅对中国古代军事理论的发展产生巨大深刻的影响，对于人们的社会生活的影响也是巨大的。这些兵书不仅涉及军事本身的战略、战术，而且与政治、经济、文化等各方面密切相关。作为兵书，它们叙述的作战方式等尽管不适用于现代战争，但作为思想，其基本原则已经渗透到商业竞争、企业管理、外交谈判等诸多领域，越来越焕发出新的活力。

《武经七书》颁行后，备受世人关注，先后出现了几十种注释本，其中有代表性的注本，有现存最早的注本、宋朝施子美的《武经七书讲义》，明朝刘寅的《武经七书直解》、黄献臣的《武经开宗》，清朝朱墉的《武经七书汇解》、丁洪章的《武经七书全解》等。这些注释本，对研究、学习《武经七书》起到了积极的作用。

为了让更多的读者学习、了解《武经七书》，我局组织人力对《武经七书》加以注释和翻译。各书的译注者分别是骈宇骞（《孙子兵法》）、王丽莎（《吴子兵法》）、牟虹（《司马法》）、马留堂（《黄石公三略》）、李解民（《尉缭子》）、盛冬铃（《六韬》）、骈骅（《唐太宗李卫公问对》）。

中华书局编辑部

2007年7月

司马法

尉缭子

目 录

孙子兵法

吴子兵法

黄石公三略

六韬

唐太宗李卫公问对

孙子兵法

骈宇骞 译注

前 言

《孙子兵法》，俗称为《孙子》，《汉书·艺文志》著录为《吴孙子兵法》，它是现存我国历史上的第一本兵书。其内容博大精深，理论高度概括，逻辑缜密严谨，实践层出不穷。它不但是我国古典军事文化遗产中的璀璨瑰宝，而且也是我国优秀传统文化宝库中的重要组成部分。

孙子像

关于它的作者问题，历来众说纷纭，有人认为是春秋时期客居吴国的齐人孙武所著，有人认为是孙武的后世子孙孙膑整理而成，有人认为是战国初年某位山林处士编写，还有的说是三国时代曹操编撰而成，等等。我们认为《孙子兵法》既非出自一人之手，也非成书于一时，它的成书，当为孙武的后学所辑。

该书自问世以来，对中国古代军事学术的发展产生了巨大而深远的影响，被人们尊奉为"兵经""百世谈兵之祖"。它不仅是历代军事家用于指导战争实践的必读之书，而且对于当今多数中国人来说也并不陌生，"知彼知己者，百战不殆""不战而屈人之兵""避实击虚"等，这些古老的军事格言已成为现代社会生活的智慧而广为流传。作为至今已有两千多年的古代兵书，其中多数作战方式早已不适用于现代战争，但作为思想，其基本原则已渗透到现代军事，乃至商业竞争、企业管理、体育竞赛、外交谈判等诸多领域。

《孙子兵法》作为中国古典兵学的杰出代表，有着一个非常全面而完整的体系，体现了战争与政治、经济、文化等各方面的关系。《孙子兵法》对战争持十分慎重的态度，坚决反对在战争问题上轻举妄动，穷兵黩武，但孙武同时也要求加强备战，立足于未雨绸缪、有备无患。在战略思想上，《孙子兵法》推崇"不战而屈人之兵"的全胜攻略，提倡以最小的军事代价取得最大的政治成果。《孙子兵法》的战术思想是全书的精髓，其中最精要之句便是"致人而不致于人"，即要调动别人而不被别人所调动，要牢牢掌握主动权。《孙子兵法》的治军思想诸如如何选拔将领、训练部队、调动士兵的积极性以及如何建设和谐军队，至今在军事、商业等多个领域仍有广泛的借鉴意义。

孙武的军事思想具有朴素的唯物论和辩证法观点，他强调战争的胜负不取决于鬼神，而是与政治清明、经济发展、外交努力、军事实力、自然条件诸因素有着密切的关系，决定战争胜负的主要原因就是要看以上这些条件具备得如何，这就体现了他朴素的唯物论观点。此外孙武还认为世界是客观存在的，而且世界上的事物都在不停地变化着，他强调在战争中应积极创造条件，发挥人的主观能动性，促使敌人朝着有利于自己的方向转化，表明孙武已掌握了基本朴素的辩证法。正是因为孙武在这门具体学科中概括和总结出了异常丰富、多方面的哲学道理，才确立了他在春秋末期思想界中与孔子、老子的并列地位，被并称为春秋末期思想界的三颗明星。

始计第一

【题解】

本篇以"计"名篇，论述了决定战争胜败的五个基本原则，并提出了"攻其无备，出其不意"的军事名言，最后着重指出，对战前的作战计划、作战意图必须深思熟虑。"多算胜，少算不胜"，这是取得胜利的重要条件。

孙子曰：兵者①，国之大事，死生之地，存亡之道②，不可不察也③。

【注释】

①兵：指军事。

②死生之地，存亡之道：意谓百姓的死活，国家的存亡，都关乎军事。

③察：考察，研究。

【译文】

孙子说：战争，是国家的大事，它关乎百姓的死活，国家的存亡，是不能不慎重分析研究的。

故经之以五事①，校之以计②，而索其情③。一曰道④，二曰天⑤，三曰地⑥，四曰将⑦，五曰法⑧。道者，令民与上同意⑨，可以与之死，可以与之生，而不畏危也⑩。天者，阴阳、寒暑、时制也⑪。地者，远近、险易、广狭、死生也⑫。将者，智、信、仁、勇、严也。法者，曲制、官道、主用也⑬。凡此五者，将莫不闻⑭，知之者胜，不知之者不胜。

【注释】

①经之以五事：通过以下五个方面，即下文提到的"道""天""地""将""法"来分析研究。经，衡量。这里是分析研究的意思。

②校（jiào）：比较。

③索：探索。情：指实际情况。

战国水陆攻战纹铜壶
铜壶展开图为水陆攻战的场面，两军对垒，其中有仰攻、投石、舟师对战等。

④道：道义，品德。这里指在政治方面是否得民心。

⑤天：指天时（气候、时令）方面的条件。

⑥地：指地理条件。如距离远近、险要平坦、广阔狭隘等地形、地势。

⑦将：将帅。这里指具有谋略、智能，率领指挥士兵作战的将帅。

⑧法：军法，法令。这里指军队的编制、将帅的职掌、军备物资的供给等。

⑨上：指国君。同意：同心。

⑩不畏危：不惧怕危险。

⑪阴阳：这里指昼夜、晴雨等气象变化。时制：指春、夏、秋、冬四季更替的自然现象。

⑫险易：地势的险阻平坦。死生：这里指死地与生地，即地形是否有利于攻守进退。

⑬曲制：指军队编制制度。官道：指各级将吏的职责划分以及统辖管理制度。主用：掌管物资费用的后勤管理制度。主，掌管。用，物资费用。这些都属于古代军法的规定范围。

⑭闻：了解，知道。

【译文】

所以，要通过以下五个方面来研究，比较分析双方的各种条件，考察双方的实际情况，来预测战争胜负的可能性。一是道义，二是天时，三是地利，四是将帅，五是法规。所谓"道义"，就是使民众和君主同心同意，这样民众才可以与君主同生共死，而不惧怕危险。所谓"天时"，就是指阴阳、寒暑、四时。所谓"地利"，就是指路程的远近、地势的险要平坦、战场的广阔狭窄、是生地还是死地等地理条件。所谓"将帅"，就是指将帅的智谋才能、赏罚有信、对部下仁慈关爱、果断勇敢、军纪严明。所谓"法规"，就是指军队组织的编制、将吏责权的划分、军需物资的掌管和供给。对于这五个方面，身为将领要了解。深入了解了就能胜利，否则就不能胜利。

故校之以计，而索其情。曰：主孰有道①？将孰有能？天地孰得？法令孰行？兵众孰强？士卒孰练？赏罚孰明？吾以此知胜负矣。

【注释】

①孰：疑问代词，谁，哪一方。

【译文】

所以，要通过双方的考察分析，掌握实际情况，并据此加以比较，从而来预测战争胜负的情形。就要研究清以下问题：哪一方的君主能得民心？哪一方的将领更有能力？哪一方占有天时地利？哪一方更能严格执行法规、法令？哪一方的兵力更强大？哪一方的士卒训练更加有素？哪一方的赏罚更公正严明？我根据这些分析比较就可以判明双方的胜负了。

将听吾计①，用之必胜，留之；将不听吾计，用之必败，去之②。

【注释】

①将：虚词，表示假设，犹"如果"。下句"将不听吾计"之"将"与此同意。

②去：离开。

【译文】

如果带兵者采用我的计策，指挥作战必胜，我就留用；如果不采用我的计策，指挥作战必败，我就不用他。

计利以听^①，乃为之势^②，以佐其外^③。势者，因利而制权也^④。

【注释】

①计利：指有利的战略筹划。听：听从，采纳。

②势：含有态势之意。如战略形势、战术态势、战场优势等。它与"形"相反，多指随机的、能动的东西，如指挥的灵活、士气的勇怯等。

③佐：辅助。外：指国境之外。古时用兵多在境外，如《管子·七法》里说："故凡攻伐之为道也，计必先定于内，然后兵出乎境。计未定于内而兵出乎境，是则战之自胜，攻之自毁也。"

西汉楚王墓兵马俑

④制权：指根据实际利害关系而灵活应变。权，权变，灵活处置。

【译文】

有利的战略筹划一经采纳，就还要设法造"势"，来协助在外的军事行动。所谓"势"，就是根据实际利害关系而采取相应的措施。

兵者，诡道也①。故能而示之不能②，用而示之不用，近而示之远，远而示之近。利而诱之，乱而取之③，实而备之，强而避之，怒而挠之④，卑而骄之⑤，佚而劳之⑥，亲而离之⑦，攻其无备，出其不意。此兵家之胜，不可先传也⑧。

【注释】

①诡道：曹操注云："兵无常形，以诡诈为道。"意谓用兵打仗以诡诈多变为原则。

②示：显示，表示。这里也含有伪装的意思。

③取：指攻取。

④挠（náo）：扰动，扰乱。

⑤卑：这里可理解为卑弱而谨慎。

⑥佚（yì）：安逸，安稳。这里是指休整充分的意思。劳：使动用法，使疲劳。

⑦离：离间。

⑧不可先传：不能事先规定。传，这里可引申为"规定"。

越王勾践剑
剑身满饰黑色菱形几何暗花纹，剑格正面和反面分别用蓝色琉璃和绿松石镶嵌成美丽的纹饰；剑柄以丝线缠缚，剑首铸有极其精细的十一道同心圆圈。剑身一面近格处有两行鸟篆铭文"钺（越）王鸠浅（勾践）自作（作）用铨（剑）"。

【译文】

用兵作战，是以诡诈多变为原则。因此，能攻却要装出不能攻，要打却要装出不去打；欲从近处攻打却要装出从远处攻打，欲从远处攻打却要装出从近处攻打；对方贪利就要用利益来诱惑他，对方混乱就要趁机攻取他；对方充实就要防备他，对方强大就要躲避他；对方暴躁易恼怒就要骚扰他，对方自卑谨慎就要使他骄傲自大；对方休整充分就要使其疲惫，对方内部团结就要设法离间他。攻打对方没有防备之处，在对方没有料到的时机发动进攻。这些都是军事家克敌制胜的诀窍，要在战争中根据实际情况灵活应用，不可能事先做出死板的规定。

夫未战而庙算胜者①，得算多也②；未战而庙算不胜者，得算少也。多算胜，少算不胜，而况于无算乎！吾以此观之，胜负见矣。

算，古代计数的筹码。《说文解字》曰："长六寸，计历数者。从竹，从弄，言常弄而不误也。"引申为计谋、谋划。

【注释】

①庙算（suàn）：古时出兵作战之前，都要告于祖庙，议于明堂，制定作战计划，这就叫"庙算"。算，计谋，谋划。

②得算多：指得到的胜算多。算，本指计数用的筹码，这里引申指取得胜利的条件。

【译文】

还没有出兵交战，就在"庙算"上先已获胜，是由于得到的"筹筹"较多。还没有出兵交战，就在"庙算"上先已失败，是由于得到的"筹筹"较少。筹划周密的就可能取胜，筹划不周密的就不会取胜，更何况那些不筹划的呢？我根据"庙算"的结果来观察，胜负之分就显而易见了。

作战第二

【题解】

本篇主要从战争对人力、物力、财力的依赖关系出发，论述了"持久作战"会给国家带来危害的观点，提出了"兵贵胜，不贵久"的速战速决的军事思想。任何一场战争都是双方军事实力的较量，而军事实力所依赖的则是综合国力的强弱。军队长期在外作战，国家的财力终会枯竭，长期消耗，必然会导致战争的失败。为减轻作战的负担，孙武进一步提出"取用于国，因粮于敌"的主张，减少远程运输，节约作战开支，这在当时来说是一种很了不起的军事思想。

———————————

孙子曰：凡用兵之法，驰车千驷①，革车千乘②，带甲十万③，千里馈粮④，则内外之费，宾客之用⑤，胶漆之材⑥，车甲之奉⑦，日费千金，然后十万之师举矣⑧。

【注释】

①驰车：一种轻型的战车。千驷：古代四马拉一辆的车叫"驷"，"千驷"就是有一千辆轻型战车。

②革车：古代运载辎重的战车。乘：辆。

③带甲：指用甲胄武装起来的士卒。

④馈（kuì）：运送。

⑤宾客之用：指外交的费用。宾客，指外交使节。

⑥胶漆之材：泛指制作和维修作战器械所需的材料。

秦小戎图
明刊本《武经总要》插图。此图为《诗经·秦风·小戎》诗意图。图中标示了诗中所提到的"伐收""文茵""轵""辔""厹矛""交帐""龙盾""伐驷"等。

⑦车：车辆。甲：盔甲。这里泛指各种军事装备。奉：供给，补充。

⑧举：出兵作战。

【译文】

孙子说：凡兴兵作战的规律是，需要出动轻车千辆，重车千乘，全副武装的兵士十万，还要跋涉千里运送粮食。这样一来前方后方的各种开支，包括外交，物资器材，战车、甲胄的供给等，每天要花费千金，之后十万大军方才出兵作战。

其用战也胜①，久则钝兵挫锐②，攻城则力屈③，久暴师则国用不足④。夫钝兵挫锐、屈力殚货⑤，则诸侯乘其弊而起⑥，虽有智者，不能善其后矣。故兵闻拙速，未睹巧之久也⑦。夫兵久而国利者⑧，未之有也。故不尽知用兵之害者，则不能尽知用兵之利也。

【注释】

①用战也胜：指用兵作战。

②钝兵挫锐：这里指军队疲惫，士气挫伤。

③力屈（jué）：指战斗力衰竭。屈，竭尽。

④久暴（pù）师：军队长期在外作战。暴，晒。国用：国家的开支。

⑤殚（dān）货：耗尽物力财力。殚，竭，尽。货，财货。

⑥弊：指疲惫。

⑦故兵闻拙速，未睹巧之久也：所以（用兵打仗）只听说因笨拙而速战失败的，没有见过指挥巧妙而战争久拖不决的。拙，笨拙。巧，巧妙。

⑧兵久：指作战时间长。国利：对国家有利。

【译文】

用兵作战务求速胜，持久就会使军队疲惫，锐气挫伤。攻城就会耗尽兵力，军队长期在外作战，必然导致国家财用不足。如果军队疲惫不堪、锐气受挫、军队实力耗尽、国内物资枯竭，那么诸侯就会乘机向我

战国高子戈
高氏是齐国世臣。此戈出自高子之墓，刻有"高子戈"三字。

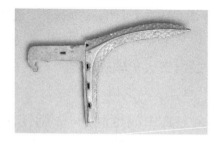

战国锦纹铜戈
戈有四穿，长胡两面均有方胜形锦纹。

发起进攻，即使有智谋之士也无法挽救如此危局。所以在实际作战中只听说过因笨拙而速战失败的，没见过指挥巧妙而久拖不决的。战争旷日持久而对国家有利的，从没有过。所以不能完全了解用兵危害的将领，就不能完全了解用兵的好处。

善用兵者，役不再籍^①，粮不三载^②。取用于国，因粮于敌^③，故军食可足也。

【注释】

①役不再籍：意谓不再三从国内征兵。籍，指户籍。古代按户籍征兵。

②粮不三载：意谓不再三从国内运粮。载，运输。

③因粮于敌：意谓粮草从敌国补充。因，依靠，凭借。

【译文】

善用兵的人，不再三从国内征兵，不再三从国内运粮。武器装备由国内供应，从敌人那里夺取粮食，这样，军队的粮草就可充足了。

国之贫于师者远输^①，远输则百姓贫；近于师者贵卖^②，贵卖则百姓财竭，财竭则急于丘役^③。力屈、财殚^④，中原内虚于家^⑤。百姓之费，十去其七；公家之费，破车罢马^⑥，甲胄矢弓，戟楯矛橹^⑦，丘牛大车^⑧，十去其六。

【注释】

①远输：指远道运输粮草。

②近于师者贵卖：靠近军队的地方物价暴涨。意指军队所到之处由

于需求突然增大，造成当地物价暴涨。

③丘役：按丘征集的赋税徭役。丘，古代的地方行政单位。据《周礼·小司徒》，在古代九夫为井，四井为邑，四邑为丘。

④殚（dān）：尽。

⑤中原：这里指国内。

⑥破车罢（pí）马：战车损坏，战马疲惫。罢，疲惫。

⑦甲胄（zhòu）矢弓：铠甲、头盔、箭、弓弩，泛指各种作战装备。戟楯（dùn）矛橹：泛指各种作战攻防武器。楯，同"盾"。橹，大盾牌。

战国晚期龙凤纹漆盾
盾的正、反面用红、棕红、黄、金色漆绘成龙凤纹及卷云纹图案。

⑧丘牛：指从"丘"征集来的牛。大车：指辎重车。

【译文】

国家作战而贫困，是由于军队远途运输，远途运输就会导致百姓贫穷；驻军附近物价必然会暴涨，物价暴涨就会导致国家财物枯竭，财物枯竭国家就会急于征收赋税和劳役。军力耗尽，财物枯竭，国内空虚。百姓的私家财产损耗掉十分之七；公家的财产，由于战车破损，战马疲惫，甲胄、弓箭、矛戟、盾牌、拉辎重的牛车也损耗掉十分之六。

故智将务食于敌①，食敌一钟②，当吾二十钟；萁秆一石③，当吾二十石。

神臂床子连城弩
明刊本《武经总要》插图。

【注释】

①务：必须。

②钟：古代的容量单位。六十四斗为一钟。

③萁（qí）秆：泛指喂牛马的草料。萁，通"其"，豆秸。秆，禾茎。石：古代的重量单位。一百二十斤为一石。

【译文】

所以明智的将领一定要靠敌国解决粮草，从敌国搞到一钟的粮食就相当于从本国运来二十钟，在敌国取得草料一石，就相当于从本国运来二十石。

故杀敌者，怒也①；取敌之利者，货也②。车战得车十乘以上，赏其先得者。而更其旌旗③，车杂而乘之④。卒善而养之，是谓胜敌而益强。

【注释】

①怒：指激起士兵对敌人的愤怒。

②货：财货。指用来奖赏士兵的财物。

③更：更换。旌旗：即旗帜。

④杂：交错编排。

【译文】

所以要使士兵拼死杀敌，就必须激起士兵对敌人的愤怒；要使士兵勇于夺取敌方的军需物资，就必须用财物来奖赏士兵。所以在车战中，凡夺取敌军战车十辆以上的，就奖赏最先夺取战车的人。而夺得的战车要立即换去上面的旗帜，交错编入我方车队而一起乘用。对俘虏来的士卒要优待他们、供养他们，这就是所谓战胜敌人而使自己日益强大。

　　故兵贵胜，不贵久。

【译文】

所以用兵作战贵在速胜，最不宜的是旷日持久。

　　故知兵之将，生民之司命①，国家安危之主也。

【注释】

①生民之司命：民众生死的掌控者。

【译文】

所以深知用兵之道的将领，是民众生死的掌控者，是国家安危的主宰者。

谋攻第三

【题解】

"谋攻"就是用计谋来征服敌人。孙武认为最理想的作战结果是"不战而屈人之兵"。怎样才能达到最佳的作战结果？就是要用计谋去战胜敌人（上兵伐谋）。本篇主要论述了"上兵伐谋"的思想、国君与将帅的关系、知胜的条件和致败的原因，最后提出了著名的"知彼知己者，百战不殆"的光辉思想。

孙子曰：夫用兵之法，全国为上，破国次之①；全军为上②，破军次之；全旅为上③，破旅次之；全卒为上④，破卒次之；全伍为上⑤，破伍次之。是故百战百胜，非善之善者也；不战而屈人之兵⑥，善之善者也⑦。

【注释】

①全国为上，破国次之：使整个敌国屈服是上策，攻破敌国使之屈服就差一点。以下几个句式与此相同。

②军：古代军队的编制单位。据《周礼·小司徒》，一万两千五百人为一军。

③旅：古代军队的编制单位。据《周礼·小司徒》，五百人为一旅。

④卒：古代军队的编制单位。据《周礼·小司徒》，百人为一卒。

⑤伍：古代军队的编制单位。据《周礼·小司徒》，五人为一伍。

⑥屈人之兵：使敌人的军队屈服。

⑦善之善者：好中之好。

【译文】

孙子说：用兵作战的规律是，使整个敌国屈服是上策，用武力攻破敌国使之屈服就差一些；使敌人全军降服是上策，击破敌军就差一些；使敌人全旅降服是上策，击破敌旅就差一些；使敌人全卒降服是上策，击破敌卒就差一些；使敌人全伍降服是上策，击破敌伍就差一些。所以说，百战百胜，算不上是好中之最好的；不通过交战就使敌人的军队降服，这才是好中之最好的。

故上兵伐谋①，其次伐交②，其次伐兵③，其下攻城。攻城之法为不得已。修橹轒辒④，具器械⑤，三月而后成；距闉⑥，又三月而后已。将不胜其忿而蚁附之⑦，杀士卒三

古代攻城图，守城上修有木结构的楼橹。

分之一而城不拔者⑧，此攻之灾也。

【注释】

①上兵：最好的军事手段。伐谋：用谋略去讨伐。

②伐交：用外交手段去讨伐。

③伐兵：用武力去讨伐。

④修橹轒辒（fén wēn）：意谓修造楼橹与轒辒车。橹，楼橹，古代军中用以瞭望敌情的无顶盖高台。轒辒，古代攻城用的一种四轮车具。

⑤具：准备。

⑥距闉（yīn）：指堆积攻城用的土山。闉，通"堙"，土山。

⑦将不胜其忿：将领非常愤怒。蚁附：指士兵像蚂蚁一样地爬城。

⑧杀士：指士卒伤亡。拔：指城被攻下。

轒辒车
清抄本《兵钤》插图。

【译文】

所以，高明中之最高明的军事手段是用谋略挫败敌人，其次就是用外交手段战胜敌人，再次就是用武力击败敌军，最下之策是攻打敌人的城池。攻城是迫不得已所采取的方法。制造楼橹轒辒等各种攻城工具，准备所有的攻城器械，数月才能完成。堆筑攻城的土山，又得数月才能完成。如果将领难以抑制焦躁情绪，命令士兵像蚂蚁一

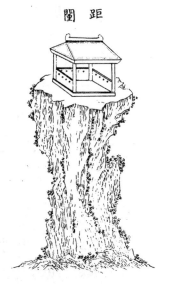

距闉
明刊本《武经总要》插图。

样爬梯攻城，尽管士兵死伤三分之一，而城池仍然攻不下来，这就是攻城所带来的灾难。

故善用兵者，屈人之兵而非战也^①，拔人之城而非攻也^②，毁人之国而非久也^③，必以全争于天下，故兵不顿而利可全^④，此谋攻之法也。

【注释】

①非战：指不用交战的方法。

②非攻：指不用强攻的方法。

③非久：指战争不要旷日持久。

④顿：通“钝”，疲惫，受挫。

【译文】

所以善于用兵的人，不通过交战就使敌人屈服，不通过攻城就使敌城投降，摧毁敌国不需长期作战；一定要用“全胜”的策略争胜于天下，这样既不使国力兵力疲惫，又获得了全面胜利的利益，这就是谋攻的法则。

故用兵之法，十则围之^①，五则攻之，倍则分之^②，敌则能战之^③，少则能逃之^④，不若则能避之^⑤。故小敌之坚^⑥，大敌之擒也^⑦。

【注释】

①十则围之：有十倍于敌人的兵力时就包围敌人。十，指兵力十倍于敌人。或泛指兵力数量非常多。

②倍则分之：有一倍于敌人的兵力时就设法分散敌人。

③敌：指与敌人兵力相等，势均力敌。

④少则能逃之：指比敌人兵力少就逃离。逃，摆脱，逃离。

⑤不若：指条件不如敌人。

⑥小敌之坚：指弱小的军队如果固执硬拼。

⑦大敌之擒：指被强大的军队所擒获。

【译文】

所以用兵作战的原则是：十倍于敌就围歼敌人，五倍于敌就进攻敌人，一倍于敌就要设法分散敌人，势均力敌就要设法战胜敌人，兵力少于敌人就设法摆脱敌人，如果各种条件不如敌人就要避免作战。所以弱小的军队如果坚持硬拼，那就会被强大的敌人所俘虏。

夫将者，国之辅也①。辅周则国必强②，辅隙则国必弱③。

【注释】

①国：指国君。辅：辅佐。

②辅周：辅佐周到。

③辅隙：辅佐有漏洞、缺陷。

【译文】

将帅，是国君的辅佐。辅佐得缜密周详，国家就必然会强大，辅佐得有疏漏失当，国家就必然会衰弱。

故君之所以患于军者三①：不知军之不可以进而谓之进②，不知军之不可以退而谓之退，是谓縻军③；不知三军之事而同三军之政④，则军士惑矣；不知三军之权而同三军之任⑤，则军士疑矣。三军既惑且疑，则诸侯之难至矣，是谓乱军引胜⑥。

【注释】

①患：危害，贻害。

②谓：告诉。这里有命令的意思。

战国赏功宴乐铜壶铭纹
描绘了宴饮、狩猎、战争场面。

③縻（mí）军：这里是指军队受到束缚。縻，羁縻，牵制。

④同：参与。这里有干涉的意思。政：行政。指军队的工作。

⑤权：权谋，权变。任：指挥。

⑥乱军：扰乱自己的军心。引胜：导致敌人胜利。引，导致，招致。

【译文】

所以国君给军队造成危害的情况有三种：不知道军队不可以前进而下令前进，不知道军队不可以后退而下令后退，这叫束缚牵制军队；不懂得三军战守之事而要参与和干涉三军之政，将士们就会迷惑而无所适从；不懂得三军战略战术的权宜变化而要参与和干涉三军的指挥，将士们就会产生疑虑。军队既无所适从，又疑虑重重，各诸侯就会趁机兴兵作难。这就是扰乱自己的军心而导致敌人胜利。

故知胜有五：知可以与战不可以与战者胜，识众寡之用者胜①，上下同欲者胜②，以虞待不虞者胜③，将能而君不御者胜④。此五者，知胜之道也。

【注释】

①众寡：指军队力量配备的多少。

②同欲：指同心、齐心。

③虞待不虞：有准备的对付没准备的。虞，事先准备。

④御：驾驭。这里引申为牵制、干预的意思。

【译文】

所以有五个方面可以预见胜利：能够准确判断仗能打或不能打的会取得胜利；能够知道根据敌我双方配备兵力的会取得胜利；全军上下同心协力的会取得胜利；有充分准备的对付毫无准备的会取得胜利；将领

精通军事、精于权变而君主又不加干涉的会取得胜利。以上五条就是预见胜利的方法。

　　故曰：知彼知己者，百战不殆^①；不知彼而知己，一胜一负；不知彼不知己，每战必败。

【注释】

①殆（dài）：危险，失败。

【译文】

　　所以说：了解对方也了解自己，每次战斗都不会失败；不了解对方只了解自己，就可能胜负各占一半；既不了解对方又不了解自己，那就会每战必败。

军形第四

【题解】

本篇反复论述的内容主要是"胜可知而不可为","故善战者，立于不败之地，而不失敌之败也"。并且把战争的物资准备（"地生度，度生量，量生数，数生称，称生胜"）看作是取胜的根本条件。决定战争胜利的因素，主要是军事实力和战略战术的谋划。善战者首先是创造出不被敌人打败的条件，然后再伺机打败敌人。

孙子曰：昔之善战者，先为不可胜^①，以待敌之可胜。不可胜在己，可胜在敌。故善战者，能为不可胜，不能使敌之必可胜。故曰胜可知而不可为^②。

【注释】

①先为不可胜：意谓首先创造条件而不被敌人战胜。

②不可为：指在条件不具备的情况下不能硬做。

【译文】

孙子说：过去善于用兵作战的人，总是首先创造自己不可战胜的条件，然后等待可以战胜敌人的机会。使不被敌人战胜的主动权掌握在自己手中，能否战胜敌人，在于敌人是否给以可乘之机。所以善于作战的人能做到自己不被敌人战胜，却不能做到使敌人一定会为我所胜。从这个意义上说，胜利可以预见，但在条件不具备的情况下不能强为。

不可胜者，守也①；可胜者，攻也②。守则不足，攻则有余。善守者藏于九地之下③，善攻者动于九天之上④，故能自保而全胜也。

【注释】

①守：采取防守。

②攻：采取进攻。

③藏于九地：意谓隐藏得深不可知。九地，古人常用"九"来表示数的极点，"九地"则言深不可知。

④九天：极言高不可及。

秦始皇兵马俑

【译文】

当不能战胜敌人时应采取防守的战术；当可以乘机战胜敌人时，就采取进攻的战术。采取防守是由于我方兵力不足，采取进攻是由于我方兵力有余。善于防守的，把自己的兵力隐藏在深不可测的地方；善于进攻的，就像部队从高不可及的天空而降，因此既能保全自己又能获得全胜。

见胜不过众人之所知①，非善之善者也；战胜而天下曰善，非善之善者也。故举秋毫不为多力②，见日月不为明目③，闻雷霆不为聪耳④。古之所谓善战者，胜于易胜者也⑤。故善战者之胜也，无智名⑥，无勇功⑦，故其战胜不忒⑧。不忒者，其所措胜⑨，胜已败者也⑩。故善战者，立于不败之地，而不失敌之败也⑪。是故胜兵先胜而后求战⑫，败兵先战而后求胜。善用兵者，修道而保法⑬，故能为胜败之政⑭。

【注释】

①见胜不过众人之所知：指预见胜利没有超过一般人的见识。

②秋毫：本指秋天鸟兽新长的细毛。这里比喻非常细微的事物。

③明目：指眼力强。

④聪耳：指听觉灵敏。

⑤易胜者：指容易被战胜的人。

⑥智名：指有智慧的名声。

⑦勇功：指勇敢杀敌的名声。

⑧不忒（tè）：没有失误、差错。

⑨措：指作战措施。

⑩已败者：指已经处于失败地位的敌人。

⑪敌之败：指使敌人致败的时机。

⑫先胜：指先造成的取胜条件。

⑬修道而保法：指修明政治并且遵循法度。

⑭政：这里指主宰战争的胜负。

【译文】

预见胜利但没有超过大家的见识，就不能算是高明中最高明的；打了胜仗而天下人都称赞，也不能算是高明中最高明的。正如举得起秋毫称不上是力大，能看见日月算不上是眼明，听见雷鸣算不上是耳聪。古代所谓善于用兵的人，只是战胜了那些容易战胜的敌人。所以，真正善于用兵的人取得胜利，并没有智慧过人的名声，也没有勇武杀敌的战功，是因为他在打胜仗时没有出现任何差错。不出现任何差错，其原因就在于他的措施能确保胜利，他所战胜的是已经处于失败境地的敌人。所以善战的人，能使自己处于不败之地，并且不会放过任何使敌人致败的时机。所以打胜仗的军队，总是在先创造取胜条件之后才去交战，而打败仗的部队，总是先去交战而在战争中企图侥幸取胜。会用兵的人，善于修明政治并且遵循制胜的法度，所以能够成为胜败的主宰者。

兵法：一曰度①，二曰量②，三曰数③，四曰称④，五曰胜⑤。地生度，度生量，量生数，数生称，称生胜。故胜兵若以镒称铢⑥，败兵若以铢称镒。胜者之战，若决积水于千仞之谿者⑦，形也⑧。

【注释】

①度：长度。这里指度量国土面积的大小。一说"度"指忖度、

判断。

②量：容量。这里指计量物产数量的多少。

③数：数量。这里指计算兵员的多少。

④称：权衡轻重。这里指衡量实力状况。

⑤胜：指预测胜负。

⑥以镒（yì）称铢（zhū）：比喻力量相差很大。"镒"和"铢"都是古代的重量单位，一镒等于二十四两，一铢等于一两的二十四分之一。据出土战国衡器和记重铜器，镒与铢的比为1：576。

⑦千仞（rèn）：比喻非常高的意思。仞，古代的长度单位，古人有"七尺一仞""八尺一仞"等几种说法。

⑧形：从本篇内容来看，主要指军事实力。

战国黑斑点纹铜矛
矛上饰满黑色斑点，
极富装饰性。

【译文】

兵法上说：一是要估算土地的面积，二是要推算物产数量的多少，三是要统计兵员的数量，四是要比较双方的军事实力，五是要得出胜负的判断。有了土地就有了耕地面积，有了耕地面积就能推算出物产数量的多少，有了物产数量的多少就能决定投入兵员的数目，有了投入兵员的数目就能比较双方的军事实力，知道了双方的军事实力就能得出胜负的判断。所以获胜的军队对于失败的一方就如同用"镒"与"铢"比较一样，具有绝对优势，而失败的军队对于获胜的一方就如同用"铢"与"镒"比较一样，处于绝对劣势。胜利者指挥军队打仗，就像从千仞高的山涧中放泻积水，其势猛不可挡，这就是军事实力的表现。

兵势第五

【题解】

　　本篇主要论述了"势"的形成和利用以及"势"和作战的关系等问题。"势"是以"奇正"之术（兵力的战术配置）为主要内容的，要正确运用"奇正"的变化，以出奇制胜；此外就是要"择人而任势"，即强调充分发挥将帅杰出的指挥才能。孙武认为，一个聪明的将帅应随着情况的变化而改变奇正的战法，犹如天地一样变化无穷、江河一样奔流不竭，总是善出奇兵，打败敌人。

　　孙子曰：凡治众如治寡①，分数是也②；斗众如斗寡，形名是也③；三军之众，可使毕受敌而无败者④，奇正是也⑤；兵之所加，如以碫投卵者⑥，虚实是也⑦。

【注释】

①治众如治寡：管理人多的军队如同管理人少的军队。治，管理，治理。

②分数：指军队的组织编制。如同《始计》中所说的"曲制"。

③形名：本指事物的形体和名称，是先秦时形名家（也叫"名家"）的术语，但也被当时的兵家和法家所采用。这里的"形名"泛指指挥军队作战的工具及联络手段，如金、鼓、旌、旗之类。

④毕受敌：四面受敌。"毕"宋本、四库本原作"必"，误，据王晳注及山东银雀山汉墓竹简本改。

战国武士斗兽纹铜镜
铜镜背面花纹以细线勾连纹作地，上有两个勇猛的武士，左手持盾，右手握剑，与两只豹搏斗。其形态逼真，刻画细腻，表现出了秦人尚武的精神。

⑤奇（jī）正：古代军队作战的方法。奇，指变化无端、出敌不意的作战方法。正，指正规的和一般的作战方法。

⑥以碫（duàn）投卵：用石头投向鸡蛋，比喻实力强的军队进攻实力弱的军队就如同用石头砸鸡蛋一样容易。碫，磨刀石。这里泛指石头。卵，鸡蛋。

⑦虚实：指兵力的集中和分散。一说指兵力的强弱。

【译文】

孙子说：要做到治理人数多的军队就像治理人数少的军队一样，关键是组织、编制处理得好；指挥人数多的军队作战就像指挥人数少的军队作战一样，关键是指挥作战用的工具及联络信号使用得好；三军将士四面受敌而不会失败，关键是正确运用奇正战术运用得好；向敌军发起进攻，如同用石头砸鸡蛋一样容易，关键是虚实原则使用得当。

先秦瓦当上手持弓箭者
《周易·系辞》："弦木为弧，剡木为矢，弧矢之利，以威天下。"在弯曲的弓形木上加上弓弦，再削尖木杆做成箭，弓箭的好处，可以用来威服天下。

　　凡战者，以正合，以奇胜①。故善出奇者，无穷如天地，不竭如江海②。终而复始，日月是也；死而复生，四时是也。声不过五③，五声之变，不可胜听也④；色不过五⑤，五色之变，不可胜观也；味不过五⑥，五味之变，不可胜尝也。战势不过奇正⑦，奇正之变，不可胜穷也。奇正相生，如循环之无端⑧，孰能穷之哉？

【注释】

①以正合，以奇胜：郭化若说："所谓'以正合'，即使用次要行动在正面钳制敌人，'以奇胜'，即集中主力从敌侧后寻其弱点，出其不意攻其无备也。"

②竭：枯竭。

③声：古代以宫、商、角、徵（zhǐ）、羽五个基本音阶为五声。

④胜：尽。

⑤色：古代以青、赤、黄、白、黑五种颜色为正色。

⑥味：古代以甜、酸、苦、辣、咸五种基本味道为五味。

⑦战势：这里指战略、战术。

⑧循环之无端：本指顺着圆环旋转，没有尽头，这里比喻事物的发展变化是无穷的。无端，即无头无尾。

【译文】

　　一般作战，都是以"正"兵会合交战，用"奇"兵出奇制胜的。所以善于运用奇兵的人，其战术的变化就像天地变化一样无穷无尽，像江海一样永不枯竭。终而复始，像日月起落运行一样；死而复生，像四季更迭往复无穷一样。声音不过宫、商、角、徵、羽五个音阶，然而用五种音阶变化组合，就能产生出听不完的乐音来；颜色不过青、赤、黄、白、黑五种，然而用五种颜色调和变化组合，就能产生出看不完的色彩来；味道不过酸、甜、苦、辣、咸五种，然而用五种味道变化调和，就能产生出尝不完的味道来。战争中兵力部署与作战方式不过"奇""正"两种，然而用"奇""正"变化组合，就能产生出变化无穷的战略战术。奇正可以相互转化，就好比顺着圆环旋转，永无尽头，谁能够穷尽它呢？

激水之疾①，至于漂石者，势也；鸷鸟之疾②，至于毁折者，节也③。是故善战者，其势险，其节短。势如彍弩④，节如发机⑤。

【注释】

①激水之疾：湍急的流水飞快地奔泻。疾，急速。

②鸷（zhì）鸟：指凶猛的鸟。

③节：节奏。

④彍（guō）弩：拉满的弓弩。彍，把弓拉满。

⑤发机：扣动弩机。机，弩机，古代兵器"弩"的机件，类似步枪上的扳机。

【译文】

湍急的流水飞快地奔泻，以至于能漂动大石，这是借助了强大的水势；鸷鸟飞速凶猛，以至于能迅速捕杀鸟兽，是因为它掌握了急促的节奏。所以善于作战的指挥者，他所造成的态势是险峻的，进攻的节奏是短促的。所造成的"势"就如同拉满弓弩一样险峻，进攻的"节奏"就如同搏动弩机那样突然。

纷纷纭纭①，斗乱而不可乱也②；浑浑沌沌③，形圆而不可败也④。乱生于治，怯生于勇，弱生于强。治乱，数也⑤；勇怯，势也⑥；强弱，形也。故善动敌者⑦，形之⑧，敌必从之；予之⑨，敌必取之。以利动之，以卒待之⑩。

【注释】

①纷纷纭纭：这里形容旗帜纷杂混乱。

②斗乱：指战斗混乱。

③浑浑沌沌：这里形容战车转动，人马奔驰。

④形圆：指阵形是圆形的，即"圆阵"，首尾连贯，部署周密，能应敌自如。

⑤数：即上文的"分数"，指军队的编制。

⑥势：指军事态势。

⑦动：调动。

⑧形：指以假象欺骗敌人。

⑨予：给予。

⑩卒：这里指重兵。

【译文】

旌旗纷杂，局势混乱，但自己组织指挥的军队不紊乱；战车转动，人马奔驰，但自己组织指挥的军队应付自如，立于不败。在一定的条件下，"乱"可以由"治"产生，"怯"可以由"勇"产生，"弱"可以由"强"产生。"治乱"是组织编制的问题，"勇怯"是势态优劣的问题，"强弱"是力量大小的问题。所以善于调动敌军的人，向敌军示以假象，敌军一定会为其所骗；给敌军一点好处，敌军一定会为其所诱。用小利引诱敌军，部署重兵来严阵以待。

故善战者，求之于势，不责于人①，故能择人而任势。任势者，其战人也如转木石②。木石之性，安则静，危则动③，方则止，圆则行。故善战人之势，如转圆石于千仞之山者，势也④。

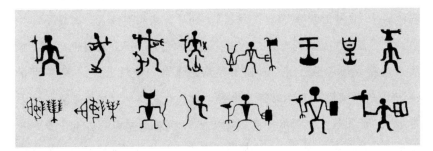

在金文中，有许多文字或族徽，为手持干、戈、弓、刀者。

【注释】

①责：这里为苛求的意思。

②战人：意谓指挥士卒作战。与《军形》中的"战民"意义相同。

③危：危险。这里指木石倾斜着放置。

④势：即本篇之"势"，指将帅在指挥作战时所造成的有利态势。

【译文】

所以善于指挥作战的人追求的是有利的"势"，而不是去苛求士兵，因此能选择人才去利用已形成的"势"。善于利用"势"的将领，其指挥部队作战就像转动木头和石头。木头石头的特性是放在平坦的地方就静止不动，放在倾斜的地方就滚动不停，方形的就容易静止，圆形的就容易滚动。所以善于指挥作战的人所造就的"势"，就像从很高的山上把圆石滚下来一样，来势凶猛，不可阻挡，这就是军事上所谓的"势"。

虚实第六

【题解】

　　"虚实"就是指在战场上通过分散、集中兵力的战术变化来造成我强敌弱（"我专而敌分""我众敌寡"）的战势来战胜敌人。本篇是《兵势》中"任势"战略思想的一种发挥。在本篇中，孙武主要论述了"善战者，致人而不致于人"，善于迷惑、调动、分散敌人，"避实而击虚""因敌而制胜"的作战指导思想。最后孙武指出"兵无常势，水无常形"，"能因敌变化而取胜者，谓之神"，这就告诉我们，一个善于指挥作战的将帅在战场上必须根据敌我双方的具体情况来确定作战的战略战术，这样才能做到"百战不殆"，成为战场上的战神。

————————————————

　　孙子曰：凡先处战地而待敌者佚[1]，后处战地而趋战者劳[2]。故善战者，致人而不致于人[3]。能使敌人自至者，利之也；能使敌人不得至者，害之也[4]。故敌佚能劳之，饱能饥之，安能动之。

【注释】

①先处：这里是先期到达、占据的意思。佚：安逸。这里是从容的意思。

②趋战：仓促应战。趋，急行。劳：疲劳。这里有被动的意思。

③致人：这里指调动敌人。不致人：不被人所调动。

④害：妨害。这里有阻挠的意思。

【译文】

孙子说：凡先到达并占据战地等待敌人的就会主动从容，而后期到达战地匆忙投入战斗的就会被动疲劳。所以善于指挥作战的将帅，能调动敌人而不被敌人所调动。能使敌人自动进入预定地域的，是用小利引诱的结果；能使敌人不能到达预定地域的，是阻挠的结果。当敌人休整较好时，能设法使之疲劳；当敌人给养充足时，能设法使之饥饿；当敌人安稳不动时，能设法使他行动起来。

出其所必趋①，趋其所不意②。行千里而不劳者，行于无人之地也。攻而必取者，攻其所不守也。守而必固者，守其所不攻也。故善攻者，敌不知其所守；善守者，敌不知其所攻。微乎微乎③，至于无形；神乎神乎④，至于无声，故能为敌之司命⑤。

【注释】

①必趋：宋本、四库本作"不趋"，据银雀山汉简本改正。

②不意：出其不意。

③微乎微乎：微妙啊微妙。

④神乎神乎：神奇啊神奇。

⑤司命：命运的主宰者。

【译文】

向敌人必定前往的地区进军，急速到达他预料不到的地点攻击。行军千里而不疲惫的原因，是因为走在敌军无人抵抗或没有设防的地区。进攻就一定会获胜的原因，是因为攻击的是敌人不设防的地区。防守一定会稳固的原因，是因为守住了敌人不进攻的地区。所以善于进攻的军队，能使敌人不知道怎样防守；而善于防守的军队，能使敌人不知道怎样进攻。微妙啊微妙，竟然见不到一点形迹；神奇啊神奇，居然漏不出一点消息，这样，就能成为敌人命运的主宰者。

进而不可御者①，冲其虚也；退而不可追者，速而不可及也②。故我欲战，敌虽高垒深沟，不得不与我战者，攻其所必救也③。我不欲战，虽画地而守之，敌不得与我战者，乖其所之也④。

【注释】

①御：抵御，防御。

②及：到。这里是说追上的意思。

③攻其所必救：攻击敌人必然要救援的地方。

④乖其所之：改变敌人的去向。乖，背离，违背。

【译文】

进攻时敌人无法抵御，是由于攻击了敌人兵力空虚之处；撤退时敌人无法追击，是由于行动迅速而敌人无法追上。所以我军要想交战，哪怕敌军有高垒深沟，也不得不出来与我军交战的原因，是因为我军攻击了它非救不可的要害之处。我军不想与敌军交战，哪怕是在地上画界防守，敌军也无法与我军交战的原因，是因为我军已改变了敌军的进攻方向。

故形人而我无形①，则我专而敌分②。我专为一，敌分为十，是以十攻其一也，则我众敌寡。能以众击寡者，则吾之所与战者约矣③。吾所与战之地不可知，不可知则敌所备者多。敌所备者多，则吾所与战者寡矣。故备前则后寡，备后则前寡，备左则右寡，备右则左寡，无所不备，则无所不寡④。寡者，备人者也；众者，使人备己者也。

【注释】

①形人：这里指诱使敌人暴露形迹。

②专：专一。这里指集中兵力。分：这里指分散兵力。

马陵道

《唐土名胜图会》插图。马陵，为古邑名。《史记·田敬仲完世家》载：公元前342年，田忌采纳孙膑的建议，率军进入魏国领土后，日益减灶撤退，故意示弱，不与魏军交战。庞涓中计，日夜兼程，追击齐军，最后在马陵被孙膑击败，兵溃自杀。

③约：少。

④无所不备，则无所不寡：意谓无处不防备，就无处不薄弱。

【译文】

所以诱使敌军暴露形迹而我军处于隐蔽状态，这样我军的兵力就可以集中而敌军的兵力就会分散。我军兵力集中在一点，而敌人兵力分散在十处，就相当于我军以十倍的兵力攻击敌人，这样就出现我众敌寡的态势。能做到以众击寡，那么与我军直接交战的敌军就少。我军所设定的战场在哪里，敌军不知道，敌军不知道就会处处分兵设防。敌军所防备的地方越多，那么和我军交战的敌军就会越少。所以防备了前面，后面的兵力就不足；防备了后面，前面的兵力就不足；防备了左边，右边的兵力就不足；防备了右边，左边的兵力就不足；处处都防备，就处处兵力不足。之所以兵力薄弱，就是因为处处去防备别人；之所以兵力充

陆战图

足，就是因为迫使敌人处处防备自己。

故知战之地，知战之日，则可千里而会战；不知战地，不知战日，则左不能救右，右不能救左，前不能救后，后不能救前，而况远者数十里，近者数里乎！以吾度之[1]，越人之兵虽多[2]，亦奚益于胜哉[3]？故曰胜可为也。敌虽众，可使无斗[4]。

【注释】

①度（duó）：推测判断。

②越人：即越国人。春秋时越国和吴国经常相互征伐，孙武经常为吴王讲论兵法。

③奚：疑问词，相当于"何"的意思。

④无斗：没有战斗力，无法战斗。

【译文】

所以能预知同敌人交战的地点，又能预知同敌人交战的时间，即使行军千里也可以与敌人交战；如果不能预知与敌人交战的地点，又不能预知与敌人交战的时间，仓促迎敌，那就会左翼不能救右翼，右翼不能救左翼，前面不能救后面，后面不能救前面，更何况远的有数十里，近的也有好几里呢！依我的推测判断，越国的军队虽然很多，但对他的取胜又有什么帮助呢？所以说胜利是可以创造的。敌人虽然兵多，也可以使其没有战斗力，无法参与战斗。

故策之而知得失之计[1]，作之而知动静之理[2]，形之而知死生之地[3]，角之而知有余不足之处[4]。故形兵之极[5]，至于无形。无形，则深间不能窥⑥，智者不能谋。因形而措胜于众⑦，众不能知；人皆知我所以胜之形，而莫知吾所以制胜之形。故其战胜不复⑧，而应形于无穷。

【注释】

①策：筹算，指分析判断。

②作：指诱使敌人行动。

③形：指陈师布阵的势态。

④角（jué）：比较。这里指试探性的进攻。

⑤极：最高境界。

⑥间：间谍。窥：偷看。

⑦措胜：制胜。措，放置。这里指兵力分散、结集。

⑧不复：不重复。

【译文】

所以通过分析可以判断敌人作战计划的优劣得失，诱使敌人行动可以了解敌方的动静规律，通过陈师布阵可以知道地形是生地还是死地，通过试探性进攻可以探明敌人兵力布置的强弱多寡。所以陈师布阵的方法运用得极其巧妙时，可以达到无迹可寻。如果一点形迹也不暴露，即使隐藏再深的间谍也不能探明我的真实情况，那么足智多谋的人也想不出对付我的办法。即使把根据敌情采取策略而取得的胜利摆在众人面前，人们也不知道是怎样打胜的；人们都知道我之所以克敌制胜的方法，却不知道我是怎样运用这些方法制胜的。所以每次战胜都不是重复前一次的方法，而是根据不同的情况采取了变化无穷的战术。

夫兵形象水，水之形，避高而趋下；兵之形，避实而击虚。水因地而制流，兵因敌而制胜。故兵无常势^①，水无常形。能因敌变化而取胜者，谓之神^②。故五行无常胜^③，四时无常位，日有短长，月有死生^④。

【注释】

①常势：固定不变的态势。

②神：这里指用兵如神。

③五行：金、木、水、火、土。古人认为五行"相生相胜"：相生，如木生火，火生土，土生金，金生水，水生木；相胜，如金克木，木克土，土克水，水克火，火克金。这种相生相克的结果就是没有一个常能胜的。

④月有生死：指月有圆缺（盈亏）。古人叫"生霸""死霸"。"生霸"是指月亮运转时由光明转向晦暗，"死霸"是指月亮运转时由晦暗转向光明。

【译文】

作战的方式方法就像流水一样，水流动时是避开高处而向低处流，作战取胜的方法是避开设防坚实之处而攻其薄弱的环节。水根据地势来决定流向，军队是根据敌情来采取制胜的方略。所以用兵作战没有一成不变的态势，就像流水没有固定的形状和去向一样。能够根据敌情的变化而取胜的，就称得上用兵如神。所以用兵作战就像金、木、水、火、土相生相克，没有哪个常胜；春、夏、秋、冬四季依次交替，没有哪个季节固定不移，白天有短有长，月亮有缺有圆，永远处于变化之中。

军争第七

【题解】

"军争"就是指作战的双方争夺取胜的有利条件，也就是争夺战场上的主动权。孙武认为要想夺得战场上的主动权，必须"先知迂直之计"，就是故意迂回绕道，并用小利把敌人引诱到别的方向去，然后倍道兼行，出敌不意。孙武"迂直之计"里的"以患为利""后人发，先人至"的战术，也是孙武"军争"思想的精华。迂与直，后与先，患与利，本来是矛盾的双方，但在一定的条件下是可以相互转化的。此外，孙武在本篇里还提出"避其锐气，击其惰归"等著名的作战原则。

————————

孙子曰：凡用兵之法，将受命于君①，合军聚众②，交和而舍③，莫难于军争④。军争之难者，以迂为直⑤，以患为利⑥。故迂其途而诱之以利，后人发⑦，先人至⑧，此知迂直之计者也。

【注释】

①将受命于君：古代将帅受命于君时举行隆重的仪式。如《淮南子·兵略训》里说："凡国有难，君自宫召将，诏之曰：'社稷之命在将军，即今国有难，愿请子将而应之。'将军受命，乃令祝史太卜斋宿三日，之太庙，钻灵龟，卜吉日，以受鼓旗。"是古代将帅受命于君的过程。

②合军聚众：意谓组织军队，聚集民众。

③交和而舍：指两军对峙驻扎。交和，营垒之门相对。和，即和门，也叫"军门""垒门"。舍，驻扎。

④军争：指两军在战前争夺制胜的条件。

⑤以迂为直：意谓把看以迂回曲折的路线变成便捷的路线。迂，迂回曲折。直，指直道。

⑥患：祸患，不利。

⑦后人发：比别人后出发。

《东周列国志》"烽火戏诸侯图"

烽火，为古代边防报警的信号。《史记·周本纪》："有寇至，则举烽火。"烽火分烽和燧两种，白天放烟叫"烽"，夜间举火叫"燧"。

⑧先人至：比别人先到达。

【译文】

孙子说：大凡用兵的方法，从将帅接受国君的命令，征集民众、组织军队，到同敌人对阵，这中间，没有比率先争得制胜的先机更难的事了。要想争得制胜的先机，最困难的莫过于把迂回曲折的弯路变为捷径，把不利的条件转变为有利的条件。所以用迂回绕道的方法达到便捷，再用小利引诱敌人，这样就能比敌人后出发而抢先占领阵地，这就是懂得了"以迂为直"的道理。

故军争为利①，军争为危。举军而争利②，则不及；委军而争利③，则辎重捐④。是故卷甲而趋⑤，日夜不处⑥，倍道兼行⑦，百里而争利，则擒三军将⑧；劲者先，疲者后⑨，其法十一而至⑩；五十里而争利，则蹶上将军⑪，其法半至；三十里而争利，则三分之二至。是故军无辎重则亡，无粮食则亡，无委积则亡⑫。

【注释】

①为：这里作"有""是"讲。利：指有利的一面。

②举军而争利：指全军携带辎重与敌争利。举军，全军。

③委军而争利：指全军丢弃辎重与敌争利。委，丢弃，抛弃。

④辎（zī）重捐：损失了辎重。辎重，指部队行军时携带的粮秣、军械等军需物资。捐，损失，丢弃。

⑤卷甲而趋：卷起铠甲快速前进。甲，铠甲。

⑥日夜不处：白天晚上不休息。处，停止，休息。

⑦倍道：使行军路程加倍。兼行：不停地行军。

⑧擒三军将：三军之帅被擒。擒，这里指被敌所擒。三军将，上、
  中、下三军之帅皆可称将军。

⑨劲者：指士卒中健壮的。疲者：指士卒中疲弱的。

⑩其法十一而至：采用这种方法，只会有十分之一的人马到达。

⑪蹶（jué）上将军：前军将领将会受到挫败。蹶，挫折，失败。
  上将军，前军将领。

⑫委积：指军需物资储备。

【译文】

军争有有利的一面，也有危险的一面。如果全军带着所有辎重去争
先机之利，就不能及时到达预定位置；如果丢弃辎重轻装去争先机之利，
装备辎重就会损失。所以卷甲快速前进，日夜不息，加倍地急行军，奔
跑百里去争利，三军的将领就可能会被俘获；强壮的士兵先到达，疲弱
的士兵掉了队，采用这种方法，只会有十分之一的兵力赶到；走五十里
去争利，上军的将领会受挫折，其结果只会有半数的兵力赶到；走三十
里去争利，其结果也只会有三分之二的兵力赶到。因此部队没有辎重就
会失败，没有粮草供应就不能生存，没有物资储备就无法坚持作战。

故不知诸侯之谋者，不能豫交①；不知山林、险阻、沮
泽之形者②，不能行军；不用乡导者③，不能得地利。

【注释】

①豫交：和诸侯结交。"豫"为"预"的本字，参与。

②险阻：指山水险要阻隔的地方。沮（jù）泽：指水草丛生的沼
  泽地。

③乡导：即向导，指给军队带路的人。乡，通"向"。

【译文】

所以，不了解一个诸侯国的战略企图，就不能与之结交；不熟悉山林、险阻、沼泽等地形，就不能行军；不用向导，就不能有效地利用地形。

　　故兵以诈立①，以利动，以分合为变者也②。故其疾如风③，其徐如林④，侵掠如火⑤，不动如山，难知如阴⑥，动如雷震。掠乡分众⑦，廓地分利⑧，悬权而动⑨。先知迂直之计者胜。此军争之法也。

【注释】

①以诈立：靠诡诈而存在。这里"诈"也有变化多端的意思。

②以分合为变者也：指作战时，军队的集中与分散的变化。

③其疾如风：意谓军队行动迅速犹如疾风。疾，快速。

④其徐如林：意谓行动舒缓时像严整的森林。徐，缓慢。

⑤侵掠如火：意谓攻击时像燎原烈火，猛不可挡。

⑥难知如阴：意谓隐蔽时像阴云蔽天难以把握。

⑦掠乡分众：意谓掠取敌人的作战物资并且分其民众。乡，古代地方行政组织。

⑧廓地分利：意谓扩张地域，分兵把守要害之地。廓，扩大。

⑨悬权而动：意谓权衡利害得失后相机而动。悬权，悬挂秤锤，称量东西。这里指要权衡利害得失。

【译文】

所以用兵作战要善于用"诈"，要根据是否有利来采取行动，要根据双方情势或分散或集中。所以军队行动迅速时就像狂风骤至，行动舒缓时就像严整的树林，攻击敌人时就像燎原的烈火，按兵不动时就像巍然屹立的山岳，隐蔽时就像阴天看不清日月星辰，行动时就像雷霆万钧之势。要掠取敌人的作战物资并分其民众，要扩张地域并分兵把守要地，要权衡利害得失并相机而动。谁先懂得以迂为直的方法，谁就能取得胜利。这就是军争的法则。

　　《军政》曰[①]："言不相闻，故为之金鼓[②]；视不相见，故为之旌旗[③]。"夫金鼓旌旗者，所以一人之耳目也[④]。人既专一，则勇者不得独进，怯者不得独退，此用众之法也。故夜战多金鼓[⑤]，昼战多旌旗，所以变人之耳目也。

【注释】

①《军政》：古代的兵书，已亡佚。

②金鼓：古代夜战时用来指挥作战、传递信号的工具。银雀山汉简《孙子兵法》云"昼战多旌旗，夜战多金鼓"。据《周礼》，"鼓人"掌六鼓四金之音声，"六鼓"指雷鼓、灵鼓、路鼓、鼖（fén）鼓、鼛（gāo）鼓、晋鼓。"四金"指金錞、金镯、金铙、金铎。古代

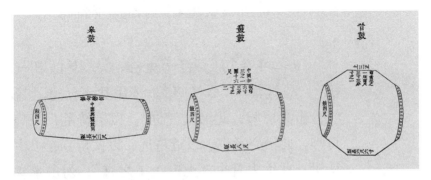

皋（鼛）鼓　鼖鼓　晋鼓
清刊本《考工记图》插图。

作战，鼓以作气，金以抑怒。鼓法有五：一持兵，二结阵，三行，四斗，五急斗。金法有五：一缓斗，二止，三退，四背，五急背。

③旌旗：泛指指挥作战用的各种旗帜。旗法有五：一赤南方，二玄北方，三青东方，四白西方，五黄中央。

④一：统一。

⑤金鼓：四库本作"火鼓"，误。宋本作"金鼓"，据改。银雀山汉简作"鼓金"。

春秋战国青铜阴阳短剑

该剑刃呈柳叶形，中部起脊，护手呈兽头形。

【译文】

《军政》里说："作战时用话语传递指挥信息是难以听到的，所以设置了金鼓来充当指挥作战、传递信号的工具；作战时用动作来指挥会看不清或看不见，所以用旌旗来指挥作战。"金鼓和旌旗都是用来统一士兵的视听、统一作战行动的。全军的士兵都能服从统一指挥，那么勇敢的将士就不会单独冒进，胆怯的将士也不会独自退却，这就是指挥大军作战的方法。所以夜间作战多用金鼓指挥，白天打仗多用旌旗指挥，这些是用来适应士卒的视听的。

三军可夺气①，将军可夺心②。是故朝气锐③，昼气惰④，暮气归⑤。善用兵者，避其锐气，击其惰归，此治气者也⑥。以治待乱，以静待哗，此治心者也。以近待远，以佚待劳，以饱待饥，此治力者也。无邀正正之旗⑦，勿击堂堂之陈⑧，此治变者也。

【注释】

①夺气：挫伤士气。指士卒失去战胜敌人的锐气。夺，剥夺。这里指打击、动摇、挫伤。

②夺心：动摇决心。指将领失去战胜敌人的良好心理、坚强意志等。

③朝（zhāo）气锐：早晨士气饱满，锐不可当。朝，早晨。锐，这里指气盛。

④昼气惰：白天士气就低落。惰，这里指懈怠。

⑤暮气归：傍晚士气就衰竭。归，这里指气竭。

⑥治气：这里指掌握敌我双方士气的变化。

⑦无邀正正之旗：不要去迎击旗帜整齐、部伍统一的军队。邀，邀击、截击。

⑧勿击堂堂之陈（zhèn）：不要去攻击阵容整肃、士气饱满的军队。陈，同"阵"。这里指阵容、阵势。

战国虎纹铜戈

【译文】

三军士卒的锐气可以挫伤，其将军的决心可以动摇。军队初战时，士气饱满，锐不可当；过了一段时间之后，士气就会低落；到了后期，士气就会衰竭。善于用兵的人，总是避开敌人的锐气，而是在趁其士气低落衰竭时发起猛攻，这就是正确掌握了敌我双方士气的变化。用自己的严整来对待敌人的混乱，用自己的镇定沉着来对待敌人的躁动喧哗，这就是正确掌握了敌我双方的军心。用自己靠近的战场来等待远道跋涉的敌人，用自己的从容休整来等待疲惫不堪的敌人，用自己的粮足食饱来等待粮尽人饥的敌人，这就是正确掌握了敌我双方的军力。不要去迎击旗帜整齐、部伍统一的军队，不要去攻击阵容整肃、士气饱满的军队，这是正确掌握了随机应变的战术。

故用兵之法，高陵勿向①，背丘勿逆②，佯北勿从③，锐卒勿攻④，饵兵勿食⑤，归师勿遏⑥，围师必阙⑦，穷寇勿迫⑧。此用兵之法也。

【注释】

①高陵勿向：意谓对占领高地的敌军不要仰攻。陵，山陵。向，指从下向上仰攻。

②背丘勿逆：意谓对背靠丘陵的敌军不要正面迎击。背，背靠，背依。逆，指迎面进攻。

③佯北勿从：意谓对假装败退的敌军不要跟踪追击。佯，假装。北，败北。从，跟从，跟踪。

④锐卒勿攻：意谓对锐气强盛的敌人不要去攻击。锐卒，指锐气强盛的士卒。

⑤饵兵勿食：意谓对敌人的诱兵不要去消灭他。饵兵，指引诱我军
　的敌军。食，这里是吃掉、消灭的意思。

⑥归师勿遏（è）：意谓对退却的敌军不要去拦截。遏，阻止，阻拦。

⑦围师必阙（quē）：意谓对已被包围的敌人一定要留缺口。阙，空
　缺。古人认为陷于包围之中的士兵必将做困兽之斗，因此在包围
　敌人时一定要留出放生的缺口，以减少伤亡。

⑧穷寇勿迫：意谓对已到绝境的敌军不要过分逼迫。穷寇，穷途末
　路的残敌。

【译文】

　　所以用兵的方法是：敌军占领山地时不要仰攻，敌军背靠高地时不
要正面迎击，敌人假装败退时不要跟踪追击，敌人有锐气时不要去强
攻，敌人的诱兵不要去消灭，敌人撤退时不要去阻截，包围敌军时一
定要留出缺口，敌人陷入绝境时不要过分逼迫。这些都是用兵的基本
原则。

九变第八

【题解】

在本篇中，作者主要论述了指挥作战应根据不同的地形、敌情，采取灵活机动的处置原则，见利思害，见害思利，从利、害两个方面综合考虑问题，并提出了有备无患的备战思想。

————————

孙子曰：凡用兵之法，将受命于君，合军聚众^①，圮地无舍^②，衢地合交^③，绝地无留^④，围地则谋^⑤，死地则战^⑥。途有所不由^⑦，军有所不击，城有所不攻，地有所不争，君命有所不受^⑧。

【注释】

①凡用兵之法，将受命于君，合军聚众：此三句与《军争》开篇三句相同。李零说："《九变》篇的这段文字有问题，不是重出，就是残缺。"

②圮（pǐ）地无舍：在山林、险阻和水草杂生的地方不要扎营驻军。"圮地"当为"氾地"之误，银雀山竹简本《九地》作"泛地"，"泛"通"氾"。本书《九地》里说："行山林、险阻、沮泽，凡难行之道者，为圮（氾）地。"氾地，就是指山林、险阻、沮泽等难行的道路。

③衢（qú）地合交：指在四通八达的地区要与四邻结交。衢地，本书《九地》里说："衢地则合交。""诸侯之地三属，先至而得天下

战国兽面纹长援戈
长援有脊，近阑处饰兽面纹，近刃处阴刻巴蜀符号。

之众者，为衢地。""四达者，衢地也。"意谓诸侯所处之地与周
边接壤，先到达的人可以得到天下之众。衢，四通八达。合交，
指结交邻国。

④绝地无留：指在与后方隔绝、难以生存的地区不要停留。绝地，
本书《九地》里说："去国越境而师者，绝地也。"意谓离开本国
到别的国家境内去打仗，就是绝地。

⑤围地则谋：指在被包围的地方要巧于计谋。围地，本书《九地》
里说："背固前隘者，围地也。"又说："所由入者隘，所从归者
迂，彼寡可以击吾之众者，为围地。"意谓来时走的道路非常狭
隘，返回时走的道路又迂回曲折，这种地方就是容易被包围的
地方。

⑥死地则战：在死地就要决一死战。死地，本书《九地》里说："疾
战则存，不疾战则亡者，为死地。"又说："无所往者，死地也。"
意谓到了走投无路、非决一死战而不能生存的地方就叫死地。

⑦途有所不由：意谓有的道路可以不从那里经过。途，道路。由，
经过。

⑧君命有所不受：指国君的命令有时可以不接受。受，接受。这里
有不执行的意思。

【译文】

孙子说：大凡用兵的方法，将帅接受国君的命令，征集兵员组建军

队，在山林、险阻和水草杂生之地不要扎营驻军，在四通八达之地要与四邻结交，在与后方隔绝、难以生存之地不要停留，在被包围之地要巧于计谋，在死地就要决一死战。有的道路可以不从那里经过，有些敌军不可以攻击，有些城池不可以攻取，有些地域不可以争夺，国君的命令有时可以不接受。

故将通于九变之地利者①，知用兵矣；将不通于九变之利者，虽知地形，不能得地之利矣。治兵不知九变之术，虽知五利②，不能得人之用矣。

【注释】

①通于九变之地利：指精通各种地形的灵活利用。九变之地，指本书《九地》里说的散地、轻地、争地、交地、衢地、重地、圮（氾）地、围地、死地九种地形。

②五利：指"途有所不由，军有所不击，城有所不攻，地有所不争，君命有所不受"变通的好处。也有人认为指"圮（氾）地无舍，衢地合交，绝地无留，围地则谋，死地则战"的好处。

【译文】

所以将帅能够精通"九变"的具体运用，可以说是懂得用兵了。如果将帅不精通"九变"的具体运用，即使了解地形，也不能利用地利的好处。治兵却不懂得"九变"的方法，即使知道"五利"，也不能充分发挥军队的作用。

是故智者之虑①，必杂于利害②。杂于利而务可信也③，杂于害而患可解也④。

【注释】

①智者：指明智的将帅。

②杂于利害：兼顾到"利""害"两个方面。杂，掺杂。这里有兼顾的意思。

③务可信：能顺利地完成作战任务。务，指战斗任务。信，通"伸"。这里是顺利发展的意思。

④解：解除，免除。

【译文】

明智的将帅考虑问题时，一定要兼顾到利、害关系。在有利的情况下考虑不利的因素，事情就能顺利发展，在不利的情况下考虑有利的因素，祸患就可以排除。

　　是故屈诸侯者以害①，役诸侯者以业②，趋诸侯者以利③。

【注释】

①屈诸侯者以害：指施加一些压力让诸侯屈服。屈，屈服。这里是使动用法。害，这里指害怕、忌讳、厌恶的事。

②役：役使。业：事。这里指自己的实力。

③趋：这里是归附的意思。

春秋漆画二戈戟

【译文】

因此，要通过"害"来迫使诸侯屈服，要通过"业"来役使诸侯忙乱，要通过"利"来诱使诸侯归附。

故用兵之法，无恃其不来①，恃吾有以待之；无恃其不攻，恃吾有所不可攻也。

【注释】

①恃：依靠，依赖。这里也有希望的意思。

【译文】

所以用兵的方法是：不要寄希望于敌人不来，而要依靠自己有充分的准备，严阵以待；不要寄希望于敌人不进攻，而要依靠自己有使敌人无法攻破的力量。

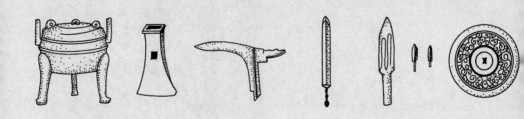

钟鼎之剂	斧斤之剂	戈戟之剂	大刃之剂	杀矢之剂	坚燧之剂
铜85.71%	铜83.33%	铜80%	铜75%	铜71.13%	铜50%
锡14.29%	锡16.67%	锡20%	锡25%	锡28.57%	锡50%

金六齐示意图

《考工记》："金有六齐。""六齐"就是六种合金成分配比方法。

　　故将有五危：必死，可杀也^①；必生，可虏也^②；忿速，可侮也^③；廉洁，可辱也^④；爱民，可烦也^⑤。凡此五者，将之过也，用兵之灾也。覆军杀将^⑥，必以五危，不可不察也。

【注释】

①必死：这里指有勇无谋，只知死拼。可杀：就可能被杀。

②必生：指贪生怕死。可虏：就可能被俘虏。

③忿速：指愤怒急躁。速，急躁。可侮：就可能被激怒。

④廉洁：这里指廉洁好名，过于自尊。可辱：就可能被羞辱而乱了心境。

⑤爱民，可烦也：指溺爱其民，就会被烦扰而疲惫不堪。

⑥覆军杀将：全军覆灭，将帅被杀。

【译文】

　　所以将帅有五种致命的危险：死拼硬打，就可能招致杀身之祸；贪生怕死，就可能被俘虏；性情暴躁易怒，就可能受到敌人的轻侮而妄动；廉洁好名，过于自尊，就可能会被羞辱而失去理智；溺爱民众，就可能导致烦扰而陷于被动。所有这五种情况，是将帅易犯的过失，给指挥用兵带来灾难。全军覆没，将帅被杀，一定是因为这五种致命弱点引起的，因此不可不充分地去认真考察和了解。

行军第九

【题解】

孙武在本篇中主要论述了行军作战、处置军队、判断敌情等几个问题。他在本篇中提出了三十三种观察、判断敌情的方法，只有通过这些方法，把侦察到的情况加以分析、判断，才能真正掌握敌情，才能真正制定出切实可行的作战方案，从而取得最后的胜利。孙武在本篇中还提出了"令之以文，齐之以武"的文武兼用的治军原则，赏罚要适时适度，这也是孙武军事思想的一个重要组成部分。

———————————

孙子曰：凡处军、相敌①，绝山依谷②，视生处高③，战隆无登④，此处山之军也。绝水必远水⑤，客绝水而来⑥，勿迎之于水内，令半济而击之⑦，利；欲战者，无附于水而迎客⑧；视生处高，无迎水流⑨，此处水上之军也。绝斥泽⑩，唯亟去无留⑪；若交军于斥泽之中，必依水草而背众树⑫，此处斥泽之军也。平陆处易而右背高⑬，前死后生⑭，此处平陆之军也。凡此四军之利，黄帝之所以胜四帝也⑮。

【注释】

①处军：指行军作战中对军队的处置。相敌：指观察、判断敌情。

②绝山依谷：意谓行军经过山地时要靠近山谷。绝，《淮南子·时则训》"自昆仑东绝两恒山"，注云："绝，犹过也。"古代凡穿越山地或穿越其他地形都可称之为"绝"。依，靠近。

③视生处高：指驻扎时要选择向阳的高地。曹操注云："生者，阳也。"作战的地形有"生地"和"死地"之分，"生地"即指向阳开阔的地方。处，居。

④战隆无登：意谓与占据高地的敌人作战时不要仰攻。隆，指高地。登，攀登。

⑤绝水必远水：渡过水后一定要在离水远的地方扎营。绝水，横渡江河。绝，《广雅·释诂二》："绝，渡也。"

⑥客：古代交战时把进攻的一方称为"客"，防守的一方称为"主"。银雀山汉简《孙膑兵法》有《客主人分》篇。

⑦半济而击之：待敌人渡过一半时开始进攻他。济，渡。《吴子·料敌》篇里也说："涉水半渡，可击。"战国以来，"半济而击"已成为基本的战略战术，历史上以此取胜的战例也有很多。但也有不肯"半济而击"而招致败绩者，如《左传·僖公二十二年》记载的宋楚泓之战，因宋襄公坚持古代战法而招致失败，就是典型的例子。

⑧无附：不要靠近。附，靠近，接近。

⑨无迎水流：意谓不要驻扎在江河的下游。

⑩绝斥泽：指部队通过盐碱、沼泽之地。斥，盐碱地。泽，沼泽之地。

⑪亟（jí）：急切，赶快。

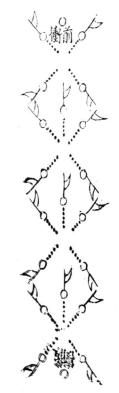

九锁连环阵图
明刊本《兵录》插图。

⑫背众树：背靠大树林。古代兵家处军面向开阔，背有依托。斥泽之中没有高地可以依托，故背靠树林作为依托。

⑬平陆处易：意谓在平原地带要选择平坦的地方设营。平陆，平原。易，平坦。右背高：右侧和背后要依托高地。古代兵家处军，前面和左侧面要平坦开阔，后面和右侧面要有高险可依。阴阳家也认为左前（东南）为阳，右背（西北）为阴，应背阴向阳。

⑭前死后生：前低后高。低地为死地，高地为生地。前与敌战，不战则死；后依高山，故称"后生"。

⑮黄帝之所以胜四帝也：意谓这就是黄帝之所以能战胜其他四帝的原因。黄帝，即轩辕，古代传说中的部落联盟首领。四帝，指四方氏族的首领。中国古代帝系传说，有代表各族姓氏所出的太皞（伏羲）、少皞、黄帝、炎帝、颛顼等帝。李零认为，春秋战国以来五行之说盛行，这些帝名形成与五方、五色相配的系统，即东方青帝太皞、南方赤帝炎帝、西方白帝少皞、北方黑帝颛顼、中央黄帝。黄帝胜四帝之说，见简本《孙子兵法》佚篇《黄帝伐赤帝》《大戴礼·五帝德》等书，据《黄帝伐赤帝》讲，黄帝胜四帝是靠"右阴，顺术，倍冲"，所说即左前为阳，右背为阴的处军之法，这也证明《孙子兵法》里有"兵阴阳"之说的又一证据。

【译文】

孙子说：凡是部署军队和判断敌情时，应该注意，行军经过山地时要靠近有水草的溪谷，驻扎在居高向阳的地方，敌人占领高地时不要仰攻，这是在山地部署军队的原则。横渡江河以后，应在远离水流的地方驻扎，敌人渡水来战，不要在水上迎击，而要在敌人部分已渡、部分未渡时发起攻击，这样最为有利；如果要与敌人决战，不要紧靠水边迎敌，要居高向阳，不要驻扎在江河的下游，这是在江河地带部署军队的原则。通过盐碱沼泽地带时，要迅速离开，不要停留；如果在盐碱沼泽地带与敌军相遇，那就一定要占据靠近水草而背靠树林的地方，这是在盐碱沼泽地带部署军队的原则。在平原地带要选择平坦的地方安营，而右侧和背面要依托高地，前低后高，这是在平原地带部署军队的原则。以上四种处置军队的好处，就是黄帝之所以能战胜其他四帝的重要原因。

凡军好高而恶下①，贵阳而贱阴②，养生而处实③，军无百疾，是谓必胜。丘陵堤防，必处其阳而右背之④，此兵之利，地之助也⑤。

【注释】

① 好（hào）：喜欢。恶（wù）：厌恶，讨厌。

② 贵阳：以左前向阳为贵。贵，这里是重视的意思。贱阴：以右背背阴为贱。贱，轻视。这里有避开的意思。

③ 养生而处实：指军队要驻扎在水草丰茂、地势较高的地方。养生，指据有水草之利。处实，指依托高地而处。

④ 必处其阳而右背之：意谓军队一定要驻扎在前面向阳、背靠高山的地方。阳，古代以山南

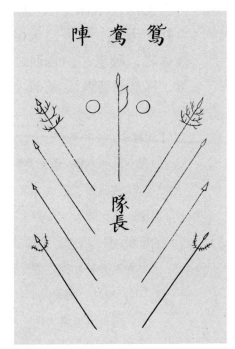

鸳鸯阵图
明刊本《兵录》插图。

为阳。右背之，古代方位概念，一般以南为前，北为后，东为左，西为右。"右背之"就是说要以西、北方向的丘陵、堤防为依托。

⑤地之助：得到地形的辅助。

【译文】

大凡驻军都是喜欢干燥的高地，厌恶潮湿的洼地；重视向阳之处，避开阴暗之地；军队要驻扎在接近水草、地势较高的地方，将士百病不生，这样才会有战胜敌人的把握。在丘陵堤防地域，一定要占领向阳的一面，并且背靠高地，这些对作战有利的条件，是得益于地形的辅助。

上雨，水沫至①，欲涉者②，待其定也。凡地有绝涧、天井、天牢、天罗、天陷、天隙③，必亟去之④，勿近也。吾远之，敌近之；吾迎之，敌背之。军旁有险阻、潢井葭苇、林木蘙荟者⑤，必谨复索之⑥，此伏奸之所处也。

【注释】

①上雨，水沫至：银雀山竹简本《孙子兵法》作"上雨水，水流至"。"沫"字当为"流"字之误。这句话的意思是说上游下雨，水流而至。

②涉：徒步蹚水。

③绝涧：两山壁立，水流其间的地方。天井：四周高峻，中间低洼，形若深井的地方。天牢：三面绝壁，易进难出的地方。曹操注："深山所过，若蒙笼者，为'天牢'。"天罗：林深草茂，形若网罗，进出两难的地方。天陷：地势低洼，沼泽连绵，泥泞易陷的地方。"天陷"银雀山竹简本《孙子兵法》作"天勦"，《孙膑兵法》作"天柖"，都是从"召"得声字，而"陷"是从"臽"得声字，

疑与"召"字形近而误。天隙：地形狭窄如缝的地方。银雀山竹简本《孙子兵法》作"天郤"，"郤"同"郤"，"郤"与"隙"古为通假字。

④去：离开。

⑤潢（huáng）井：指内涝积水，地势洼陷的地方。葭（jiā）苇：芦苇。这里指长满芦苇的地方。林木翳荟（yì huì）：指草木长得很茂盛的山林地带。

⑥必谨复索之：必须仔细、反复地搜索它。谨，仔细。复，反复。索，搜索。

【译文】

上游下雨，洪水突至，如果要徒步涉水，应等待水势平稳以后再过河。凡是遇到"绝涧""天井""天牢""天罗""天陷""天隙"这几种地形时，一定要迅速离开，不要接近。我们应该远离这些地形，而让敌人去靠近它；我们应面向这些地形，而让敌人去背靠它。行军在山川险阻、芦苇丛生的低洼地、草木茂盛的山林地区，一定要谨慎反复地搜索，这些地方都可能是敌人埋设伏兵和隐伏奸细之处。

敌近而静者，恃其险也①；远而挑战者，欲人之进也；其所居易者②，利也。众树动者，来也；众草多障者，疑也③；鸟起者，伏也；兽骇者，覆也④。尘高而锐者⑤，车来也；卑而广者，徒来也；散而条达者⑥，樵采也⑦；少而往来者，营军也。辞卑而益备者⑧，进也；辞强而进驱者，退也；轻车先出居其侧者，陈也⑨；无约而请和者，谋也；奔走而陈兵车者，期也⑩；半进半退者，诱也。杖而立者，饥也⑪；汲而先饮者⑫，渴也；见利而不进者，劳也。鸟集者，虚也；夜呼者，恐也；军扰者，将不重也⑬；旌旗动者，乱也；吏怒者，倦也；杀马肉食者⑭，军无粮也，悬缻不返其舍者⑮，穷寇也；谆谆翕翕⑯，徐与人言者⑰，失众也；数赏者⑱，窘也；数罚者，困也；先暴而后畏其众者，不精之至也⑲；来委谢者⑳，欲休息也㉑。

【注释】

①恃：依仗，依赖。

②易：平地。利：指地利。

③众草多障者，疑也：曹操注云："结草为障，欲使我疑也。"障，指障碍物。疑，迷惑。

④兽骇者，覆也：曹操注："敌广陈张翼，来覆我也。"意谓野兽惊骇奔逃，说明有伏兵。覆，指伏兵。

⑤锐：尖。这里指尘土飞扬得高而尖。

⑥条达：杜牧曰："纵横断绝貌也。"这里指尘土飞扬得散乱而细长。

⑦樵采：打柴。

⑧辞卑：言辞谦卑。益备：加紧备战。

⑨陈：同"阵"。这里作动词讲，指布阵。

⑩期：也叫"期会"，指按期交合作战。

⑪杖而立者，饥也：意谓敌人拄着兵器而立，说明他们处于饥饿的状态。

⑫汲：从井里打水。

⑬军扰者，将不重也：意谓军中发生骚乱，是因为将领没有威力的原因。

⑭杀马肉食：意谓军队用粮食喂马然后宰杀战马吃肉。

⑮军无粮也，悬锜（fǒu）：指军中无粮，收拾起炊具。锜，宋本作"缶"，"锜"通"缶"，陶制的炊具，这里泛指一切炊具。

⑯谆谆（zhūn）：恳切貌。谕谕（xī）：和顺貌。这里是指士卒们在一起絮絮不休地低声议论。

⑰徐：慢慢地。

⑱数（shuò）赏：不断地奖赏。数，多次，屡次。

⑲不精之至：指将帅不精明到了极点。精，精明。

⑳来委谢：指敌人派使者来送礼道歉。古代相见，馈赠礼物叫"委质"。谢，告。

㉑休息：这里是休兵息战的意思。

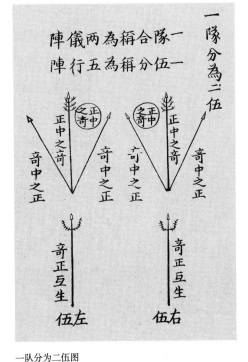

一队分为二伍图
明刊本《兵录》插图。

【译文】

敌人离我军很近却很安静，是倚仗它占领了险要的地形；敌人离我军很远却向我挑战，是企图引诱我军进兵；敌人占据了平坦的地方，是因为它拥有了地利。许多树木枝叶摇动，是敌人隐蔽前来；草丛中设有许多遮障物，是敌人布下的疑阵；群鸟惊飞，是下面有埋伏；野兽骇奔，是敌人大举前来偷袭；尘土飞扬高而锐直，是敌人的战车向我驶来；尘土低而宽广，是敌人徒步向我开来；尘土飞扬散乱断续不连，是敌人正遣人打柴；尘土少而时起时落，是敌人正在安营扎寨。敌人使者的言辞

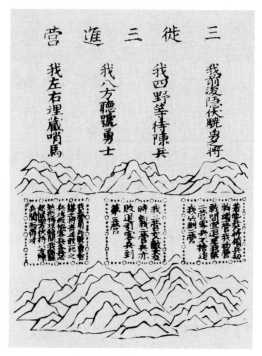

"三徙三进"安营法
明刊本《兵录》插图。

谦卑却又在加紧战备，是准备要进攻作战；敌人使者的言辞强硬而军队又做出前进姿态，是准备要撤退；敌人的轻车先出动并且部署在两侧，是在布置作战的阵势；敌人事先没有约定而突然前来讲和，是其中另有阴谋；敌人急速奔走并排列阵势，是准备按期与我交合作战；敌人若半进半退，是企图引诱我军。敌兵挂着兵器站立的，是饥饿的表现；负责供水的士兵打了水先自己喝的，是干渴的表现；敌人见利而不进兵争夺的，是疲劳的表现。敌人营寨上集聚鸟雀的，这表明军营是空营；敌人夜间有人惊叫的，是恐惧的表现；敌营浮动纷乱的，是敌将没有威严的表现；敌人的旗帜摇动不整齐的，是敌军队伍混乱的表现；敌军军吏容易发怒的，是疲倦的表现；敌军宰杀战马吃肉，收拾起一切炊具，不回营舍的，是军中无粮，陷入绝境的表现；士卒们絮絮不休地低声议论的，是敌将失去了人心的表现；不断地犒赏士卒的，是敌军一筹莫展的表现；不断地处罚部属的，是敌军陷入窘境的表现；敌军将帅先强暴而后又害怕部下的，是最不精明将领的表现；派使者来送礼谢罪的，是敌人想休兵息战的表现。

兵怒而相迎，久而不合[①]，又不相去，必谨察之。

【注释】

①合：指交战、交锋。

【译文】

敌人盛怒而来，但久久不肯交锋，又不撤退，遇到这种情况，一定要谨慎地观察其意图。

兵非贵益多也，惟无武进^①，足以并力、料敌、取人而已^②；夫惟无虑而易敌者^③，必擒于人^④。

【注释】

①惟无武进：只要不盲目冒进。惟，只要。武进，轻举妄动，盲目冒进。

②并力：指集中兵力。料敌：判断敌情。取人：战胜敌人。

③无虑而易敌：意谓没有深谋远虑却轻视敌人。易，轻视。

④必擒于人：一定会被敌人所擒获。

【译文】

用兵打仗并非兵力越多越好，只要不轻敌冒进，并集中兵力，判明敌情，就能取胜于敌人。只有那种无深谋远虑而又轻敌妄动的，一定会被敌人所擒获。

卒未亲附而罚之则不服^①，不服则难用也。卒已亲附而罚不行，则不可用也。故令之以文，齐之以武^②，是谓必取^③。令素行以教其民^④，则民服；令素不行以教其民，则民不服。令素行者，与众相得也^⑤。

【注释】

①亲附：亲近依附，真心拥戴。

②令之以文，齐之以武：用奖赏来团结士卒，用惩罚来教育士卒。"文"指赏，"武"指罚。《管子·禁藏》："赏诛为文武。"注云："赏则文，诛则武。"曹操注云："文，仁也；武，法也。"

③必取：必定取胜。

④素行：指平素就一贯执行。素，平素。

⑤与众相得：意谓与士卒相处，建立起了相互信任的关系。相得，相投合。

【译文】

如果士卒还没有真心依附就惩罚他们，那么他们就会不服从，不服从就难以使用。如果士卒已经真心依附而惩罚仍不能执行，也不能用来作战。所以要用奖赏来团结士卒，用军纪军法统一步调，这样的军队战之必胜。平素严格执行军令，并用奖赏来团结士卒，士卒就会服从；平素不严格执行军令，也不用奖赏来团结士卒，士卒就会不服从。平时军令能够执行的，就能与士卒相处，建立起了相互信任的关系。

地形第十

【题解】

本篇主要从“地形”的角度论述了军队在不同地形条件下的行动原则，并强调将帅要重视对地形的研究和利用。因为“地形”是战争中经常要遇到的客观条件，地形之高低险阻，战况之复杂多变，指挥战争的人不可不认真考虑。孙武在文中从不同的角度说明了地形与作战有着密切的关系，他明确地指出“地形者，兵之助也”，行军打仗如能“知彼知己”，则“胜乃不殆”；如能“知天知地”，则“胜乃可全”。

孙子曰：地形有通者①，有挂者②，有支者③，有隘者④，有险者⑤，有远者⑥。我可以往，彼可以来，曰通；通形者，先居高阳，利粮道，以战则利。可以往，难以返，曰挂；挂形者，敌无备，出而胜之；敌若有备，出而不胜，难以返，不利。我出而不利，彼出而不利，曰支；支形者，敌虽利我，我无出也；引而去之，令敌半出而击之，利。隘形者，我先居之，必盈之以待敌⑦；若敌先居之，盈而勿从，不盈而从之。险形者，我先居之，必居高阳以待敌；若敌先居之，引而去之，勿从也。远形者，势均难以挑战⑧，战而不利。凡此六者，地之道也⑨，将之至任⑩，不可不察也。

【注释】

①通：指四通八达之地。

②挂：指易往难返之地。

③支：指谁先出发都不利之地。

④隘：指出口狭窄的地方。曹操注云："隘形者，两山之间通谷也，敌怒势不得扰我也。"

⑤险：指山峻深谷之地。

⑥远：路途遥远之地。

⑦盈：指用重兵堵塞、控制隘口。盈，满。这里是堵的意思。

⑧势均：势均力敌。

⑨地之道：指利用地形的原则。道，道理，原则。

⑩至任：至关重要的责任。至，极，最，重要。

【译文】

孙子说：地形有"通形""挂形""支形""隘形""险形""远形"六种。凡是我们可以去、敌人也可以来的地域，叫作"通形"；在"通形"地域里，应抢先占领开阔向阳的高地，有利于粮道畅通，这样与敌人交战则利。凡是可以前进、难以返回的地域，称作"挂形"；在"挂形"的地域里，敌人如果没有防备，我们突

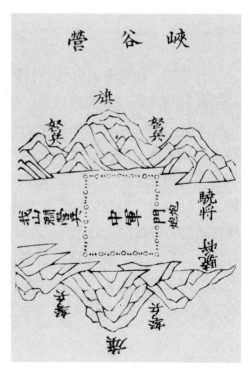

峡谷安营法
明刊本《兵录》插图。

击就能取胜；如果敌人有所防备，出击又不能取胜，就难以返回，这就对作战不利。凡是我军出击不利，敌人出击也不利的地域叫作"支形"；在"支形"的地域里，敌人虽然以利相诱我军，我们也不要出击；应该率军撤离，诱使敌人出击一半时再回师反击，这样才会对我有利。在"隘形"的地域里，我们应该抢先占领，一定要用重兵完全控制隘口，以等待敌人的到来；如果敌人抢先占据了隘口，并用重兵把守，我们就不要进击；如果敌人没有用重兵扼守隘口，那么就迅速攻取它。在"险形"的地域里，如果我军抢先占领，就一定要占据开阔向阳的高地来等待敌人；如果敌人抢先占领，就要率军主动撤离，不要去跟他交锋。在

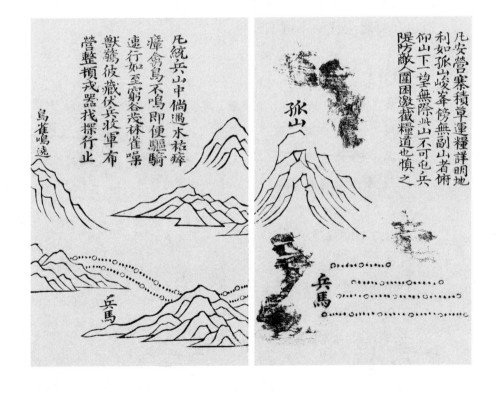

"远形"的地域里，敌我双方势均力敌，不宜挑战，如果勉强求战将对我不利。以上六点，是有效利用地形的原则。这是将帅们至关重要的责任，不可不认真考察研究。

　　故兵有走者、有弛者、有陷者、有崩者、有乱者、有北者①，凡此六者，非天之灾，将之过也。夫势均，以一击十，曰走。卒强吏弱，曰弛。吏强卒弱，曰陷。大吏怒而不服②，遇敌怼而自战③，将不知其能，曰崩。将弱不严，教道不明④，吏卒无常，陈兵纵横⑤，曰乱。将不能料敌，以少合众，以弱击强，兵无选锋⑥，曰北。凡此六者，败之道也，将之至任，不可不察也。

【注释】

①故兵有走者、有弛者、有陷者、有崩者、有乱者、有北者：意谓用兵作战一般有"走""弛""陷""崩""乱""北"六种失败的情况。走，败走。《广雅·释诂二》："走，去也。"弛，废弛。陷，陷败。崩，崩溃。北，败北。也是败退的意思。

②大吏：指比较小的军官。曹操注云："大吏，小将也。"

③敌怼（duì）：冤家对头的意思。《说文》云："怼，怨也。"

④教道：约束训导士卒的方法和原则。

⑤陈兵纵横：这里指出兵作战列阵，队形纵横杂处，乱七八糟。陈，同"阵"，指作战排列的阵形。

⑥选锋：指精选出有战斗力的士卒组成的先锋部队。

【译文】

所以军队作战有"走""弛""陷""崩""乱""北"六种打败的情况，

这六种情况的发生，并不是由天灾所造成的，而是由将帅的过失所致。双方势均力敌的情况下，以一击十而造成失败的，叫作"走"。士卒强悍而将吏懦弱造成失败的，叫作"弛"。将吏强悍而士卒懦弱造成失败的，叫作"陷"。副将怨怒而不服从指挥，遇到敌人擅自出战，主将又不了解他们的能力而加以控制，因此而造成失败的，叫作"崩"。将吏懦弱又缺乏威严，治军没有章法，吏卒无所遵循，列兵布阵又杂乱无常，因此而造成失败的，叫作"乱"。将吏不能分析判断敌情，以少击众，以弱击强，又没有精锐先锋部队，因而造成失败的，叫作"北"。以上六种情况，都是导致失败的原因。这是将帅们至关重要的责任，不可不认真考察研究。

　　夫地形者，兵之助也①。料敌制胜，计险厄远近②，上将之道也③。知此而用战者必胜，不知此而用战者必败。故战道必胜④，主曰无战，必战可也；战道不胜，主曰必战，无战可也。故进不求名，退不避罪，唯人是保⑤，而利于主⑥，国之宝也。

【注释】

①助：辅助。

②险厄：地势险要的地方。厄，险要。

③上将：大将，主将。道：指职责。

④战道：指战场上的实际情况。

⑤唯人是保：只求保护百姓。人，唐人避李世民讳改"民"为"人"，宋人从之。

⑥利于主：符合国君的利益。主，指国君。

【译文】

地形，是用兵打仗的辅助条件。判断敌情而夺取胜利，考察地形的险易，计算道路的远近，这是上将的职责。知道这些然后去指挥作战的，必定能取得胜利，不了解这些而去指挥作战的，必定要失败。所以掌握了战场情形就一定能取得胜利，即使君主说不要打，也可以坚持去打；根据战场情形不能取得胜利，即使君主说一定要打，也可以不去打。所以作为一个将帅，应该进不企求战胜的名声，退不回避违命的责任，只求保全百姓，符合国君的利益，这样的将帅才是国家的宝贵人才。

视卒如婴儿①，故可与之赴深谿②；视卒如爱子，故可与之俱死。爱而不能令③，厚而不能使④，乱而不能治，譬若骄子⑤，不可用也。

【注释】

①视：这里是看作、对待的意思。

②深谿：很深的山涧河沟，喻指危险的地带。

③爱：这里是贬义，指溺爱。本句意谓溺爱而不能指挥。

④厚：指待遇比较丰厚。本句意谓待遇丰厚而不能使用。

⑤骄子：娇生惯养的孩子。

【译文】

对待士卒像对待婴儿一样，士卒就可以跟随你共赴艰险；对待士卒像对待爱子一样，士卒就可以与你同生共死。但是，对士卒溺爱而不能指挥，对士卒待遇丰厚而不能使用，违反纪律而不能惩治，这就好像娇惯坏的孩子一样，是不能用来打仗的。

知吾卒之可以击，而不知敌之不可击，胜之半也；知敌之可击，而不知吾卒之不可以击，胜之半也；知敌之可击，知吾卒之可以击，而不知地形之不可以战，胜之半也。故知兵者①，动而不迷②，举而不穷③。故曰：知彼知己，胜乃不殆④；知天知地，胜乃可全。

【注释】

①知兵：指通晓用兵作战的人。

②动而不迷：指行动起来不迷失方向。也含有不盲动的意思。

③举而不穷：指作战时所采取的战略战术是变化无穷的。

④不殆：不会有危险。

【译文】

只知道自己的部队可以进攻，而不知道敌人不可以进攻，取胜的可能只有一半；只了解敌人可以进攻，而不了解自己的部队不可以进攻，取胜的可能也只有一半；知道敌人可以进攻，也知道自己的部队可以进攻，然而不了解地形不利于作战，取胜的可能仍然只有一半。所以通晓用兵作战的人，他行动起来决不会盲动，他的战略战术的变化是无穷的。所以说，了解对方，了解自己，争取胜利就不会有危险；懂得天时，懂得地利，取得胜利就万无一失了。

九地第十一

【题解】

所谓“九地”就是指九种不同的作战地形，从内容上看，似乎是上篇《地形》的姊妹篇。在本篇中，孙武主要论述了在这九种地域作战的用兵原则，并强调要善于掌握官兵在不同作战地域的不同心理状态，以便采取相应的作战策略。孙武在本篇中提出了“兵之情主速，乘人之不及，由不虞之道，攻其所不戒也”，“齐勇若一”，“刚柔皆得”，“携手若使一人”，“并敌一向，千里杀将”等作战原则，一直为古今中外的军事家所推崇。

孙子曰：用兵之法，有散地^①，有轻地^②，有争地^③，有交地^④，有衢地^⑤，有重地^⑥，有圮地^⑦，有围地，有死地。诸侯自战其地者^⑧，为散地。入人之地而不深者，为轻地。我得亦利，彼得亦利者，为争地。我可以往，彼可以来者，为交地。诸侯之地三属^⑨，先至而得天下众者，为衢地。入人之地深，背城邑多者，为重地。行山林、险阻、沮泽，凡难行之道者，为圮地。所由入者隘^⑩，所从归者迂^⑪，彼寡可以击吾之众者，为围地。疾战则存^⑫，不疾战则亡者，为死地。是故散地则无战^⑬，轻地则无止^⑭，争地则无攻，交地则无绝^⑮，衢地则合交^⑯，重地则掠^⑰，圮地则行^⑱，围地则谋^⑲，死地则战。

【注释】

①散地：在自己的领土上作战叫"散地"。散，相对"专"而言，孙武认为士卒在本土作战则思土恋家，容易涣散，入敌境作战则思想专一。

②轻地：进入敌境不深的地方叫"轻地"。轻，相对"重"而言，孙武认为进入敌境不深，危急时士卒易于轻返。

③争地：谁先占领谁就有利的必争之地叫"争地"。

④交地：道路四通八达之地叫"交地"。

⑤衢地：与多国接壤之地叫"衢地"。

⑥重地：深入敌境较深而且背后有很多城邑的地方叫"重地"。

⑦圮地：有山林、险阻、沮泽等难行之地为"圮地"。

⑧者：下文各句有"者"字，文通意顺。此句缺，《魏武帝注孙子》本、宋本有"者"字，据补。

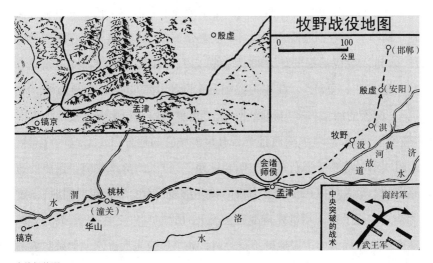

古战场牧野
《史记·周本纪》记载，殷纣王杀比干，囚箕子。武王遍告诸侯，讨伐商纣王。双方军队在商郊牧野（今河南淇县南）交战。商纣王"发兵七十万人拒武王"，纣师虽众，无心战斗，皆倒戈叛纣，最后商朝惨败。

⑨三属：指敌我和其他邻国连接的地方。

⑩隘：狭窄。

⑪迂：迂回曲折。

⑫疾战：指拼死作战。

⑬散地则无战：指士卒之心涣散则不能作战。

⑭无止：不能停留。

⑮无绝：不要断绝联络，隔绝队伍。

⑯合交：指结交邻国，搞好关系。

⑰掠：掠夺。意谓进入敌境较深，容易造成给养不继，所以要掠夺
　　敌国供养。

⑱圮地则行：意谓在"圮地"要迅速通过。

⑲围地则谋：这里是说在"围地"要用计谋突围而出。

【译文】

　　孙子说：根据用兵作战原则，军事地理上有散地、轻地、争地、交地、衢地、重地、圮地、围地、死地之分。在自己的领土上作战叫"散地"。进入敌境不深的地方叫"轻地"。我方占领有利，敌方占领也有利的地方叫"争地"。我军可以前往，敌军也可以前来的地方叫"交地"。诸侯的国土与多国相毗邻，先到者就可以获得多方支援的地方叫"衢地"。深入敌境纵深而且背后有很多城邑的地方叫"重地"。山林、险阻、沼泽等难于通行的地方叫"圮地"。进入的道路狭窄，退出的道路迂曲，敌人可以用少量兵力攻击我方众多兵力的地方叫"围地"。拼死奋战就能生存，不拼死奋战就会覆灭的地方叫"死地"。所以处于散地就不要作战；处于轻地就不要停留；遇争地应先敌占领，如果敌人已先占领，就不要强攻；处于交地就不要断绝联络；处于衢地就要结交邻国；处于重地就要掠取敌国；处于圮地就要迅速通过；陷入围地就要用

计谋突围；处于死地就要迅猛奋战，死中求生。

古之所谓善用兵者，能使敌人前后不相及^①，众寡不相恃^②，贵贱不相救^③，上下不相收^④，卒离而不集，兵合而不齐。合于利而动，不合于利而止。敢问："敌众整而将来，待之若何？"曰："先夺其所爱^⑤，则听矣。"兵之情主速^⑥，乘人之不及，由不虞之道^⑦，攻其所不戒也^⑧。

【注释】

①相及：互相照顾。及，顾及。

②相恃：互相依靠、依恃。

③贵贱：身份高的和身份低的。这里指军官和士卒。

④收：聚集，收拢，统属。

⑤爱：这里指要害的、重要的，敌人所重视的地方。

⑥兵之情主速：即"兵贵神速"的意思。情，情理。主，重在。

⑦不虞：指料想不到的。

⑧戒：戒备，防备。

【译文】

古代善于用兵作战的人，能使敌人前后部队无法相互策应，主力和小部队无法相互依靠，军官和士卒之间无法相互救援，上级和下级之间不能互相统属，士兵分散后不能集中，兵力集中了又不能整齐。对我有利就打，对我无利就停止行动。试问："如果敌人人多势众且又阵势严整前来与我作战，该用什么办法对付呢？"回答是："先夺取敌人重视的要害之地就能使其就范。"用兵之理贵在神速，要乘敌人措手不及的时候，由敌人意料不到的道路前进，去攻击敌人没有戒备的地方。

凡为客之道①，深入则专②，主人不克③；掠于饶野④，三军足食；谨养而勿劳⑤，并气积力；运兵计谋⑥，为不可测。投之无所往⑦，死且不北。死焉不得⑧，士人尽力！兵士甚陷则不惧，无所往则固⑨，深则拘⑩，不得已则斗。是故其兵不修而戒⑪，不求而得，不约而亲⑫，不令而信⑬。禁祥去疑⑭，至死无所之。

【注释】

①客：客军。指离开本土进入别国作战的军队。

②专：专心一致。

③主人不克：指被进攻的一方不能战胜进攻的一方。主，指在本土作战的一方。

④饶野：指长满庄稼之地。

⑤谨养而勿劳：小心保养，勿使劳累。

古战场赤壁（《赤壁赋图》局部）

公元208年，曹操与孙权、刘备联军在赤壁交战。曹操亲率二十万大军南下，企图一举吞并江南。孙权、刘备联合，以火攻打败曹操，奠定了三国鼎立的局面。

⑥运兵：指部署兵力。

⑦投之无所往：意谓把军队置于无路可走的绝境。投，置。

⑧死焉不得：意谓拼死求胜，怎能不胜。焉，文言疑问词，怎么。

⑨固：稳固，坚定。这里指军心稳定。

⑩拘：拘束，束缚。这里是军心凝聚的意思。

⑪不修而戒：意谓不待整治督促就能加强戒备。修，整治。戒，戒备。

⑫不约而亲：意谓不用约束就能亲近团结。

⑬不令而信：不用命令就能信守服从。信，信从。

⑭禁祥去疑：意谓禁止迷信活动，消除疑虑。祥，妖祥。这里指占卜等活动。

【译文】

大凡进入敌国境内作战的原则是，深入敌境则军心就会专心一致，敌军就无法取胜；在敌国富饶的地区掠取粮草，三军就有了足够的给养；注意休养士卒，不要使其劳累，鼓足士气，积聚力量；部署兵力要巧设计谋，使敌人无法判断我军的意图。把部队置于无路可走的绝境，士卒就会拼死不败退。士卒既能拼死尽力，怎么会不取胜呢！士卒深陷险境，就无所畏惧，无路可走，军心就会稳固，士卒深入敌境就不易涣散，迫不得已就会殊死决战。因此，这样的军队不待整治督促就能加强戒备，不用强求就能执行任务，无须约束就能亲密团结，不用命令就能信守服从。禁止迷信活动，消除士卒的疑虑，他们至死也不会逃避。

吾士无余财，非恶货也①；无余命，非恶寿也。令发之日，士卒坐者涕沾襟②，偃卧者涕交颐③。投之无所往，则诸、刿之勇也④。

【注释】

①恶（wù）货：厌恶财货。恶，厌恶，不喜欢。

②坐者涕沾襟：意谓坐着的士卒，眼泪沾湿了衣襟。涕，眼泪。襟，衣襟。

③偃卧者涕交颐：意谓躺着的士卒泪流满面。偃，仰倒。颐，面颊。

④诸、刿（guì）之勇：就像专诸和曹刿一样的勇敢。诸，即专诸，春秋末期吴国的刺客，曾为吴国的公子光（即阖庐）刺杀吴王僚。事见《史记·刺客列传》《左传·昭公二十年、二十七年》等书。刿，即曹刿，又名曹沫，春秋时期鲁国的勇士，曾在齐、鲁两国的盟会上劫持了齐桓公。两人都是春秋时的勇士。

【译文】

我军士卒没有多余的钱财，并不是他们不喜欢钱财；士卒置生死于度外，并不是他们不想长寿。当作战命令下达的时候，坐着的士卒泪沾衣襟，躺着的士卒泪流满面。把士卒置于无路可走的绝境，他们就都会像专诸、曹刿一样勇敢。

故善用兵者，譬如率然①。率然者，常山之蛇也②。击其首则尾至，击其尾则首至，击其中则首尾俱至。敢问："兵可使如率然乎？"曰："可。"夫吴人与越人相恶也，当其同舟济而遇风③，其相救也如左右手。是故方马埋轮，未足恃也④。齐勇若一，政之道也⑤；刚柔皆得⑥，地之理也。故善用兵者，携手若使一人，不得已也。

【注释】

①率然：古代传说中的一种蛇。《神异经·西荒经》里说："西方山

中有蛇，首尾差大，有色五彩，人物触之者，中头则尾至，中尾则头至，中腰则头尾并至，名曰率然。"

②常山：即恒山，西汉因避汉文帝刘恒讳，改"恒"作"常"。恒山，在今河北曲阳西北与山西接壤处。

③同舟济：同舟共济。济，渡。

④方马埋轮，未足恃也：意谓是把马捆缚在一起，把车轮埋起来，以此来防止士卒溃散是靠不住的。曹操注云："方马，缚马也；埋轮，示不动也。"方，并。

⑤政之道：指驾驭士卒的方法。政，这里指御兵之术。

⑥刚柔：强弱。一说，刚柔，指天道阴阳在地形上的反映，即所谓"立天之道曰阴与阳，立地之道曰刚与柔"。见《周易·说卦》，韩康伯注："在天成象，在地成形，阴阳者言其气，刚柔者言其形。"

【译文】

所以善于用兵作战的人，能使部队像率然蛇一样。"率然"是常山上的一种蛇。打它的头部，尾巴就来救应；打它的尾部，头部就来救应；打它的腰部，头尾都来救应。试问："用兵作战可以使军队像率然蛇一样吗？"回答说："可以。"吴国人和越国人虽然互相仇视，但当他们同舟共济而遇上大风时，他们之间相互救援就如同人的左手、右手一样。所以把马捆缚在一起，把车轮埋起来，以此来防止士卒溃散是靠不住的。要想使部队齐心奋战如同一个人一样，关键在于驾驭士卒的方法；要使刚柔相得益彰，在于恰当地利用地形。所以善于用兵作战的人，能使全军上下携起手来团结得如同一个人一样，这是因为客观形势迫使士卒不得不这样。

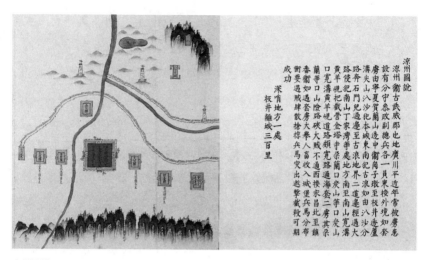

凉州图说
明彩绘本《甘肃镇战守图略》插图。

　　将军之事，静以幽①，正以治②。能愚士卒之耳目③，使之无知。易其事④，革其谋⑤，使人无识；易其居，迂其途，使人不得虑。帅与之期⑥，如登高而去其梯。帅与之深入诸侯之地，而发其机⑦，焚舟破釜⑧，若驱群羊，驱而往，驱而来，莫知所之。聚三军之众，投之于险，此将军之事也。九地之变⑨，屈伸之利⑩，人情之理⑪，不可不察也。

【注释】

①静以幽：冷静而幽深。静，沉着冷静。幽，幽深莫测。“以”与“而”通。

②正以治：公正持重，有条不紊。正，严正。治，不乱。

③愚：愚弄，蒙蔽。

④易其事：指变换任务。易，改变。

⑤革其谋：指改变计划。革，变更。

甘州图说
明彩绘本《甘肃镇战守图略》插图。

⑥帅与之期：指将帅与士卒如期去作战。之，代词，指士卒。

⑦发其机：触动弩机射出箭矢。机，弩机。

⑧焚舟破釜：意谓破釜沉舟，决一死战。焚，焚烧。釜，锅。

⑨九地之变：指在九种地区作战方法的变化。

⑩屈伸之利：指各种变通之利。伸，伸展。

⑪人情之理：指人的心理状态。

【译文】

将军带兵作战，要沉着冷静而幽深莫测，要公正持重，有条不紊。要能蒙蔽士卒的耳目，使他们对于军事行动毫无所知。要变更作战任务，改变作战计划，使他们无法知道为什么要改变；要不时地变换驻地，有意迂回行军，使他们无法推测出行动的意图。将帅与士卒如期去作战，要像登高而抽去梯子一样，断其退路。将帅率领士卒深入诸侯的境地，要像击发弩机、破釜沉舟一样一往无前，就像驱赶羊群一样，驱过来又赶过去，使他们不知道要到何处去。集结三军士卒，把他们置于危险的境地，让他们拼死作战，这就是将军带兵作战的任务。九地之法，要了解其中的变化，可屈则屈可伸则伸，认识当中的利弊，这关乎官兵心理的掌握，都是将帅不能不认真去研究和考察的问题。

凡为客之道，深则专，浅则散。去国越境而师者①，绝地也；四达者，衢地也；入深者，重地也；入浅者，轻地也；背固前隘者，围地也；无所往者，死地也。是故散地，吾将一其志；轻地，吾将使之属②；争地，吾将趋其后③；交地，吾将谨其守；衢地，吾将固其结④；重地，吾将继其食；圮地，吾将进其途⑤；围地，吾将塞其阙⑥；死地，吾将示之以不活。故兵之情：围则御，不得已则斗，过则从⑦。

【注释】

①师：这里用作动词，指打仗。

②属：连属，连续。因为入人之境不深，士卒心里未能专一，所以说"使之属"。

③趋其后：意谓在争取有利地形时，后续部队迅速跟上，所以说"趋其后"。

④固其结：指巩固与诸侯的结盟。结，指结交诸侯。

⑤进其途：占据通道。圮地难行，宜择可行之道，所以说"进其途"。

⑥塞其阙：指堵塞活路。阙，缺口。

⑦过则从：意谓陷入困境太深就会言听计从。过，指深陷险境。

【译文】

大凡进入敌国境内作战的规律是，深入敌境则军心专一，浅入敌境

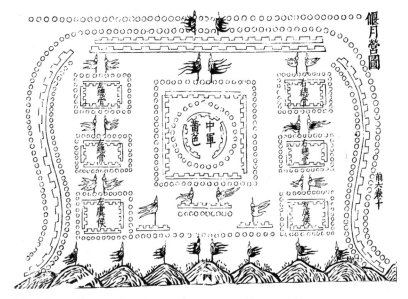

偃月营图
明刊本《武经总要》插图。

则军心涣散。离开国土越过边境去别国作战的，称为"绝地"。四通八
达的地区，叫作"衢地"。进入敌境纵深地区的，叫作"重地"。进入
敌境浅的地区，叫作"轻地"。背后有险阻、前面有隘口的地区，叫"围
地"；无路可走的地区，就是"死地"。因此，在散地要使军队意志专
一，在轻地要使军队紧密连属，在争地要迅速赶到敌人的后面，在交地
要固守，在衢地要巩固与诸侯国的结盟，在重地要保障军需供应，在圮
地就必须迅速通过，在围地就要堵塞活路，在死地就要显示出决一死战
的信念。所以士卒的心理状态是：陷入包围时就会竭力抵御，迫不得已
时就会拼死战斗，深陷险境时就会言听计从。

　　是故不知诸侯之谋者，不能豫交①；不知山林、险阻、
沮泽之形者，不能行军；不用乡导者②，不能得地利。四五

者，一不知③，非霸王之兵也④。夫霸王之兵，伐大国，则其众不得聚；威加于敌，则其交不得合⑤。是故不争天下之交，不养天下之权⑥，信己之私⑦，威加于敌，则其城可拔，其国可隳⑧。

【注释】

①豫交：与诸侯结交。豫，通"与"。

②乡导：即"向导"。乡，通"向"。

③四五者，一不知：上述各类，有一不知。四五者，曹操注云："谓九地之利害。"泛指上述各类情况，犹如"这些""这类"。

④霸王之兵：银雀山汉简作"王霸之兵"，李零认为，古人所说的"王霸"，"王"是最高统治者的称号；"霸"字本作"伯"，是"王"统治下的一方首领。春秋时代的"王霸"理想就是从这种"王"和"伯"发展而来的。

⑤交不得合：指外交不能联合其他诸侯。交，外交。合，联合。

⑥不养天下之权：不去事奉天下的霸权。养，指事奉。

⑦信己之私：指伸张、施展自己的意志。信，通"伸"。李荃注云："惟得伸己之私志。"

⑧隳（huī）：破坏，毁灭。

【译文】

所以不了解诸侯国的战略意图，就不要和他结交；不熟悉山林、险阻、沼泽等地形情况，就不能行军；不用向导，就不能得到地利。上述各类，如有一样不了解，就不能算是王、霸的军队。凡是王、霸的军队讨伐大国，能使敌国的军民来不及聚集；给敌军施加压力，能使敌方的外交不能联合其他诸侯。因此，不必争着同天下诸侯结交，也用不着去事奉天下的霸权，只要能伸张、施展自己的意志，给敌军施加压力，就可以攻取敌人的城邑，摧毁敌人的国家。

施无法之赏^①，悬无政之令^②；犯三军之众^③，若使一人。犯之以事，勿告以言；犯之以利，勿告以害。投之亡地然后存，陷之死地然后生。夫众陷于害，然后能为胜败。故为兵之事，在于顺详敌之意^④，并敌一向^⑤，千里杀将，是谓巧能成事者也。

【注释】

①施无法之赏：意谓施行不合常法规定的奖赏。

②悬无政之令：意谓颁发不合常规的命令。悬，悬挂。这里指颁发。

西汉手持"卜"形戟的武士
"卜"形戟适于骑兵刺杀，钩曲的戟头，可勾可刺，可砍斫可抵挡，杀伤力较强。

③犯三军之众：约束三军士卒。犯，这里是"约束""驱使"之意。

④顺详敌之意：谨慎审察敌人的意图。顺，当读为"慎"。

⑤并敌一向：集中兵力朝一个方向进攻。

【译文】

施行超出常法的奖赏，颁发超出常规的命令，驱使三军之众就如同用一个人一样。驱使士卒执行任务，而不告诉他们其中的意图；以利益来驱使士卒，只告诉他们利益的一面，而不告诉他们危害的一面。把他们置于绝境然后才能得以保存；把他们置于死地然后才能起死回生。三军陷入绝境，然后才能赢得胜利。所以指挥作战的事情，在于详细地观察敌人的意图，集中兵力攻击一点，这样，即使长驱千里，也可以斩杀敌将，这就是所谓应用巧妙的方法而能够达到制胜目的的人。

是故政举之日①，夷关折符②，无通其使③，厉于廊庙之上④，以诛其事⑤。敌人开阖⑥，必亟入之。先其所爱⑦，微与之期⑧。践墨随敌⑨，以决战事。是故始如处女，敌人开户；后如脱兔⑩，敌不及拒。

【注释】

①政举之日：指开战之日。政举，这里指战事谋划已定。

②夷关折符：指封锁关口，废除符节（通行证）。夷关，封关。折，这里是毁坏的意思。符，古代传达命令、调兵遣将的凭证。这里指一种通行凭证。

③无通其使：禁止使节往来。使，使节。

④厉于廊庙之上：在庙堂之上激励。厉，同"励"，磨砺。这里是反复计议的意思。廊庙，即庙堂。

⑤以诛其事：决定战争大事。诛，曹操注云："诛，治也。"引申为商议、决定。

⑥开阖（hé）：开门。这里喻指敌军露出破绽，有机可乘。阖，门扇。

⑦爱：所爱之处。这里指关键、要害。

⑧微与之期：隐藏与之作战的时间。微，隐藏。

⑨践墨随敌：意谓作战计划的实施要随着敌情的变化而变化。践墨，本指木工在木材上先画墨线，然后再随着墨线去加工物件，这里引申为随着敌情的变化而变化。

⑩脱兔：放开的兔子。这里比喻像脱逃的野兔一样行动迅速。

【译文】

所以在决定作战的时候，就要封锁关口，销毁通行凭证，禁止使节往来，要在庙堂上仔细研究敌情，决定战略决策。一旦有机可乘，一定要迅速潜入。首先夺取敌人战略要地，隐蔽与之作战的时间。实施作战计划要随着敌情的变化而变化，来决定自己的作战行动。所以战争开始时就像处女那样显得沉静，敌人就会打开门户；一旦有机可乘，就要像脱逃的野兔一样行动迅速，使敌人来不及抗拒。

火攻第十二

【题解】

孙武专辟一篇，详细地论述了火攻的种类、条件以及实施方法等问题。他认为：实施火攻必须具备一定的条件，火攻器材必须平素就准备好。放火要看准天时，起火要选好日子。更重要的是火攻"必因五火之变而应之"，就是说必须根据火攻后敌情的变化而适时策应，根据具体情况适时地对敌发起进攻，以求扩大战果。孙武在本篇中还特别指出君主和将帅对待战争要慎重从事，提出"主不可以怒而兴师，将不可以愠而致战"，战争的主导者切不可感情用事，"合于利而动，不合于利而止"，这才是"安国全军之道"。

孙子曰：凡火攻有五：一曰火人①，二曰火积②，三曰火辎③，四曰火库④，五曰火队⑤。行火必有因⑥，烟火必素具⑦。发火有时，起火有日。时者，天之燥也；日者，月在箕⑧、壁⑨、翼⑩、轸也⑪。凡此四宿者，风起之日也。

【注释】

①火人：指焚烧敌军的人马。"火"用作动词，即焚烧。下同。

②火积：指焚烧敌军的委积（粮、草）。

③火辎：指焚烧敌军的辎重。

④火库：指焚烧敌军的武库。

⑤火队：指焚烧敌军的隧道。队，通"隧"，指攻城用的地道。

⑥因：条件。

⑦素具：平时就有准备。素，平常，平时。

⑧箕：二十八宿之一，苍龙七宿的末一宿。

⑨壁：二十八宿之一，玄武七宿的末一宿。

⑩翼：二十八宿之一，朱鸟七宿的第六宿。

⑪轸（zhěn）：二十八宿之一，朱鸟七宿的末一宿。

【译文】

孙子说：一般说来，火攻有五种：一是焚烧敌军人马，二是焚烧敌军委积，三是焚烧敌军辎重，四是焚烧敌军军库，五是焚烧敌军攻城用的地道。实施火攻必须具备一定的条件，火攻器材必须平时就准备好。放火要看准天时，起火要选好日期。天时是指气候干燥的季节，日期是指月亮运行到"箕""壁""翼""轸"四个星宿位置的时候。月亮运行到这四个星宿的时候，就是起风的日子。

凡火攻，必因五火之变而应之①。火发于内，则早应之于外。火发而其兵静者，待而勿攻，极其火力②，可从而从之③，不可从则止。火可发于外，无待于内，以时发之。火

《三国演义》"烧藤甲七擒孟获图"

发上风，无攻下风。昼风久，夜风止。凡军必知有五火之变，以数守之④。

【注释】

①必因五火之变而应之：意谓必须根据五种火攻后敌情的变化而适时策应。因，根据。五火，指以上五种火攻的方法。应，策应。

②极其火力：让火尽量燃烧。极，尽。

③从：跟从。这里指进攻。

④以数守之：等待火攻的条件。数，指前面所说的"发火有时，起火有日"等火攻条件。

【译文】

凡用火攻，必须根据五种火攻后敌情的变化而适时策应。在敌营内部放火，就要及时派兵从外面接应。火起之后而敌军的士卒依然毫无动静，就应该等待而不可贸然进攻，让火尽量燃烧后，再根据情况可以进攻就进攻，不可以进攻就停止。火可从外面烧起，就不必等待内应，只要时机成熟点火就行。火从上风点起，不要从下风进攻。白天风刮得久了，夜晚就会停止。军队必须懂得这五种火攻的变化形式，然后耐心等候条件，实施火攻。

故以火佐攻者明①，以水佐攻者强②。水可以绝③，不可以夺④。

【注释】

①以火佐攻者明：指用火来帮助进攻可以壮大其声势。佐，帮助。明，王引之《经义述闻》引王念孙说谓"争明"即"争强"，是

火兵
明刊本《武经总要》插图。

火兽
明刊本《武经总要》插图。

"明"可训"强"。"明"与下文"强"为互文，当为同义。

②强：指增强其威力。

③绝：分割、断绝。

④夺：李零训"夺"为"去"。在这里是赶走的意思。

【译文】

用火来帮助进攻可以壮大其声势，用水来辅助军队进攻可以增强其威力。水可以分割、隔绝敌军，但却不能赶走敌军。

夫战胜攻取，而不修其功者凶①，命曰费留②。故曰明主虑之③，良将修之④，非利不动，非得不用⑤，非危不战。

主不可以怒而兴师⑥，将不可以愠而致战⑦。合于利而动，不合于利而止。怒可以复喜，愠可以复悦，亡国不可以复存，死者不可以复生。故明主慎之，良将警之，此安国全军之道也⑧。

【注释】

①不修其功者凶：意谓不能巩固其胜利成果的就很危险。修，修治。这里引申为巩固。凶，祸。这里是危险的意思。

②命曰费留：这就叫作"白费"（指白白耗费财力、物力）。命，名，

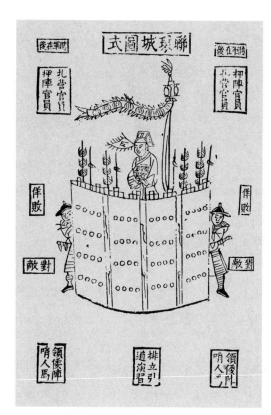

连环城火攻图式
明刊本《武略神机》插图。

叫作。费留，曹操注云："若水之留（流），不复还也。"水不复还即"白流"。一说"费留"是指耗费时日，久留外地。

③虑：考虑。

④修：这里有研究的意思。

⑤非得不用：不能取胜就不用兵。得，得到，收获。这里有取胜的意思。用，指用兵作战。

⑥兴师：兴兵作战。

⑦愠（yùn）：愤怒，恼怒。

⑧全军：保全军队。

【译文】

　　凡是打了胜仗，攻取了土地城邑，而不能巩固其胜利成果的就很危险，这种情况叫作"费留"。所以说明智的君主要慎重地考虑这个问题，贤良的将帅要认真研究这个问题，形势不利就不行动，没有取胜的把握就不用兵，不到危急关头就不开战。君主不能因一时之怒而发动战争，将帅不可因一时之愤而出兵作战。符合国家利益就行动，不符合国家利益就停止。愤怒可以重新变为欢喜，恼怒可以重新转为高兴，但是国家灭亡了就不能复存，士卒死了也不能再生。所以明智的君主应该慎重对待战争，优良的将帅应该警惕战争，这关乎安定国家和保全军队的重要原则。

用间第十三

【题解】

在本篇中，孙武主要论述了使用间谍侦察敌情在作战中的重要意义。文中提出间谍有五种：即乡间、内间、反间、死间、生间。如果五种间谍同时起用，使敌人摸不清我军的行动规律，这就是使用间谍神妙的道理，也是君主克敌制胜的法宝。在本篇中孙武还同时提出"非圣智不能用间，非仁义不能使间，非微妙不能得间之实"，只有"明君贤将"，才能"取于人"，"动而胜人，成功出于众者"，这些都是使用间谍"先知"的结果。

孙子曰：凡兴师十万，出征千里，百姓之费，公家之奉①，日费千金；内外骚动，怠于道路②，不得操事者③，七十万家④。相守数年⑤，以争一日之胜，而爱爵禄百金⑥，不知敌之情者，不仁之至也⑦，非人之将也，非主之佐也，非胜之主也。

【注释】

①奉：供应，指国家开支。

②怠：疲惫，懈怠。

③不得操事者：指不能从事生产的人。操，操作，从事。

④七十万家：曹操注云："古者，八家为邻，一家从军，七家奉之，言十万之师举，不事耕稼者七十万家。"意谓古代八个家庭中

就有一家要去从军，其余七家负责供给，如果兴兵十万，就有
七十万家不能从事正常生产。

⑤相守：相持。

⑥爱爵禄百金：指吝惜爵禄钱财。爱，吝惜。

⑦不仁：没有仁爱之心。

【译文】

孙子说：凡兴兵十万，出征千里，百姓的耗费、公家的开支，每天
要花费千金；国内外动乱不安，军民疲惫地在路上奔波，不能从事正常
生产的有七十万家。双方相持了数年，只是为了夺取最终的胜利，而吝
惜爵禄和钱财，不能掌握敌情而导致失败的，那就是不仁到极点了。这
种人不配做军队的统帅，不配做君主的助手，不配做胜利的主宰者。

　　故明君贤将，所以动而胜人，成功出于众者①，先知
也②。先知者，不可取于鬼神③，不可象于事④，不可验于
度⑤，必取于人，知敌之情者也。

【注释】

①成功出于众者：指成就功业超群拔俗的人。出于众，出类拔萃。

②先知：先知先觉。这里是指事先掌握了敌情。

③取于鬼神：指用祈祷、祭祀等迷信方法去求助于鬼神。取，
求助。

④象于事：指筮占之事。象事，《周易·系辞下》云："吉事有祥，
象事知器，占事知来。""象事"当指易筮的"象数之学"。

⑤验于度：指用日月星辰运行的度数来验证吉凶祸福。验，验证。
度，日月星辰运行的度数。

【译文】

所以贤明的君主和优秀的将帅之所以一出兵就战胜敌人，其功业出类拔萃，就在于事先能掌握敌情。事先掌握了敌情，就不用求神问鬼，不用象数占卜，也不用日月星辰运行的度数来验证吉凶祸福，一定要从那些熟悉敌情的人的口中去获取。

故用间有五：有乡间①，有内间，有反间，有死间，有生间②。五间俱起③，莫知其道④，是谓神纪⑤，人君之宝也。乡间者，因其乡人而用之⑥；内间者，因其官人而用之；反间者，因其敌间而用之⑦；死间者，为诳事于外⑧，令吾间知之，而传于敌间也；生间者，反报也⑨。

苏秦亭

《唐土名胜图会》插图。苏秦为战国时纵横家。至燕，被燕王信任，齐伐燕时，他为燕国到齐国做死间。

【注释】

①乡间：指利用敌国的乡野之民当间谍。

②生间：指到敌方刺探情况后能生还的间谍。

③起：起用。

④莫知其道：使敌人摸不清我军的行动规律。道，途径，规律。

⑤神纪：神秘莫测之道。纪，即"道"。这里有"道理"的意思。

⑥乡人：指敌国的乡间百姓。

⑦敌间：敌方派来的间谍。

⑧诳事于外：故意向外散布虚假的情况，假装泄露机密，以欺骗、迷惑敌人。

⑨反：同"返"，返回。

【译文】

所以使用的间谍有五种：即乡间、内间、反间、死间、生间。五种间谍同时起用，能使敌人摸不清我军的行动规律，这就是使用间谍神妙的道理，也是君主克敌制胜的法宝。所谓"乡间"，就是指利用敌国的乡野百姓当间谍；所谓"内间"，就是利用敌方的官吏做间谍；所谓"反间"，就是使敌方的间谍反为我军所用；所谓"死间"，就是指故意向外散布虚假的情况，并让潜入敌营的我方间谍知道而传给敌人的间谍；所谓"生间"，就是探知敌人情报后能够生还的间谍。

　　故三军之事，莫亲于间①，赏莫厚于间，事莫密于间②。非圣智莫能用间③，非仁义不能使间④，非微妙不能得间之实⑤。微哉！微哉！无所不用间也。间事未发而先闻者⑥，间与所告者皆死。

【注释】

①莫亲于间：没有比间谍更亲信的了。亲，亲信，亲密。

②密：秘密。

③圣智：指才智卓越的人。

④仁义：这里指深仁厚义。

⑤微妙：精细奥妙。微，细心。妙，巧妙。这里指谋虑精细的人。

⑥间事未发：指起用间谍的事还未实施。

【译文】

所以在三军中，没人比间谍更亲密的了，没有比给间谍奖赏更优厚的了，没有比间谍的事更秘密的了。不是才智超群的人不能使用间谍，不是深仁厚义的人不能使用间谍，不是谋虑精细的人不能得到间谍的真实情报。微妙啊微妙！简直是没有什么地方不可以使用间谍的了。起用间谍的事还未实施而泄漏消息的，那么间谍和泄露消息的人都要处死。

　　凡军之所欲击，城之所欲攻，人之所欲杀，必先知其守将、左右、谒者、门者、舍人之姓名①，令吾间必索知之②。

【注释】

①守将：指守城之将。左右：指守将身边的近侍之臣。谒者：指守　　城的门卫。门者：指把守城门的官吏。舍人：指把守寝舍的官吏。

②索：求。这里有"刺探"的意思。

【译文】

凡是要出击敌方的军队，要攻占敌方的城邑，要刺杀敌方的人员，都必须事先探知他们的驻守将领、守将身边的近侍之臣、守城的门卫、把守城门的官吏和把守寝舍的官吏的姓名，命令我方间谍务必将这些情况刺探清楚。

　　必索敌间之来间我者，因而利之①，导而舍之②，故反间可得而用也。因是而知之③，故乡间、内间可得而使也。因是而知之，故死间为诳事，可使告敌。因是而知之，故生间可使如期④。五间之事，主必知之，知之必在于反间，故反间不可不厚也⑤。

【注释】

①利：利用。

②导而舍之：引导他并且把他放回去。

③因是而知之：通过他了解敌人的真实情况。是，代词，指"乡间""内间"。

④如期：指如期返回。

⑤厚：指待遇优厚。

【译文】

　　一定要查清楚前来侦察我军的敌方间谍，要收买利用他，引导他，然后再把他放回去，这样，反间就可以得到并为我所用了。通过反间了解了敌情，所以乡间、内间也就可以利用起来

《三国演义》"群英会蒋干中计图"
《三国演义》第四十五回，孙、刘联军与曹操大战中，周瑜利用蒋干实施反间计，曹操中计，杀掉了深谙水战的蔡瑁、张允。

了。通过反间了解了敌情，就能使死间故意向外散布虚假的情况，并且让他报告敌人。通过反间了解了敌情，生间就可以如期返回通报敌情。五种间谍的使用，君主都必须掌握了解，了解的关键在于能使用反间计，所以对反间不可不给予优厚的待遇。

　　昔殷之兴也[①]，伊挚在夏[②]；周之兴也[③]，吕牙在殷[④]。故明君贤将，能以上智为间者[⑤]，必成大功。此兵之要，三军之所恃而动也[⑥]。

【注释】

①殷：商汤灭了夏桀后建立的奴隶制国家，建都亳（今河南商丘北），历史上称为"商"。后来商王盘庚迁都到殷（今河南安阳），因此又称为"殷"。

②伊挚：即伊尹，原为夏桀之臣，商汤灭夏时用他为相，消灭了夏朝。
　　夏：由夏启建立的我国历史上第一个奴隶制国家，建都安邑（今山西闻喜东）、阳翟（今河南禹县）等地，传到桀，被商汤所灭。

③周：周武王灭商后建立的奴隶制国家，建都镐京（今陕西西安）。

④吕牙：即姜子牙，俗称姜太公。曾为殷纣王之臣。周武王姬发伐纣时，用吕牙为师，打败了商纣王。

⑤上智：高超的智慧。

⑥恃：依靠。

【译文】

从前殷商兴起时，伊挚在夏朝为臣；周朝兴起时，吕牙在殷朝为臣。所以明智的君主和贤能的将帅，能用有高超智慧的人充当间谍，就一定能成就大功。这是用兵的关键，整个军队都要依靠间谍提供的情报来部署军事行动。

吴子兵法

王丽莎 译注

前　言

《吴子兵法》，又名《吴子》《吴起》，是中国古代一部著名的军事著作。相传其作者为战国初期政治家、军事家吴起。

关于该书的作者，历来就存在种种不同的说法：一种观点认为，《吴子》是战国初名将吴起所著。早在战国末期，吴起之书与孙武的兵法已颇受时人所重，班固《汉书·艺文志》著录有《吴起》兵书四十八篇，该书中多为后人附益之作。《隋书·经籍志》所著录的《吴起兵法》一卷，也就是今天传世的《吴子》。也有人认为《吴子兵法》中的许多内容不像出自战国初年人之手，可以断言这是一部伪书。我们认为，今本《吴子兵法》的基本思想应出自吴起，该书是由吴起的后学记录、整理和增补成书，又经过汉人的修订删补，才以今天的面貌流传于世。

吴起，战国时卫国（今山东曹县北）人，生年不详，卒于公元前381年。他青年时赴鲁，从曾参学儒，因母丧不归被逐出师门。离开曾参后，转而研究兵法，希望在军事上有所建树。不久，齐军伐鲁。吴起被任为将，率领鲁军以弱击强，大败齐军，在军事上初露头角。后前往魏国，得到魏文侯赏识，被任为将。在魏期间，吴起率魏军与诸侯大战，为魏国拓地千里，取得了辉煌的战绩。魏文侯死后，吴起被魏武侯疏远，并被免职。吴起遂离魏赴楚，被任命为宛（今河南南阳）守。一年后，楚悼王任吴起为令尹，辅佐楚悼王在国内进行全面的变法。吴起感悼王知遇之恩，竭尽全力推行改

鄂君启节及摹本
鄂君启节是楚怀王时封鄂君启的水陆通行证，上面详细记载了对封君车船大小、载重数量、货物品种、运行路线的种种限制，反映出吴起对楚国政治、经济的影响。

革，终于使楚国走上强盛之路。随后，吴起率楚军南征北战，取得了"南平百越，北并陈、蔡，却三晋，西伐秦"的赫赫战功，一时威震诸侯，扬名天下。后被楚国贵族害死。

今本《吴子兵法》约五千字，共分六篇，较好地保存了吴起独特的政治、军事思想，总结和研究了当时的战争理论和经验，丰富了古代军事理论的宝库，有其不可抹杀的重要价值。其中"内修文德，外治武备"的战略指导思想；"以治为胜"的思想；根据敌情，审时度势，用不同的对策打击敌人的思想；看准战机，猛攻敌人薄弱环节，即"审敌虚实而趋其危"的思想等都浅显易明，便于操作，对后世有较大影响，至今还有借鉴意义，因而也获得了较高评价。自隋以后，唐人将其辑入《群书治要》，宋代神宗元丰年间由朝廷辑入《武经七书》，成为世所公认的武学经典之一。

图国第一

【题解】

"图国"，就是谋求治理好国家。本篇主要论述了治国、治军、兴兵作战、亲民用贤等国家大计。首先作者认为，要想治理好国家，"必先教百姓而亲万民"，用礼教育人民，用义激励人民，使人民有耻辱之心。君主要亲和百姓，修好"道""义""礼""仁"四德；举动必须顺乎天理，合乎人情；并且选拔训练卒士，加强战备；这样国家才能强大昌盛。值得一提的是，《图国》篇发展了孙武"兵贵胜，不贵久"的思想，提出了取得胜利容易、保持胜利困难、多胜亡国、少胜方可得天下的观点。

吴起儒服①，以兵机见魏文侯②。文侯曰："寡人不好军旅之事③。"

起曰："臣以见占隐，以往察来④，主君何言与心违⑤。今君四时使斩离皮革⑥，掩以朱漆⑦，画以丹青，烁以犀象⑧，冬日衣之则不温，夏日衣之则不凉。为长戟二丈四尺，短戟一丈二尺，革车奄户⑨，缦轮笼毂⑩，观之于目则不丽，乘之以田则不轻，不识主君安用此也。若以备进战退守而不求能用者，譬犹伏鸡之搏狸、乳犬之犯虎⑪，虽有斗心，随之死矣。

【注释】

①儒服：古代儒者穿的服装。

②兵机：用兵的谋略，兵法。魏文侯：战国时魏国国君，姬姓，名斯。曾任用李悝、西门豹、吴起等人实行政治变革，行"尽地力""善平籴"等政策，使魏国成为当时的强国。

③军旅之事：指兴兵作战的事。

④臣以见占隐，以往察来：意谓自己能从表面现象可以推测出隐藏的意图，从过去的言行可以观察出将来的抱负。占，占卜。这里引申为推测。

⑤主君：指魏文侯。

⑥四时使斩离皮革：一年四季使人捕杀众兽，剥下皮革。

⑦掩以朱漆：指用红漆涂在皮革上面。掩，遮盖。

⑧烁以犀象：指烫上犀牛和大象的图案。烁，销熔。这里是烙的意思。

⑨革车：此处泛指战车。奄：通"掩"，掩闭。户：古代单扇门称为"户"。这里指车门。

⑩缦轮笼毂（gǔ）：此句意谓把车轮车毂也覆盖起来。缦轮，指不加纹饰的车轮。毂，车毂。

商周时"车"的象形字

⑪伏鸡之搏狸、乳犬之犯虎：孵雏的母鸡去和猫搏斗，吃奶的小狗去进犯老虎。此处吴起用"伏鸡之搏狸""乳犬之犯虎"喻指挥作战必须用专门的人才。伏鸡，指卧着孵蛋的鸡。狸，猫。乳

犬，指吃奶的小狗。

【译文】

吴起穿着儒生的服装，以兵法进见魏文侯。魏文侯说："我不喜欢兴兵作战的事。"

吴起说："我从您的表面就可以推测出您隐藏着的意图，从您过去的言行就可以观察出您将来的抱负，您为什么要言不由衷呢？现在您一年四季杀兽剥皮，在上面涂上红漆，抹上丹青，烫上犀牛和大象的图案，若用来做衣服，冬天穿着不暖和，夏天穿着不凉快。您制造的长戟达二丈四尺，短戟达一丈二尺，把战车掩护起来，车轮车毂也覆盖起来，这看在眼里并不美丽，坐上去打猎也不轻便，不知您要这些东西来做什么。如果说您准备作战用来进退攻守，却又不去寻找那些会使用它的人，这就好像孵雏的母鸡去和猫搏斗，吃奶的小狗去进犯老虎，虽有战斗的决心，但随之而来的必然是死亡。

"昔承桑氏之君①，修德废武②，以灭其国；有扈氏之君③，恃众好勇，以丧其社稷。明主鉴兹④，必内修文德⑤，外治武备⑥。故当敌而不进，无逮于义矣⑦；僵尸而哀之⑧，无逮于仁矣⑨。"

【注释】

①承桑氏：传说中神农氏时代的氏族部落名称。

②修德废武：修行德政，废弃武力。

③有扈氏：传说中夏禹时代的氏族部落名称。

④鉴：借鉴。兹：此，这个。

⑤内修文德：指对内要修明政治。文德，指政治。

⑥外治武备：指对外要加强武备。治，治理。这里引申为"加强"。

⑦无逮于义：没有尽到道义。逮，及，到。

⑧僵尸而哀之：意指君主等到士卒的尸体僵硬了（指士卒们命丧疆场），才对他们表示哀伤之意。

⑨无逮于仁：没有尽到仁爱。

【译文】

"从前承桑氏的君主，只修行德政，废弃武力，因此才导致他的国家灭亡；有扈氏的君主，仗恃人多，崇尚勇力，因此才丧失了他的国家。贤明的君主应该以此为鉴，一定要对内修行德政，对外加强武备。所以说，面对敌人而不敢前进抵抗，这是没有尽到道义；等到士卒们命丧疆场时才来对他们表达哀伤之意，这是没有尽到仁爱。"

　　于是文侯身自布席①，夫人捧觞②，醮吴起于庙③，立为大将，守西河④。与诸侯大战七十六，全胜六十四，余则钧解⑤。辟土四面，拓地千里，皆起之功也。

【注释】

①身自布席：亲自安排座位。

②觞（shāng）：一种盛酒的器皿。

③醮（jiào）：主人向宾客敬酒，宾客接受敬酒后饮尽，不需回敬称"醮"。

④西河：春秋战国时指山西、陕西两省间黄河以西的地方。

⑤钧解：指不分胜负，势均力敌。钧，通"均"。

【译文】

于是魏文侯亲自安排坐席，夫人捧酒，在祖庙里宴请吴起，任命他为大将，主持西河防务。后来，吴起与各诸侯国大战七十六次，全胜六十四次，其余十二次则未分胜负。魏国向四面扩张领土多达千里，都是吴起的功绩。

吴子曰："昔之图国家者^①，必先教百姓而亲万民。有四不和：不和于国，不可以出军；不和于军，不可以出陈；不和于陈，不可以进战；不和于战，不可以决胜。是以有道之主，将用其民，先和而造大事^②。不敢信其私谋^③，必告于祖庙^④，启于元龟^⑤，参之天时^⑥，吉乃后举^⑦。民知君之爱其命，惜其死，若此之至^⑧，而与之临难，则士以进死为荣^⑨，退生为辱矣。"

【注释】

①图国家者：指谋求治好国家的君主。

②先和而造大事：事先使他们彼此协调一致才可以办成大事。造，办，作。大事，这里指关系到国家存亡的大事，即指战争。《孙子兵法·始计》里说："兵者，国之大事，死生之地，存亡之道，不可不察也。"

③不敢信其私谋：不敢相信自己一个人（指贤明君主）的谋略和主张。

④告于祖庙：指君主在祖庙祭告，祈求祖先在天之灵保佑军队取胜。告，告祭。祖庙，宗庙。这里指国君的家庙。

⑤启于元龟：指因大龟占卜战争的吉凶。启，开。元龟，大龟。古人认为龟有神灵，所以用它来占卜凶吉。

⑥参：参验，参考。

甲骨

⑦举：这里指起兵。

⑧若此之至：意谓如果这样的时刻到来。

⑨进：宋本作"尽"，作"进"义长。

【译文】

吴子说："从前那些谋求治好国家的君主，一定要先教育百姓而且亲近万民。这其中有四种不和谐的情况是必须注意的：若国内君臣不和谐，就不可以出动军队；若军内不和谐，就不可以出去布阵打仗；若军心不齐，就不可以前进作战；若作战时上下不协调，就无法取得胜利。所以有道的君主，在使用他的民众从事军事行动之前，一定会事先使他们彼此团结一致才可以办成大事。不敢相信自己一个人谋略和主张的正确，一定要在祖庙告祭祈祷，用大龟来占卜凶吉，还要参考天时，最后确认是吉利时才可举兵。让百姓知道自己的君主爱惜他们的生命，吝惜他们的死亡，如果真是这样的时刻到来，面临灾难，百姓就会以舍身效死为光荣，以怕死逃生为耻辱。"

吴子曰：“夫道者，所以反本复始^①；义者^②，所以行事立功；谋者，所以违害就利^③；要者^④，所以保业守成^⑤。若行不合道，举不合义，而处大居贵^⑥，患必及之。是以圣人绥之以道^⑦，理之以义，动之以礼，抚之以仁。此四德者^⑧，修之则兴，废之则衰，故成汤讨桀而夏民喜悦^⑨，周武伐纣而殷人不非^⑩。举顺天人，故能然矣^⑪。”

【注释】

①夫道者，所以反本复始：谓"道"是用来返回万物本源，恢复人们本来的天性的。夫，句首语气词，表示提起下文。道，这里指指导事物发展的法则。反，返回，恢复。后多作"返"。本，本源，原本。复，恢复。始，原始。

②义：宜也。这里指合理的、应该做的事。《商君书·开塞》里说："今世之所谓义者，将立民之所好而废其所恶；此其所谓不义者，将立民之所恶而废，其所乐也。"

③违害就利：即趋利避害。

④要：指纲要，要领。一说指权力。

⑤保业守成：巩固、保全事业和成果。

⑥处大居贵：身处达官显贵。这里指掌握大权。

⑦绥（suí）：安抚。

⑧四德：指"道""义""礼""仁"。

⑨成汤：即商汤，商朝开国君主。桀：夏朝的末代君主。

⑩周武：即周武王，周朝的开国君主。纣：商朝的末代君主。不非：不反对。

⑪举顺天人，故能然矣：意谓他们的行动顺乎天理，合乎人情，所

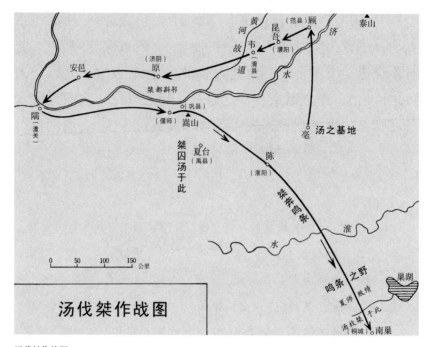

汤伐桀作战图

商汤，为商王朝的建立者。此图反映了商汤起兵讨伐夏桀，最后打败夏桀称王的路线图。

以才能这样。举，举动，行动。天人，指天理和人情。

【译文】

吴子说："道，是用来返回万物本源、恢复人们本性的；义，是用来建功立业的；谋，是用来趋利避害的；要，是用来巩固、保全事业成果的。如果掌握大权、身居要职而行为不合于'道'，举动不合于'义'，祸患必定会到来。所以圣人用'道'来安抚天下，用'义'来治理国家，用'礼'来动员民众，用'仁'来抚慰民众。有这四种德行，实施了国家就会兴盛，废弃了国家就会衰亡，所以商汤讨伐夏桀，夏朝的人们很高兴，周武王讨伐商纣王，商朝的人们却不反对。这是由于他们的举动顺乎天理，合乎人情，所以才能这样。"

　　吴子曰："凡制国治军，必教之以礼，励之以义，使有耻也。夫人有耻，在大足以战，在小足以守矣。然战胜易，守胜难①。故曰：天下战国②，五胜者祸③，四胜者弊④，三胜者霸⑤，二胜者王⑥，一胜者帝⑦。是以数胜得天下者稀，以亡者众⑧。"

【注释】

①守胜：守护胜利，巩固胜利。

②战国：指互相攻战的国家。

③祸：有祸患。

④弊：弊端，凋敝。

⑤霸：指称霸于诸侯。

⑥王：称王。

⑦帝：称帝，成就帝业。

⑧以亡：指因此而灭亡或失去天下。

【译文】

　　吴子说："凡是治理国家与军队，必须用'礼'来教育他们，用'义'来激励他们，使他们具有羞耻之心。当他们有了羞耻之心以后，力量大了，足以用来作战，力量小了，也足以用来防守。然而取得胜利比较容易，巩固胜利却很困难。所以说：天下那些互相攻战的国家，五战五胜的会招来祸患，四战四胜的会国力凋敝，三战三胜的可以称霸，二战二胜的可以称王，一战一胜的可以成就帝业。所以靠多次取胜而能获得天下的实在稀少，而因此灭亡的却为数众多。"

　　吴子曰："凡兵之所起者有五①：一曰争名②，二曰争利，三曰积恶③，四曰内乱④，五曰因饥⑤。其名又有五：一曰义兵，二曰强兵，三曰刚兵，四曰暴兵，五曰逆兵。禁暴救乱曰义，恃众以伐曰强，因怒兴师曰刚，弃礼贪利曰暴，国乱人疲，举事动众曰逆。五者之数，各有其道：义必以礼服，强必以谦服，刚必以辞服⑥，暴必以诈服⑦，逆必以权服。”

【注释】

①起：起兵，举兵。指发动战争。

②争名：争夺名位。

③积恶：积蓄已久的仇恨。

④内乱：内部叛乱。

⑤因饥：乘饥荒。因，介词，乘也。这句意谓乘敌国饥荒而对其发起进攻。

⑥辞：言辞。

⑦诈：欺诈，诡诈。《孙子兵法·军争》里说：“兵以诈立，以利动。”

【译文】

吴子说：“战争的发生大致有五种原因：一是为了争夺名位，二是为了争夺利益，三是因为积蓄已久的仇恨，四是因为发生内乱，五是因为发生饥荒。用兵的名义也有五种：一叫作‘义兵’，二叫作‘强兵’，三叫作‘刚兵’，四叫作‘暴兵’，五叫作‘逆兵’。禁止残暴、制止叛乱的叫作‘义兵’，仗恃兵多、征伐别国的叫作‘强兵’，因为一时愤怒而兴兵的叫作‘刚兵’，背弃道德而贪图利益的叫作‘暴兵’，国家内乱、国民疲惫而兴师动众的叫作‘逆兵’。对付这五种不同性质的用兵，各有不同的方法：对‘义兵’必须用礼义来折服它，对‘强兵’必须用谦让来悦服它，对‘刚兵’必须用言辞来说服它，对‘暴兵’必须用诡诈来制服它，对'逆兵'必须用权变来压服它。"

武侯问曰[①]："愿闻治兵、料人、固国之道[②]。"

起对曰："古之明王，必谨君臣之礼，饰上下之仪[③]，安集吏民[④]，顺俗而教，简募良才[⑤]，以备不虞[⑥]。昔齐桓募士五万[⑦]，以霸诸侯；晋文召为前行四万[⑧]，以获其志；秦缪置陷陈三万[⑨]，以服邻敌。故强国之君，必料其民。民有胆勇气力者，聚为一卒[⑩]；乐以进战效力以显其忠勇者，聚为一卒；能逾高超远轻足善走者[⑪]，聚为一卒；王臣失位而欲见功于上者[⑫]，聚为一卒；弃城去守欲除其丑者[⑬]，聚为一卒。此五者，军之练锐也[⑭]。有此三千人，内出可以决围[⑮]。外入可以屠城矣。"

齐桓公与管仲画像石
齐桓公任用管仲进行改革，富国强兵，以"尊王攘夷"为号召，经过"九合诸侯"，最后成为春秋第一个霸主。

【注释】

①武侯：战国时魏文侯的儿子，名击，世称"武侯"。

②料人：即料民，调查人口，摸清人民的状况。避唐太宗讳，改"民"为"人"。

③饬：整饬，修饰。

④安集吏民：意指使官吏和民众都能安守本分，使吏民各得其所。

⑤简募：选拔招募。

⑥不虞：不测，意想不到的。

⑦齐桓：即齐桓公。姓姜，名小白。春秋时齐国国君。他任用管仲为相，改革政治，"九合诸侯，一匡天下"，成为春秋"五霸"中的第一个霸主。

⑧晋文：即晋文公。姓姬，名重耳。春秋时晋国国君。他任用狐偃、赵衰，救宋破楚。为春秋"五霸"之一。前行：前锋。

⑨秦缪：即秦穆公。姓嬴，名任好。春秋时秦国国君。他任用百里奚为相，修明政治，整治军备，为春秋"五霸"之一。陷陈：指冲锋陷阵的人。

⑩聚为一卒：意谓编为一队。聚，会集。卒，古代的军队编制。周

晋文公复国图（局部）
晋文公，姬姓，名重耳。春秋时晋国国君，春秋五霸之一。因骊姬之祸，在外流亡十九年后归国即位。他整顿内政，增强军力，开创了晋国长达百年的霸业。

代每一百人为一卒。

⑪逾高：攀高。超远：超越。轻足：步伐轻快。善走：能跑。古代徐行曰"步"，急行曰"趋"，疾趋曰"走"。

⑫王臣失位而欲见功于上者：指因罪罢官而想立功报效君主的人。

⑬弃城去守欲除其丑者：指弃城逃跑、擅离职守而想洗刷耻辱的人。

⑭练锐：训练精锐。

⑮决围：突破包围。

【译文】

武侯对吴起说："我想知道关于治理军队、征调兵员、巩固国家的方法。"

吴起回答说："古时贤明的国君，一定会严守君臣间的礼节，整顿上下间的法度，使吏民各得其所，按照习俗进行教育，选募能干贤良的人才，以防备不测。从前齐桓公招募兵卒五万，赖以称霸诸侯；晋文公召集勇士四万作为前锋，实现了自己的愿望；秦穆公设置了冲锋陷阵的部队三万，制服了邻近的敌国。所以强国的君主必须了解他的百姓。把有胆量有勇气的人集中起来组建一队，把乐意拼命冲锋陷阵以显示忠勇的人集中起来组建一队，把善于攀高、越险、行动敏捷、善跑的人集中起来组建一队，把因罪罢官而想立功报效君主的人集中起来组建一队，把曾经弃城逃跑、擅离职守而想洗刷耻辱的人集中起来组建一队。这五种编队都是军队中的精锐部队。如果有这样的三千人，由内出击可以突破敌人的包围，由外进攻可以摧毁敌人的城邑。"

武侯问曰："愿闻陈必定、守必固、战必胜之道①。"

起对曰："立见且可，岂直闻乎②！君能使贤者居上，不肖者处下，则陈已定矣；民安其田宅，亲其有司③，则守已固矣；百姓皆是吾君而非邻国④，则战已胜矣。"

【注释】

①陈必定、守必固、战必胜之道：指使阵形一定能稳定、防守一定能坚固、战斗一定能取胜的方法。陈：同"阵"。

②立见且可，岂直闻乎：意谓马上就可以见到成效，岂止是听到而已呢。立，立刻，立即。直，仅仅，只是。

③亲：亲近。有司：官吏。

④百姓皆是吾君而非邻国：意谓百姓都认可自己的君主而反对邻国的君主。

【译文】

武侯对吴起说："我希望听到布阵一定稳定、防守一定坚固、战斗一定取胜的方法。"

吴起回答说："这马上就可以见到了，岂止是听到而已呢！君主能让德高望重的人处在上位，而让没有才德的人处在下位，这样阵形就已经稳定了；使百姓能安居乐业，并亲近他们的长官，这样防守就已经稳固了；百姓都认可自己的君主而反对邻国的君主，这样战斗就已经取胜了。"

武侯尝谋事①，群臣莫能及，罢朝而有喜色②。起进曰："昔楚庄王尝谋事③，群臣莫能及。罢朝而有忧色。申公问曰④：'君有忧色，何也？'曰：'寡人闻之，世不绝圣⑤，国不乏贤。能得其师者王，能得其友者霸。今寡人不才而群臣莫及者⑥，楚国其殆矣⑦。'此楚庄王之所忧而君说之⑧，臣窃惧矣⑨。"于是武侯有惭色。

【注释】

①尝：曾经。谋事：商议国事。

②罢朝：议政结束。罢，毕，结束。

③楚庄王：姓芈（mǐ），名旅。春秋时楚穆王之子，春秋时楚国国
　　君，前613—前591年在位。重用孙叔敖等，整顿内政，兴修水
　　利，推行县制，增强兵力。为春秋"五霸"之一。

④申公：据《荀子·尧问》，是指楚国申邑大夫申公巫。

⑤绝：断绝，缺少。

⑥不才：没有才能。

⑦殆：危险。

⑧说：后作"悦"，高兴。

⑨窃惧：私下深感忧惧。窃，私自。表示自谦的意思。

【译文】

　　武侯曾经和大臣们商议国事，大臣们的见解都比不上他，他退朝以
后面有喜色。吴起进谏说："从前楚庄王曾经和大臣们商议国事，大臣们

的见解都比不上他。他退朝后面有忧色。申公问他：'您面有忧色，这是为什么呢？'楚庄王说：'我听说世上不会没有圣明的人，国家不会缺少贤能的人。能得到他们做老师的可以称王，能得到他们做朋友的可以称霸。现在我没有才能，而大臣们还不如我，楚国真危险了。'这是楚庄王所担心的事，您却反而喜悦，我私下深感忧惧。"武侯听后脸上露出愧色。

料敌第二

【题解】

"料敌"，即判断敌情。本篇主要记载了吴起关于如何分析和掌握敌情以及制定战胜敌人的战略战术的论述。作者在本篇中认为"安国家之道，先戒为宝"，作者把加强战备作为保障国家安全的首要条件。在作战过程中，作者主张"用兵必须审敌虚实而趋其危"，即通过观察敌军的外在表现来了解其内情，审察敌军的虚实来攻击其要害，并根据有利和不利的条件，"见可而进，知难而退"，采取灵活的战略战术，每战都要有必胜的把握。这种从现象到本质，全面察明敌情而乘敌之隙的作战方法，无论在理论上还是在实践上，都有很高的实际指导意义。

武侯谓吴起曰："今秦胁吾西^①，楚带吾南^②，赵冲吾北^③，齐临吾东，燕绝吾后^④，韩据吾前^⑤。六国兵四守^⑥，势甚不便。忧此奈何？"

【注释】

①秦胁吾西：指秦国威胁着魏国西部。秦国在魏国西，与魏国在今河南西部、陕西东部接壤。

②带：本为衣带，引申为包围、围绕着。

③冲：面对，直冲着。

④绝：割断。

⑤据：盘踞。

⑥四守：四面包围。

【译文】

武侯对吴起说："现在秦国威胁着我们的西部，楚国围绕着我们的南部，赵国直冲着我们的北部，齐国挨着着我们的东部，燕国割断我们的后方，韩国盘踞在我们的前方。这六国军队四面包围着我们，形势非常不利。我对此很忧虑，该怎么办呢？"

起对曰："夫安国家之道，先戒为宝①。今君已戒，祸其远矣。

"臣请论六国之俗②：夫齐陈重而不坚③，秦陈散而自斗④，楚陈整而不久，燕陈守而不走⑤，三晋陈治而不用⑥。

"夫齐性刚⑦，其国富，君臣骄奢而简于细民⑧，其政宽而禄不均⑨，一陈两心⑩，前重后轻，故重而不坚。击此之道，必三分之，猎其左右⑪，胁而从之⑫，其陈可坏。

"秦性强，其地险，其政严，其赏罚信⑬，其人不让⑭，皆有斗心，故散而自战。击此之道，必先示之以利而引去之⑮，士贪于得而离其将，乘乖猎散⑯，设伏投机⑰，其将可取。

"楚性弱，其地广，其政骚⑱，其民疲，故整而不久。击此之道，袭乱其屯⑲，先夺其气⑳，轻进速退㉑，弊而劳之㉒，勿与争战，其军可败。

"燕性悫㉓，其民慎，好勇义，寡诈谋㉔，故守而不走。击此之道，触而迫之，陵而远之㉕，驰而后之㉖，则上疑而下惧，谨我车骑必避之路㉗，其将可虏。

"三晋者，中国也㉘，其性和，其政平，其民疲于战，习于兵，轻其将，薄其禄^㉙，士无死志^㉚，故治而不用。击此之道，阻陈而压之^㉛，众来则拒之，去则追之，以倦其师。此其势也。

【注释】

①先戒为宝：意谓先加强戒备是最重要的。

②俗：风俗。这里指各国的军情。

③齐陈重而不坚：意谓齐国的阵势庞大但不坚固。陈，同"阵"，指阵势。重，指庞大。

④散：指兵力分散。自斗：指各自为战。

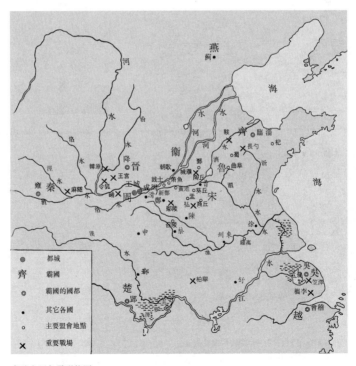

春秋大国争霸形势图

⑤不走：指不善于出击，缺乏机动灵活的作战能力。

⑥三晋：古地区名。春秋末，韩、赵、魏三家瓜分晋国，是为战国时的韩、赵、魏三国。疆域屡有变迁，战国晚期约当今山西、河南的中部、北部和河北的南部、中部，地处中原大地。治：指有条理。不用：不能被使用。这里指没有战斗力。

⑦性刚：性格刚强。

⑧君臣骄奢而简于细民：君臣骄奢，忽视民众利益。简，简慢，怠慢。细民，小民，百姓。泛指地位低下的人。

⑨政宽而禄不均：政令松弛而待遇不平等。禄，俸禄。

黄金台

《唐土名胜图会》插图。燕昭王为郭隗修筑黄金台，广招天下贤士，一时人才云集。他礼贤下士，励精图治，终使国力富强。

⑩一陈两心：刘寅曰："言其心之不一也。"指有二心。

⑪猎其左右：指攻击其左右两翼。猎，捕捉。这里引申为袭击。

⑫胁：胁迫。这里指主力正面攻进形成威势。从：追击。

⑬信：指言而有信，守信。

⑭不让：指士卒临阵争先恐后不退让。

⑮引：指引诱。

⑯乘乖猎散：指乘其混乱而打击其零散的部队。乖，指分离，不和谐。散，分散。

⑰投机：寻找机会。

⑱骚：骚乱，不稳定。

⑲屯：驻地。

⑳夺：挫伤，挫折。

㉑轻进速退：轻装前进，迅速撤退。

㉒弊而劳之：使其疲惫而劳累。弊，疲惫。这里是使动用法。

㉓悫（què）：诚实，忠厚。

㉔寡诈谋：意谓缺少欺诈和计谋。寡，缺少。

㉕陵而远之：意谓打一下就撤走。陵，欺侮，侵犯。远之，离开它。

㉖驰而后之：意谓迅速奔袭它的后方。

㉗谨我车骑必避之路：意谓谨慎严密地将我军车骑埋伏在敌人逃跑时必经的道路上。

㉘中国：这里指地处中原的国家。

㉙薄其禄：鄙视、不满其待遇。

㉚死志：拼死的斗志。

㉛阻陈而压之：意谓用坚强的阵势压倒它。陈，同"阵"

【译文】

吴起答："保障国家安全的方法，先加强戒备是最重要的。现在您已经有了戒备，祸患就离您远了。

"请允许我分析一下六国军阵的情况：齐国的阵势虽然庞大但不坚固，秦国的阵势虽然分散但却各自为战，楚国的阵势虽然严整但不耐持久，燕国的阵势虽然长于防守但不善于出击，三晋的阵势虽然整齐但没有战斗力。

"齐国人的性格刚强，国家富足，君臣骄奢而简慢民众，政令松弛而待遇不平等，一阵之中人心不齐，兵力部署前重后轻，所以其阵势虽然庞大但不坚固。攻击他的方法，必须兵分三路，攻击其左右两翼，以主力正面进攻形成威势，追击他，他的阵势就会遭到破坏。

"秦国人的性格强悍，国家地形险要，政令严格，赏罚分明守信，他的士卒临阵争先恐后不退让，都有斗志，所以在分散的阵势中也能各自为战。攻击他的方法，首先必须用利益来引诱他，让他看到有利可图而使他离开部队，当其士卒因争利而脱离了他们将领的掌握时，乘其混乱而打击其零散的部队，并设置伏兵，寻找机会战斗，他的将领就可以擒获。

"楚国人的性格柔弱，领土广阔，政令紊乱不稳定，他的民力疲惫，所以他的阵势虽然严整但不能持久。攻击他的方法，是要袭击扰乱他们的驻地，先挫伤他们的士气，然后轻装前进，迅速撤退，使他们疲惫而劳累，不用和他们交战，这样就可打败他的军队。

明刊本《春秋列国志》"智伯决水灌晋阳图"
智伯，即知伯、知瑶，春秋末晋国权臣。《史记·赵世家》载，智伯向赵襄子索地，赵襄子不许，逃到晋阳，智伯胁迫韩、魏共围晋阳，引水灌城。因赵襄子遣使说服韩、魏反击，智伯最后战败被杀。

"燕国人的性格朴实，行动谨慎，崇尚义勇，缺少欺诈和计谋，所以他们善于坚守阵地而不善出击。攻击他的方法，是一接触就逼迫它，打一下就撤走，并迅速奔袭他的后方，这样，他的将领就会疑惑，士卒就会惊惧，再将我军的车骑埋伏在敌人逃跑时必经的道路上，他们的将领就可被我俘虏。

"三晋地处中原，他们的性格和顺，他们的政令平和，他们的民众疲于作战，经常打仗，轻视其将帅，不满他们的待遇，没有拼死的斗志，所以他们的阵势虽然整齐、有条理，但不能派到用场。攻击他的方法，是用坚强的阵势迫近他们，如果有很多人来进攻就阻击他们，他们要退却就追击他们，使他的军队疲惫。这是六国的基本形势。

　　"然则一军之中，必有虎贲之士①，力轻扛鼎②，足轻戎马③，搴旗斩将④，必有能者。若此之等，选而别之，爱而贵之，是谓军命⑤。其有工用五兵、材力健疾、志在吞敌者⑥，必加其爵列⑦，可以决胜。厚其父母妻子⑧，劝赏畏罚⑨，此坚陈之士⑩，可与持久，能审料此，可以击倍⑪。"
　　武侯曰："善!"

【注释】

①虎贲（bēn）：古代勇士的统称。

②力轻扛鼎：力气之大可以轻易举起鼎。

③足轻戎马：行动轻捷能够追及战马。轻，轻捷，敏捷。这里指跑得很快。戎马，战马。

④搴（qiān）旗斩将：拔取敌旗，斩杀敌将。搴，拔起。

⑤是谓军命：意谓军队中有"虎贲之士"非常重要，他们是保持军队战斗力的主要依靠对象。

⑥工：善于，精通。五兵：古代指戈、殳、矛、戟、矢五种武器。这里泛指兵器。

⑦加：增加。这里指提拔。爵列：赐爵列位。

⑧厚：厚待，优待。

⑨劝赏畏罚：意谓用奖赏鼓励他们，用惩罚警戒他们。劝，鼓励，

劝勉。畏，使惧怕。使动用法。

⑩坚陈之士：指加强阵势的骨干士卒。

⑪可以击倍：可以打败成倍的敌人。

【译文】

"一军之中一定要有虎贲之士，他的力气之大可以轻易举起鼎，行动轻捷能够追及战马，在战斗中，能夺取敌旗，斩杀敌将，必定会有这样能干的人。像这样的人才，必须选拔出来，分别使用，爱惜并重用他们，他们就是保持军队战斗力要依靠的对象。凡是擅长使用各种兵器、身强力壮、动作敏捷、志在杀敌的，一定要加官晋爵，这样就可以用他们来取得最后胜利。要优待他们的父母妻子，用奖赏鼓励他们，用惩罚警戒他们，他们是加强阵势的骨干，有他们就可以进行持久战斗。如果能清楚地审察和了解这些问题，就可以打败成倍的敌人了。"

武侯说："很好！"

吴子曰："凡料敌，有不卜而与之战者八①：一曰疾风大寒，早兴寤迁②，剖冰济水③，不惮艰难④。二曰盛夏炎热，晏兴无间⑤，行驱饥渴⑥，务于取远。三曰师既淹久⑦，粮食无有，百姓怨怒，祅祥数起⑧，上不能止。四曰军资既竭，薪刍既寡⑨，天多阴雨，欲掠无所。五曰徒众不多，水地不利，人马疾疫，四邻不至。六曰道远日暮，士众劳惧，倦而未食，解甲而息。七曰将薄吏轻⑩，士卒不固，三军数惊，师徒无助⑪。八曰陈而未定，舍而未毕⑫，行阪涉险⑬，半隐半出。诸如此者，击之勿疑。有不占而避之者六：一曰土地广大，人民富众。二曰上爱其下，惠施流布⑭。三曰赏信刑察⑮，发必得时。四曰陈功居列⑯，任贤使能。五曰师徒之众，兵甲之精。六曰四邻之助，大国之援。凡此不如敌人，避之勿疑。所谓见可而进，知难而退也。"

【注释】

①卜：占卜。古代用龟甲或蓍草来预测凶吉的一种活动。

②早兴寤迁：指昼夜行军。早兴，指早上出发。寤迁，指在夜间行动。寤，睡醒。

③剖冰济水：破冰渡河。剖冰，宋本作"刊木"。

④惮：害怕，畏惧。

⑤晏兴无间：指出发很晚，中途没有时间休息。晏，晚，迟。

⑥行驱：这里指急行军。

⑦淹久：指部队在外停留已久。淹，停留。

走舸
明刊本《三才图会》插图。

⑧袄（yāo）祥：反常怪异的现象。袄，《集韵·宵韵》云："通作'妖'。"祥，《汉书·五行志》云："妖孽自外来曰祥。"指凶灾、妖异。

⑨薪刍：柴草。薪，柴。刍，喂牲口的草。

⑩将薄吏轻：指各级将吏无德无能，缺诚信。

⑪师徒：这里指士卒。

⑫舍：营舍。这里用作动词，修建营舍。

⑬阪：山坡。

⑭惠施流布：指恩惠施行比较普遍。

⑮赏信刑察：指奖赏守信，处罚严明。

⑯陈功居列：指论功叙位。居列，指按照战功来赏赐爵位。

【译文】

吴起说："在判断敌情方面，有八种情况可以不必占卜就与其交战：一是在大风严寒中，昼夜行军，剖冰渡河，不怕艰难的。二是在盛夏炎热，出发很晚，中途没有休息，行军急速，又饥又渴，要求攻取远地的。三是部队出兵在外停留时间已经很长，粮食用尽，百姓怨怒，不吉祥的征兆屡次发生，上级不能制止的。四是军资已经耗尽，柴草已经不多，阴雨连绵，又没有地方可掠夺补充军需的。五是兵力不多，水土不服，很多人马都生了病，四面邻国的援军也没有到的。六是路途遥远，天近黄昏，部队疲劳恐惧，困倦又没有吃饭，解去铠甲去休息的。七是将帅无德无能，官吏缺诚信，军心不稳定，三军多次遭受惊扰，而士卒又孤立没有后援的。八是部署未定，驻地的营舍还没有修好，翻山越险只过了一半的。遇到这些情况，都应当迅速进击，不要迟疑。有六种情况是不必占卜就应该避免和敌人作战的：一是土地广大，人口众多而且富足的。二是上级爱护下级，恩惠施行较普遍的。三是奖赏守信，处罚严明，在恰到好处时发布命令的。四是按照战功来赏赐爵位，任用贤能的。五是军队众多，装备精良的。六是有四邻帮助与大国支援的。凡是这些情况都不如敌人时，就应该避免和他作战而不必迟疑。这就是所谓的发现可以获胜就进军，知道难以获胜就后退。"

　　武侯问曰："吾欲观敌之外以知其内，察其进以知其止①，以定胜负，可得闻乎?"

　　起对曰："敌人之来，荡荡无虑②，旌旗烦乱，人马数顾③；一可击十，必使无措。诸侯未会，君臣未和④，沟垒未成，禁令未施，三军匈匈⑤，欲前不能，欲去不敢；以半击倍⑥，百战不殆。"

【注释】

①进：指进兵的情况。止：到达。这里引申指目的、意图。

②荡荡无虑：意谓行动散漫，没有顾虑。荡荡，轻荡。

③数顾：东张西望。数，多次，频繁。

④未和：不和谐。指意见不统一。

⑤匈匈：即"汹汹"，喧扰，不安定。

⑥以半击倍：用一半的兵力去攻击比自己强一倍的兵力。

【译文】

武侯问："我想通过观察敌人的外部现象来了解他的内部情况，通过观察敌人的行动来了解他的真实意图，从而判定胜负，你可以把这个要领说给我听听吗?"

吴起回答说："敌人来时行动散漫，没有顾虑，旗帜纷乱不整，人马东张西望；这时我军以一击十，一定会使敌人措手不及。敌人各路军队尚未会师，君臣也意见不统一，防御工事尚未完成，颁布的禁令尚未实施，三军喧扰不安定，想前进不能前进，想后退不敢后退；这种情况下我军以半击倍，可以百战不败。"

武侯问敌必可击之道①。

起对曰："用兵必须审敌虚实而趋其危②。敌人远来新至，行列未定，可击；既食，未设备③，可击；奔走④，可击；勤劳⑤，可击；未得地利，可击；失时不从⑥，可击；涉长道，后行未息⑦，可击；涉水半渡，可击；险道狭路，可击；旌旗乱动⑧，可击；陈数移动⑨，可击；将离士卒⑩，可击；心怖，可击。凡若此者，选锐冲之⑪，分兵继之⑫，急击勿疑。"

【注释】

①必可击：指一定可以攻击而取胜的情况。

②审：审察。趋其危：指集中兵力攻打敌人的薄弱点。趋，走向。这里指冲向。危，这里指对方的薄弱点。

③设备：指构筑防御工事。

④奔走：指慌乱奔跑。

⑤勤劳：辛勤劳作。这里指敌人忙于修筑营垒、征集粮草等很疲劳、疲惫。

⑥失时：失去有利的作战时机。不从：不协调。

⑦后行：指后续部队。

⑧旌旗乱动：军旗乱动。指部队混乱。

⑨陈数移动：指阵势频繁移动。陈，同"阵"。

东汉绿釉陶水亭
陶亭分上、下两层。下层置梯，通往
上层；上层栏杆之内，四角各塑有张
弓控弦的武士，是当时部曲家兵的一
种写照。

⑩将离士卒：指将帅脱离士卒。这里指将帅和士卒离心离德。离，

　　脱离。

⑪锐：指精锐的部队。

⑫分兵继之：意谓派遣兵力继续跟进。

【译文】

武侯问敌人在什么情况下，我军可以攻打他。

吴起答："用兵必须察明敌人的虚实而攻击它的薄弱之处。敌人远
道刚来，部署未定，可打；刚吃完饭，还未构筑防御工事，可打；行动
慌乱奔走的，可打；劳累不堪的，可打；没有占据有利地形的，可打；
失去有利的作战时机而力不从心的，可打；经长途行军而其后续部队尚
未得到休息的，可打；渡河至一半的，可打；通过险道隘路的，可打；
阵旗乱动、部队混乱的，可打；阵势频繁移动的，可打；将帅脱离士卒
的，可打；军心恐慌的，可打。凡是遇到上述情况的，就应该选派精锐
的部队发起攻击，并派遣兵力继续跟进，必须要迅速进击，不可迟疑。"

治兵第三

【题解】

"治兵"，即治理军队的意思。篇中主要讲的是进军、作战、训练、编组、指挥等问题。吴起认为战争的胜负不是取决于军队人数的多少，而是取决于军队治理的好坏与否，强调"用兵之法，教戒为先"，必须严格地训练部队，使所有的士卒都要训练成为"每变皆习"。他还主张部队要进退有节度、饮食要适当、人马体力要充沛，足以保持旺盛的战斗力，才可以"投之所往，天下莫当"。此外他在文中还提出了"用兵之害，犹豫最大，三军之灾，生于狐疑"等著名观点。

武侯问曰："用兵之道①，何先？"

起对曰："先明四轻、二重、一信②。"

曰："何谓也？"

对曰："使地轻马，马轻车，车轻人，人轻战③。明知险易，则地轻马；刍秣以时④，则马轻车；膏锏有余⑤，则车轻人；锋锐甲坚，则人轻战。进有重赏，退有重刑。行之以信。审能达此⑥，胜之主也⑦。"

【注释】

①用：宋本作"进"。

②四轻：指下面的"地轻马，马轻车，车轻人，人轻战"。轻，轻便。二重：指下面的"进有重赏，退有重刑"。重，与"轻"相

战国战车复原图

　　反，是加重的意思。一信：指下面的"行之以信"。信，诚信。

③地轻马，马轻车，车轻人，人轻战：意即地形要便于驰马，马要
　　便于驾车，车要便于载人，人要便于战斗。

④刍秣（mò）以时：指按时喂食马匹。刍秣，喂牲口的草料。

⑤膏锏有余：意谓用油脂充分润滑车轴。膏，油脂。锏，镶在车轴
　　上的铁，可以保护车轴并减少摩擦力。

⑥审：确实，果然。审能，宋本作"令制"。令制达此，指法令制
　　度能制定成这样。为一说。

⑦胜之主：取胜的主要因素。

【译文】

魏武侯问道："用兵的方法，哪一个是首要的呢？"

吴起回答说："首先要搞明白四轻、二重、一信。"

魏武侯问道："这是什么意思呢？"

吴起回答说："所谓的'四轻'就是：使地形便于驰马，使马便于驾车，使车便于载人，使人便于战斗。了解了地形的险易，就能使地形便于驰马；按时喂养马匹，就能使马便于驾车；经常保持车轴润滑，就能使车便于载人；武器锋利，铠甲坚固，人就便于战斗。所谓的'二重'就是：前进有重赏，后退有重刑。执行起来必须有诚信。确实能做到这些，那么就具备了取得胜利的主要条件。"

武侯问曰："兵何以为胜？"

起对曰："以治为胜①。"

又问曰："不在众乎②？"

对曰："若法令不明，赏罚不信，金之不止③，鼓之不进④，虽有百万，何益于用？所谓治者，居则有礼⑤，动则有威⑥，进不可当，退不可追，前却有节⑦，左右应麾⑧，虽绝成陈⑨，虽散成行⑩。与之安，与之危⑪，其众可合而不可离⑫，可用而不可疲，投之所往⑬，天下莫当，名曰父子之兵。"

金钲
明刊本《三才图会》插图。

【注释】

①以治为胜：意即治理好军队就能打胜仗。

②众：多。这里指兵多。乎：宋本作"寡"。

③金之不止：指鸣金而不能收兵。金，即钲，状似钟，其敲击声可用来指挥士卒停止打仗，即收兵

之义。

④鼓之不进：指击鼓而不能进兵。鼓，古代打仗用击鼓的声音来指
　挥士卒前进。

⑤居：指平时居止。

⑥动：行动。这里指出兵作战。

⑦前却有节：意谓前进后退有节制。却，退却。节，节制。

⑧左右应麾（huī）：意谓左右移动听指挥。应麾，听从将领的指挥。
　麾，指挥。

⑨虽绝成陈：意谓虽被隔断仍能保持各自的阵形。绝，隔绝，
　隔断。

⑩虽散成行：意谓虽被冲散仍能恢复行列。散，散乱。行，行列。

⑪与之安，与之危：意谓将领与士卒共安逸，将帅与士卒共患难。

⑫可合而不可离：意谓能够团结一致而不会离散。

⑬投之所往：指把军队派到所需要的地方。投，投放，投置。

【译文】

武侯问："军队靠什么打胜仗？"

吴起回答说："治理好军队就能打胜仗。"

又问："不在于兵力多少吗？"

吴起回答说："如果法令不严明，赏罚无信用，鸣金不能停止，擂
鼓不能前进，即使有百万士卒，又有什么用呢？所谓治理好，就是平时
守礼法，战斗时有威势，前进时锐不可当，后退时敌人无法追赶，前进
后退都有节制，左右移动听从将领的指挥，虽然军队被隔断但仍能保持
各自的阵形，虽然军队被冲散但仍能恢复行列。将帅与军队共安逸，与
军队共患难，这种军队能团结一致而不会离散，能勇敢作战而不会疲
惫。把军队派到所需要的地方，谁也不能阻挡。这叫父子兵。"

吴子曰："凡行军之道，无犯进止之节①，无失饮食之适②，无绝人马之力。此三者，所以任其上令③。任其上令，则治之所由生也。若进止不度，饮食不适，马疲人倦而不解舍④，所以不任其上令。上令既废，以居则乱⑤，以战则败。"

【注释】

①无犯进止之节：意谓不要打乱前进和停止的节奏。

②无失饮食之适：意谓不要耽误适宜饮食的供给。失，失时，耽误。

③任其上令：指让士卒能服从上级的命令。任，听从，服从。上
　令，指上级的命令。

④解舍：指解甲宿营。

⑤以居则乱：在平时会纪律散乱。居，指平时。

【译文】

　　吴子说："一般用兵作战的原则，不要打乱前进和停止的节奏，不
要耽误适宜饮食的供给，不要耗尽人马的体力。这三项是为了使军队能
服从上级的命令。能服从上级的命令，治军的基础就会由此而生。如果

前进和停止没有度量，饮食不能适时供给，人马疲惫而得不到休息，军队就不能服从上级的命令。上级的命令既然不能实施，在平时军队就会纪律散乱，而在作战时军队就会打败仗。"

吴子曰："凡兵战之场，立尸之地①，必死则生②，幸生则死③。其善将者，如坐漏船之中，伏烧屋之下，使智者不及谋，勇者不及怒，受敌可也④。故曰用兵之害，犹豫最大，三军之灾，生于狐疑⑤。"

【注释】

①立尸之地：意指流血牺牲的地方。

②必死则生：意谓若抱着必死的决心就能存活。

③幸生则死：意谓若侥幸想要生存的反而会死亡。幸，侥幸。

④受敌：应敌，迎战敌人。

⑤狐疑：多疑，疑虑不定。

【译文】

吴子说："凡是敌我作战的战场，都是流血牺牲的地方，若抱着必死的决心就能存活，侥幸想要生存的反而会死亡。那些善于指挥的将帅，就好像与军队坐在漏水的船里，趴在着火的房屋之下，使聪明的敌人来不及谋划，使骁勇的敌人来不及发怒，如此就能让军队奋勇应敌了。所以说，指挥军队作战的毛病，犹豫不定是最大的害处，而三军的灾难就产生于狐疑。"

吴子曰："夫人常死其所不能①，败其所不便②。故用兵之法，教戒为先③。一人学战，教成十人；十人学战，教成百人；百人学战，教成千人；千人学战，教成万人；万人学战，教成三军。以近待远，以佚待劳④，以饱待饥。圆而方之⑤，坐而起之⑥，行而止之，左而右之，前而后之，分而合之⑦，结而解之⑧。每变皆习⑨，乃授其兵。是谓将事⑩。"

【注释】

①不能：指未经学习而能力达不到的事。

②不便：指尚未熟练掌握的技能。

③教戒：指对士卒的教育和训练。

④佚：安逸。

⑤圆而方之：指把圆阵变为方阵。

⑥坐而起之：指把坐阵变为站阵。

⑦分而合之：指把分散的变为集中的。

⑧结而解之：指把集结的变为分散的。结，集结。解，解散。

⑨习：熟悉。

⑩是谓将事：这就是将领应该懂得的事情。

【译文】

吴子说："人们常常死于他所不具备的能力之下，败于他所不熟练的技艺之中。所以用兵的方法是，把教育和训练放在首位。一个人学会战斗本领，就可以教会十个人；十个人学会战斗本领，就可以教会一百个人；一百个人学会战斗本领，就可以教会一千个人；一千个人学会战斗本领，就可以教会一万个人；一万个人学会战斗本领，就可以教会全军。以'近'来对待'远'，以'逸'来对待'劳'，以'饱'来对待'饥'。能把圆阵变为方阵，把坐阵变为站阵，把前进的变为停止的，把向左的变为向右的，把向前的变为向后的，把分散的变为集中的，把集结的变为分散的。各种变化都熟悉了，才能授给他们兵器。这就是将领应该懂得的事情。"

　　吴子曰："教战之令[1]，短者持矛戟[2]，长者持弓弩，强者持旌旗，勇者持金鼓，弱者给厮养[3]，智者为谋主[4]。乡里相比[5]，什伍相保[6]。一鼓整兵[7]，二鼓习陈[8]，三鼓趋食[9]，四鼓严辨[10]，五鼓就行[11]。闻鼓声合[12]，然后举旗[13]。"

【注释】

①教战之令：指训练士卒作战的法则。令，条令。

②短者：指身体矮小的士卒。

③给厮养：担任饲养、做饭等后勤工作。

④谋主：出谋划策的人。

⑤乡里相比：意谓将同乡同里的士卒编在一起。乡里，古代地方的行政单位，一万两千五百家为"乡"，二十五家为"里"。这里指军队中同乡同里的人。

⑥什伍相保：指同什同伍的互相担保。什伍，古代的军队编制，五人为一"伍"，十人为一"什"。

⑦一鼓整兵：第一次击鼓时是整理兵器。整兵，指整理兵器。

⑧习陈：练习列阵。

⑨趋食：迅速就餐。

⑩严辨：严格检查。辨，辨别，察看。

⑪就行：就列，排好队列。

⑫合：这里指鼓声齐鸣。

⑬举旗：这里指用旗帜指挥军队行动。

【译文】

吴子说:"训练士卒作战的法则是,身体矮小的士卒拿矛戟,身体高大的士卒用弓弩,身体强壮的士卒扛大旗,勇敢作战的士卒操金鼓,体力弱的士卒担任饲养、做饭的后勤工作,聪明的士卒可以参与出谋划策。同乡同里的编在一起,同什同伍的互相担保。第一次击鼓时是整理兵器,第二次击鼓时是练习列阵,第三次击鼓时是迅速就餐,第四次击鼓时是严查,第五次击鼓时是站队排好队列。鼓声齐鸣时,就举旗指挥军队行动。"

武侯问曰:"三军进止,岂有道乎①?"

起对曰:"无当天灶②,无当龙头③。天灶者,大谷之口;龙头者,大山之端。必左青龙,右白虎,前朱雀,后玄武④。招摇在上⑤,从事于下。将战之时,审候风所从来⑥,风顺致呼而从之⑦,风逆坚陈以待之⑧。"

【注释】

①道:规则。

②无当天灶:不要在"天灶"扎营。无,不可。天灶,指大山的谷口。

③无当龙头:不要在"龙头"上驻兵。龙头,指大山的顶端,山巅。

④左青龙,右白虎,前朱雀,后玄武:指朱鸟旗、玄武旗、青龙旗、白虎旗。这四面旗帜在行军布阵之时具有特别重要的意义,它们的重要作用之一就是确定布阵的方位和行军的方向。为了能迅速分辨出己方部队的位置和状态,机动作战时通常按五行来分为五军,以旗帜标明。前军朱雀,持红色旗;右军白虎,持白色

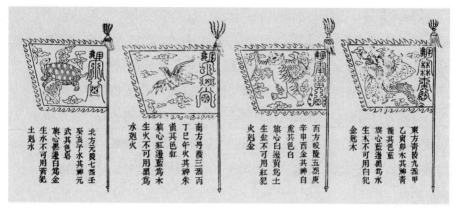

青龙旗　白虎旗　朱雀旗　玄武旗（从右至左）
明刊本《武经总要》插图。

中军坐纛
明刊本《武经总要》插图。

旗；左军青龙，持青色旗；后军玄武，持黑色旗；中军勾陈螣蛇，持黄色旗。据《礼记》的记载，行军之时，"前朱鸟而后玄武，左青龙而右白虎，招摇在上"。郑玄注云："以此四兽为军阵，象天也。"可见，即使在军队行进中，也要用画着四象的旗帜来编排军队，以体现宇宙的一体化。

⑤招摇：北斗第七星。北斗七星分别叫天枢、天璇、天玑、天权、玉衡、开阳、招摇（又称摇光）。据《礼记·曲礼》："招摇在上。"《释文》："北斗第七星也。"有"居北辰而众星拱之"的意思，所以用作中军之旗。古代行军时，士兵往往画北斗七星于旗帜之上，这面

旗帜就被称为"招摇"。"招摇"之旗在诸旗正中，且高度在诸旗之上，以之正四方，使四方之阵井然有序。很显然，"招摇"之旗不仅地位要高于其他旗，而且是军队行军的重要参照物。

⑥审候：仔细观察。

⑦风顺致呼而从之：意谓顺风时就鼓噪乘势进攻。从，这里指进攻、攻击。

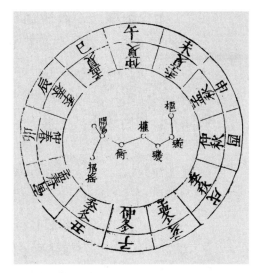

北斗七星图
明刊本《三才图会》插图。

⑧风逆坚陈以待之：意谓逆风时就坚守阵地，等待时机。

【译文】

武侯问道："军队前进、停止，有一定的规则吗？"

吴起答："不要在'天灶'上扎营，不要在'龙头'上驻兵。所谓天灶，就是大山谷的口子；所谓龙头，就是大山的顶端。指挥军队，必须左军用青龙旗，右军用白虎旗，前军用朱雀旗，后军用玄武旗。中军用招摇旗在高处指挥，军队在其指挥下行动。临战之时，还要观察风向是从哪一个方向来的，顺风时就鼓噪乘势进攻，逆风时就坚阵固守，等待时机。"

武侯问曰："凡畜车骑①，岂有方乎？"

起对曰："夫马，必安其处所，适其水草，节其饥饱。冬则温厩②，夏则凉庑③。刻剔毛鬣④，谨落四下⑤，戢其耳目⑥，无令惊骇。习其驰逐⑦，闲其进止⑧，人马相亲，然后可使。车骑之具，鞍勒衔辔⑨，必令完坚⑩。凡马不伤于末⑪，必伤于始；不伤于饥，必伤于饱。日暮道远，必数上下⑫，宁劳于人⑬，慎无劳马⑭。常令有余⑮，备敌覆我⑯。能明此者，横行天下。"

【注释】

①畜：饲养。车骑：驾车的军马。

②温厩（jiù）：马厩要温暖。

③凉庑（wǔ）：马棚要凉爽。庑，大屋。此指马棚。

④刻剔：剔除。鬣（liè）：马颈上的长毛，即马鬃。

⑤谨落四下：指小心地给马的四蹄钉掌。

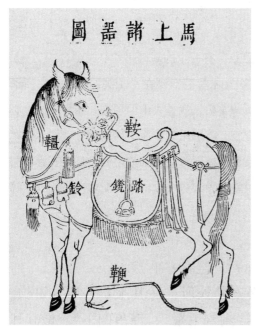

马上诸器图
明刊本《三才图会》插图。

⑥戢（jí）其耳目：意谓挡住马的耳朵和眼睛，以免战马在战场被听到的或看到的干扰而惊慌失措。戢，遮挡，遮蔽。

⑦习其驰逐：指让军马熟习速跑和追逐。习，熟习。驰逐，速跑和追逐。

⑧闲其进止：指熟悉前进、停止的动作。闲，通"娴"，娴熟。

⑨鞍勒衔辔（pèi）：指马鞍、笼头、嚼子、缰绳。

⑩完坚：完整坚固。

⑪末：末尾。指使用完了时。

⑫必数上下：骑马的人一定要经常下马。数，多次。

⑬宁：宁可。

⑭慎：千万，表示禁戒。无：不要。

⑮有余：指马有余力。

⑯覆：伏击，袭击。

【译文】

武侯问："驯养军马，有什么方法呢？"

吴起回答说："军马，饲养处所要安适，水草要喂得适当，饥饱要有节制。冬天要保持马厩的温暖，夏天要注意马棚的凉爽。经常剪刷鬃毛，细心铲蹄钉掌，遮挡它的耳目，不要让它受到惊骇。让军马熟习速跑和追逐，熟悉前进、停止的动作，做到人马相亲，然后才能使用。挽马和乘马的装具，如马鞍、笼头、嚼子、缰绳等物，必使其完整坚固。凡马匹不是伤于使用完了时，就是伤于使用开始时；不是伤于过饥，就是伤于过饱。如果已经日落西山而路途还遥远时，那么骑马的人一定要多次下来步行，宁可让人劳累一些，千万不要使马太疲劳。经常让马保持有充沛的精力，来防备敌人袭击我军。能够明白这些道理，就可以无敌于天下。"

论将第四

【题解】

本篇主要论述的是做将帅的要具备的各种条件以及观察分析敌情优劣的要领。篇中指出，将帅是全军的统帅，必须要文武双全，刚柔兼备。好的将帅必须具备"威""德""仁""勇"四项条件，在作战中要熟练掌握"气""地""事""力"四机，同时还要做到"理""备""果""戒""约"五慎，只有这样的将帅才可以统率部下，安抚大众，"施令而下不犯，所在寇不敢敌"，这样的将帅才可以称得上是"良将"。

吴子曰："夫总文武者①，军之将也；兼刚柔者②，兵之事也。凡人论将，常观于勇。勇之于将，乃数分之一尔③。夫勇者必轻合④，轻合而不知利，未可也。故将之所慎者五：一曰理，二曰备，三曰果，四曰戒，五曰约。理者，治众如治寡；备者，出门如见敌⑤；果者，临敌不怀生⑥；戒者，虽克如始战⑦；约者，法令省而不烦⑧。受命而不辞家，敌破而后言返，将之礼也。故出师之日，有死之荣⑨，无生之辱⑩。"

【注释】

①总文武者：指文武兼备的人。总，总括，兼备。

②兼刚柔者：指能刚柔并用的人。

③数分之一尔：若干条件里的一项罢了。尔，语气词，罢了。

④轻合：指与敌人轻率交战。合，结合，会合。指与敌人交战。

⑤出门如见敌：意谓一出营门就好像看到敌人一样保持高度警惕。

⑥临敌不怀生：意谓面临敌人而不怀有生存的希望。

⑦虽克如始战：意谓虽然打了胜仗但还是如同初战时那样慎重。

⑧法令省而不烦：指法令简明而不烦琐。省，简明，少。烦，繁杂。

⑨有死之荣：指以战死沙场为光荣。

⑩无生之辱：指没有苟且偷生的耻辱。

【译文】

吴子说："文武兼备的人，才可以胜任将帅；能刚柔并用的人，才可以统军作战。一般人在评论将领的时候，往往是只看他的勇敢，其实

韩信胯下受辱图

韩信为汉高祖刘邦的得力大将，具有运筹帷幄、决胜于庙堂的大将之才。《史记》为其专门立传。宋代陈亮说："信之用兵，古今一人而已。""韩信胯下受辱"事，见《史记·淮阴侯列传》。

勇敢对于将帅来说，只是具备了若干条件里的一项罢了。光有勇敢必定会轻率地与敌人交战，轻率地与敌人交战就不会考虑到利害关系，这是不可取的。所以做将帅的应当谨慎的地方有五点：第一点叫作'理'，第二点叫作'备'，第三点叫作'果'，第四点叫作'戒'，第五点叫作'约'。所谓的'理'，是说治理众多的军队如同治理少数军队一样；所谓的'备'，是说部队一出营门就好像看到敌人一样保持高度警惕；所谓的'果'，是说面临敌人而不怀有生存的希望；所谓的'戒'，是说虽然打了胜仗但还是如同初战时那样慎重；所谓的'约'，是说法令简明而不烦琐。接受作战的命令而不推辞，打败敌人之后才有返国的念头，这是将帅应遵从的礼仪。所以从出征那一天起将领就应该下定决心，以战死沙场为光荣，没有苟且偷生的耻辱。"

吴子曰："凡兵有四机^①：一曰气机^②，二曰地机^③，三曰事机^④，四曰力机^⑤。三军之众，百万之师，张设轻重^⑥，在于一人，是谓气机；路狭道险，名山大塞，十夫所守，千夫不过，是谓地机；善行间谍，轻兵往来^⑦，分散其众，使其君臣相怨，上下相咎，是谓事机；车坚管辖^⑧，舟利橹楫^⑨，士习战陈，马闲驰逐，是谓力机。知此四者，乃可为将。然其威德仁勇，必足以率下安众^⑩，怖敌决疑^⑪，施令而下不敢犯，所在而寇不敢敌^⑫。得之国强，去之国亡^⑬。是谓良将。"

【注释】

①机：机要，引申为关键。

②气：士气。

③地：地形，地势。

④事：指军事谋略。

⑤力：战斗力。

⑥张设轻重：指部署军队的轻重缓急。张设，指部署。

⑦轻兵：轻装便捷的小股部队。

⑧车坚管辖：意谓指战车的轮轴插销要做得坚固。管，古代车子的
　部件，施于毂端，使车轮固着于车轴。辖，车轴两端的插销，用
　以防止车轮的脱落。

⑨舟利橹楫：意谓指船只上的橹、桨要做得轻捷便利。橹，划船的
　用具，用于船旁称"橹"，用于船后称"柁"。楫，行船拨水的
　用具，用于船旁，长者称"棹"，短者称"楫"。

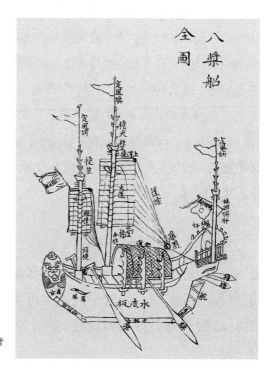

八桨船全图
清抄本《闽省水师各标镇协营
战哨船只图说》插图。

⑩率：表率。

⑪怖敌决疑：威慑敌军，决断疑难。怖敌，使敌人感到恐怖，害怕。决疑，解决疑难。

⑫所在而寇不敢敌：所到的地方，敌人不敢抵抗。敌，敌对。这里指抵抗。

⑬去：离开。这里引申为"失去"。

【译文】

吴子说："凡用兵有四个关键：一是掌握士气，二是利用地形，三是运用计谋，四是充实力量。三军之众，百万之师，部署军队的轻重缓急关键在于将帅一人，这就是掌握了"气机"；道路狭险，大山要塞，十人防守，一千人也通不过，这就是掌握了"地机"；善于使用间谍离间敌人，派遣轻装便捷的部队反复骚扰敌人，分散敌人的兵力，使敌人的君臣之间互相埋怨，上下之间互相责备，这就是掌握了"事机"；战车的轮轴插销做得坚固，船只的橹、桨做得适用，士卒熟习战阵，马匹熟练驰骋，这就是掌握了"力机"。懂得这四个关键，才可以担任将帅。另外，他的威信、品德、仁爱、勇敢，都必须足以表率全军，安抚士众，威慑敌军，解决疑难。发布的命令下属不敢违犯，所到的地方敌人不敢抵抗。得到这样的将帅国家就会强盛，失去这样的将帅国家就会危亡。这就叫作'良将'。"

吴子曰："夫鼙鼓金铎①，所以威耳②；旌旗麾帜③，所以威目；禁令刑罚，所以威心。耳威于声，不可不清；目威于色，不可不明；心威于刑，不可不严。三者不立，虽有其国，必败于敌。故曰将之所麾④，莫不从移，将之所指，莫不前死。"

【注释】

①鼙（pí）鼓：泛指军鼓，是用来发出前进信号的乐器。金铎（duó）：金属大铃，是用来发出停止及后退信号的乐器。均属于发出听觉信号的工具。

鼙鼓
明刊本《三才图会》插图。

铎
明刊本《三才图会》插图。

②威耳：使耳朵感到震动、刺激。

③旌旗麾帜：均为指挥行动方向的旗帜，属于发出视觉信号的工具。

④麾：名词作动词用。原意为指挥行动方向的旗帜，动词化之后指指挥出动的方向。

【译文】

吴子说："鼙鼓、金铎，是用来威震耳朵的；旌旗麾帜，是用来威震眼睛的；禁令刑罚，是用来威震心理的。威震耳朵的信息来源于声音，因此声音不可以不清楚；威震眼睛的信息来源于色彩，因此色彩不可以不明确；威震心理的信息来源于刑罚，因此刑罚不可不严格。这三件事如果不能够确立，即使拥有全国的军队，也一定会被敌人打败。所以说：将帅所指挥的方向，士卒们莫不遵从命令而行动；将帅所指挥的目标，士卒们莫不前进而拼死。"

　　吴子曰："凡战之要：必先占其将而察其才①。因其形而用其权则不劳而功举②。其将愚而信人，可诈而诱；贪而忽名③，可货而赂④；轻变无谋，可劳而困；上富而骄，下贫而怨，可离而间；进退多疑，其众无依，可震而走；士轻其将而有归志⑤，塞易开险⑥，可邀而取⑦；进道易，退道难，可来而前⑧；进道险，退道易，可薄而击⑨；居军下湿⑩，水无所通，霖雨数至⑪，可灌而沉；居军荒泽，草楚幽秽⑫，风飙数至⑬，可焚而灭；停久不移，将士懈怠，其军不备，可潜而袭⑭。"

【注释】

①占：观察。这里引申为了解、察明。

②因其形而用其权则不劳而功举：意谓根据敌人情况，采取权变的方法，不费多大力气，就可取得成功。因，根据。权，权变，随机处置。

③贪而忽名：贪利而不顾名誉。忽，忽略，忽视。这里引申为不顾。

④货：财物。

⑤归志：回家的愿望。

⑥塞易开险：指堵塞平坦的道路，开辟险阻的道路。塞，堵塞。

⑦可邀而取：指可以用截击的方法来消灭他。邀，拦截，截击。

⑧来：这里是使动用法，使他来。前：通"翦"，灭。

⑨薄：逼近，迫近。

⑩居：处于。下湿：指低洼潮湿的地方。

⑪霖雨：连下几天的大雨。

⑫草楚幽秽：意即草木长得很茂盛。楚，指落叶灌木。幽秽，形容草木长得非常茂盛。

⑬飙（biāo）：狂风，暴风。

⑭潜而袭：偷袭。

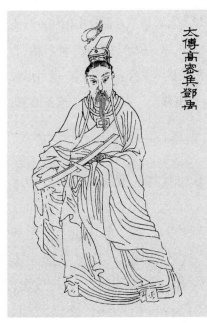

云台二十八将

清刻本《云台二十八将》插图。东汉明帝永平中，将辅佐光武帝刘秀打天下的"二十八将"绘于南宫云台，故称"云台二十八将"。"云台二十八将"以邓禹为首，次为马成、吴汉、王梁、贾复、陈俊、耿弇、杜茂、寇恂、傅俊、岑彭、坚镡、冯异、王霸、朱祐、任光、祭遵、李忠、景丹、万脩、盖延、邳彤、铫期、刘植、耿纯、臧宫、马武、刘隆。

【译文】

　　吴子说："作战的要领是：一定要先探知敌人的将领是谁，并充分了解他的才能。根据敌人情况，采取权变的方法，不费多大力气，就可取得成功。敌将愚昧而轻信人，就可用欺诈的手段来引诱他们；敌将贪利而不顾名誉，就可以用财物来贿赂他们；轻率变更计划而没有谋略的，就可以骚扰他们，让他们疲惫不堪；上级富裕而骄横，下级贫穷而怨恨的，就可以用挑拨来离间他们；进退犹豫不决，其部队无所适从的，就可以用威势来吓跑他们；士卒藐视他们的将领而又有回家的愿望的，就可以堵塞平坦道路，开辟险阻的道路，用截击的方法来消灭他们；敌人进攻的路线平坦，撤退的道路艰难，就可以引诱他们前来而攻击他们；敌人进攻的道路艰难，撤退的道路平坦，就可以逼近而攻击他们；敌人处于低洼潮湿的地方，水道不通，大雨连绵，就可以灌水来淹没他们；敌军驻扎在荒芜的沼泽地，草木长得很茂盛，又经常有狂风，就可以放火来消灭他们；敌军若长久驻扎一地而不移动，官兵懈怠，戒备疏忽，就可以偷袭他们。"

　　武侯问曰："两军相望①，不知其将，我欲相之②，其术如何？"

　　起对曰："令贱而勇者将轻锐以尝之，务于北③，无务于得，观敌之来。一坐一起④，其政以理⑤，其追北佯为不及⑥，其见利佯为不知⑦；如此将者，名为智将，勿与战矣。若其众讙哗⑧，旌旗烦乱，其卒自行自止，其兵或纵或横，其追北恐不及，见利恐不得，此为愚将，虽众可获。"

【注释】

①相望：指两军对峙，旌旗相望。

②相：观察，侦查。

③北：败退。

④一坐一起：这里指一举一动。

⑤其政以理：指敌人指挥得有条不乱。

⑥追北佯为不及：指追击败退的人时假装追不上。

⑦见利佯为不知：指见到战利品时假装没看见。

⑧謹（xuān）哗：喧哗。

【译文】

武侯问："两军对阵，不知敌将的才能，想要观察、了解他，有什么方法吗？"

吴起回答说："令职位低下的人率领轻锐部队去试攻敌人，务必败退，不要求胜，来观察敌人。如果敌人的一举一动，指挥有条有理，追击败退的人时假装追不上，见到战利品时假装没看见；像这样的将帅，是有智谋的将帅，不要和他交战。如果敌人喧哗吵闹，旗帜纷乱，士卒行动自由，兵器横七竖八，追击败退的人时唯恐追不上，见到战利品时唯恐得不到，这是愚昧的将帅，敌军虽多也可以把他擒获。"

应变第五

【题解】

"应变"，即应付各种情况的变化。全篇讲的都是在不同情况下的应变思想和作战方法。吴起认为，运用应变手段指挥作战，是临敌作战的一种方法，运用得好，强敌可以打败，坚阵可以攻破。他认为，战场上的情况是不断变化的，指挥作战者决不能墨守成规，必须"审察其政"，即善于了解和分析敌我的情况，随时掌握敌情的变化。这些对从战术和战略上战胜敌人都是有积极意义的。

武侯问曰："车坚马良，将勇兵强，卒遇敌人^①，乱而失行^②，则如之何？"

起对曰："凡战之法，昼以旌旗幡麾为节^③，夜以金鼓笳笛为节^④。麾左而左，麾右而右，鼓之则进，金之则止。一吹而行，再吹而聚，不从令者诛。三军服威，士卒用命，则战无强敌，攻无坚陈矣。"

【注释】

①卒：后多作"猝"，仓促，突然。

②乱而失行：指军队混乱，不成行列。

③旌旗幡（fān）麾：泛指指挥作战用的各种旗帜。旗法有五：一赤南方，二玄北方，三青东方，四白西方，五黄中央。

④金鼓：古代夜战时用来指挥作战、传递信号的工具。据《周礼》

记载，"鼓人"掌六鼓四金之音声，"六鼓"指雷鼓、灵鼓、路鼓、鼖鼓、鼛鼓、晋鼓。"四金"指金、金镯、金铙、金铎。古代作战鼓以作气，金以抑怒。鼓法有五：一整兵，二习阵，三趋食，四严办，五就行。金法有五：一缓斗，二止，三退，四背，五急背。笳笛：古代军队指挥作战的乐器。

【译文】

武侯问："战车坚固，马匹优良，将帅勇敢，士卒强壮，突然遭遇敌人，乱得不成行列，该怎么办呢？"

吴起回答说："一般作战的方法，白天用旌旗幡麾来指挥，夜间用金鼓笳笛来指挥。指向左就向左移动，指向右就向右移动，擂鼓就是前进，鸣金就是停止。第一次吹笳笛就行动，第二次吹笳笛就会合，不听从号令的就处死。三军畏服威严，士卒听从命令，这样就没有打不败的强敌，也没有攻不破的坚阵。"

武侯问曰："若敌众我寡，为之奈何？"

起对曰："避之于易①，邀之于厄②。故曰以一击十，莫善于厄；以十击百，莫善于险；以千击万，莫善于阻。今有少卒卒起③，击金鸣鼓于厄路，虽有大众，莫不惊动。故曰用众者务平，用少者务隘④。"

【注释】

①易：地形的一种，与"险"相对，指宽广平坦的地形。

②邀：截击。厄：指险要的地形。

③少卒：小部队。

④隘（ài）：指狭隘险要的地形。

【译文】

武侯问："如果敌众我寡，该怎么办呢？"

吴起回答说："在平坦的地形上要避免与敌作战，在险要的地形上要截击敌人。所以说以一击十，没有比利用狭窄的地形更好的；以十击百，没有比利用险要的地形更好的；以千击万，没有比利用阻绝的地带更好的。现在有一小股部队突然发起进攻，在狭窄的道路上击鼓鸣金，即使敌人众多，也莫不惊慌骚动。所以说使用众多兵力务必选择在平坦的地形；使用少数的兵力务必选择在狭隘险要的地形。"

武侯问曰："有师甚众，既武且勇；背大险阻，右山左水；深沟高垒，守以强弩；退如山移，进如风雨；粮食又多，难与长守。则如之何？"

对曰："大哉问乎！此非车骑之力、圣人之谋也。能备千乘万骑，兼之徒步[1]，分为五军，各军一衢[2]。夫五军五衢，敌人必惑，莫知所加[3]。敌若坚守，以固其兵，急行间谍，以观其虑。彼听吾说，解而去之；不听吾说，斩使焚书，分为五战。战胜勿追，不胜疾走。如是佯北，安行疾斗[4]，一结其前，一绝其后[5]，两军衔枚[6]，或左或右，而袭其处。五军交至，必有其力[7]。此击强之道也。"

【注释】

①徒步：指步兵。

②各军一衢（qú）：意谓每支军队走一路。衢，四通八达的道路。

③加：施加。这里是指用在何处。

④安行疾斗：意谓稳妥地行动，迅速地战斗。

⑤一结其前，一绝其后：意谓一军牵制住敌人的前方，一军断绝敌人的后路。结，牵制。

⑥两军衔枚：两军秘密行动。衔枚，古代行军时士卒口里含着用以防止喧哗的器具。

⑦力：力量。四库本作"利"，据宋本改。

【译文】

武侯问："敌军人多势众，既有良好的训练，又很勇敢；背靠高山险要，右依山，左靠水；深沟高垒，用强弩守备；后退时稳如山移，前进时急如风雨；粮食又很充足，很难与他长久相持。应该怎么办呢？"

吴起回答说："您提的问题很大啊！这不是单靠车骑的力量和高明的计谋能取胜的。如能准备战车千辆，骑兵万人，加上步兵，分为五

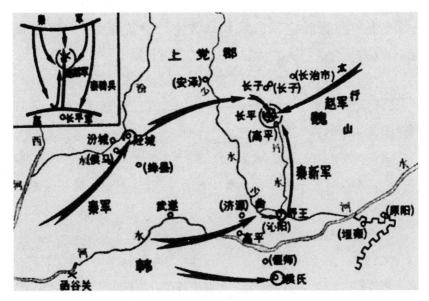

长平之战示意图

公元前262年，秦国与赵国为争夺上党在长平展开了战争。赵将廉颇坚守三年，秦行反间计，使赵王以善于纸上谈兵的赵括代替廉颇，结果被秦将白起打得大败，赵军四十万人被活埋。赵国势力大衰。赵括拘围纸上兵法，不能结合交战的具体状况，是赵国惨败的一个原因。事见《史记·白起王翦列传》。

支军队，每支军队走一个方向。五支军队就有五个方向，敌人必然会产生迷惑，不知我将要把部队用在哪里。如果敌人坚守来巩固他们的军队，我军就立刻派出间谍去摸清他的意图。如果敌人听从我军间谍的劝说就撤兵离开敌人；如果敌人不听从我军间谍的劝告，反而杀死我军的间谍，烧我军的书信，那就兵分五路进攻。战胜了敌人就不要追击，战不胜就迅速撤回。如此假装败退，就要稳妥地行动，激烈地战斗，派一军牵制住敌人的前方，派一军堵绝敌人的后路，另以两军秘密行动，从左、右两侧袭击敌人据守的地方。五路军队交叉到达，配合作战，一定会有很强的战斗力。这就是打击强敌的方法。"

武侯问曰："敌近而薄我^①，欲去无路，我众甚惧，为之奈何？"

对曰："为此之术，若我众彼寡，分而乘之^②；彼众我寡，以方从之^③。从之无息^④，虽众可服。"

【注释】

①薄：迫近。

②分而乘之：分兵进击敌人。乘，这里指进击。

③以方从之：用集中兵力来打击敌人。方，这里是集中兵力的意思。

④无息：不休息，不停止。

【译文】

武侯问道："敌人逼近我军，距离很近了，想撤离而没有去路，我军士卒很惶惧，应该怎么办呢？"

吴起回答说："解决这一问题的方法，如果我众敌寡，可以分兵进击敌人；如果敌众我寡，可以集中兵力打击敌人。追击敌人不停歇，敌人即使很多也可以制服。"

武侯问曰："若遇敌于溪谷之间，傍多险阻，彼众我寡，为之奈何？"

起对曰："诸丘陵、林谷、深山、大泽，疾行亟去①，勿得从容②。若高山深谷，卒然相遇，必先鼓噪而乘之，进弓与弩，且射且虏③，审察其政④，乱则击之勿疑。"

【注释】

①亟（jí）：急速，赶快。

②勿得从容：不得迟缓。从容，这里是迟缓拖延的意思。

③且射且虏：一边射击敌人，一边俘虏敌人。

④审察其政：意谓仔细观察敌人的阵势。

【译文】

武侯问道："如果在溪谷之间和敌人遭遇，两旁多是险阻的地形，而且敌众我寡，应该怎么办呢？"

吴起回答说："如果与敌人在丘陵、林谷、深山、大泽等地形遭遇，就应迅速通过，赶快离开，不得迟缓。如果在高山深谷突然与敌遭遇，必先击鼓呐喊并乘势攻击敌人，用弓弩一边射击，一边俘虏敌人，仔细观察敌人的阵势，如果发现敌阵已经混乱，就全力发起进攻，不要迟疑。"

武侯问曰："左右高山，地甚狭迫①，卒遇敌人，击之不敢，去之不得，为之奈何？"

西汉杨家湾兵马俑

东汉部曲陶俑

起对曰："此谓谷战，虽众不用。募吾材士②，与敌相当，轻足利兵③，以为前行。分车列骑，隐于四旁，相去数里，无见其兵④。敌必坚陈，进退不敢。于是出旌列旆⑤，行出山外营之，敌人必惧。车骑挑之，勿令得休。此谷战之法也。"

【注释】

①狭迫：狭窄。

②募：招募。这里是挑选的意思。材士：指精锐的士卒。

③轻足利兵：轻捷善走、持锐利武器的士卒。

④无见：不要显露。见，"现"的古字，显露，暴露。

⑤出旌列旆（pèi）：竖起战旗。旌、旆，泛指古代的战旗。

【译文】

武侯问："左右是高山，地形很狭窄，突然遭遇敌人，既不敢进攻，又不能退走，应该怎么办呢？"

吴起回答说："这叫作'谷地战'，兵力虽多也用不上。应挑选精锐的士卒与敌对抗，用轻捷善走、持锐利武器的士卒作为前锋。把战车与骑兵分散在四周隐蔽起来，与前锋相距数里，不要暴露自己的兵力。这样敌人必然坚守阵地，不敢前进，也不敢后退。这时，我方部队竖起战旗，走出山外安营扎寨，敌人必然会恐惧。然后再用车骑向敌人挑战，不要让敌人得空休息。这就是谷地战的方法。"

武侯问曰："吾与敌相遇大水之泽，倾轮没辕，水薄车骑，舟楫不设①，进退不得。为之奈何？"

起对曰："此谓水战，无用车骑，且留其傍②。登高四望，必得水情，知其广狭，尽其浅深，乃可为奇以胜之③。敌若绝水④，半渡而薄之⑤。"

【注释】

①舟楫不设：没有准备船只。设，这里是安排、准备的意思。

②傍：旁边。这里指岸边。

③为奇以胜之：意谓可以出奇兵战胜敌人。奇，指奇兵。

④绝：横渡。

⑤半渡而薄之：渡过一半时打击敌人。《孙子兵法·行军》："客绝水而来，勿迎之于水内，令半济而击之。"

【译文】

武侯问道："我军与敌人相遇在大水汇聚的河川沼泽地带，水势倾陷了车轮，淹没了车辕，洪水逼近战车和骑兵，又没有准备船只，前进后退都困难，应该怎么办呢？"

吴起回答说："这叫作'水战'，战车和骑兵无法使用，暂且把它留在岸边。登高观察四方的情况，一定要弄清水情，了解水面的宽窄，查明水的深浅，才可以出奇兵战胜敌人。如果敌人渡水而来，就乘敌人渡过一半时打击他。"

武侯问曰："天久连雨，马陷车止，四面受敌，三军惊骇，为之奈何？"

起对曰："凡用车者，阴湿则停，阳燥则起①，贵高贱下②，驰其强车，若进若止，必从其道③。敌人若起，必逐其迹④。"

【注释】

①阳燥则起：意谓天晴地燥时就行动。

②贵高贱下：意谓要选择高处而避开低处。贱，轻视。这里是避开的意思。《孙子兵法·行军》："凡军好高而恶下，贵阳而贱阴。"

③必从其道：意谓必须让战车在道路上顺路前行。

④必逐其迹：意谓必须追踪敌人的车辙。

【译文】

武侯问道："长时间阴雨连绵，马陷于泥泞的道路不能前进，四面有敌人攻击，全军惶恐，应该怎么办？"

吴起回答说："凡是用战车作战的，阴雨泥泞时就停止，天晴地干时就行动，要选择高处避开低处，要使坚固的战车迅速行驶，不论前进或停止，都必须在道路上，敌人如果有行动，就必须追踪敌人的车辙。"

武侯问曰："暴寇卒来，掠吾田野，取吾牛羊，则如之何？"

起对曰："暴寇之来，必虑其强，善守勿应。彼将暮去，其装必重①，其心必恐，还退务速②，必有不属③，追而击之，其兵可覆。"

【注释】

①装：装载，携带。这里指装载着掠夺的东西。

②还退：撤退。

③必有不属（zhǔ）：必然有联络不到的地方。属，相属。这里有联系、联络的意思。

【译文】

武侯问道："强暴的敌人突然到来，掠夺我田野上的庄稼，抢劫我的牛羊，该怎么办呢？"

吴起回答说："强暴的敌人前来，必须考虑敌人的强大，好好地防守，不要应战。待敌人傍晚撤兵时，他的装载必然沉重，他的心理必然恐惧，撤退力求迅速，这样前后必然做不到有序连贯。这时追击他们，他们的部队就可以被歼灭。"

东汉制车轮画像石
画面分三层：上层西王母凭几而坐，旁边为侍者；中间一层为制轮场景；下面是一幅观看格斗的场景。

吴子曰："凡攻敌围城之道，城邑既破，各入其宫①。御其禄秩②，收其器物。军之所至，无刊其木③，无发其屋，无取其粟，无杀其六畜，无燔其积聚④，示民无残心⑤。其有请降，许而安之。"

【注释】

①宫：这里指官邸、住宅。

②御：控制，驾驭。禄秩：官职和俸禄。这里指官吏。

③刊：砍伐。

④燔（fán）其积聚：焚烧敌人积聚的物资。燔，焚烧。《司马法·仁本》里说："部令于军曰：入罪人之地……无燔墙屋，无伐林木，无取六畜、禾黍、器械。"

⑤残心：指残暴之心。

【译文】

吴起说："一般攻占敌人包围城邑的原则是，城邑已经被攻破，分别进入敌人的官邸。要控制他原来的官吏，没收他的器物。军队所到之处，不要砍伐他的树木，毁坏他的房屋，擅取他的粮食，宰杀他的牲畜、焚烧他积聚的物资，向民众表明无残暴之心。敌人如果有请求投降的，应允许并妥善安置他们。"

励士第六

【题解】

"励士"，就是鼓励将士立功。本篇主要论述的就是论功行赏，崇尚有功，以勉励全体将士争相建功。文中吴起不主张用"严刑明赏"来激励士气，因为这是被动的办法。吴起主张用主动的办法，即用"赏"来激励士气。他提出君主要在庙堂上"举有功而进飨之，无功而励之"。这样，国家"发号布令而人乐闻，兴师动众而人乐战，交兵接刃而人乐死"。《吴子》的这些主张，就是孙武所说的使人民与国君同心同意，这种观念在《司马法》的"仁本"思想里也有反映。

武侯问曰："严刑明赏，足以胜乎？"

起对曰："严明之事，臣不能悉①，虽然，非所恃也②。夫发号布令而人乐闻③，兴师动众而人乐战，交兵接刃而人乐死④。此三者，人主之所恃也。"

【注释】

①悉：知道，了解。

②恃：依靠，依仗。

③乐闻：乐于听。这里指乐于服从。

④乐死：乐于效死。

【译文】

武侯问道："做到严明刑罚和奖赏，就足以打胜仗了吗？"

吴起回答说："赏罚严明的事情，我不太熟悉，虽然这样做了，但还不能完全依靠它。发号施令而人们乐于听从，出兵打仗而人们乐于参战，冲锋陷阵而人们乐于效死。这三点，才是君主所应该依靠的。"

武侯曰："致之奈何①？"
对曰："君举有功而进飨之②，无功而励之。"

刘邦分封开国功臣图
刘邦与项羽长达四年的楚汉战争结束后，即皇帝位。在王朝建立中，刘邦分封了赵王张耳、长沙王吴芮、淮南王英布、燕王臧荼、韩王韩信（韩国后人）、齐王韩信（后封楚王）、梁王彭越、燕王卢绾等异姓诸侯王。

【注释】

①致之奈何：意谓怎样才能做到呢？
②举：推举。飨（xiǎng）：用酒食款待人。

【译文】

武侯说："怎样才能做到呢？"

吴起回答说："您选出有功的人员设宴款待他们，对无功的人员要勉励他们。"

于是武侯设坐庙廷①，为三行，飨士大夫②。上功坐前行，肴席兼重器上牢③；次功坐中行，肴席器差减④；无功坐后行，肴席无重器。飨毕而出，又颁赐有功者父母妻子于庙门外，亦以功为差。有死事之家⑤，岁遣使者劳赐其父母⑥，著不忘于心⑦。行之三年，秦人兴师，临于西河⑧，魏士闻之，不待吏令，介胄而奋击之者以万数⑨。

武侯召吴起而谓曰："子前日之教行矣。"

【注释】

①坐：坐席。庙廷：祖庙的大殿，或宫廷的正殿，古代帝王祭祀、议事的地方。

②士大夫：古代称受职居官的人叫士大夫。这里指将佐。

③肴席：摆放肉食之席。重器：宝贵的器具。这里指餐具用的鼎、豆、壶等宝器。上牢：又名"太牢"。古代宴会或祭祀时，牛、羊、猪三者具备的叫太牢。《公羊传·桓公八年》注曰："天子、诸侯、卿大夫，牛、羊、豕凡三牲曰大牢。"这里指丰盛的食物。

④差减：按照等级差别而相应减少。差，等级差别。

⑤有死事之家：指那些为国阵亡将士的家庭。死事，死于国事，指为国牺牲。

⑥劳赐：慰劳和赏赐。

⑦著：显示，表示。

⑧西河：春秋战国时指山西、陕西两省间黄河南段以西的地方。

⑨介胄：即"甲胄"，古代战士作战用的铠甲和头盔。这里用作动词。

【译文】

于是武侯设席于祖庙，分三排座位宴请将士。立上等功的坐在前排，用上等酒席和珍贵的餐具，猪、牛、羊三牲俱全；立二等功的坐在中排，酒席、餐具按照等级差别而相应减少；没有立功的坐在后排，只

明刊本《帝鉴图说》"屈尊劳将图"

《帝鉴图说》为明朝万历朝内阁首辅张居正所编。全书分上、下两卷，将历代帝王分为"圣哲芳规"和"狂愚覆辙"两部分，采用了以图片搭配短篇故事的形式。《史记·孝文本纪》记载，汉文帝时，匈奴入侵边境，帝使刘礼屯霸上，徐厉屯棘门，周亚夫屯细柳，抵抗匈奴。汉文帝亲入细柳营慰劳众将士。

有酒席，没有贵重的餐具。宴席结束出来后，又在庙门外赏赐有功人员的父母妻子，也按功劳大小而分列等差。对为国牺牲将士的家属，每年要派遣使者前去慰问、赏赐他们的父母，表示在心里没有忘记他们。这个办法实行了三年之后，秦国出兵到达魏国的西河边境，魏国的士卒听到这一消息后，不等官吏下达命令就穿戴盔甲而奋勇抗敌的人数以万计。

于是武侯召见吴起说:"您以前教我的办法,现在行之有效了。"

起对曰:"臣闻人有短长,气有盛衰。君试发无功者五万人,臣请率以当之①,脱其不胜②,取笑于诸侯,失权于天下矣。今使一死贼伏于旷野③,千人追之,莫不枭视狼顾④,何者?恐其暴起而害己也⑤。是以一人投命⑥,足惧千夫。今臣以五万之众而为一死贼⑦,率以讨之,固难敌矣⑧。"

于是武侯从之,兼车五百乘,骑三千匹,而破秦五十万众。此励士之功也。

【注释】

①当:抵挡,抵御。

②脱:倘若,如果。

③使:假使,假设。

④枭(xiāo)视狼顾:如枭盯视,如狼频顾,形容行动警惕,有所畏忌。枭视,像猫头鹰觅食时那样时刻窥测动静。狼顾,像狼奔跑时因为害怕而瞻前顾后。

⑤暴:突然。

⑥投命:拼命,不怕死。

⑦今臣以五万之众而为一死贼:现在我用这五万人就像一个个拼命的死贼一样。

⑧固难敌:固然很难抵挡。固,当然。敌,抵挡。

【译文】

吴起说:"我听说每个人都有短处有长处,士气也有强盛有衰落。您不妨试派五万名没有立过功的人,我请求率领去抵挡秦军,倘若不能取得胜利，就会被诸侯讥笑，在天下丧失权势。假设现在有一个不怕死的贼徒隐伏在荒郊旷野，派一千个人去追捕他，没有一个不瞻前顾后的，这是为什么呢？是怕他突然跳起来伤害了自己。所以只要一个人拼命，足可以使千人畏惧。现在我能让这五万人每个就像拼命的死贼一样，率领他们去征讨敌人，敌人一定很难抵挡。"

于是武侯采纳了吴起的建议，并加派了战车五百辆，战马三千匹，大破秦军五十万人。这就是激励士气的效果。

先战一日①，吴起令三军曰："诸吏士当从受敌②。车骑与徒③，若车不得车④，骑不得骑，徒不得徒，虽破军，皆无功。"故战之日，其令不烦而威震天下。

【注释】

①先战一日：在作战的前一天。

②受敌：应敌。这里指迎击。

③车骑与徒：指车兵、骑兵和步兵。

④若车不得车：意谓如果车兵不能缴获敌人的战车。

【译文】

在作战的前一天，吴起命令三军说："诸位将士应当听从命令去迎击敌人。无论车兵、骑兵还是步兵，如果车兵不能缴获敌人的战车，骑兵不能俘获敌人的骑兵，步兵不能俘获敌人的步兵，虽然打败了敌人，都不算有功。"所以作战的那天，他的号令不多却威震了天下。

司马法

牟红 译注

前　言

　　《司马法》，又称《司马穰苴兵法》《军礼司马法》《古司马兵法》，是《武经七书》之一。旧题作者为司马穰苴。穰苴，姓田，春秋后期齐国人，因为官至大司马，所以称其为"司马穰苴"。据史书记载，穰苴对春秋以前的古兵法有很深刻的研究，尤以能申明"古司马法"而著称。《司马法》原为西周时有关军礼、军法的汇集，战国中期，齐威王令大夫追论古《司马兵法》，于是将司马穰苴的阐发之辞也附于其中，便形成了后来的《司马法》。因此我们认为该书当成于战国中期，是合众家所著而成。该书自问世以来，一直受到历代统治者及兵家、学者的高度重视。

　　《司马法》一书论述的范围极其广泛，几乎涉及军事的各个领域。

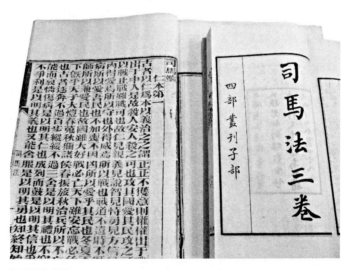

《司马法》书影

从今本内容来看，它不同于专门讨论兵略的其他兵书，而是以追述古代军礼或军法为主。书中保存了许多古代用兵、治兵的原则，以及以法治军的思想和大量具体军法内容，包括军队编制、阵法操练、旌旗鼓铎的使用，夏、商、周三代的出师礼仪、兵器、徽章、赏罚、警戒以及爵赏诛罚的各种规定等。此外，书中还有很丰富的哲理思想，很重视战争中精神、物质力量之间的转化和轻与重的辩证关系，也有不少内容反映了春秋末期的战争观、作战指导思想和战法，为我们研究那个时期的军事思想提供了重要的资料。

《司马法》对战争持"慎战"的观点，认为"国虽大，好战必亡；天下虽安，忘战必危"。在治军方面重视"以仁为本"，"以礼为固"，强调军礼军法的执行，所谓"赏不逾时"，"罚不迁列"。在作战方面，主张首先要创造取胜的条件，动兵之前要多方谋划，充分准备，提出顺天、阜财、怿众、利地、右兵"五虑"等。战术运用上则要"筹以轻重"，因时、因地、因敌而灵活多变。书中还保存有部分春秋以前的军事思想和用兵原则，如"成列而鼓""逐奔不过百步，纵绥不过三舍"等。《司马法》在对战争的态度上，主张"杀人安人，杀之可也；攻其国，爱其民，攻之可也；以战止战，虽战可也"。所述经国治军思想的核心是礼、仁、信、义、勇、智"六德"，强调"以仁为本"，"以礼为固"，把儒家思想融会贯通到治军的理论当中。在阐明军事原则时，注意从众寡、轻重、治乱、进退、难易、固危、强静与微静、小惧与大惧等各种关系分析问题，用相为轻重的观点去判断敌我双方的变化，带有朴素的辩证法思想。但其"因古则行"等保守观念则应予以摒弃。

仁本第一

【题解】

"仁本"就是以"仁爱"为根本的意思。本篇的主要内容是论述兴兵作战的目的是为了"除暴安人",以仁爱作为施政的根本,以正义作为治理民众的方法,要推行"仁政"。在进行战争中,不要违反农时,不可在疾疫流行时发动战争,不乘对方举丧时发动战争,不乘对方的灾年发动战争,这些都是为了爱护对方的人民。篇中指出要用六种道德来因时施教,作为治理百姓的原则,作者认为这是自古以来治军作战的方法。

古者以仁为本,以义治之之谓正①,正不获意则权②。权出于战,不出于中人③。是故杀人安人,杀之可也;攻其国,爱其民,攻之可也;以战止战,虽战可也。故仁见亲④,义见说⑤,智见恃⑥,勇见方⑦,信见信⑧。内得爱焉,所以守也;外得威焉,所以战也。

【注释】

①义:本义指适宜、恰当,这里引申指合乎礼法规定的行为规范。

之谓正:犹言"是为正"。正,指正当、正规。

②不获意:不能如愿实现,不能达到目的。权:权变。这里的"权"与"正"是对应概念。"正"是指不能改变的,"权"是指采取的机变。

明刊本《帝鉴图说》"解网施仁图"

"解网施仁"是《帝鉴图说》的一则。记载商汤一次外出，见猎人围着猎场四面打猎。成汤说："这不是一网打尽了么！"于是下令把三面网撤去。诸侯听说后，都说："汤德至矣！"事见《史记·殷本纪》。

③中人：当读为"忠仁"，指忠信与仁爱。

④亲：亲近。

⑤说：同"悦"，喜悦。

⑥恃：依赖。

⑦方：通"仿"，效仿，效法。

⑧信见信：诚信会使人信任。

【译文】

古时候以仁爱作为施政的根本，以正义作为治理民众的方法，这叫作正规的举措，如果正规的举措不能达到目的，就要采取权变的措施。这种权变来自战争的需求，不是来自忠信和仁爱。因此，如果杀掉一个人可以安定其他的人，那么杀掉他是可以的；进攻一个国家却能爱护他自己的人民，那么攻击这个国家是可以的；用战争去制止战争，即使发动战争也是可以的。所以仁爱会使人亲近，正义会使人喜悦，智慧会使人信赖，勇敢会使人效仿，诚实会使人信任。在国内获得爱戴，可以用来防守国土；在国外获得威势，可以用来对外作战。

战道：不违时①，不历民病②，所以爱吾民也；不加丧③，不因凶④，所以爱夫其民也；冬夏不兴师，所以兼爱其民也。故国虽大，好战必亡；天下虽安，忘战必危。天下既平，天子大恺⑤，春蒐秋狝⑥。诸侯春振旅⑦，秋治兵⑧，所以不忘战也。

【注释】

①违时：指违背农时。

②不历民病：不在疾疫流行时发动战争。历，遇到的意思。

③不加丧：不乘对方举丧时发动战争。丧，指有丧事。

④不因凶：不乘对方发生灾年、荒年时发动战争。凶，指灾年、荒年。

⑤大恺：意谓举国欢腾。恺，军队凯旋时所奏军乐。

⑥春蒐（sōu）秋狝（xiǎn）：春、秋时的军事练习和演习，通常在农闲时以田猎的方式进行。春季田猎练兵谓之"蒐"，秋季田猎

演习谓之"狝"。

⑦振旅：整顿军队。于春季举行，所以叫"春振旅"。振，训整。

⑧治兵：指进行实战演习。治兵于秋季举行，所以叫"秋治兵"。

【译文】

发动战争的原则是：不要违背农时，不在疾疫流行时发动战争，这是为了爱护本国的百姓；不乘对方举丧时发动战争，不乘对方发生灾荒时发动战争，这是为了爱护对方的人民；冬、夏两季不兴兵作战，这是为了兼爱敌我双方的人民。所以说，国家即使强大，如果一味好战就一定会灭亡；天下即使太平，如果忘记备战也必然会遭遇危险。即使天下已经太平，天子举行盛大的欢庆，春、秋两季也要以田猎的方式训练士兵。各诸侯在春季要整顿军队，在秋季要进行实战演习，这都是表示不忘备战。

古者逐奔不过百步①，纵绥不过三舍②，是以明其礼也；不穷不能而哀怜伤病，是以明其仁也；成列而鼓③，是以明其信也；争义不争利，是以明其义也；又能舍服④，是以明其勇也；知终知始⑤，是以明其智也。六德以时合教⑥，以为民纪之道也⑦，自古之政也⑧。

【注释】

①逐奔：追击败逃的敌人。

②纵绥不过三舍：跟踪追击主动退却的敌人不超过九十里。纵，这里是跟踪的意思。绥，却，退军。这里指不战而退。三舍，九十里。古代行军速度平均每天三十里，凡三十里则需宿营，所以驻军一日叫"舍"，三十里的距离也叫"舍"。

③成列而鼓：意谓等敌军排好阵形后再击鼓进击。这是一种古老的战术。《汉书·艺文志》里说："下及汤、武受命，以师克乱而济百姓，动之以仁义，行之以礼让，《司马法》是其遗事也。自春秋至战国，出奇设伏，变诈之兵并作。"意思是说在西周以前，交战双方都要"成列而鼓"，《司马法》里记载的"明其礼""明其仁""明其信""明其义"等都是当时古训。但在春秋战国以后，由于战争人数的增多，武器杀伤力增大，所以就出现了"出奇设伏，变诈之兵"。宋楚泓之战，宋襄公因为恪守"不鼓不成列"的古训而惨遭失败，这种战法虽然不可取，但也反映了这种战法也是有其所本，并非宋襄公所创。

④舍服：指能赦免降服敌军。舍，放弃。这里是赦免的意思。服，降服。此指降服的敌军。

⑤知终知始：知道把握战争开始与结束的时机。

⑥六德以时合教：指六种道德因时施教。六德，即指上述的"礼""仁""信""义""勇""智"。

⑦民纪之道：治理百姓的原则。纪，治理，管理。

⑧政：这里指治军作战的方法。

【译文】

古时候追击逃跑的敌人不超过百步距离，跟踪退却的敌人不超过九十里地，这是用来表明礼节；不逼迫无力作战的人，并关怀同情伤病士兵，这是用来表明仁爱；在对方排好阵形后再击鼓进击，这是用来表明诚信；与敌争是非而不争利益，这是用来表明正义；又能赦免降服的敌军，这是用来表明勇猛；知道把握战争开始与结束的时机，这是用来表明智慧。用这六种道德因时施教，作为治理百姓的原则，是自古以来治军作战的方法。

先王之治，顺天之道，设地之宜①，官民之德②。而正名治物③，立国辨职④，以爵分禄⑤。诸侯说怀，海外来服⑥，狱弭而兵寝⑦，圣德之治也。

【注释】

①设地之宜：合乎地利。设，合乎。地之宜，在不同的土地上种植适合的作物，古人称"地之宜"。

②官民之德：使有道德的人为官。

③正名治物：意谓使百官权责分明，让他们各自负责自己的事务。

④立国辨职：封国建邦，设官分职。立国，指分封诸侯国。辨，这里是分别的意思。

⑤以爵分禄：按爵位区分俸禄。

⑥海外：指远方的国家。

⑦狱弭（mǐ）而兵寝：讼案息止，兵事不用。狱，这里指讼案。弭，息止，平息。寝，停止，不用。

【译文】

先王治理天下，遵循天道，合乎地利，任用有道德的人做官。让百官权责分明，让他们各司其职，建国立邦，设官分职，按爵位区分俸禄。使诸侯内心悦服，远方的国家前来臣服纳贡；讼案息止，兵事不用，这就是圣王用仁德治理天下啊。

其次，贤王制礼乐法度，乃作五刑①，兴甲兵以讨不义。巡狩省方②，会诸侯，考不同③。其有失命、乱常、背德、逆天之时④，而危有功之君，遍告于诸侯，彰明有罪。乃告于皇天上帝日月星辰⑤，祷于后土四海神祇山川冢社⑥，

明刊本《帝鉴图说》"桑林祷雨图"
商汤时逢大旱，太史占卜说要用人作为牺牲来祈雨。于是商汤以自身为祭礼的牺牲，祷于
桑山之林以祈雨。事见《吕氏春秋·顺民》。

乃造于先王⑦。然后冢宰征师于诸侯曰⑧："某为国不道，征之。以某年月日师至于某国，会天子正刑⑨。"冢宰与百官布令于军曰："入罪人之地，无暴神祇⑩，无行田猎，无毁土功⑪，无燔墙屋⑫，无伐林木，无取六畜、禾黍、器械⑬；见其老幼，奉归勿伤⑭；虽遇壮者，不校勿敌⑮；敌若伤之，医药归之。"既诛有罪，王及诸侯修正其国，举贤立明，正复厥职⑯。

【注释】

①五刑：即墨（用墨在额上刺字）、劓（yì，割鼻）、剕（fèi，断足）、宫（破坏生殖机能）、大辟（bì，杀头）。

②巡狩：指天子巡视各诸侯国。《孟子·梁惠王下》云："天子适诸侯曰巡狩。"省方：视察四方。省，视察。

③考不同：考察诸侯是否有违规行为。

④失命：失其职守。乱常：违反常规。这里指扰乱法纪。背德：违背道德。逆天之时：悖逆天道。

⑤皇天上帝日月星辰：泛指天上的一切神灵。皇天，指光明的天，是古人心目中至上的自然神。上帝，指远古的祖先，是古人心目中至上的人格神。

⑥后土四海神祇（qí）山川冢社：泛指地下的一切神灵。后土，地神。四海，古人往往用以泛指四方。神祇，天神曰"神"，地神曰"祇"。冢社，祭祀土地的大社，古书也称"冢土"。

⑦造于先王：祭告死去的先王。造，古代的一种祭名。

⑧冢宰：周代官名。为六官之首，相当于宰相。

⑨会天子正刑：等待天子主持惩罚。此也以出兵征讨为用刑。

⑩无暴神祇：禁止侮辱他们的神祇。

⑪无毁土功：禁止破坏他们的土木工程。土功，指土木工程。

⑫燔（fán）：烧。

⑬六畜：指马、牛、羊、鸡、狗、猪。这里泛指一切家畜。禾黍：谷物的统称。器械：这里泛指一切器具。

⑭奉归勿伤：要送回家中，禁止伤害他们。

⑮不校（jiào）勿敌：不要抵抗也不要把他们当作敌人。校，较量，抵抗。

⑯正复厥职：重新恢复他们各级官职的席位。

【译文】

其次，贤明的君主制定了礼乐法度，设置了五种刑罚，用军队去征讨不合乎正义的行为。视察四方，会见诸侯，考察诸侯是否有违规行为。他们若失其职守，违反法纪，违背道德，不顺应天时，而且危及有功德的君主，就要遍告诸侯，历数他们的种种罪行。于是就祭告天上的一切神灵，祈祷地下的一切神灵，祷告祖庙里的先王。然后冢宰从各诸侯国征调军队，宣布说："某国丧失道义，要征讨它。在某年月日军队到达某国，等待天子来主持惩罚。"冢宰与各官员在军内发布命令："进入罪人的土地，禁止侮辱他们的神祇，禁止进行田猎，禁止破坏他们的土木工程，禁止烧毁他们的房屋，禁止砍伐他们的林木，禁止掳掠他们的一切家畜、谷物和器具；发现他们的老人与小孩，要送回家中，禁止伤害他们；遇到强壮者，不抵抗就不能把他们当作敌人；敌人如果受伤，要给予治疗并送他们回去。"等到消灭了有罪之人以后，王和诸侯整顿好这个国家，推举选拔贤明的人，重新恢复他们各级官员的职位。

王霸之所以治诸侯者六①：以土地形诸侯②，以政令平诸侯③，以礼信亲诸侯，以材力说诸侯，以谋人维诸侯④，以兵革服诸侯。同患同利以合诸侯，比小事大⑤，以和诸侯⑥。

【注释】

①王霸：指天子和方伯。霸，本作"伯"，古称一方诸侯之长为"伯"。

②形：形成。

③平：平衡，均衡。

④以谋人维诸侯：意谓用宗主维系诸侯。谋人，
这里指宗主。维，维系。

⑤比小事大：亲近小国，事奉大国。比，亲近。

⑥和诸侯：统一诸侯。和，义同"合"，指和谐、
统一。

【译文】

天子和方伯治理诸侯的办法有六种：用土地分
封诸侯，用政令均衡诸侯，用礼义和诚信亲近诸侯，
用才智和能力悦服诸侯，用宗主维系诸侯，用武力
征服诸侯。用有难同当、有利同享来联合诸侯，大
国亲近小国，小国敬事大国，来协调诸侯。

西汉指挥官俑

会之以发禁者九①：凭弱犯寡者眚之②，贼贤害民
则伐之③，暴内凌外则坛之④，野荒民散则削之⑤，负固
不服则侵之⑥，贼杀其亲则正之⑦，放弑其君则残之⑧，
犯令陵政则杜之⑨，外内乱、禽兽行则灭之⑩。

【注释】

①会之以发禁者九：意谓召集诸侯发布九条禁令。以下九
条禁令也见《周礼·夏官·大司马》，古代称之为"九伐
之法"。

②凭弱犯寡者眚（shěng）之：意谓欺侮弱小的、侵犯孤寡
的要削减其实力。凭，即以强凌弱。眚，通"省"，削减。

③贼贤：指迫害贤臣。贼，杀害，迫害。

④暴内凌外则坛（shàn）之：意谓内施暴政、外事侵略的，

就要罢其君以贤者代之。坛，同"埠"，除掉。

⑤削：指减少土地。

⑥负固不服：指依恃险阻，不服王命。侵：征讨。

⑦贼杀其亲：指用不正当的手段杀害其亲属。正：指治其罪。

⑧放弑其君：指放逐或篡杀君主。弑，封建时代臣杀君、子杀父母
　　称之为"弑"。残：诛灭。

⑨犯令陵政：指违反命令，破坏法纪。杜：断绝来往，使其孤立。

⑩外内乱：指在家族内外进行淫乱。禽兽行：也作"鸟兽行"，是
　　我国古代刑法中的一个专门术语，指各种违背人伦的淫乱行为，
　　如血亲通婚、数男共娶等行为。

【译文】

召集诸侯而发布九条禁令：欺侮弱小、侵犯孤寡的就要削弱他；迫
害贤臣、虐待百姓的就要兴兵讨伐他；内施暴政、外事侵略的就要废除
他；田野荒芜、人们离散的就要减少他的封地；依恃险阻、不服王命的
就要征讨他；用不正当的手段杀害其亲属的就要正法他；放逐或篡杀君
主的就要诛灭他；违反命令、破坏法纪的就要与他断绝来往，孤立他；
内外淫乱的就要消灭他。

天子之义第二

【题解】

本篇以"天子之义"为篇名，意思是说天子应当按照天地之道行事并且借鉴于古代圣王。文中主要论述了统军、治军、训练等问题，同时还包括了教民化俗、赏善罚恶以及车、旗、章、服等。作者认为，在上位者要尊重有德行的人；教民化俗的内容要简明扼要；礼和法应该是相互为表里的，文和武应该是互为左右的。君主要持守礼制，军队就能巩固；要用仁爱为宗旨，就能战胜敌人。

天子之义①，必纯取法天地②，而观于先圣；士庶之义③，必奉于父母而正于君长④。故虽有明君，士不先教，不可用也。

【注释】

①天子义：指天子行为适宜。

②纯：完全，彻底。

③士：指低级的贵族。庶：指平民百姓。

④奉于父母：指遵从父母的教诲。正于君长：指遵从君长的教导。

【译文】

天子要行为适宜，就必须完全依循天地之道行事，并且借鉴于古代圣王；士庶要行为适宜，就必须遵从父母的教诲而不偏离君长的教导。所以即使有贤明的君主，如果不事先对士民进行军事教育，是不可以使用他们的。

古之教民，必立贵贱之伦经^①，使不相陵^②。德义不相逾^③，材技不相掩^④，勇力不相犯^⑤，故力同而意和也。

【注释】

①必立贵贱之伦经：意谓必须制定上下贵贱不同等级的行为准则。伦经，指伦理道德规范。

②相陵：互相侵犯、侵凌。

③德义：指道德和义务。

④材技：指才能技艺。

⑤勇力：指勇气与力量。犯：这里指违抗、相抵触。

【译文】

古代教育民众，必须制定尊卑贵贱的伦理道德规范，使上下尊卑之间不互相侵犯。道德和义务不互相逾越，才能技艺不被埋没，有勇力的人不敢违抗命令，这样，大家就会同心协力了。

古者国容不入军^①，军容不入国，故德义不相逾。上贵不伐之士^②，不伐之士，上之器也^③。苟不伐则无求，无求则不争。国中之听必得其情^④，军旅之听必得其宜，故材技不相掩。从命为士上赏^⑤，犯命为士上戮^⑥，故勇力不相犯。既致教其民^⑦，然后谨选而使之^⑧。事极修则百官给矣^⑨，教极省则民兴良矣^⑩，习惯成则民体俗矣，教化之至也。

【注释】

①容：仪容。指礼仪法规。

②贵：这里是珍视的意思。伐：自夸。

尧、舜画像
唐尧和虞舜二人皆为远古部落联盟首领、古史传说中的圣明君主。《周易·系辞》："黄帝、尧、舜，垂衣裳而天下治。"《孟子·滕文公》："孟子道性善，言必称尧、舜。"

③器：器重。

④听：治理。

⑤从命：指听从命令的人。上赏：重赏。

⑥上戮：就是指最重的处罚、制裁。戮，诛杀。这里指处罚、制裁。

⑦既致教其民：已经对这些民众进行了教育。

⑧谨选而使之：慎重选拔并任用他们。

⑨事极修：指各项事情都治理得很好。给：供给。这里是不缺的意思。

⑩省：简明扼要。

【译文】

古时候，国中的礼仪法规不可以用在军中，军中的礼仪法规不可以用在国中，因此道德与义务就不会互相逾越。君主珍视不自夸的人，因为不自夸的人才是君主所器重的。如果不自夸，就说明他没有过分的要求，没有过分的要求就不会和别人相争。朝廷听取这些人的意见，就一定会掌握真实情况，军队里能听取这些人的意见，就一定会妥善处理事情，这样，有才能技艺的人就不会被埋没了。对服从命令的人，上级要给予重奖，对违抗命令的人，上级要给予重罚，这样，有勇力的人就不敢违抗命令。对这些民众已经进行了教育，然后再慎重地选拔任用他们。各项事情都治理得很好了，各级官吏就会齐备不缺；教育的内容简明扼要了，民众就会从良向善；习惯养成了，民众就会按习俗行事；这就是教育的最好成果。

古者逐奔不远，纵绥不及。不远则难诱，不及则难陷^①。以礼为固^②，以仁为胜^③。既胜之后，其教可复^④，是以君子贵之也。

【注释】

①难陷：指不容易陷入敌人的圈套。

②以礼为固：持守礼制，军队就能巩固。

③以仁为胜：以仁爱为宗旨，就能战胜敌人。

④其教可复：这种方法还可以反复使用。

【译文】

古时候用兵追击败逃的敌人时不要太远，追踪退却的敌人时不一定要追得上。追击不太远就不易被敌人诱骗，留有距离就不容易陷入敌人的圈套。以礼治军，就能巩固军队；以仁爱带兵，就能战胜敌人。战胜敌人以后，这种方法还可以反复使用，所以有贤德的人非常重视这种方法。

有虞氏戒于国中^①，欲民体其命也^②；夏后氏誓于军中^③，欲民先成其虑也^④；殷誓于军门之外^⑤，欲民先意以行事也^⑥；周将交刃而誓之^⑦，以致民志也^⑧。

夏后氏正其德也，未用兵之刃^⑨，故其兵不杂；殷，义也，始用兵之刃矣；周，力也，尽用兵之刃矣。

夏赏于朝，贵善也^⑩；殷戮于市，威不善也；周赏于朝，戮于市，劝君子惧小人也^⑪。三王彰其德^⑫，一也。

大禹像

大禹，传说中上古夏后氏部落首领，姒姓。曾奉帝舜之命，继承其父鲧的事业，治理洪水，十三年三过家门而不入。最终以疏导的方式平息水患。帝舜禅位于大禹。事见《史记·五帝本纪》。

【注释】

①有虞氏：传说中的古代部落名。居于蒲板（今山西永济东南），其首领为舜。戒：告诫，约誓。

②体：身体力行。

③夏后氏：即夏朝，都于安邑（今山西运城东北）。

④先成其虑：事先有思想准备。

⑤殷：即商。商自盘庚迁都于殷（今河南安阳），故也称“殷”。

⑥意以行事：其用意是使军队了解作战意图以便行动。

⑦周：朝代名。建都镐京（今陕西西安西南）。交刃而誓：在交锋的时候举行约誓。

⑧致民志：意即要让士兵具有战斗的意志。致，表达。

⑨兵之刃：这里指战争。

⑩贵善：以劝人归善为贵。

⑪君子：这里指有道德的人。小人：指无道德的人。

⑫三王：指夏、商、周三代的开国之君，即夏禹、商汤、周文王和周武王。彰：彰显。

【译文】

有虞氏在国内告诫民众，是为了使人们能

身体力行他的命令；夏后氏在军中誓师，是为了使军队作战前有思想准备；商代在军门之外誓师，是为了使军队事先了解他的意图以便行动；周代在两军即将交锋的时候举行约誓，是为了让士兵具有战斗的意志。

夏后氏只是端正人们的德行，没有使用武力，所以当时的兵器种类不复杂；商代用义取得天下，开始使用武力；周代用武力取得天下，使用了各种各样的兵器。

夏代在朝廷上奖励有功的人，是以劝人归善；商代在集市上诛杀有罪的人，是用来警告坏人；周代在朝廷上奖励有功的人，在集市上诛杀有罪的人，是为了勉励君子而使小人畏惧。夏、商、周三代彰显道德的主旨是一致的。

周公辅成王画像砖
周武王去世后，其子诵继位，是为成王。成王年幼，周公旦摄政，成王长大后，周公又还政于成王。曹操《短歌行》赞曰："周公吐哺，天下归心。"事见《尚书·金縢》《史记·周本纪》《史记·鲁周公世家》。

兵不杂则不利[①]，长兵以卫[②]，短兵以守。太长则难犯[③]，太短则不及。太轻则锐[④]，锐则易乱；太重则钝[⑤]，钝则不济。

【注释】

①兵不杂则不利：指武器不搭配使用就不能发挥兵器的威力。杂，
　掺杂，搭配。

②长兵：指较长的武器。卫：护卫。在外围较长的武器是用来护卫
　在里层较短的武器的。下文《定爵》篇里说"长以卫短"即此意。

③难犯：这里是难以操控的意思。

④锐：轻便，灵活。

⑤钝：笨重，迟钝。

【译文】

　　如果兵器不搭配使用就不能发挥兵器的威力，长兵器是用来掩护短
兵器的，短兵器是用来防守的。兵器太长就难以操控，兵器太短就打击
不到敌人。兵器太轻就轻便灵活，轻便灵活就容易混乱；兵器太重就笨
重迟钝，笨重迟钝就不能完成任务。

　　戎车①：夏后氏曰钩车②，先正也③；殷曰寅车④，先疾
也⑤；周曰元戎⑥，先良也⑦。旃⑧：夏后氏玄首⑨，人之势
也⑩；殷白⑪，天之义也⑫；周黄⑬，地之道也⑭。章⑮：夏后
氏以日月，尚明也；殷以虎，尚威也；周以龙，尚文也。

【注释】

①戎车：兵车，战车。春秋以前，兵车通常一车四马或六马挽拉。
　车上乘甲士三人，居中者驾车，左边持弓，主射，右边持戈矛，
　主击刺。

②钩车：一种车厢前栏弯曲的战车。

③先正：首先注重的是行驶平稳。先，首先。正，端正。这里引申

指行驶平稳。

④寅车：一种轻捷便利的战车。

⑤疾：轻疾。

⑥元戎：一种制作精良的大型战车。

⑦良：精巧。

⑧旂（qí）：旗帜的总称。古代军队作战时以旗帜为指挥、联络的
　工具。

⑨玄首：疑指旗帜的幅面是黑色的。玄，黑色。夏朝崇尚黑色，故
　其旗帜用"玄首"。

⑩人之势：意谓军队的势力很大。人的头发是黑色的，旗帜的颜色
　是黑色的，象征人多势众。势，这里指威势。

⑪殷白：殷朝崇尚白色，故其旗帜用"白首"。"殷白"疑是"殷白
　首"之省语。

⑫天之义：天色青白，旗色象天，故云。

⑬周黄：周朝崇尚黄色，故其旗帜用"黄首"。"周黄"疑是"周黄

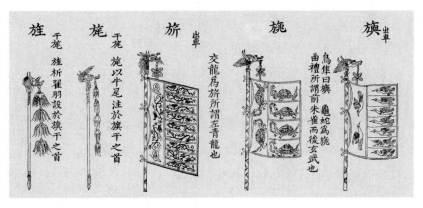

旌 旗 旂 旐 旌（从右至左）
《诗经大传》插图。

首”之省语。

⑭地之道：地色黄，旗色象地，故云。

⑮章：用来作标识之物的纹饰图案，如徽章。有学者考证认为，肩上的标识叫“徽”，胸前的标识叫“章”。

【译文】

战车：夏代叫钩车，首先注重的是行驶平稳；殷代叫寅车，首先注重的是行动轻疾；周代叫元戎，首先注重的是结构精良。旗帜：夏代用黑色，象征人多势众；殷代用白色，象征天的义；周代用黄色，象征地的道。徽章：夏代用日月形，表示他们崇尚光明；殷代用虎形，表示他们崇尚威武；周代用龙形，表示他们崇尚文采。

师多务威则民诎①，少威则民不胜②。上使民不得其义③，百姓不得其叙④，技用不得其利⑤，牛马不得其任⑥，有司陵之⑦，此谓多威。多威则民诎。上不尊德而任诈慝⑧，不尊道而任勇力，不贵用命而贵犯命⑨，不贵善行而贵暴行，陵之有司，此谓少威。少威则民不胜。

【注释】

①多务威：指过于树立威严。务，专务，致力。诎（qū）：屈曲，屈缩。

②少威则民不胜：意谓治军缺少威严，士卒就难以克敌制胜。与《尉缭子·攻权》所说的“夫民无两畏也，畏我侮敌，畏敌侮我。见侮者败，立威者胜”意同。

③义：符合道义或道德规范，意即适合、恰当。

④百姓：这里指百官。叙：秩序。

⑤技用不得其利：有技能的人不能发挥其有利的作用。

⑥任：负载。

⑦有司：负责的官吏。陵：欺凌，欺压。

⑧诈慝（tè）：奸诈邪恶的人。慝，邪恶。

⑨贵犯命：指重用专横武断违反命令的人。犯命，指违反命令的人。

【译文】

治军如果过于树立威严，士气就会受到压抑；如果缺少威严，就难以管制而难以克敌制胜。上级使用民力不恰当，官吏升降不合规矩，有技能的人不能发挥作用，牛马不能合理地承担负载，主管者盛气凌人欺压下属，这就是过于树立威严。如果刻意树立威严，士气就会感到压抑。在上位者不尊重有德行的人而任用奸诈邪恶的人，不尊重有道义的人而任用恃勇逞强的人，不重用服从命令的人而重用违反命令的人，不重用有善良行为的人而重用有暴力行为的人，使下属欺凌主管的长官，这就叫作缺少威严。如果缺少威严，士卒就难以管制而不能去战胜敌人。

军旅以舒为主①，舒则民力足。虽交兵致刃②，徒不趋③，车不驰，逐奔不逾列④，是以不乱。军旅之固，不失行列之政⑤，不绝人马之力，迟速不过诚命⑥。

【注释】

①舒：舒缓，节奏缓慢。

②交兵致刃：意谓短兵相接，激烈战斗。致刃，接刃

③徒不趋：步兵也不会快步走。徒，指步兵。趋，快步走。

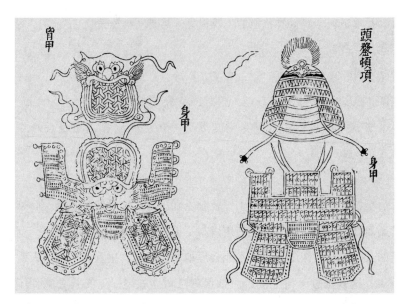

甲胄
明刊本《武经总要》插图。

④逐奔不逾列：追击逃跑的敌人时也不会超越规定的行列。

⑤行列之政：指行列的规定。

⑥迟速不过诚命：行动的快慢决不许超出命令的规定。诚命，
命令。

【译文】

军事行动要以舒缓的节奏为主，节奏舒缓就能保持士卒力量的充
沛。即使交兵接刃，步兵也不会快步走，兵车也不会奔驰，追击逃跑的
敌人时也不会超越规定的行列，这样才能不扰乱战斗的队形。军队稳
固，就在于不打乱行列的规定，不耗尽人、马的力量，行动的快慢决不
超出命令的规定。

古之国容不入军，军容不入国。军容入国则民德废，

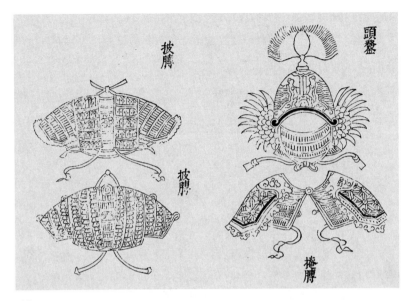

甲胄
明刊本《武经总要》插图。

国容入军则民德弱。故在国言文而语温^①，在朝恭以逊^②，修己以待人^③，不召不至，不问不言，难进易退^④。在军抗而立^⑤，在行遂而果^⑥。介胄不拜^⑦，兵车不式^⑧，城上不趋^⑨，危事不齿^⑩。故礼与法，表里也；文与武，左右也。

【注释】

①在国言文而语温：在国中说话要讲究文辞，语气要温文尔雅。

②在朝恭以逊：意谓在朝见君主时态度要恭敬谦逊。

③修己以待人：指严以律己，宽以待人。

④难进易退：尽量不往前走而往后退。表示谦逊。

⑤抗而立：高声说话，昂首直立。抗，指高声说话。

⑥遂而果：行动果断。遂，前进。这里指行动。

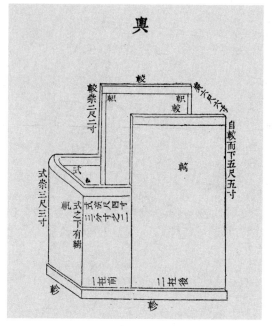

车轼

清刊本《考工记图》插图。

⑦介胄不拜：穿着铠甲的人不跪拜。介胄，身着铠甲的人。

⑧兵车不式：在兵车上可不行俯首之礼。式，通"轼"，车舆前面的横木。古人在车上抚轼行俯首之礼。

⑨趋：急走，奔跑。

⑩危事不齿：遇到危险时可以不按尊卑排列次序。不齿，不排列次序。

【译文】

古时候，国中的礼仪法规不能用于军中，军中的礼仪法规不能用于国中。军中的礼仪法规用于国中，民众谦逊有礼的德行就会毁坏；国中的礼仪法规用于军中，士卒尚武刚强的德行就会削弱。所以在国中说话要讲文辞，语气温文尔雅，在朝见君主时态度要恭敬谦逊，严以律己，宽待他人，国君不召不来，不问不说，尽量不往前走而往后退。在军队中要高声说话、昂首直立，在战阵中要行动果断。穿着铠甲的人可以不行跪拜礼，在兵车上的人可以不行俯首之礼，在城上不可急走，遇到危险时可以不按尊卑排列次序。所以礼和法应该是互为表里的，文和武应该是互为左右的。

　　古者贤王，明民之德①，尽民之善，故无废德，无简民②，赏无所生，罚无所试。有虞氏不赏不罚而民可用，至德也；夏赏而不罚，至教也；殷罚而不赏，至威也；周以赏罚，德衰也。赏不逾时，欲民速得为善之利也；罚不迁列，欲民速睹为不善之害也。

【注释】

①明：表彰，彰显。

②简民：怠惰的人民。

【译文】

　　古代贤明的君王，彰显民众的美德，让民众努力行善，所以既没有败坏的德行，也没有怠惰的百姓，因而赏也无从产生，罚也无从施用。有虞氏不用赏也不用罚而民众都能使用，这是因为有了高尚道德的缘故；夏代只用赏而不用罚，这是因为有了良好教化的缘故；商代只用罚而不用赏，这是因为有了强大威势的缘故；周代赏罚并用，这是因为道德已经衰败了的缘故。奖赏不要过时，这是为了使民众迅速得到做善事的利益；惩罚要就地执行，不离开行列，这是为了使民众迅速看到做坏事的害处。

　　大捷不赏，上下皆不伐善①。上苟不伐善②，则不骄矣；

下苟不伐善，必亡等矣③。上下不伐善若此，让之至也。大
败不诛，上下皆以不善在己。上苟以不善在己，必悔其过；
下苟以不善在己，必远其罪④。上下分恶若此⑤，让之至也。

【注释】

①伐善：自我标榜，夸耀战功。

②苟：如果。

③亡等：没有等级差别。亡，无，没有。

④必远其罪：一定会远离他的过失，即一定会避免他的过失。

⑤分恶：分担错误。

【译文】

大胜之后不行赏，上下就不会夸功。上级如果不夸功，就不会骄

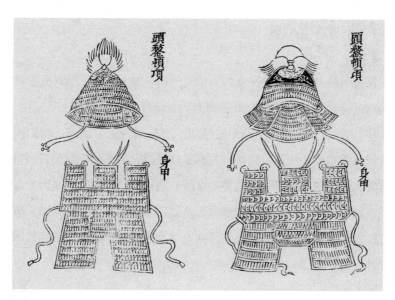

甲胄
明刊本《武经总要》插图。

傲；下级如果不夸功，就不会有等级差别。上下级都能这样不去夸功，这是最好的谦让风气。大败之后不执行惩罚，上下级都会认为错误是在自己。上级如果认为错误在自己，一定会改正自己的错误；下级如果认为错误在自己，也一定会避免自己的过失。上下级都能像这样争着分担错误的责任，这是最好的谦让表现。

　　古者戍军①，三年不兴②，睹民之劳也。上下相报若此，和之至也。得意则恺歌③，示喜也；偃伯灵台④，答民之劳，示休也。

【注释】

①戍军：指守卫边防的军人。

②三年不兴：三年内不征调他们的军赋。

③得意：指获胜归来。恺歌：即"凯歌"，庆祝胜利的歌。恺，通"凯"。

④偃：息。伯：通"霸"，这里指争霸战争。灵台：周文王在丰（今陕西西安鄠邑区）建立的名台。《诗经·大雅·灵台》一诗描写了周文王建成灵台及与民宴享奏乐的情形。

【译文】

　　古时候，对于守卫边防的军人，三年内不征调他们的军赋，这是看到他们太辛苦了。上下级能这样地互相报答，就是最和谐的表现。获胜归来就高奏凯歌，是用来表达喜庆的心情；结束争霸战争后，高筑"灵台"集会，是用来报答民众的辛苦，表示休养生息、不复用兵。

定爵第三

【题解】

本篇虽然以"定爵"为篇名，但其内容并非全部讲的是"定立爵位"的事，内容十分庞杂，其中既讲了战争的准备、战场的指挥、布阵的原则，也讲了如何侦察敌情及战时的法规等。作者在作战方面主张首先要创造取胜条件，即要掌握有利时机（"顺天"）、有充分的物资准备（"阜财"）、有良好的士气（"怿众"）、有有利的地形（"利地"）和精良的武器（"右兵"）。在作战上既要周密思考，制定正确方案，又要注意攻、战、守的变化，要因地、因敌设阵。强调掌握敌军情况，提到敌远则用间，敌近要观察，了解其变化，打击薄弱之处。提出乘敌犹疑、仓促、受挫、畏惧以及谋划未定等情况下进行袭击的原则。

———————————

凡战，定爵位①，著功罪②，收游士③，申教诏④，讯厥众⑤，求厥技⑥，方虑极物⑦，变嫌推疑⑧，养力索巧，因心之动⑨。

【注释】

①定爵位：定立爵位。

②著：明确，昭明。

③收游士：指收揽、接纳游说之士。

④申教诏：指申明教令。

⑤讯厥众：指征询民众的意见。讯，征询。厥，犹"其"。

⑥求厥技：寻求才技之人。

⑦方虑极物：比较衡量，弄清各种事物的情况。极物，指穷究事物的情状。

⑧变嫌推疑：指消除其疑虑。嫌，疑惑。推，移去。这里是消除的意思。

⑨因心之动：根据民心所向而采取行动。因，依据，根据。

【译文】

凡要作战，就要确立军中的爵位，昭明功罪，招纳游说之士，申明教令，征询民众意见，寻求才技之人，比较衡量，弄清各种事物的情况，排除民众的疑虑，积蓄实力，索求巧计，根据民心所向而采取行动。

凡战，固众相利①，治乱进止②，服正成耻③，约法省罚④，小罪乃杀⑤，小罪胜⑥，大罪因⑦。

【注释】

①固众相利：意谓稳固军心，观察有利的时机。固，稳固。相，观察。利，指有利的时机。

②治乱进止：意谓整顿军纪，使进退有节。治乱，治理散乱的秩序，即整顿军纪。进止，前进和停止。

③服正成耻：意谓听从正确的命令，对违犯命令感到羞耻。

④约法省罚：意谓精简法令，减少刑罚。

⑤杀：这里是制止的意思。

⑥胜：这里是得逞的意思。

⑦因：承袭。

【译文】

凡要作战，就要稳固军心，寻找有利的时机；整顿军纪，使进止有节；使士卒服从正确的命令，对违犯命令感到羞耻；精简法令，减少刑罚，小罪就会得到制止；如果小罪得不到制止，那么大罪就会接着产生。

顺天①，阜财②，怿众③，利地④，右兵⑤，是谓五虑。顺天奉时，阜财因敌，怿众勉若⑥，利地守隘险阻，右兵弓矢御⑦，殳矛守⑧，戈戟助⑨。凡五兵五当⑩，长以卫短，短以救长，迭战则久⑪，皆战则强。见物与侔⑫，是谓两之⑬。主固勉若⑭，视敌而举。

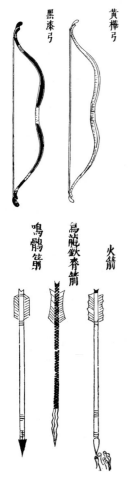

黑漆弓
黄桦弓
鸣鹘箭
乌龙铁脊箭
火箭
弓矢
明刊本《武经总要》插图。

【注释】

①顺天：指顺从天道。

②阜财：指增多财富。阜，增多。

③怿（yì）众：指取得民众喜欢。怿，使高兴，使喜欢。

④利地：意谓重视有利于作战的地形。

⑤右兵：注重兵器，使各种兵器配合使用，相得益彰。

⑥勉若：疑是"勉励"的意思。

⑦弓矢御：弓箭用作远距离的防御之用。

⑧殳（shū）矛守：殳与矛用作短距离的防守之

用。殳，棍棒之类的兵器，用于击杀，属长兵器。矛，用于刺杀，属长兵器。

⑨戈戟助：戈与戟是用来辅助防守的。戈，用于勾杀，属短兵器。戟，戟头为戈头与矛头之合体，可勾杀、可刺杀，属长兵器。

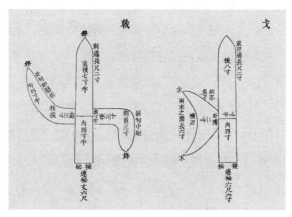

戈戟
清刊本《考工记图》插图。

⑩五兵：指上述矢、殳、矛、戈、戟五种兵器。五当：指五种抵挡的方法。

⑪迭战：指轮替使用五种兵器作战。迭，更迭，轮替。

⑫见物与侔（móu）：意谓一旦看到敌人有新武器就要有相应配置。物，这里指敌人的武器。侔，等齐，匹配。

⑬两：等同。意即力量保持平衡。

⑭固：持续不断地。

【译文】

顺从天道，增多财富，悦服民众，重视地利，注重兵器的使用，这是作战应该考虑的五件事情。顺从天道，就要遵循天时；增多财富，就要夺取敌人物质；悦服民众，就要勉励大家；重视地利，就要守好险要地形；注重兵器，使各种兵器配合使用，就是在战斗中用弓箭防御，用殳与矛坚固防守，用戈与戟来作为辅助。这五种兵器各有其抵挡的方法，长兵器是用来护卫短兵器的，短兵器是用来救援长兵器的，各种兵器轮替作战就可以持久，全部使用就可以增强杀伤力。一旦看到敌人使用新武器就要采取相应的配置，这叫作两相力量保持平衡。主将要不断勉励士卒，根据敌情而有所行动。

将心，心也；众心，心也①。马、牛、车、兵佚饱②，力也。教惟豫③，战惟节④。将军，身也；卒⑤，支也⑥；伍⑦，指拇也。

战国三戈铜戟
三戈铜戟的柲为木制，外裹竹条，以丝线捆绑，再涂漆，挺括坚韧，平滑而有弹性。此戟顶端装有铜矛头和有内铜戈，往下又装一无内铜戈，再往下又装一无内铜戈，一矛三戈同柲，当是战车上使用的铜兵器。

【注释】

①将心，心也；众心，心也：意谓将军、士兵同心同德，将军的心、士兵的心必须统一。

②佚：安逸。饱：饱食。

③教惟豫：意谓士卒训练要在平时进行。教，这里指训练。豫，指素有准备。

④节：节制。

⑤卒：古代军队的编制单位。通常每百人为一卒。

⑥支：同"肢"，肢体。

⑦伍：古代军队的编制单位。通常每五人为一伍。

【译文】

将帅的心、士卒的心必须做到统一。马、牛要喂饱，车、兵要休整好，这是战斗的力量。训练重在平时，作战重在有节制。将军，好比是人的躯干；卒，好比是人的四肢；伍，好比是人的手指。

　　凡战，智也；斗，勇也；陈①，巧也。用其所欲，行其所能，废其不欲不能。于敌反是②。

【注释】

①陈：同"阵"，指布阵。

②于敌反是：意谓对于敌人正好与此相反。是，此。

【译文】

　　凡作战靠的是智谋，搏斗靠的是勇气，布阵靠的是技巧。对于自己的士兵，要让他们去做他们愿意和有能力去做的事情，不让他们去做不愿意和没有能力做的事情。对于敌人来说，正好与此相反。

　　凡战，有天①，有财，有善②。时日不迁，龟胜微行③，是谓有天；众有有④，因生美⑤，是谓有财；人习陈利⑥，极物以豫，是为有善。人勉及任⑦，是谓乐人。

【注释】

①有天：指有天道之助。

②有善：指掌握有利的作战条件。

③龟胜：指用龟甲占卜得到可以取胜的吉兆。微行：秘密行动。

④有有：有其所有。

⑤因生美：疑指利用敌人的所有，坐享其成。

⑥人习陈利：指士卒军事技术娴熟，掌握战阵之利。

⑦人勉及任：人人都受到鼓励和信任。

【译文】

凡作战，要有天时之助，有财货之利，掌握有利的作战条件。不要耽误有利时机，占卜得到可以取胜的吉兆就秘密行动，这就叫作"有天"；民众有其所有，能利用敌人的所有，坐享其成，这就叫作"有财"；士卒平素就熟习阵法之利，了解情状，又素有准备，这就叫作"有善"。人人受到鼓励，尽职尽责完成作战任务，这就叫作"乐人"。

大军以固①，多力以烦②，堪物简治③，见物应卒④，是谓行豫⑤。轻车轻徒，弓矢固御⑥，是谓大军。密静多内力⑦，是谓固陈。因是进退，是谓多力。上暇人教⑧，是谓烦陈⑨。然有以职⑩，是谓堪物。因是辨物，是谓简治。

【注释】

①大军：指军队强大。固：坚固。

②多力：指实力雄厚。烦：指素有训练。

③堪物简治：选拔任用各种人才去管理军中的各类事情。

④见物：指洞察敌军情况。应卒：应付突然事变。卒，同"猝"。

⑤行豫：行动事先有安排、有准备。豫，事先准备。

⑥固御：防守坚固。

⑦密静：安静。这里指军心稳定。

⑧上暇：在上面的人闲暇从容。人教：指训练士卒。

⑨烦陈：意谓士卒熟习阵形。

⑩有以职：各有职官掌守。

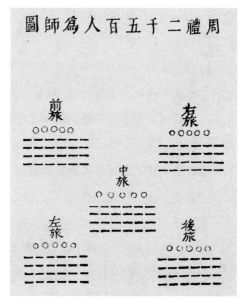

《周礼》二千五百人为师图
《周礼·夏官·司马》记载我国古代军制："凡制军，万有二千五百人为军，王六军，大国三军，次国二军，小国一军，军将皆命卿；二千有五百人为师，师帅皆中大夫；五百人为旅，旅帅皆下大夫；百人为卒，卒长皆上士；二十有五人为两，两司马皆中士；五人为伍，伍皆有长。"

【译文】

军队强大而阵形坚固，实力雄厚而素有训练，选拔任用各种人才去管理军中的各类事务，能洞察敌军情况，应付突发事件，这就可称作"行豫"。车兵、步兵都轻捷快速，又有弓矢坚固防守，这就可称作"大军"。军心稳定而内部实力雄厚，这就可称作"固陈"。根据实际情况进军退军，这就可称作"多力"。上面的人从容不迫而又训练士卒，这就是可称作"烦陈"。各有职官职守，这就可称作"堪物"。能够分清事情的轻重缓急，这就可称作"简治"。

称众①，因地因敌令陈，攻战守，进退止，前后序，车徒因②，是谓战参③。不服、不信、不和、怠疑④、厌慑⑤、枝、柱⑥、诎、顿⑦、肆⑧、崩、缓，是谓战患。骄骄、慑慑⑨、吟旷⑩、虞惧⑪、事悔⑫，是谓毁折⑬。大小、坚柔、参伍、众寡、凡两^⑭，是谓战权^⑮。

【注释】

①称众：估计、衡量自己兵力的大小。

②车徒因：指车兵和步兵协调配合。因，相依，跟随。这里指相互
　配合。

③战参：意谓临阵应该考虑的问题。

④怠疑：通"佁儗（chì yì）"，懈怠，不进貌。

⑤厌慑：疑指一种极端压抑和恐怖的精神状态。

⑥枝：同"支"，支离。这里指军心涣散。柱：指互相抵触。

⑦诎（qū）、顿：委屈、困顿。诎，委屈。

⑧肆：放肆。

⑨慑慑：惊恐失神。

⑩吟旷（huàng）：叹息呼叫。旷，发怒吵闹。

⑪虞惧：惶恐害怕。

⑫事悔：做事反悔。指朝令夕改。

⑬毁折：这里指导致军队毁灭、覆灭。

⑭参伍：古代的军队编制。《通典》卷一四八云："凡立军，一人曰
　独，二人曰比，三人曰参，比参曰伍，五人为列。"凡两：这里
　指从两个方面加以考虑。

⑮战权：战争的权变。

【译文】

衡量自己兵力大小，要根据地形和敌人的情况来安排阵形，要掌握
攻、战、守的变化，掌握前进、后退、停止的节制，掌握军队前后的次
序，车兵和步兵要配合协调，这是临阵应该考虑的问题。不服从、不

信任、不和睦、懈怠、处于压抑和恐怖的状态、互相抵触、委屈困顿、肆无忌惮、分崩离析、纪律松弛，这些是作战的祸患。骄傲、惊恐失神、叹息吵闹、惶恐害怕、做事反悔，这些会导致军队的覆灭。力量的大小、战法的刚柔、参伍的编制、兵力的多少，都要从两个方面加以考虑，这是战争的权变。

凡战，间远观迩①，因时因财，贵信恶疑。作兵义②，作事时③，使人惠④，见敌静，见乱暇⑤，见危难无忘其众。居国惠以信⑥，在军广以武⑦，刃上果以敏⑧。居国和，在军法⑨，刃上察⑩。居国见好⑪，在军见方，刃上见信。

【注释】

①间：侦察，刺探。迩（ěr）：近。

②作兵义：意谓发动战争要合乎正义。义，指合乎正义。

③作事时：意谓做事要抓住时机。

④使人惠：意谓用人要施恩惠。

⑤见乱暇：意谓遇混乱要沉着冷静。暇，从容，沉着冷静。

⑥居国惠以信：指在国中要仁惠而诚信。信，诚信。

⑦在军广以武：意谓在军中要宽容而勇武。广，宽容，豁达。

⑧刃上：两军交锋，临阵的意思。果以敏：指果断而机敏。

⑨法：指法纪严明。

⑩察：指明察动静。

⑪好：喜欢，爱戴。

【译文】

凡作战，要刺探和观察远近的敌情，要抓住时机，用好财物，在军队中要崇尚诚信，切戒犹豫不决。发动战争要合乎正义，做事要抓住时机，用人要施恩惠，遇敌要沉着冷静，遇着混乱要从容，遇着危险和艰难时不要忘掉其部下不管。在国中要讲仁惠而诚信，在军中要讲宽容而勇武，在两军交锋的时候要果断而机敏。在国中要讲究上下和睦，在军中要讲究法纪严明，在两军交锋的时候要讲究明察动静。在国中就要为人们所爱戴，在军中就要上下一心，在两军交锋的时候就要为全军所信赖。

凡陈，行惟疏，战惟密①，兵惟杂②。人教厚③，静乃治④。威利章⑤，相守义则人勉⑥，虑多成则人服⑦。时中服⑧，厥次治⑨。物既章，目乃明⑩；虑既定，心乃强⑪。进退无疑⑫，见敌无谋，听诛⑬。无诳其名⑭，无变其旗⑮。

【注释】

①行惟疏，战惟密：意谓在布置战斗队形时，行列之间要有一定间
　隔距离，以便使用兵器；在战斗时要相对密集，以便集中力量。

②兵惟杂：指兵器要多样以配合使用。

③人教厚：指士卒要训练有素。

④静乃治：指在上的悠闲裕如而其民可治。静，安闲。

⑤威利章：意谓赏罚分明。威，指罚。利，指赏。章，即"彰"，
　彰显。

⑥相守义则人勉：意谓上下都恪守信义，人们就能相互勉励。

⑦虑多成则人服：意谓屡次谋划能成功，人们就能信服。

⑧时中服：意谓大家都心悦诚服。

⑨厥次治：意谓事情就能依次办好。厥，其，指军中的事情。次，

次序。这里是依次的意思。治，治理。这里指
治理好。

⑩物既章，目乃明：意谓旗帜鲜明，眼睛就能看
得清楚。物，这里指旗帜。

⑪虑既定，心乃强：意谓作战计谋确定后，信心
就会增强。

⑫进退无疑：意谓进退不加小心。疑，疑虑。

⑬诛：惩罚。

⑭无诳其名：意谓不要乱用金鼓，使下级产生迷
惑。诳，欺骗，迷惑。这里指随便乱用。名，
《孙子兵法·兵势》曹操注："金鼓曰名。"

⑮无变其旗：意谓不可轻易变换旗号，使下级产
生错觉。

【译文】

凡在布置阵形时，行列之间要有一定间隔距离，
在战斗时要相对密集，兵器要配备多样。士卒要训练
有素，在上的悠闲裕如而其军可治。赏罚分明，上下
都恪守信义，人们就能相互奋勉。屡次谋划成功，人
们就能信服。人人都心悦诚服，事情就能依次办好。
旗帜鲜明，眼睛就能看得清楚；作战计谋确定后，信
心就会增强。对那些进退不加小心、遇到敌人拿不出
对策的人，应予以惩罚。在临阵的时候，不要乱用金
鼓，不要轻易改变旗号。

凡事善则长，因古则行。誓作章①，人

陆兵腰牌（正、背面）
明刊本《兵录》插图。

乃强，灭厉祥②。灭厉之道：一曰义，被之以信，临之以强，成基一天下之形③，人莫不说，是谓兼用其人。一曰权，成其溢④，夺其好，我自其外，使自其内。

【注释】

①誓作章：指战斗誓词鲜明有力。章，彰显。这里指鲜明。

②灭厉祥：意谓消灭妖魔鬼怪。这里指消灭一切敌人的意思。厉，恶鬼。祥，妖怪。

③成基一天下之形：意谓造成统一天下的形势。

④成其溢：意谓助长敌方的骄傲自满。溢，即"益"。

【译文】

凡是好的事情就能保持长久，按照古法办事就能够行得通。战斗誓词鲜明有力，士气就会强盛，就能消灭一切敌人。消灭敌人的方法：一是用道义，就是以诚信使人信服，以威力使人畏惧，造成统一天下的形势，使人人无不欣喜，这就是所谓能够使敌国的人为我所用。二是用权谋，即助长敌人的骄傲自满，除掉敌方信赖的人，我军从外面进攻，派间谍在内部策应。

一曰人，二曰正①，三曰辞②，四曰巧，五曰火，六曰水，七曰兵，是谓七政。荣、利、耻、死，是谓四守③。容色积威，不过改意，凡此道也。唯仁有亲，有仁无信，反败厥身。人人、正正、辞辞、火火。

【注释】

①正：指严肃法纪。

②辞：指慎用辞令。

③四守：即上述四种令人遵守法纪的手段。

【译文】

一是广罗人才，二是严肃法纪，三是慎用辞令，四是工于制器，五是善用火攻，六是习于水战，七是带兵有方，这是七种军政。荣誉、利禄、耻辱、刑戮，这是四种坚守。面色保持威严，不要过分轻易地改变主意，所有这些都是治军的方法。只有怀抱仁爱之心才能使人亲近，但是只讲仁爱而不讲信义，反而会自取失败。用人要得其人，正人必要正己，措辞得体，火攻要得其宜。

凡战之道：既作其气，因发其政①，假之以色②，道之以辞。因惧而戒，因欲而事，蹈敌制地③，以职命之，是谓战法。

【注释】

①因发其政：指接着就颁布法规法纪。政，指军队的法纪、法规。

②假之以色：指借助表情。假，借。色，指面部表情。

③蹈敌：指攻入敌境。制地：指占据有利的地形。

【译文】

凡作战的原则：士气已经鼓舞了，接着就颁布法规法纪，用态度感染他们，用言辞引导他们。利用他们畏惧的心理而告诫他们不该做的事，利用他

西晋兵俑

们的欲望而让他们做该做的事，攻入敌境，占据有利的地形，并按照他们不同的职守分别命令他们，这就是作战的方法。

凡人之形^①，由众之求。试以名行^②，必善行之^③。若行不行，身以将之；若行而行，因使勿忘。三乃成章^④，人生之宜^⑤，谓之法。

【注释】

①凡人之形：意谓凡是人们的行为规则。形，通"型"。这里指行为的准则。

②试以名行：意谓对行为规则要加以试行。试，检验，考验。

③必善行之：意谓让人们一定要努力去做。

④三乃成章：经过多次重复，规章准则就形成了。成章，乐曲奏完，告一段落，叫"成章"。这里指规章就形成了。

⑤人生之宜：即"人性之义"，指最符合义理的。

【译文】

凡是人们的行为规则，都源于大众的要求。要试行一段时间考察是否名实相符，一旦确定下来，人们就必须妥善执行。如果他们做了但没有做到，就要以身作则率领他们去做；如果他们做了而且都做到了，就要使他们牢记勿忘。经过多次重复，规章就形成了，符合义理，这就叫作"法"。

凡治乱之道：一曰仁，二曰信，三曰直，四曰一，五曰义，六曰变，七曰专。

【译文】

凡治乱的方法：一是仁爱，二是诚信，三是正直，四是专一，五是道义，六是权变，七是集权。

立法：一曰受，二曰法，三曰立^①，四曰疾^②，五曰御其服^③，六曰等其色^④，七曰百官宜无淫服^⑤。

【注释】

①立：使确立。指有法必依。

②疾：迅速。

③御其服：指规定各级服制。

④等其色：指用颜色区别等级。

⑤淫服：指官吏逾越等级身份，不按规定着装。

【译文】

建立法制的原则：一要使人能接受，二要法令严明，三要有法必依，四要雷厉风行，五要规定各级服制，六要按等级规定使用颜色，七要使官吏不得逾越等级身份着装。

凡军，使法在己曰专，与下畏法曰法。军无小听^①，战无小利^②，日成行微^③，曰道。

门卫图（二幅）

【注释】

①军无小听：意谓军中不听细言。

②战无小利：意谓作战不贪小利。

③日成行微：作战的日期确定后要秘密行动。行微，秘密行动。

【译文】

凡治理军队，执行法令完全由将帅做主的叫作"专"，使下级畏惧的叫作"法"。军中不听细言，作战不贪小利，作战的日期确定后要秘密行动，这才是治军之道。

凡战，正不行则事专^①，不服则法，不相信则一^②。若怠则动之^③，若疑则变之，若人不信上则行其不复^④。自古之政也。

【注释】

①正不行则事专：意谓用正常的办法行不通就要用专制的手段。

②不相信则一：意谓互不相信就要统一认识。一，这里指统一认识。

③若怠则动之：意谓如果军心懈怠就要振作他们。动，振作。

④行其不复：意谓示其令出必行，绝无反复之意。

【译文】

凡作战，用正常的办法行不通就要集中专制，不服从的就要绳之以法，互不相信就要统一认识。如果军心懈怠就要振作他们，如果下级疑惧就要设法改变这种情况，如果下级不信任上级，就要令出必行，绝无反复之意。这些都是自古以来治军作战的方法。

严位第四

【题解】

所谓"严位",就是士卒在行列中的位置要有严格的规定。本篇主要阐述了阵形的构成、阵中士卒的位置、姿势、作战的战略战术、将帅的指挥以及胜利后应该注意的事项等。文中强调进行战争,政令要使人畏惧,行动要轻巧敏捷,士气要沉着,意志要统一;最好的方法是用仁义取胜,其次才是用权谋取胜。既掌握全局的形势,又注意具体的细节,只有对本末加以权衡,才能取得战争的胜利。

———————————

凡战之道,位欲严①,政欲栗②,力欲窕③,气欲闲④,心欲一。

【注释】

①位:指士卒在行列中的位置。

②政欲栗:政令要森严。栗,战栗。此处为森严,使人畏惧的意思。

③力欲窕(tiāo):意谓士卒的行动要轻巧敏捷。窕,通"佻",轻巧敏捷。

④闲:安闲。引申为镇静沉着。

【译文】

凡作战,士卒在阵形中的位置要规定严格,政令要森严,行动要轻巧敏捷,士气要沉着,意志要统一。

凡战之道，等道义①，立卒伍②，定行列，正纵横③，察名实④。立进俯⑤，坐进跪⑥，畏则密⑦，危则坐⑧。远者视之则不畏，迩者勿视则不散⑨。位下左右⑩，下甲坐⑪。誓徐行之，位逮徒甲，筹以轻重⑫。振马噪徒甲，畏亦密之。跪坐，坐伏⑬，则膝行而宽誓之⑭。起噪鼓而进⑮，则以铎止之⑯。衔枚誓糗⑰，坐，膝行而推之。执戮禁顾⑱，噪以先之。若畏太甚，则勿戮杀，示以颜色，告之以所生，循省其职⑲。

【注释】

①等道义：按道义标准把人员分成不同的高下等级。等，等次，衡量。

②立卒伍：建立军队各级的编制。卒、伍，都是军队编制的单位。周制百人为卒，五人为伍。

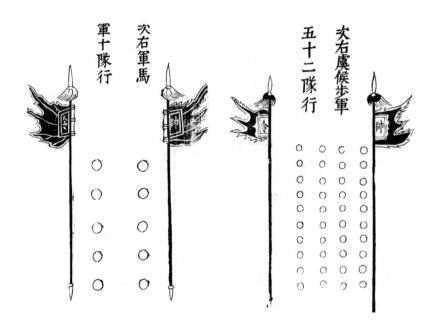

③正纵横：意谓摆正纵横队列。"纵"为列，"横"为行。

④察名实：意谓弄清旗鼓名号及其所代表的含义。

⑤立进俯：意谓采用立阵前进时要弯腰低头。俯，屈身低头。

⑥坐进跪：意谓采用坐阵前进时要耸身膝行。坐，古代的"坐"是两膝着地，臀部压在脚后跟上。跪，古代战士的跪姿是双膝或单膝着地。

⑦畏则密：意谓军队有畏惧心理时要采取密集的队形。

⑧危则坐：意谓情况危急时要采取坐姿。

⑨迩者勿视：意谓当敌军突然临近我军时，要使士卒目中无敌。

⑩位下左右：或云这里的"下左右"三字疑有错漏，历来注解众说纷纭。这里举两种说法如下：第一，位，据《汇解·纂序》云："士卒行列之位。"第二，《武经开宗》云："此言严整队伍，坐作进退之法。"这就是说，这一段主要是讲严整行列、队伍、坐阵、

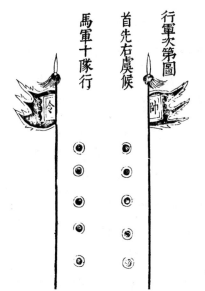

行军次第图（局部）
明刊本《武经总要》插图。

立阵、前进、后退的方法。因此，这里的"下左右"的意思，也应该是士卒在阵形中的位置，按左、右行列来分布。

⑪下甲：屯兵。坐：此处指"坐阵"。古时多在军队停止或防御时使用"坐阵"。士卒取坐姿，移动用跪姿膝行。此外，还有"立阵"，士卒取立姿，在前进时采用。《尉缭子·兵令上》说："立陈，所以行也。坐陈，所以止也。立坐之陈，相参进止。"就是这个意思。

⑫筹以轻重：意谓根据不同的情况以及各种利害关系来确定每个士卒在阵中的位置。

⑬跪坐，坐伏：跪者令其坐，坐者令其俯。跪、坐、伏等，都是坐阵的行动方法，在坐阵中可以根据需要采取由跪姿变坐姿、由坐姿变卧姿等各种姿势。

⑭则膝行而宽誓之：膝行前去用宽和的言辞告诫他们。宽，舒缓。这里是毫不紧张的意思。

⑮起噪鼓而进：如果要转入进攻就起立，高声呼喊，擂鼓前进。

⑯则以铎止之：如果要停止，就鸣金铎。铎，大铃，古代指挥军队停止的一种工具。

⑰衔枚誓糗（qiǔ）：意谓当士卒衔枚、受命或吃饭时。衔枚，古代军队夜袭敌人时，令士卒将枚衔在口中，以禁止喧嚣，保持静肃。枚，一根像筷子的短棍，两端有带，系在颈上。糗，干粮。这里是吃饭的意思。

⑱执戮禁顾：指在战场上要用杀戮来严禁顾盼不前。

⑲循省其职：使他们巡视检查各级职守，使各尽其职。

【译文】

凡作战，要按道义标准把人员分成不同的高下等级，建立军队各级

的编制，确定行列的次序，摆正纵横队列，弄清旗鼓名号及其所代表的
含义。采用立阵前进时要弯腰低头，采用坐阵前进时要耸身膝行，军队
有畏惧心理时要采取密集的队形，情况危急时要采取坐姿。当敌军距
离我军尚远时，要让士卒观察清楚敌人，早有准备就不会畏惧；当敌军
突然临近我军时，要让士卒目中无敌，就会集中精力进行战斗。士卒在
布阵中的位置，按左、右行列分布；屯兵驻止时用坐阵。从容下达命
令，将领到达士兵面前，根据不同的情况以及各种利害关系来确定每个
士卒在阵中的位置。鞭打马匹，使之嘶鸣，鼓噪士卒，如果士卒畏惧，
就也采用密集队形。跪者令其坐下，坐者令其俯身，将领膝行前去用宽
和的言辞告诫他们，使他们镇定下来。如果要转入进攻就起立，高声呼
喊，擂鼓前进；如果要停止，就鸣金铎。当士卒衔枚、受命或吃饭时，
都应坐着，必须移动时，则用膝行移动。在战场上要用杀戮来严禁顾盼
不前，并高声喝令他们前进。如果士卒非常畏惧，就不要再行杀戮，就
用脸色示意他们，告诉他们可以宽赦的原因，让他们检查职守，使各尽
其职。

凡三军，人戒分日^①；人禁不息^②，不可以分食。方其
疑惑，可师可服^③。

【注释】

①人戒分日：下文云"三军之戒，无过三日；一卒之警，无过分日；
　　一人之禁，无过瞬息"，三军的戒日是"三日"而不是"分日"，
　　这里疑有脱文。戒，戒备。分日，半日。

②禁：这里指禁令。不息：不解除。

③可师可服：意谓可以出兵，征服他们。

【译文】

通常三军的戒备状态不超过半天；禁令不解除，不允许吃饭。乘敌人疑惑不决的时候，就可以出兵，可以征服他们。

凡战，以力久，以气胜。以固久，以危胜①。本心固②，新气胜③。以甲固，以兵胜。凡车以密固④，徒以坐固⑤，甲以重固，兵以轻胜。

【注释】

①以危胜：意谓军队陷入危险之地反能取胜。《孙子兵法·九地》："投之亡地然后存，陷之死地而后生。"认为"夫众陷于害，然后能为胜败"，意思是说把军队置于危险境地，就可以用死战来求得胜利。

②本心固：意谓士卒一心求战，军队就能稳固。

③新气胜：意谓士卒勇气足，就能取胜。新，这里指士卒蓬勃的锐气。

④车以密固：意谓兵车采取密集的队形，易于持守，就能巩固。

⑤徒以坐固：意谓步兵采用坐阵就能巩固。徒，指步兵。

【译文】

凡作战，战斗力充沛就能持久，士气足就能取胜。阵地坚固就能持久，军队处于危地反能取胜。士卒一心杀敌，就能固守；士卒锐气蓬勃，就能取胜。靠盔甲来防护自己，靠兵器去战胜敌人。兵车采取密集的队形就能巩固，步兵采用坐阵就能巩固，靠厚重的铠甲就能坚固，靠轻锐的兵器就能取胜。

人有胜心，惟敌之视①；人有畏心，惟畏之视②。两心交定③，两利若一④。两为之职⑤，惟权视之。

【注释】

①惟敌之视：他眼中就只能正视敌人。

②惟畏之视：他眼中就只能畏惧敌人。

③两心交定：两种心理交相存在。

④两利若一：两方面的利益一样。

⑤职：职掌。这里引申为处理取舍。

【译文】

　　人若有胜敌之心，那么他眼中就只有敌人；人若有畏敌之心，那么他眼中就只会畏惧敌人。两种心理交相存在，两方面的利益一样，对于这两方面的取舍，应该视情况权衡而定。

　　凡战，以轻行轻则危，以重行重则无功①，以轻行重则败，以重行轻则战，故战相为轻重。舍谨兵甲②，行慎行列③，战谨禁止④。

【注释】

①以轻行轻则危，以重行重则无功：意谓使用兵力弱的部队对付兵力弱的部队可能有危险，使用兵力强的部队对付兵力强的部队就可能不成功。"轻"和"重"是《司马法》把诸因素概括起来抽象而成的两个相互对立统一的概念。正如《孙子兵法》把战争诸因素概括为"虚""实"一样。在本书中，在许多地方都提到"轻""重"二字，但各处所指的具体事物又有所不同。这里的"轻""重"是指兵力的强弱。

②舍谨兵甲：意谓安营扎寨时要注意兵器甲胄安放得严整。

③行慎行列：意谓行军时要注意行列的整齐。慎，谨慎，慎重。

④战谨禁止：意谓作战时要注意前进、停止的节奏。

【译文】

凡作战，使用兵力弱的部队对付兵力弱的部队可能有危险，使用兵力强的部队对付兵力强的部队就可能不成功，使用兵力弱的部队对付兵力强的部队就要失败，使用兵力强的部队对付兵力弱的部队才可以作战，所以作战是双方兵力的较量。安营扎寨时要注意兵器甲胄安放严整，行军时要注意行列整齐，作战时要注意前进、停止的节奏。

　　凡战，敬则慊①，率则服；上烦轻②，上暇重③；奏鼓轻④，舒鼓重⑤；服肤轻⑥，服美重⑦。

【注释】

①慊（qiè）：满意。

②烦：烦琐。这里指上级对下级的管束过于苛细。轻：轻视。这里指降低威望。

③暇：悠闲裕如。这里指上级对下级不过多干预。重：这里指提高威望。

④奏鼓：指节奏紧凑的鼓声。奏，通"凑"。引申为急促之意。轻：

轻浮。

⑤舒鼓：指节奏舒缓的鼓声。重：沉稳。

⑥服肤：指服装单薄。肤，指穿着单薄。

⑦服美：指服装盛美。

【译文】

凡作战，将帅态度恭敬士卒就能满意，将帅以身作则士卒就能服从；上级对下级的管束过于苛细就会降低威望，上级对下级不过多干预就能提高威望；节奏急促的鼓声是令士兵快速行动，节奏舒缓的鼓声就是让士卒沉稳进攻；服装单薄就显得不庄重，服装盛美就显得庄重。

凡马车坚，兵甲利，轻乃重①。

【注释】

①轻乃重：意谓少量兵力也能深入敌境。

【译文】

只要兵车坚固，甲胄武器锋利，就是少量兵力也能深入敌境。

上同无获①，上专多死②，上生多疑③，上死不胜④。

【注释】

①上同无获：意谓将领喜欢随声附和，就不会有所成就。同，雷同。这里是随声附和的意思。

②上专多死：意谓将领喜欢独断专行，就会多所杀戮。

③上生多疑：意谓将领贪生怕死，就会疑虑重重。生，指贪生怕死。

④上死不胜：意谓将领只知拼命，就不会取得胜利。死，这里指
　　拼死。

【译文】

　　将领喜欢随声附和，就不会有所成就；将领喜欢独断专行，就会多
所杀戮；将领贪生怕死，就会疑虑重重；将领只知拼死，就不会取得
胜利。

　　凡人，死爱①，死怒，死威，死义，死利。凡战之道，
教约人轻死②，道约人死正③。

【注释】

①死爱：因为报恩而战死。以下"死怒""死威"等语法结构与此
　　相同。
②教约：用教化去约束人。
③道约：用道义去约束人。人死正：人为正义而死。

【译文】

　　凡是人，有因为报恩而拼死作战的，有因为愤怒而拼死作战的，有
因为威严而拼死作战的，有因为道义而拼死作战的，有因为利益而拼死
作战的。一般作战，用教化约束人，只能使人们不怕死；用道义约束
人，才能使人们为正义而死。

　　凡战，若胜若否①，若天若人。

【注释】

①若：或者。否（pǐ）：失败。

【译文】

凡作战，或者胜利，或者失败；或者顺应天时，或者顺应人心。

凡战，三军之戒，无过三日①；一卒之警②，无过分日；一人之禁，无过瞬息③。

【注释】

①三军之戒，无过三日：三军的戒备，不超过三天。

②警：戒备。

③一人之禁，无过瞬息：一人的戒备，不超过瞬息。

【译文】

凡作战，三军的戒备，不超过三天；一卒的戒备，不超过半天；一人的戒备，不超过瞬息。

轮流上弩、进弩、发弩图
明刊本《武经总要》插图。

凡大善用本^①，其次用末^②。执略守微^③，本末唯权，战也。

【注释】

①大善用本：意谓用兵最好的方法是用仁义取胜。大善，上策，最好的方法。本，根本。即上文《仁本》所说的"以仁为本"。

②末：即上文《仁本》所说的"正不获意则权"的意思。

③执略守微：既掌握全局的形势，又注意具体的细节。略，大略，要略。

【译文】

用兵，最好的方法是用仁义取胜，其次才是用权谋取胜。既掌握全局的形势，又注意具体的细节，只有对本末加以权衡，才能进行战争。

凡战，三军一人，胜。

【译文】

凡作战，全军团结得像一个人，就能取得胜利。

凡鼓，鼓旌旗^①，鼓车，鼓马，鼓徒，鼓兵，鼓首^②，鼓足^③，七鼓兼齐。

【注释】

①鼓旌旗：指击鼓指挥旌旗的开、合、伏、麾等。鼓，动词，指击鼓。

②鼓首：即用鼓点指挥人员左右看齐、前后对正、整齐队伍的意思。

《水浒传》"宋公明排九宫八卦阵图"
绘有击鼓行令的场景。

③鼓足：指用鼓点指挥人员前进、后退、停止等动作。

【译文】

一般鼓的使用，有击鼓指挥旌旗的，有击鼓指挥战车的，有击鼓指挥马匹的，有击鼓指挥步兵的，有击鼓指挥交兵接刃的，有击鼓指挥人员调动的，有击鼓指挥士卒的动作的。这七种鼓法都必须规定齐备。

凡战，既固勿重①，重进勿尽②，凡进危③。

【注释】

①既固勿重：意谓阵势巩固，行动就不要迟缓。

②重进勿尽：意谓阵势巩固，进攻时也不要把力量一次用尽。重，
指兵力雄厚的部队。

③凡进危：耗尽兵力，推进就很危险。

【译文】

凡作战，阵势巩固，行动就不要迟缓，阵势巩固，进攻时也不要把
兵力一次用尽，耗尽兵力就很危险。

凡战，非陈之难，使人可陈难①；非使可陈难，使人可
用难②；非知之难，行之难。人方有性③，性州异④，教成
俗，俗州异，道化俗⑤。

【注释】

①使人可陈难：意谓让士卒熟悉阵法有困难。可陈，即熟悉阵法。

②使人可用难：意谓让士卒灵活运用阵法难。可用，即灵活运用。

③人方有性：每一个人都有各自的性格。性，古人认为性格是先天
赋予的，习俗是后天养成的。

④性州异：性格随着所居的地域不同而产生差异。州，泛指所居之
地域。

⑤道（dǎo）：开导。

【译文】

凡作战，并不是阵法本身难，而是让人熟悉阵法难；并不是让人熟
悉阵法难，而是让士卒灵活运用难；并不是难以知道，而是让士卒执行
难。每一个人都有各自的性格，每种性格随着所居的地域不同而产生差
异，可以用教化来形成共同的习俗；每种习俗也随着地域的不同而形成
差异，可以用启发开导来形成共同的习俗。

凡众寡，既胜若否①。兵不告利②，甲不告坚，车不告固，马不告良，众不自多③，未获道。

【注释】

①既胜若否：意谓无论是以少胜多，还是以多胜少，都要像没有取胜一样。既，已经。

②兵不告利：意谓不炫耀兵器的锋利。告，说。这里引申为炫耀。

③众不自多：意谓众士不夸耀自己的战功。多，夸赞。

【译文】

不论兵力的多少，无论是以少胜多还是以多胜少，都要像没有取胜一样。不炫耀兵器的锋利，不炫耀盔甲的坚韧，不炫耀车辆的牢固，不炫耀马匹的良好，不夸耀自己的战功，获得战功像没获得一样。

凡战，胜则与众分善①。若将复战，则重赏罚。若使不胜，取过在己②。复战，则誓以居前，无复先术。胜否勿反，是谓正则。

【注释】

①分善：分享荣誉。善，这里引申指荣誉。

②取过在己：意谓把错误归于自己，即由自己承担责任。

西晋持刀陶俑

【译文】

凡作战，胜利了要与众人分享荣誉。如果还要再次作战，就要重行赏罚。如果没有取得胜利，就要把过错归于自己。再次作战时，就要发誓身先士卒，不重复使用上次的战法。无论胜败与否，都不要违反这个原则，这才是正确的作战原则。

凡民以仁救，以义战，以智决，以勇斗，以信专^①，以利劝^②，以功胜^③。故心中仁^④，行中义，堪物智也^⑤，堪大勇也，堪久信也。

让以和^⑥，人以洽，自予以不循^⑦，争贤以为人^⑧，说其心，效其力。

【注释】

①以信专：靠信念来让兵众专一。专，专一。

②以利劝：靠利益来鼓励兵众。劝，勉励，鼓励。

③以功胜：靠功爵激励他们取胜。功，功爵。

④中仁：合乎仁爱。中，符合，合乎。

⑤堪物：能够应付外界事物。堪，可以，能够。

⑥让以和：谦让因而和睦。以，这里是"因而"的意思。

⑦自予：自许。指自己夸耀自己。

⑧争贤以为人：争以贤人为榜样。

【译文】

对待士众，要靠仁爱来救助他们的困厄，靠正义来激励他们作战，靠智慧来解决他们的疑惑，靠勇敢让他们搏斗，靠信念让他们专一，靠利益来鼓励他们获取军功，靠功爵来激励他们取胜。所以思想要合乎仁爱，行为要合乎道义，能够应付外界事物要靠智慧，能够应付强敌要靠勇敢，能够持之以恒要靠诚信。

将领谦让因而和睦，人们因此融合，自己夸耀自己，争以贤能之士为榜样，士卒就会从心里高兴，为他效力。

凡战，击其微静，避其强静①；击其倦劳，避其闲窕②；击其大惧③，避其小惧④。自古之政也⑤。

【注释】

①击其微静，避其强静：意谓要攻击那些因兵力弱小而故作镇静的敌人，要避开那些兵力强大而真正镇静的敌人。

②闲窕（tiǎo）：安闲从容。窕，闲暇。

③大惧：指已经极度恐慌的敌人。

④小惧：指行动谨慎，有所戒备的敌人。

⑤政：指作战部署和阵势。

【译文】

凡作战，要攻击那些兵力弱小而故作镇静的敌人，避开那些兵力强大而真正镇静的敌人；要进攻那些疲劳沮丧的敌人，避开那些安闲从容的敌人；要进攻那些非常惧怕我军的敌人，避开那些行动谨慎，有所戒备的敌人。这些都是自古以来作战的部署。

用众第五

【题解】

所谓"用众",就是指用较多的兵力作战。本篇首先论述了"用众""用寡"的作战方法,进而论述了临阵时要待敌观变、避实击虚、巩固军心的方法。

————————————

凡战之道,用寡固^①,用众治。寡利烦^②,众利正^③。用众进止,用寡进退。众以合寡^④,则远裹而阙之^⑤。若分而迭击,寡以待众,若众疑之,则自用之^⑥。擅利^⑦,则释旗迎而反之^⑧;敌若众,则相众而受裹;敌若寡若畏,则避之开之。

【注释】

①用寡固:意谓用较少的兵力作战,应采取牢固的防守。

②寡利烦:意谓兵力较少,应采取频繁出击。

③众利正:意谓兵力强大,应采取正规作战。正,正规。

④合寡:指与较少的兵力交战。合,交战。

⑤远裹而阙(quē)之:意谓从远处形成包围,并留个缺口让敌军逃跑。裹,指设置包围。阙,指缺口。

⑥自用之:意谓不拘泥于古法,用自己独特的方法。

⑦擅利:指敌方已占据有利的地形。

⑧释旗迎而反之:意谓卷起军旗,假装败退引诱它出来,然后反击

它。释旗，减少军旗。这里指卷起军旗。

【译文】

凡作战的原则，用较少的兵力作战，应力求牢固地防守，用较多的兵力作战，应力求加强管理。兵力较少有利于频繁出击，兵力强大有利于正规作战。用较多的兵力进攻要能进能止，用较少的兵力作战要能进能退。用较多的兵力与较少的兵力交战，应从远处形成包围并留个逃跑的缺口。如果要分批轮番攻击敌人，就可以用较少的兵力来对付较多的敌人，如果部下对此疑惑，就采用自己独特的方法。如果敌人已占据了有利的地形，就卷起军旗，假装败退引诱他出来，然后反击他；如果敌人兵力很多，应当查明情况并准备在被围攻的情况下作战；如果敌人兵力少而且害怕，就应避开他们，让他们逃跑。

《大驾卤簿图》（局部）卤簿，指帝驾出行时扈从的仪仗队。《大驾卤簿图》表现北宋皇帝前往城南青城祭祀天地时的宏大场面，是研究宋代舆服、仪仗、兵器、乐器等制度的形象资料。此图为武队部分。

凡战，背风背高①，右高左险，历沛历圮②，兼舍环龟③。

【注释】

①背风背高：意谓要背着风向，背靠着高地。古代兵阴阳家认为背
　　着风向为顺势，背靠着高地可依托高险。

②历沛历圮（pǐ）：意谓经过沼泽地和难走的道路时要快速通过。
　　历，经过。沛，水草茂密的沼泽地。圮，难以行走的道路。《孙子
　　兵法·九地》："行山林、险阻、沮泽，凡难行之道者，为圮地。"

③兼舍环龟：这里指在四周有险可守、中间较高的地形宿营。

【译文】

凡行军作战，要背着风向、背靠高地，右边依托高地，左边依靠险
要，碰到沼泽地和难走的道路时要快速通过，选择四周险固，中间隆起
的地形宿营。

凡战，设而观其作①，视敌而举，待则循而勿鼓②，待
众之作，攻则屯而伺之③。

【注释】

①设而观其作：意谓摆好阵势观察敌人的行动。

②待则循而勿鼓：意谓如果发现敌人设计圈套等待我军上当时，就
　　顺势暂不击鼓进攻。

③攻则屯而伺之：意谓敌人进攻，就集中兵力而伺机打击他。屯，
　　聚集。这里是集中兵力的意思。

【译文】

凡作战，摆好阵势，然后观察敌人的行动，要根据敌人的情况而采

取行动，如果发现敌人设伏等待我军上当时，就顺势暂不击鼓进攻，来等待敌人的行动，如果敌人进攻，就聚兵不动，伺机打击敌人。

凡战，众寡以观其变，宽而观其虑，进退以观其固，危而观其惧，静而观其怠①，动而观其疑②，袭而观其治。击其疑，加其卒③，致其屈，袭其规④，因其不避，阻其图，夺其虑⑤，乘其惧。

【注释】

①静：安静。这里指按兵不动。

②动：骚动。

③加其卒：意谓乘敌人仓促不安时进攻他。加，举兵加之。卒，同"猝"，仓促。

④袭其规：意谓袭击敌人并打乱他的部署。规，部署。

⑤夺其虑：粉碎敌人既定的计划。夺，打消。这里是粉碎的意思。虑，谋虑，计划。

【译文】

凡作战，要用或多或少的兵力去试探敌人，以观察他们是否有变化；用宽容的方法，以观察他们是否在谋划；用忽进忽退的举动，以观察他的阵势是否稳固；用迫近威胁的方法，以观察他是否惧怕；用按兵不动的方法，以观察他是否懈怠；用骚动的方法，以观察他是否疑惑；用突然袭击的方法，以观察他的阵容是否管理得好。在敌人疑虑重重时打击他们，在敌人仓促不安时进攻他，造成他们兵力衰竭，袭击敌人并打乱他们的部署，利用敌人来不及躲避的机会，阻止他的图谋，粉碎他的计划，乘他们军心恐惧时进攻他。

凡从奔勿息，敌人或止于路，则虑之。

【译文】

凡是追击溃败的敌人时不要停息，敌人如果在中途停止，就要考虑是否有埋伏。

凡进敌都，必有进路。退，必有反虑。

【译文】

凡是接近敌人城邑的时候，一定要找到进军的道路。退却的时候，也一定要预先考虑好后退的办法。

凡战：先则弊[1]，后则慑[2]；息则怠，不息亦弊，息久亦反其慑。

【注释】

①先则弊：意谓先发起进攻的就容易使士卒疲惫。弊，疲惫。

②后则慑：意谓后发起进攻的就容易受到威胁。慑，威胁。

《水浒传》"宋江大破连环马图"

【译文】

凡是作战，先发起进攻的就容易使士卒疲惫，后发起进攻的就容易受到威胁；休息会使军队懈怠，不休息也会使军队疲惫，但是休息久了反而会产生怯战的心理。

书亲绝①，是谓绝顾之虑；选良次兵②，是谓益人之强；弃任节食③，是谓开人之意④。自古之政也。

【注释】

①书亲绝：意谓严禁士卒与亲属通信。书，书信。亲，亲人，亲属。

②选良次兵：意谓选拔人才，配备兵器。选良，选拔优良、精良的士卒。次兵，指配备兵器。次，授予。

③弃任节食：意谓令士卒丢弃辎重，减少携带的食粮。任，负载。这里指辎重。节食，少带食粮。

④开人之意：意谓激发士卒拼死作战的意志。意，意志。

【译文】

严禁士卒与亲属通信，这是断绝士卒的后顾之心；选拔精良的士卒，授予他们武器，这是增强士卒的力量；丢弃辎重，减少携带的食粮，这是激发士卒拼死作战的决心。这些都是自古以来治军作战的方法。

尉缭子

李解民 译注

前 言

《尉缭子》作为先秦诸子的一家之作，对战国史的研究，有其不容忽视的意义。它比较集中而有系统地记述了当时有关的军事理论、军队制度及具体法规条令，在中国军事史上占有相当重要的地位。关于该书的性质、作者和形成，至今还存有不少疑点。

关于《尉缭子》的作者，学术界有两种代表性的看法：一谓梁惠王时人，一谓秦始皇时人。我们倾向于前者。因为在没有多少直接材料足资论定之前，应当更多地注重本书内证的提示。

本书首篇《天官》起始就是"梁惠王问尉缭子曰""尉缭子对曰"云云，颇似《孟子》《商君书》开篇。书中屡见"听臣言""听臣之术""臣闻""臣谓""臣以为"等语，可知本书大多为作者向国君进谏陈说之言。统观全书，中心是强调处理好人事，确立健全良好的政治、军事、经济制度；坚持法制，严明赏罚；讲求谋略，举贤用能；崇尚耕战，安抚民众；实现富国强兵，进而统一天下。书中提及的人物，计有黄帝、尧、舜、周文王、周武王、太公望、商纣王、飞廉、恶来、齐桓公、公子心、孙武、吴起；从时间看，止于战国前期的吴起；从国别看，涉及齐、楚、魏。综合以上各点，再结合当时的社会历史背景，若说作者就是《史记·秦始皇本纪》所载的那位于秦王政十年（前237）入秦的大梁人尉缭，很难合拍；退一步的话，果如其说，那书里所劝谏的对象便成了处于统一六国前夕的秦始皇，则更难令人置信。相反地，书中所言种种情状，颇切梁惠王晚年及以后的魏国政局；要说作者是见过梁惠王的尉缭，倒是有相当根据的。我们认为，《尉缭子》基本上是战国后期的魏人之作。

《尉缭子》一书的著录，最早见于《汉书·艺文志》。《汉书·艺文志》同时著录了两部《尉缭》，一为杂家二十九篇，一为兵形势家三十一篇，而今传本《尉缭子》却只有二十四篇。历来有关该书的种种疑问和争论，大多缘此而起。

1972年山东临沂银雀山汉墓竹简中《尉缭子》简文的发现，证明《尉缭子》的多篇文字至迟已在汉初流行于世，则其撰作必然更早，当在此前的战国时代。今传本《尉缭子》绝非伪书，而是一部基本可信的先秦古籍，它与《汉书·艺文志》著录的《尉缭》有着密切的关系。

从南北朝至宋初，一直有部杂家《尉缭子》为官方所藏，而兵家之作却已难觅踪迹。至于宋初以后，人多以传本《尉缭子》为兵形势家，虽属误会，也是事出有因。宋神宗元丰年间《尉缭子》被列入《武经七书》，成为武学必读的兵书经典之一。今传本《尉缭子》的最后定型，即在此时。它是在原杂家《尉缭子》基础上编定的。随着《武经七书》正式颁行，《尉缭子》之归兵家，几成定谳。此后各种官私书目中，《尉缭子》便只见于兵家而不再见于杂家。一般人也自然而然地以今传本《尉缭子》为《汉书·艺文志》兵形势家的遗篇了。

天官第一

【题解】

假托黄帝的"刑德"思想，流行于战国时期，各派对此有不同的理解和解释。信奉阴阳五行说的军事家，将"刑德"与天官、时日、阴阳、向背等数术相联系。尉缭子针对阴阳五行家的迷信之说，对"刑德"及"天官"做了自己的诠释，指出："刑以伐之，德以守之，非所谓天官、时日、阴阳、向背也。黄帝者，人事而已。""谓之'天官'，人事而已。"重视人的智慧和主观能动作用，具有鲜明的唯物主义倾向。

梁惠王问尉缭子曰①："黄帝刑德②，可以百胜，有之乎？"

【注释】

①梁惠王：即魏惠王。战国时期魏国国君，名䓨，谥惠，生于公元前400年。魏武侯之子，公元前369年继位为国君。魏国始都安邑（今山西夏县西北），后因其地居河东（今山西西南部），处于秦、赵、韩三国包围，又与东土河内（今河南黄河以北地区）交通不便，迁都至大梁（今河南开封），因此魏国又称梁国，魏惠王又称梁惠王。公元前344年，第一个在中原诸侯中自称为王，召集逢泽（今河南开封东南）之会，率诸侯朝见周天子。后不久，魏军东败于齐，西败于秦，国势渐衰。于公元前319年去世。

②黄帝：传说中远古时代的帝王，与炎帝被并奉为华夏民族的共同祖先。姬姓，号轩辕氏、有熊氏。少典之子。相传他在阪泉（今

黄帝像

河北涿鹿东南）打败炎帝，在涿鹿（今属河北）击杀蚩尤。关于黄帝的传说，大约始于春秋时期，盛行于战国时代的韩、赵、魏、齐等国。当时许多学派都托黄帝之言撰述立说。刑德："刑"指刑杀征伐，"德"指赏赐安抚。将"刑""德"两者结合起来，作为统一天下、治理国家的基本策略和主要手段，是当时一些托黄帝之言学说的重要内容。本篇阐述的黄帝刑德，摒弃诸如阴阳五行等一切迷信成分，专讲人事，强调人的主观能动作用，强调政治清明对战争胜负的决定意义，具有鲜明的唯物主义倾向。

【译文】

梁惠王问尉缭子说："黄帝的刑德之术，可以百战百胜，有这回事吗？"

尉缭子对曰："刑以伐之，德以守之，非所谓天官①、时日②、阴阳③、向背也④。黄帝者，人事而已矣。

【注释】

①天官：天文，指日月星辰等天体的方位、分布、运行、变化。古人也常将风、云、露、雨、雪、霜等各种今属气象学的现象也包括在内。迷信家将天文现象与人间各种世事对应联系起来，也将"刑德"同天象牵合附会。《鹖冠子·王铁》："天者诚其日德也。""天者，信其月刑也。"《淮南子·天文训》："日为德，月为刑。""太阴所居曰德，辰为刑。"

②时日：指年纪、四季、月份、日子、时辰。古人以甲、乙、丙、

丁、戊、己、庚、辛、壬、癸十个天干和子、丑、寅、卯、辰、巳、午、未、申、酉、戌、亥十二地支，或单独或组合来表示年、月、日、时辰。迷信家将时日与人事系联比附。云梦睡虎地秦简《日书》就是一部专供人们择日行事、预卜吉凶的书籍。《史记·日者列传》亦于此有所记载。"刑德"也被与时日挂上钩。

③阴阳：原指日光的向背，向日为阳，背日为阴，故称山南水北为"阳"，山北水南为"阴"。古人用"阴阳"的概念来解释、指代万事万物，被赋予十分广泛的含义。迷信家以德为阳，以刑为阴。马王堆帛书《十六经·姓争》云："刑阴而德阳。"《春秋繁露·王道通三》云："阳为德，阴为刑。"战国时期，阴阳家十分流行。《汉书·艺文志》"诸子略"录阴阳二十一家、三百六十九篇；"兵书略"录兵阴阳十六家、二百四十九篇，云："阴阳者，顺时而发，推刑德，随斗击，因五胜，假鬼神而为助者也。"可见当时军事领域也充斥阴阳五行学说的影响。

④向背：面向和背向，即正面和背面。军事上，多指行军布阵时部队与有关地形地貌如山陵河流的相对位置。《孙子兵法·军争》云："故用兵之法，高陵勿向，背丘勿逆。"银雀山汉简佚篇云："善陈，知背向，知地形。"迷信家也将向背与"刑德"牵合起来，应用于军事。《淮南子·天文训》云："凡用太阴，左前刑，右背德。"《韩非子·饰邪》云："龟策鬼神不足举胜，左右背乡不足以专战。"

【译文】

尉缭子回答说："刑是用来攻伐的，德是用来守成的，并不是世间有些人所讲的天官、时日、阴阳、向背那一套东西。黄帝的刑德之术，只是讲处理好人事罢了。

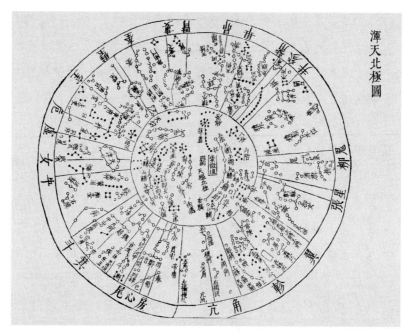

浑天北极图

　　"何者？今有城，东西攻不能取，南北攻不能取，四方岂无顺时乘之者邪？然不能取者，城高池深①，兵器备具，财谷多积，豪士一谋者也。若城下池浅守弱，则取之矣。由是观之，天官、时日不若人事也。

【注释】
①池：护城河。

【译文】
　　"为什么这样说呢？假如现在有一座城，从东面、西面进攻不能夺取，从南面、北面进攻不能夺取，东、西、南、北这四个方向难道都没有顺应天时、占据地利的机会吗？然而不能攻取的根本原因，在于城

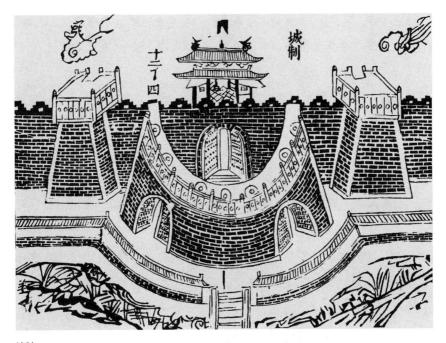

城制
明刊本《武经总要》插图。

墙高峻、池沟深宽，武器齐备，物资粮食积蓄充裕，豪杰之士同心同德啊。如果城下的池沟浅，防守薄弱，就能攻取下来了。由此看来，天官、时日这些条件，不及人事重要啊。

　　"按《天官》曰①：'背水陈为绝地②，向阪陈为废军③。'武王伐纣④，背济水向山阪而陈⑤，以二万二千五百人⑥，击纣之亿万⑦，而灭商⑧。岂纣不得《天官》之陈哉？

【注释】

①《天官》：书名。当为《汉书·艺文志》所录兵阴阳家一类书。《史记》有《天官书》，当亦相近。

②陈：同"阵"。绝地：军事术语。指危绝之地。《孙子兵法·九地》云："去国越境而师者，绝地也。"《九变》云："绝地无留。"背水布阵，后无退路，故称"绝地"。

③向阪陈为废军：意谓面山布阵，敌方居高临下，而自处于仰面受攻不利地位，故言"废军"。《孙子兵法·军争》云："高陵勿向，背丘勿逆。"阪，山坡。废军，无用之军，败亡之军。或谓废弃军队，白送军队，亦通。

④武王：即周武王，姬姓，名发，继承其父周文王遗志，在牧野（今河南淇县北）之战中大获全胜，进军灭掉商朝，建立西周王朝。纣：或作"受"，即商纣王，又称"帝辛"，子姓，商朝末代君主，牧野之战兵败后自焚。

⑤济水：亦称"沇水"，源出今河南济源西王屋山，下游屡次变迁。商末济水或流经牧野一带。《太平御览》卷三○一引作"清水"。按，清水即今卫河，源出山西太行山，流经牧野。此"济水"疑为"清水"之误。

⑥二万二千五百人：以《司马法》一乘七十二人计算，则三百乘为二万二千五百人，与今本吻合。本书《武议》

伯夷、叔齐谏阻武王伐商图

《唐土名胜图会》插图。伯夷、叔齐为商末孤竹君二子。二人互让王位，先后逃到周国。周武王伐纣，二人以为周武王伐纣之举不仁，拦马谏阻。周武王灭商后，二人隐居首阳山，采薇而食，最终饿死于首阳山。事见《史记·伯夷列传》。

云"死士三百，战士三万"，皆传闻异辞，不可详究。

⑦亿：古以十万为亿。

⑧商：朝代名。公元前16世纪商汤灭夏立国，建都于亳（今山东曹县南）。后屡次迁都。盘庚时迁至殷（今河南安阳小屯村），故"商"亦称"殷"。公元前11世纪，被周人所灭。前后共传十七代、三十王。

【译文】

"按《天官》书中说：'背水布阵叫作自处绝地，向山列阵叫作白送军队。'但周武王攻伐商纣王，背依济水，面对山坡而摆设军阵，率领二万二千五百士卒，攻击商纣的数十万大军，结果灭亡了商朝。这难道是因为商纣没有得到《天官》书中所说的有利布阵吗？

　　"楚将公子心与齐人战①，时有彗星出，柄在齐②。柄所在胜，不可击③。公子心曰：'彗星何知！以彗斗者④，固倒而胜焉。'明日与齐战，大破之。

【注释】

①楚：国名。芈姓，始祖鬻熊。西周时立国于荆山（今湖北西部武当山东南、汉江西岸）一带，建都丹阳（今湖北秭归东南）。春秋时期楚庄王曾为霸主。为战国七雄之一。公元前223年，被秦国所灭。公子心：楚国将军，其人未详。齐：国名。姜姓，西周初所分封异姓诸侯国，始封君为吕尚，建都营丘（后称"临淄"，今山东淄博东北）。春秋末公室衰弱，君权逐渐为大臣田氏（即陈氏）侵夺。战国初田氏取代姜氏，公元前386年周安王正式承认田和为齐侯，故又称"田齐"。公元前221年，为秦国所灭。

②柄：指彗星呈扫帚形时像柄把的部分。

③柄所在胜，不可击：古人迷信，认为彗星也能预示战争的胜败，以处于彗星柄部方向的军队为胜者，故有此言。

④彗：此指扫帚。

【译文】

"楚国将军公子心与齐人作战，当时天空有彗星出现，彗柄在齐人一方。人常说彗柄所在的一方胜，不可以发起攻击。公子心说：'彗星知道什么！用扫帚打架的，本当将扫帚倒过来让柄打在对方身上才能获胜。'第二天与齐人交战，大败齐军。

"黄帝曰：'先神先鬼，先稽我智①。'谓之天官②，人事而已。"

【注释】

①稽：考察，查问。

②天官：与上文"天官时日"之"天官"意异，此指人天生的器官。《荀子·天论》云："耳目鼻口形能，各有接而不相能也，夫是之谓天官。心居中虚，以治五官，夫是之谓天君。"以"天官"解释概括"先稽我智"，亦可证此"天官"绝非天文星象之意，而是指人的感觉、思维器官。

【译文】

"黄帝说：'先去求神问鬼，不如先来考察一下自己的智慧。'说的正是人天生器官的作用，也就是说只取决于人事罢了。"

兵谈第二

【题解】

"兵谈"，即谈兵，谈论用兵之道。从治理国家入手，做到"以城称地，以地称人，以人称粟"，平衡好土地、城邑、人口三者关系，招徕百姓，鼓励农耕，使得土地广大而利用充分，人民众多而组织有序，实现国家富强安定，就可以不战而胜，威制天下。强调起兵必须谨慎，准备必须周密；将领必须拥有高度自主权，做到心静、耳聪、目明，才能带领军队在任何情况下应付裕如，保持强大的战斗力。

量土地肥墝而立邑建城[①]。以城称地，以地称人，以人称粟。三相称，则内可以固守，外可以战胜。战胜于外，福生于内，胜福相应，犹合符节[②]，无异故也。

【注释】

①墝（qiāo）：土地坚硬而瘠薄。

②符节：古代朝廷用以传达命令、征调军队、出使通行的凭证。战国时，"符"多用于调兵遣将，如传世的秦国阳陵虎符；"节"多

战国杜虎符

作为通行证，形似竹节。或以"符节"为节的一种，出入关门所持的凭证。《周礼·地官·掌节》云："门关用符节。"要之，符节作为信物，用金属、玉石、竹木等制成，一般刻有文字，剖为两半，双方各执其一，合之以验真假。

【译文】

应当衡量土地的肥瘠来设置都邑建筑城市。让城市的规模同土地的大小相称，让土地的大小同人口的多少相称，让人口的多少同粮食的产量相称。三者相称，退就可以坚固防守，进就可以战胜敌人。战胜敌人在外，福运产生于内，胜利和福运互相呼应，就像符节的两半吻合无间，是由于没有什么差错的缘故啊。

北魏"河内太守"铜虎符

治兵者，若秘于地，若邃于天①，生于无②。故开之，大不窕③；关之，小不恢④。明乎禁舍开塞⑤，民流者亲之⑥，地不任者任之⑦。夫土广而任则国富，民众而治则国治。富治者，车不发轫⑧，甲不出暴⑨，而威制天下。故曰："兵胜于朝廷⑩。"不暴甲而胜者⑪，主胜也。陈而胜者，将胜也。

【注释】

①邃（suì）：深邃，深远。

②生于无：指产生于无形之中。联系下文，其意当言治兵之道不在于军事本身，而在于人事，即得当的政治、经济策略。

③宨（tiāo）：通"佻"，轻佻，放荡。

④恢：在此疑当读为"阆"，限的意思，引申为局促窘迫。

⑤禁舍：意同《商君书》所说的"禁使"，指用刑罚来禁止犯罪，用赏赐来鼓励立功。《商君书·禁使》云："人主之所以禁使者，赏罚也。赏随功，罚随罪。故论功察罪，不可不审也。"禁，禁闭，禁止。舍，舍禁，开放。开塞：意同"禁舍"。考《商君书·算地》云："私利塞于外，则民务属于农；……私赏禁于下，则民力抟于敌。"则"开塞"似主农耕而言，"禁舍"似主征战而言。按，本书《原官》云："明赏赉，严诛责，止奸之术也。审开塞，守一道，为政之要也。"与此"明乎禁舍开塞"相合，可为参证。开，开启，开放。塞，堵塞，禁止。

⑥流者：流离失所的人，流亡者。

⑦任：用，利用。

⑧发轫（rèn）：抽去轫，发车起程。轫，固定车轮，阻止其转动的木头。

⑨櫜（gāo）：此指盛放盔甲的套子。

⑩兵胜于朝廷：指军事上的胜利来自国君和将领正确的谋略决策。《孙子兵法·始计》云："夫未战而庙算胜者，得算多也；未战而庙算不胜者，得算少也。"《史记·留

櫜

《唐土名胜图会》插图。

弓韬

明刊本《武经总要》插图。《诗经》曰："载戢干戈，载櫜弓矢。"古代盛弓箭或衣甲的袋子多种，如渔服、韬等。

侯世家》云："运筹策帷帐中，决胜千里外。"皆同此意。

⑪暴（pù）：晒，暴露。

【译文】

治兵之道，犹如大地秘藏不露，犹如昊天高深莫测，产生于无形之中。所以敞开的话，再巨大的东西也不会放浪不羁；关闭的话，再细小的东西也不会局促窘迫。明白"禁舍开塞"之术，人们流离失所的招徕亲抚他们，土地荒芜空闲的开垦利用起来。土地广大而得到利用，国家就富庶；人民众多而组织有序，国家就安定。富庶安定的国家，战车不必出动，盔甲不必启封，便能凭威势制伏天下。所以说："军事的胜利取决于朝廷的谋略。"不动用军队而获胜的，是君主的胜利。布设军阵而获胜的，是将领的胜利。

　　兵起，非可以忿也。见胜则兴，不见胜则止。患在百里之内，不起一日之师①；患在千里之内，不起一月之师；患在四海之内②，不起一岁之师。

【注释】

①不起一日之师：此句及下"不起一月之师""不起一岁之师"，均意在强调起兵准备工作需周全充分，不可草率仓促。或以为言兵贵神速，不可旷日持久。

②四海之内：古人认为中国四周被大海所环绕，故以"四海

之内"来指代中国，即天下之意。

【译文】

举行战事，不可凭一时的愤怒。能把握胜利就起兵，不能把握胜利就罢休。祸乱在百里之内的，军队不可只作一天的准备；祸乱在千里之内的，军队不可只作一个月的准备；祸乱在四海之内的，军队不可只作一年的准备。

将者，上不制于天①，下不制于地，中不制于人②。宽不可激而怒，清不可事以财。夫心狂、目盲、耳聋，以三悖率人者③，难矣。

【注释】

①制：制约，约束。

②人：兼指后方的国君和面前的敌人。

③悖：悖乱，谬误。此处引申为毛病。

【译文】

统率军队的将领，上不受制于天，下不受制于地，中不受制于人。宽宏豁达，不可一激就发怒；清明廉洁，不可用财货来贿赂。有的人心思狂乱，眼睛不明，耳朵不灵，任用有这三种毛病的人来领兵的话，那就困难了。

兵之所及，羊肠亦胜①，锯齿亦胜②，缘山亦胜③，入谷亦胜；方亦胜④，圆亦胜。重者如山如林，如江如河；轻者如炮如燔⑤，如漏如溃。如垣压之⑥，如云覆之。令之聚不得以散，散不得以聚，左不得以右，右不得以左。兵如总木⑦，弩如羊角。人人无不腾陵张胆，绝乎疑虑，堂堂决而去[8]。

【注释】

①羊肠：羊肠小道。指道路狭窄曲折。

②锯齿：崎岖小道。指道路险峻错落。

③缘：攀缘，攀登。

④方：指方阵。下"圆"指圆阵。

⑤炮（páo）：将食物用泥裹起来放到火中煨熟。燔（fán）：将食物直接放在火上煨熟。"炮""燔"这两种烹饪方法有其共同之处，即用文火煨烤，故以喻轻。

⑥垣：矮墙。泛指墙。

⑦兵如缌（zǒng）木：形容刀枪密集，犹如山间灌木。缌木，即樬木，俗称"鹊不踏"，为带刺的落叶灌木或乔木。

⑧堂堂：强盛的样子。

【译文】

军队所到之处，在羊肠小道也能取胜，在崎岖山路也能取胜；攀登山峰也能取胜，进入山谷也能取胜；布方阵也能取胜，布圆阵也能取胜。军队稳重得就像高山森林、长江大河；轻捷得就像煨烤的袅袅文火、渗泄的涓涓流水。又像墙壁坍压下来那样迅猛异常，像云雾弥漫开来那样铺天盖地。使得敌军集结的不能分散，分散的不能集结，左边的不能去右边，右边的不能去左边。军队的刀枪犹如山岗丛生的灌木，弓弩犹如羊群晃动的犄角。人人无不奋发踊跃放开胆子，抛弃任何犹豫疑虑，一往无前地去决战决胜。

制谈第三

【题解】

"制谈"，即谈制，谈论用兵之制。用兵必先定好制度，基础是做好军队的编制及其训练管理，"士有什伍，车有偏列"，明号令，审法制，禁绝各种消极现象，使全军将士团结一致，所向无敌，称颂齐桓公、吴起、孙武是善用兵制的楷模。认为不能把战争的胜利寄托于别国的援兵，而应建立在自身内部的制度完善上，"修吾号令，明吾刑赏，使天下非农无所得食，非战无所得爵"，从而天下无敌。注意人才考察，不轻信空言；内有贤者，才能从根本上消除"战胜而国益弱，得地而国益贫"的弊病。

凡兵，制必先定^①。制先定，则士不乱；士不乱，则刑乃明^②。金鼓所指，则百人尽斗，陷行乱陈^③；则千人尽斗，覆军杀将；则万人齐刃^④，天下莫能当其战矣。

【注释】

①制：制度。此指军队编制，即下所云"士有什伍，车有偏列"。

②刑：刑法。此指刑赏制度。

③行：行列，队形。

④刃：用作动词，砍杀。

【译文】

凡是治军，编制必须首先确定。编制先定好，士卒就不会混乱；士卒不混乱，军法就会彰明。那样的话，指挥所向，百人全力战斗，就可冲垮敌军、打乱敌阵；千人全力战斗，就可消灭敌军、击杀敌将；万人齐力厮杀，天下就没有人能阻挡其进攻了。

古者，士有什伍①，车有偏列②。鼓鸣旗麾③，先登者未尝非多力国士也④，先死者亦未尝非多力国士也，损敌一人而损我百人，此资敌而损我甚焉，世将不能禁⑤。征役分军而逃归⑥，或临战自北，则逃伤甚焉，世将不能禁。杀人于百步之外者，弓矢也；杀人于五十步之内者，矛戟也。将已鼓，而士卒相嚣⑦，拗矢、折矛、抱戟⑧，利后发。战有此数者，内自败也，世将不能禁。士失什伍，车失偏列，奇兵捐将而走⑨，大众亦走⑩，世将不能禁。夫将能禁此四者，则高山陵之，深水绝之，坚陈犯之。不能禁此四者，犹亡舟楫绝江河，不可得也。

西汉玄甲铁骑

【注释】

①什伍：古代步兵最基本的编制单位。五人为
伍，十人为什。

②偏列：古代战车的编制单位。一般以五乘为
列，二十五乘为偏。《左传·成公七年》杜预
注引《司马法》，以十五乘为大偏，九乘为小
偏。当时列国战车编制有所不同，故有异说。

③鼓鸣旗麾（huī）：击鼓挥旗，指发出进攻号
令。《孙子兵法·军争》云："《军政》曰：'言
不相闻，故为之金鼓；视不相见，故为之旌
旗。'夫金鼓、旌旗者，所以一人之耳目也。"
旗，旌旗。军中用旗的不同舞动方式来指挥
军队的行动。麾，军队主帅的指挥旗。此处
通"挥"，挥动，舞动。

④多力：大力，强力。国士：国中豪杰之士。

⑤世将：指一般的将领。或谓"世"通"大"，
"世将"即"大将"，本书《兵教上》有"大
将"、《束伍令》有"大将军"，此泛指统率军
队的将领，亦通。

⑥分军：分编到军中。

⑦嚣：喧嚣，喧哗。

⑧拗（ǎo）：用手折断。抱：同"抛"，抛弃，
丢弃。

⑨奇兵：指相对于正面常规部队的侧翼特种部
队。此处似指先头部队。捐：捐弃，遗弃。

望楼
明刊本《武经总要》插图。

⑩大众：指大部队。

【译文】

古代，士兵有什伍的编制，战车有偏列的编制。击鼓挥旗发起进攻，先登城者未尝不是国中强悍的勇士，先战死者也未尝不是国中强悍的勇士，但杀伤敌方一人而损失我方百人，这是帮助敌军而消耗自己，情况很严重，一般的将领无法杜绝。百姓应征服役，刚分编到部队就逃跑回家，有的临阵自行败走，那逃亡损失的情况就严重了，一般的将领无法杜绝。可在百步之外杀死人的武器，是弓箭；可在五十步之内杀死人的武器，是矛戟。将领已经击鼓下令进攻，但士兵却相互喧闹，折断弓箭、毁坏长矛、丢弃戈戟，视拖后进发为上策。作战有这几种情况，军队内部便自我崩溃了，一般的将领无法杜绝。士兵脱离了什伍的队列，战车脱离了偏列的阵形，先头的奇兵遗弃将领逃跑，后面的大部队也逃跑，一般的将领无法杜绝。将领如果能杜绝这四种情形，那么高山可以攀登，深水可以横渡，坚固的阵地可以攻克。将领如果不能杜绝这四种情形，就像没有船只去横渡江河，是不能取得胜利的啊。

民非乐死而恶生也，号令明，法制审①，故能使之前。明赏于前，决罚于后，是以发能中利，动则有功。

【注释】

①审：周详，严密。

【译文】

百姓并非喜欢死亡而厌恶生存，只是因为号令严明，法制缜密，所以才能使他们冒死往前。有明确的奖赏在前面吸引，有严峻的刑罚在后面督促，因此出兵就能获取胜利，行动就能建立功勋。

　　今百人一卒①，千人一司马②，万人一将，以少诛众③，以弱诛强。试听臣言其术，足使三军之众诛一人无失刑④。父不敢舍子⑤，子不敢舍父，况国人乎！

隋青瓷武士俑
武士俑所着为明光铠，胸前、背后都有两片能反射阳光的金属圆护。明光铠在北朝开始流行，到了隋唐时期已经成为最主要的铠甲装备。

【注释】

①卒：此指一卒之长。

②司马：官名。职掌军事。古代有等级类别各不相同的多种司马。此指千人之长。

③诛：责求，惩罚。此引申为管辖。

④三军：战国时期，诸侯大国军队一般分为左军、中军、右军（或称"上军""中军""下军"），称"三军"。此泛指全军。

⑤舍：赦免，庇护。

【译文】

　　如今百人设一卒长，千人设一司马，万人设一将军，这是以少制多，以弱制强。采用臣下讲的办法，就足以使得全军上下不错罚一人。那样的话，连父亲都不敢庇护儿子，连儿子都不敢庇护父亲，何况国人相互之间呢！

　　一贼仗剑击于市，万人无不避之者。臣谓非一人之独勇，万人皆不肖也①。何则？必死与必生，固不相侔也②。听臣之术，足使三军之众为一死贼③，莫当其前，莫随其后，而能独出独入焉。独出独入者，王霸之兵也。

【注释】

①不肖：不贤，无能。

②侔（móu）：等齐，相同。

③死贼：舍命拼死的强盗，亡命徒。按，《吴子·励士》云"以五万之众而为一死贼"，意与此句相同。

【译文】

一个强盗手持利剑在集市上攻击他人，众人没有不躲避他的。臣下认为并非只有那个人勇敢，而众人都胆怯无能。什么原因呢？因为不避开必定丧命与避开必然活命，本来就不相同啊。听从臣下的办法，足以使得全军上下变成像一个舍命拼死的强盗那样，没有谁胆敢在前面阻挡，也没有谁胆敢在后面跟踪，从而能独往独来。独往独来的军队，是可以统一天下、称霸诸侯的军队啊！

有提十万之众而天下莫当者谁①？曰桓公也②。有提七万之众而天下莫当者谁？曰吴起也③。有提三万之众而天下莫当者谁？曰武子也④。今天下诸国士所率⑤，无不及二十万之众者。然不能济功名者，不明乎禁舍开塞也。明其制，一人胜之，则十人亦以胜之也；十人胜之，则百、千、万人亦以胜之也。故曰：便吾器用⑥，养吾武勇，发之如鸟击，如赴千仞之谿。

【注释】

①有：语首助词。提：领，率领。

②桓公：即齐桓公，姜姓，名小白，前685年至前643年在位，任用管仲等贤能之士，对内改革政治、军事、经济体制，鼓励农

战，富国强兵；对外实行"尊王攘夷"的策略，安抚中原诸侯，成为春秋时代的第一位霸主。

③吴起：战国初期的政治家、军事家，卫国左氏（今山东曹县北）人。曾任鲁将。后至魏为将，受到魏文侯重用。任西河太守，屡建战功。魏文侯去世，因遭谗而奔楚。辅佐楚悼王实行变法，任令尹，促使楚国富强，军事上北胜魏国，南收扬越，取得苍梧（今广西西北角）。公元前381年，楚悼王去世，旋为楚宗室大臣所害。

④武子：即孙武，字长卿，齐国乐安（今山东惠民）人。约与孔子同时代，春秋末期的军事家、政治家。受到吴王阖闾（前514—前496年在位）信用，任将，率军攻破楚国，并帮助吴王改革内政，使阖闾曾一度称霸诸侯。后人为别于齐将孙膑，又称其为

孙武吴宫教战图
据《史记·孙子吴起列传》载，孙武吴宫教战，为严纪斩杀吴王爱姬，以申明执法森严。

"吴孙子"。

⑤国士：通国之士，指诸侯国家军队的将领。与上文"国士"有别。

⑥便：便利。这里为改进、改善之意。

【译文】

统率十万之众而天下没有人能阻挡的是谁？是齐桓公。统率七万之众而天下没有人能阻挡的是谁？是吴起。统率三万之众而天下没有人能阻挡的是谁？是孙武。如今天下诸侯各国将领所统率的军队，没有不达二十万之多的。然而不能建树功名，是由于不明白"禁舍开塞"之术啊。严明了军队的制度，一人去夺取胜利，十人就会跟着去夺取胜利；十人去夺取胜利，百人、千人、万人就会跟着去夺取胜利。所以说：改善我军的武器装备，培养我军的英武勇敢，军队一出发，就会像鹰击万里长空，如水落千丈深涧势不可当。

　　今国被患者，以重宝出聘①，以爱子出质②，以地界出割，得天下助卒。名为十万，其实不过数万尔。其兵来者，无不谓其将曰："无为天下先战。"其实不可得而战也。

【注释】

①聘：诸侯国之间遣使访问。

②质：抵押，人质。战国时期，诸侯国间为取信于对方，常以国君子弟亲属作为人质派往他国。

【译文】

如今国家遭到祸患的君主，派人带着贵重财宝出使乞求救援，让心爱的子弟出国作为人质，将国家疆域割让奉送，从而换得天下列国的援兵。名义上援兵有十万，其实只不过几万罢了。那些军队前来的时候，它的国君没有不对将领这样说的："不要在别人动手之前就战斗。"结果互相观望，实际上也就不可能得到机会而参战。

量吾境内之民①，无伍莫能正矣②。经制十万之众③，而王必能使之衣吾衣，食吾食。战不胜、守不固者，非吾民之罪，内自致也。天下诸国助我战，犹良骥騄駬之驶④，彼驽马鬐兴角逐⑤，何能绍吾气哉⑥！

【注释】

①量：计量，统计，引申为料理、治理。

②伍：指居民行政编制最基层的单位，同时具有军事组织性质，五家为一伍。正：通"征"，征发。

③经制：经略节制。

④骥：千里马。騄駬（lù ěr）：骏马名。相传为周穆王八骏之一。

⑤驽（nú）：劣马。鬐（qí）：马鬃，马颈上的长毛。

⑥绍：助长，激励。

【译文】

治理我们境内的百姓，没有伍的编制就不能征发兵役了。统辖管

《钦定书经图说》"罔作大正图"

据《穆天子传》载，周穆王有良马八匹，为赤骥、盗骊、白义、踰轮、山子、渠黄、华骝、绿耳（騄駬）。此图即描画了周穆王的八骏。

理十万大军，那大王就一定要能使他们穿上我们发放的服装，吃上我们供给的粮食。如果出战不胜利、退守不坚固的话，那不是我们百姓的罪过，而是内部制度失当自己造成的。天下各国帮助我们作战，敌军犹如良骏在奔驰，援军却似劣马只会站在原地竖起鬃毛来与对手较量，这怎么能激励我军的士气呢！

吾用天下之用为用，吾制天下之制为制。修吾号令^①，明吾刑赏，使天下非农无所得食，非战无所得爵^②，使民扬臂争出农战，而天下无敌矣。故曰：发号出令，信行国内。

【注释】

①修：整饬，整顿。

②爵：战国时期各大诸侯国皆有自己的一套爵制，爵位分为若干等级，每一爵秩等级享受规定的政治特权和经济待遇。如秦国爵位分为二十级、四个层次：第一级公士、第二级上造、第三级簪、第四级不更，相当于士阶层；第五级大夫、第六级官大夫、第七级公大夫、第八级公乘、第九级五大夫，相当于大夫阶层；第十级左庶长、第十一级右庶长、第十二级左更、第十三级中更、第十四级右更、第十五级少上造、第十六级大上造、第十七级驷车庶长、第十八级大庶长，相当于卿阶层；第十九级关内侯、第二十级彻侯（亦称“列侯”），相当于诸侯阶层。

【译文】

我们利用天下的财物来为我所用，我们借鉴天下的制度来制定国家的制度。整饬号令，严明赏罚，使得天下的人不致力农耕就无处得到食物，不参加征战就无从取得爵位，那便能让百姓个个扬臂，争先恐后地出来从事农耕征战，那就天下无敌了。所以说：号令一经发布，信用便通行全国。

民言有可以胜敌者，毋许其空言，必试其能战也。视人之地而有之①，分人之民而畜之②，必能内有其贤者也。不能内有其贤而欲有天下，必覆军杀将。如此，虽战胜而国益弱，得地而国益贫，由国中之制弊矣③。

【注释】

①视：纳，收取。

②畜：原指饲养牲口家禽，引申为治理管教百姓。

③弊：败坏，腐败。

【译文】

若有人说有可以战胜敌人的办法，不能轻信他的空话，必须试验他是否真能作战。兼并别人的土地而占有它，瓜分土地上的百姓而治理他们，必定因为国内有贤人当政。如果国内没有贤人当政，而想统一天下，必然落得军队覆没、将领被杀的结果。像这种情形，即使战争胜利，可国家却愈发衰弱；即使得到土地，可国家却愈发贫困，由于国内的制度已经腐败了。

战威第四

【题解】

　　战威，指军队的威慑力，即军队的战斗力。本篇以军队战斗力为中心讨论战争的取胜之道。提出"有以道胜，有以威胜，有以力胜"，培养士气是关键。培养并保持高昂的士气，将领要做到号令不二，行动坚决；国君"必先礼信而后爵禄，先廉耻而后刑罚，先亲爱而后律其身"，用爵位俸禄来激励士兵斗志，以耕、守、战三者为本务，从五个方面保证军队的战斗力，尽好人事，即举贤任能、明法审令、贵功养劳。指出将领要为人表率，身先士卒，才能让军队长期保持高昂士气和强大战斗力。

　　凡兵，有以道胜①，有以威胜②，有以力胜。讲武料敌③，使敌之气失而师散，虽形全而不为之用④，此道胜也。审法制，明赏罚，便器用，使民有必战之心，此威胜也。破军杀将，乘闉发机⑤，溃众夺地，成功乃返，此力胜也。王侯知此，以三胜者毕矣。

【注释】

①道：指谋略、策略。

②威：指威势、军威。

③讲：研究。料：预料，分析。

④形：形体。此指军阵队形。

⑤闉（yīn）：古代城门外层的曲城，亦可泛指城楼。或谓"闉"通"堙"，指为攻城而环城堆积的土山，本书《兵教下》云："地狭而人众者，则筑大堙以临之。"机：弩机，弩上发射箭矢的机关。此泛指弓箭等各种攻城的武器。

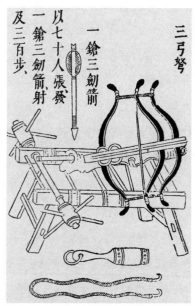

三弓弩
明刊本《武经总要》插图。

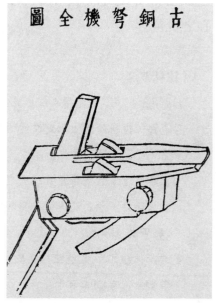

古铜弩机全图
明刊本《武经总要》插图。

【译文】

大凡用兵，有用谋略取胜的，有用威势取胜的，有用武力取胜的。研究韬略、分析敌情，使得敌人士气丧失而军队涣散，虽然军阵队形完整但不能为其所用，这是谋略的胜利。严密法制，彰明赏罚，改善装备，使得百姓有必战必胜的决心，这是威势的胜利。打垮敌军、击杀敌将，登上城楼、扳动弩机，击溃敌众、夺取土地，凯旋而返，这是武力的胜利。君王知道这些，那三种取胜的诀窍就完全掌握了。

夫将之所以战者，民也；民之所以战者，气也。气实则斗，气夺则走。刑未加[①]，兵未接，而所以夺敌者五：一曰庙胜之论[②]，二曰受命之论[③]，三曰逾垠之论[④]，四曰深沟高垒之论，五曰举陈加刑之论[⑤]。此五者，先料敌而后动，是以击虚夺之也。善用兵者，能夺人而不夺于人。夺者，心之机也[⑥]。

【注释】

①刑：通"形"。此指军队。或谓意同"兵"。

②庙胜：指在庙堂上制定取胜的策略。即本书《兵谈》所云"兵胜于朝廷"。《孙子兵法·始计》云："未战而庙算胜者。"庙，庙堂，宗庙明堂。古代帝王凡遇大事，告于宗庙，议于明堂，故也以庙堂指朝廷。论：道，术，策。"庙胜之论"，即本书《战权》所云"廊庙之论"。

③受命：指出征之前主将接受君命的仪式。本书《将令》云："将军受命，君必先谋于庙，行令于廷。君身以斧钺授将，曰：'左、右、中军皆有分职，若逾分而上请者死。军无二令，二令者诛，留令者诛，失令者诛。'"《六韬·龙韬·立将》《淮南子·兵略训》亦均于此有较详记载。

④逾垠之论：指将军领兵在外拥有独断专行的权力。即本书《兵谈》《武议》所云"将者，上不制于天，下不制于地，中不制于人"。垠，边界，国界。

⑤举陈：列阵，布阵。陈，同"阵"。加刑：兵加敌军阵营，指向敌军发起进攻。刑，通"形"，即"加形"，或谓"刑"言兵，"加刑"即加兵。

⑥机：机关。引申为发动、产生。

【译文】

将领所用来作战的力量，是百姓；百姓所用来作战的力量，是士气。士气饱满就敢战斗，士气丧失就会逃跑。军队没有遭遇，武器没有交接，而用来先声夺人的要领有五点：一是庙堂决策的英明正确，二是接受君命的庄严隆重，三是领兵外出的机断专行，四是构筑工事的稳固坚实，五是列阵进攻的巧妙果敢。这五点，关键是先要分析清楚敌情，然后采取行动，因此能击中对方弱点而使之丧失士气。善于用兵的人，能够夺人之气而不被人夺走士气。夺人之气，是将帅巧运匠心的结果。

令者，一众心也。众不审，则数变；数变，则令虽出，众不信矣。出令之法，小过无更，小疑无申。故上无疑令，则众不二听；动无疑事，则众不二志。

【译文】

号令，是统一大众意志的。一般将领不懂得如何发布号令，就经常变更号令；经常变更的话，号令尽管发出，众人也不相信了。颁发号令的正确方法是，有小的差错不随便更改，有小的疑点不重新申述。所以上面没有疑惑不清的号令，众人就不会无所适从；行动没有犹豫不定的事情，众人就不会三心二意。

古率民者，未有不信其心，而能得其力者也；未有不得其力，而能致其死战者也。故国必有礼信亲爱之义，则可以饥易饱；国必有孝慈廉耻之俗，则可以死易生。古者率民，必先礼信而后爵禄，先廉耻而后刑罚，先亲爱而后律其身。

【译文】

古代统辖百姓的人，没有不取得百姓内心信任，而能得到他们自愿效力的；也没有不得到百姓自愿效力，而能要求他们拼死战斗的。所以国家必须有崇礼守信亲仁爱人的风尚，方才可以克服饥饿得到温饱；国家必须有孝敬慈善廉洁有耻的习俗，方才可以战胜死亡争得生存。古代统辖百姓的人，必定先讲求崇礼守信然后赏赐爵位奉禄，先讲求廉洁有耻然后施加刑罚处理，先讲求亲仁爱人然后绳之以法。

故战者必本乎率身以励众士，如心之使四支也①。志不励，则士不死节；士不死节，则众不战。励士之道，民之生不可不厚也；爵列之等、死丧之礼、民之所营，不可不显也。必因民所生而制之，因民所营而显之。田禄之实②，饮食之粮，乡里相劝③，死丧相救，兵役相从，此民之所励也。使什伍如亲戚，卒伯如朋友④，止如堵墙⑤，动如风雨，车不结辙⑥，士不旋踵⑦，此本战之道也。

【注释】

①四支：即"四肢"。支，同"肢"。

②田禄：即爵禄、官禄。古代以谷作为官爵俸禄，谷出于田，故称"田禄"，亦称"谷禄"。

③乡里：古代居民的基层行政区域单位，乡下辖里。

④卒伯：古代军队的编制单位。此"卒"为二十五人的编制单位，与一般百人之卒不同。《逸周书·武顺》云："五伍二十五曰元卒，一卒居前曰开，一卒居后曰敦，左右一卒曰阆，四卒成卫曰伯。"按，本书《兵教上》云："什长教成，合之卒长。卒长教成，合

之伯长。""卒"介于"什""伯"之间，与此相合。"伯"为百人
之长，亦指百人的编制单位。

⑤堵墙：墙壁，形容人员密集、阵营坚实。堵，土墙。古垣墙之
制，五版为堵。一般以一堵之墙为长、高各一丈。

⑥结辙：车马往返而致辙迹交错。此指战车回驶。

⑦旋踵：掉转脚后跟，即向后逃跑。踵，脚后跟。

【译文】

所以领兵作战的人必须本着自身的表率作用来激励全体士卒，才能
如同大脑支配四肢那样行动自如。斗志没有激发出来，士卒就不会为国
捐躯；士卒不愿为国捐躯，全军就不能作战。激励士卒的方法，百姓的
生计不可以不丰厚；爵位官秩的等级、死亡丧葬的礼仪、百姓追求的
东西，不可以不显赫。必须依据百姓生计的需要来定出制度，依据百姓
追求的东西而使之显赫。俸禄的实惠，宴饮食用的谷物，同乡同里互相
劝勉，死人丧葬互相帮助，从军服役互相跟随，这些都是用以激励百姓
斗志的方面。让同什同伍的人关系如同亲戚，同卒同伯的人关系如同朋
友，军队驻扎下来稳若铜墙铁壁，行动起来急如暴风骤雨，战车不掉转
轮子，士卒不掉转脚跟，这些是作战根本的道理啊。

地所以养民也，城所以守地也，战所以守城也，故务
耕者民不饥，务守者地不危，务战者城不围。三者，先王
之本务也。本务者，兵最急，故先王专于兵，有五焉：委积
不多①，则士不行；赏禄不厚，则民不劝；武士不选②，则
众不强；器用不备，则力不壮；刑赏不中③，则众不畏。务
此五者，静能守其所有，动能成其所欲。夫以居攻出，则
居欲重，陈欲坚，发欲毕，斗欲齐。

【注释】

①委积：堆积，积聚。此指粮食物资的储备。

②选：选择，挑选。当时许多军事家十分重视士兵的素质，强调要有经过严格考核挑选的精兵。《孙膑兵法·篡卒》云："兵之胜在于篡卒。"《管子·七法》云："是故器成卒选，则士知胜矣。"

③中：中正，公正准确。

【译文】

土地是用来养活百姓的，城池是用来保卫土地的，战斗是用来守护

城市的，所以致力农耕的国家百姓就不饥饿，致力防卫的国家土地就没危险，致力战斗的国家城市不受围困。这三件事，是先王立国的根本任务。根本任务中，军事问题最为紧要，所以先王专注军事，其有五个方面：粮草物资储存不多，军队就不出动；赏赐俸禄不丰厚，百姓就不卖力；武士不精选，部队就缺乏战斗力；器用不完备，力量就不强大；刑罚不公正无私，士卒就不畏服。注意这五个方面，按兵不动便能守卫已有的一切，出发行动便能达到预定目标。从防御转变为进攻，防御要稳重，阵地要坚固，出击要全力以赴，战斗要统一行动。

王国富民，霸国富士^①，仅存之国富大夫，亡国富仓府。是谓上满下漏^②，患无所救。

【注释】

①士：此指当时社会统治集团中最低的一个阶层。西周至春秋时代的上层社会，大致可划分为天子、诸侯、卿、大夫、士等五个阶层。至战国时期，周天子已名存实亡；卿之中少数上升为诸侯，多数合入大夫，称为上大夫。因此当时社会统治集团可分为诸侯、大夫、士等三个有代表性的阶层。

②满：满溢，形容财富过分集中，如水外溢。漏：泄漏，干竭，形容贫穷，如同容器泄漏，一无所剩。

【译文】

成就王业的国家，让百姓富足；称霸诸侯的国家，让士富足；苟延残喘的国家，让大夫富足；濒临灭亡的国家，让国库富足。这是说上面富得满盈外溢，下面穷得一无所剩，一旦发生祸患便无法挽救。

故曰：举贤任能，不时日而事利^①；明法审令，不卜筮而事吉^②；贵功养劳，不祷祠而得福^③。又曰：天时不如地利，地利不如人和^④。圣人所贵，人事而已。

【注释】

①时日：见本书《天官》注。此用作动词，指卜问选择吉利的日子、时辰。

②卜：占卜法，用龟甲或牛胛骨，先行钻、凿，然后用火灼烤，根据灼裂的纹路来预测行事吉凶。盛行于商代。筮（shì）：筮法，用蓍草茎按一定的程序方法得出卦爻，根据卦象来预测行事吉凶。盛行于周代。

③祷祠：举行祭祀来祈求福佑。本节以上文字，又见本书《武议》。

④天时不如地利，地利不如人和：为当时常语。又见本书《武议》《孟子·公孙丑下》。

【译文】

所以说：推举贤才任用能人，不挑良辰吉日也会事情顺利；彰明法制严密号令，不用龟卜筮卦也会事情吉祥；宠贵战功尊养劳作，不用祭祀祈祷也会得到福佑。又说：天象时日不及地势优越重要，地势优越不及人事和合重要。圣人所珍重的，只是人事罢了。

夫勤劳之师，将必先己，暑不张盖^①，寒不重衣，险必下步，军井成而后饮，军食熟而后餐，军垒成而后舍^②，劳佚必以身同之^③。如此，师虽久而不老不弊^④。

【注释】

①盖：指伞一类遮挡阳光的用具。

②垒：营垒，堡垒。此当指行军宿营帐篷之类。

③佚：安逸。古人十分重视战场上将帅吃苦在先，享受在后，与士卒同甘共苦的表率作用。《淮南子·兵略训》云："故古之善将者，必以其身先之；暑不张盖，寒不被裘，所以程寒暑也；险隘不乘，上陵必下，所以齐劳佚也；军食熟然后敢食，军井通然后敢饮，所以同饥渴也。"《史记·孙子吴起列传》云："起之为将，与士卒最下者同衣食。卧不设席，行不骑乘，亲裹赢粮，与士卒分劳苦。"《六韬·龙韬·励军》亦言之甚详，均可参看。

④老：衰，指因疲劳而士气衰落。

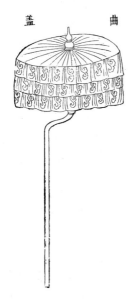

曲盖
明刊本《三才图会》插图。

【译文】

艰苦辛劳的军队，将领必须首先自己动手去做，酷暑天气不单打伞盖，严寒日子不另加衣裳，道路险恶必定下马步行，全军的井挖成了然后喝水，全军的饭做熟了然后进食，全军的营寨筑成了然后休息，劳苦安逸一定让自己和全体将士相同。像这样，军队即使长期作战，也不会士气低落，不会拖垮覆亡。

攻权第五

【题解】

本篇讨论进攻的谋略。发起进攻之前，应该统一意志，集中兵力。取胜之道，在于将领爱抚部下，树立威信，使吏卒畏服，为我所用。针对不同性质的战争，提出不同的进攻策略：挟义而战，贵从我起；争私结怨，待之贵后。起兵必须仔细分析敌情，摸清敌方弱点，乘虚进攻，一举取胜。

兵以静固①，以专胜②。力分者弱，心疑者背。夫力弱，故进退不豪③，纵敌不禽④，将吏士卒，动静如身，心疑必背，则计决而不动，动决而不禁。异口虚言，将无修容⑤，卒无常试⑥，发攻必衄⑦。是谓疾陵之兵⑧，无足与斗⑨。

【注释】

①静：冷静沉着。言军队稳健持重，不浮躁莽撞。

②专：专一，团结统一。"以专胜"，本书《兵令上》云"专一则胜"，即此意。

③豪：威武雄壮，有气势。

④禽：同"擒"，捕获。

⑤修容：美好的仪容。此言将军仪表端庄而有节度。

⑥常试：即"常式"，犹言常规、常法。《管子·君臣下》云："国有常式，故法不隐，则下无怨心。"试，通"式"。

⑦衄（nù）：损伤，挫败。

⑧疾：速，迅速。陵：陵夷，衰颓。

⑨与：参与，参加。

【译文】

军队凭着冷静沉着取胜，凭着团结统一取胜。兵力分散战斗力就会削弱，心志疑惑行动就会散乱。力量单薄，所以前进后退没有气势，放跑敌军不能歼灭，将官士兵，动静举止如同人的身体一样，心志疑惑，行动必定散乱，便会计划决定了而无法行动，行动决定了而无法控制。众说纷纭，空话连篇，将军没有端庄的仪表，士兵没有固定的法规，发动进攻的话必然受挫。这就叫作一触即溃的军队，是不配参加战斗的。

将帅者，心也；群下者，支节也①。其心动以诚②，则支节必力；其心动以疑，则支节必背。夫将不心制③，卒不节动，虽胜，幸胜也，非攻权也④。

示衣坡

《唐土名胜图会》插图。示衣坡，古地名，即耿乡。《读史方舆纪要》载，唐天宝末年，安禄山攻陷藁城，以金紫衣送给藁城太守颜杲卿，让他仍守藁城。颜杲卿归途中，将金紫衣掷地，对部将说："何为着此衣？"于是与众将一起兴兵讨伐安禄山。

【注释】

①支：同"肢"，四肢。节：关节。

②诚：诚壹，专一。

③制：制裁，决断。

④权：权变，权谋。

【译文】

将帅，犹如人的心脏；部下，犹如人的四肢关节。那心机运筹专一不二，四肢关节的动作必定坚决有力；心机运筹疑惑不定，四肢关节的动作必定杂乱无章。将军不能像心脏那样进行决断，士兵不能像四肢关节那样进行动作，即使取胜，也是侥幸取胜，不是因为掌握了进攻的谋略。

夫民无两畏也，畏我侮敌，畏敌侮我，见侮者败，立威者胜。凡将能其道者①，吏畏其将也；吏畏其将者，民畏其吏也；民畏其吏者，敌畏其民也。是故知胜败之道者，必先知畏侮之权。

【注释】

①能：善于，精通。道：此指"民无两畏"之道。

【译文】

百姓没有同时畏服敌我两方的，畏服我方便轻蔑敌方，畏服敌方便轻蔑我方，被轻蔑的一方必败，树立权威的一方必胜。凡是将军能精通这条道理的，官吏便畏服他的将领；官吏畏服他的将领，百姓便畏服他的官吏；百姓畏服他的官吏，敌人便害怕那百姓。因此要知晓作战胜败的道理，必须首先知晓如何运用畏服和轻蔑之间关系的谋略。

夫不爱说其心者①，不我用也；不严畏其心者，不我举也②。爱在下顺，威在上立。爱故不二，威故不犯。故善将者，爱与威而已。

【注释】

①说：同"悦"，喜欢。

②举：举事，意同"用"。或谓拥戴。

【译文】

不能爱抚而使部下心悦诚服的，士卒就不能被我所使用；不能严厉而使部下心惊畏服的，士卒就不能为我所调遣。爱抚施行在下，士卒就顺从；权威树立在上，将军就站得住。爱抚部下，士卒便忠心不二；威震全军，士卒便秋毫无犯。所以善于领兵的将军，只要做到爱抚部下和树立权威而已。

战不必胜，不可以言战；攻不必拔，不可以言攻。不然，虽刑赏不足信也。信在期前^①，事在未兆^②。故众已聚不虚散，兵已出不徒归，求敌若求亡子，击敌若救溺人。

【注释】

①期：期限。此指战期。

②兆：预兆，征兆。

【译文】

战斗不一定能胜，不可轻易提出作战；攻城不一定能克，不可轻易提出攻城。不这样的话，即使施用刑罚赏赐，也不足以取信于全军了。信誉要建立在战争爆发之前，事情要预见在事情没发生之时。所以民众已经聚集不可白白散去，军队已经出发不可空手返回，追踪敌人就要像寻找丢失的孩子那样志在必得，打击敌人就要像抢救淹没的落水人那样毫不犹豫。

囚险者无战心^①，佻战者无全气^②，斗战者无胜兵^③。

【注释】

①囚险：似是陷于不利地形之意。《六韬·豹韬·鸟云山兵》云："处山之下，则为敌所囚。""囚"字之意同此"囚"字。

②佻：轻率。

③斗：争斗。指军队内部发生争执。

【译文】

陷入危险境地的军队没有作战的斗志，轻率出战的军队没有饱满的士气，争执吵闹而去打仗的不可能是胜利的军队。

凡挟义而战者^①，贵从我起；争私结怨，贵以不得已；怨结难起，待之贵后。故争必当待之，息必当备之。

【注释】

①挟：挟持，执仗。

【译文】

凡是秉持正义而作战的，贵在从我起兵；争夺私利而结下怨恨的，贵在不得已而应战；怨恨构结而祸难爆发，应当等待时机，贵在后发制人。所以兵争已起必须等待战机，兵争停息必须防备不测。

西晋兵俑

兵有胜于朝廷，有胜于原野^①，有胜于市井^②。斗则失，幸以不败，此不意彼惊惧而曲胜之也③。曲胜，言非全也。非全胜者，无权名。

【注释】

①胜于原野：意谓胜在田野农耕。指推行鼓励农耕政策，使国家富足，为战胜敌人提供雄厚的物质基础。

②胜于市井：意谓胜在市场贸易。指设置专门机构，加强市场管理，增加税收，储备军需，保证部队后勤供应。本书《武议》云："夫市也者，百货之官也。……夫提天下之节制，而无百货之官，无谓其能战也。"可资参证。

③曲：局部。

【译文】

军队有的胜在朝廷的谋略决策，有的胜在田野的耕耘收获，有的胜在市场的经营管理。内部争斗就会失败，侥幸而没打败仗，这是出人意外地由于对方惊慌恐惧而局部地战胜了敌人。局部的胜利，说的就不是全体上的胜利。不是全胜，便说不上有深谋远略的美名。

故明主战攻之日，合鼓合角①，节以兵刃，不求胜而胜也。兵有去备彻威而胜者②，以其有法故也，有器用之早定也。其应敌也周，其总率也极③。故五人而伍，十人而什，百人而卒，千人而率，万人而将，已周已极。其朝死则朝代，暮死则暮代。

【注释】

①角：为千人之帅的令鼓，是军鼓的一种。此当系泛指。本书《勒

南北朝时胡角横吹图（壁画）

卒令》云："角，帅鼓也。"《六韬·龙韬·五音》云："闻枹鼓之音者，角也。"则"角"指鼓音。或谓号角，但至今尚未发现战国时期以角为军队指挥联络工具的确凿材料，未可置信。

②彻：撤去，去掉。

③总率：统率。此指军队各级将领。极：至，尽，完备。

【译文】

所以英明的君主在作战进攻的时候，让全军行动服从统一的号令，各种武器符合规定的标准，便可不企求胜利而必然胜利。军队有故意解除戒备不整军威而取胜的，那是因为君主治军有方的缘故，武器装备早就安排停当了。他的应敌计划周详严密，他的各级将领配置齐全。所以军队五人设一伍长，十人设一什长，百人设一卒长，千人设一率，万人设一将，战前已经筹划周密、编制完备。各级将官如有早晨死去，早晨就有人接替；如有晚上死去，晚上就有人接替。

权敌审将，而后举兵。故凡集兵，千里者旬日^①，百里者一日，必集敌境。卒聚将至，深入其地，错绝其道^②。栖其大城大邑^③，使之登城逼危^④，男女数重^⑤，各逼地形，而攻要塞。据一城邑而数道绝，从而攻之。敌将帅不能信，吏卒不能和，刑有所不从者，则我败之矣。敌救未至，而一城已降。津梁未发^⑥，要塞未修，城险未设，渠答未张^⑦，则虽有城无守矣。远堡未入，戍客未归^⑧，则虽有人无人矣。六畜未聚^⑨，五谷未收，财用未敛，则虽有资无资矣。夫城邑空虚而资尽者，我因其虚而攻之。《法》曰："独出独入，敌不接刃而致之。"此之谓也。

【注释】

①旬日：十日。

②错绝：横截，切断。

③栖：栖附，逼近。

④逼：局促，窘困。

⑤男女数重：《商君书·兵守》《墨子·备城门》《号令》《杂守》以及银雀山竹简《守法》等论守城之法时都谈到要将城中壮男、壮女以及老人少年组织起来，分别编队，排为一定层次，各司其职。重，层。

⑥津：渡口。梁：桥梁。发：拆开，拆除。

铁蒺藜
明刊本《武经总要》插图。

木蒺藜
清彩绘本《治平胜算全书》插图。

⑦渠答：铁蒺藜，守城御敌的战具。

⑧戍客：出外戍守边防的部队。

⑨六畜：指马、牛、羊、猪、狗、鸡六种家畜。此泛指家禽牲口。

【译文】

仔细分析敌情，慎重选择将领，然后才发兵。所以大凡集结兵力，千里路程的期限为十天，百里路程的期限为一天，必须全部集中到敌国边境上。士兵会齐，将帅赶到，立即深入敌方腹地、切断交通要道。直逼通都大邑，使得敌人登上城楼陷入窘困危险的处境，城中男女老少层层设防，各自都被地形所迫，而后攻击军事要塞。一个城市被占据而敌方的好几条交通要道就会被截断，就首先围困进攻这样的城市。敌方的将帅不能建立威信，官吏士卒不能和睦团结，执行刑法有人不服从的，这样我方就能击败敌人。敌方的救兵还没有赶到，但整个城市已经投降了。渡口桥梁没有拆毁，要塞工事没有修筑，城市关卡没有设立，渠答障碍没有布置，即使有城池也跟没有设防一样了。远方的堡垒没有撤退入城，戍边的部队没有返回归来，即使有人也跟没人一样了。牲畜没有集中，庄稼没有收割，物资没有征收，即使有财货也跟没有财货一样了。那些城市空虚而且财货耗尽的目标，我军就乘其空虚而进攻它。《兵法》说："独往独来的军队，敌人还没有交锋就被制服了。"说的就是这些情形啊。

守权第六

【题解】

本篇讨论防守的谋略。反对消极防御，指出消极防御会助长敌方气焰而损害本方的士气。防守应不失险要。守城之法，首先注意士卒配备规范，分工明确；同时做到工事坚固、人员齐备、粮草充足、武器精良。面对强于自己的攻方，要有可靠的援军，以稳定人心。防守城池，将精锐力量放在前面，主动出击；要求援军积极配合，打乱敌方部署。

凡守者，进不郭圉①，退不亭障②，以御战，非善者也。豪杰雄俊，坚甲利兵，劲弩强矢，尽在郭中，乃收窖廪③，毁折而入保④，令客气十百倍⑤，而主之气不半焉⑥。敌攻者，伤之甚也。然而世将弗能知。

【注释】

①郭：外城。古代在城的外围加筑的一道城墙。《孟子·公孙丑下》云："三里之城，七里之郭。"圉（yǔ）：边疆。或谓通"御"，防御，抵御。

②亭障：指边境险要处所设的城堡一类的防御警戒工事。

③窖：地窖，收藏物品的地室。廪：粮仓。

④保：同"堡"，小城。

⑤客：军事术语。相对于"主"而言，指外来进攻的一方。

⑥主：指在本地防御的一方。不半：不到一半。

【译文】

凡是防守者，前进不能出城越境迎敌，后退不能固守险关要塞，这样防御不算好的防守者。英雄豪杰，精锐部队，优良武器，全部集中在城里，同时取尽城外地窖仓库的粮食物资，拆毁民房而让百姓进入城堡，这种消极防御的做法，使得前来进攻的敌人气焰百倍嚣张，而守军士气减半。倘若敌军进攻的话，守军的损伤就会很严重。然而一般的将领不懂得这些。

夫守者，不失险者也。守法：城一丈，十人守之，工食不与焉①。出者不守②，守者不出。一而当十，十而当百，百而当千，千而当万。故为城郭者，非妄费于民聚土壤也，诚为守也。千丈之城，则万人之守，池深而广，城坚而厚，士民备，薪食给③，弩坚矢强，矛戟称之，此守法也。

烽候楼
明刊本《练兵实纪》插图。

【注释】

①工：工匠。食：伙夫，炊事人员。

②出者：担负出击任务的人员。

③薪：柴草。

【译文】

防守者，不可轻易丢失险要的地形。守城方法：城墙一丈，十个人守卫它，工匠伙夫不计算在内。出击的人员不担任守卫，守卫的人员不担任出击。据险防守，一人可以抵挡十人，十人可以抵挡百人，百人可以抵挡千人，千人可以抵挡万人。所以修城墙外郭，绝不是胡乱耗费百姓财力来堆积土壤，实在是为了防守啊。千丈长的城墙，要有万人来守卫，护城河要挖得深而宽，城墙要筑得坚而厚，军民人员齐全，粮食柴草充足，弓弩精良，矛戟合用，这就是守城的方法啊。

攻者不下十余万之众，其有必救之军者，则有必守之城；无必救之军者，则无必守之城。若彼城坚而救诚，则愚夫惷妇无不蔽城尽资血城者①。期年之城②，守余于攻者，救余于守者。若彼城坚而救不诚，则愚夫惷妇无不守陴而泣下③，此人之常情也。遂发其窖廪救抚，则亦不能止矣。

【注释】

①惷（chōng）：愚蠢。蔽：蔽扞，保卫。

②期（jī）年之城：指能长期坚守的城市。期年，周年，一年。

③陴（pí）：城墙上的矮墙，也称"女墙""埤堄"。

【译文】

进攻的敌军人数不下十几万，如果有必定前来救援的军队，就有必

滕王阁图
明刊本《三才图会》插图。

定固守的城市；如果没有必定前来救援的军队，就没有必定固守的城市。倘若那城池坚固而救援可靠，即使是愚蠢的男女，也会无不竭尽自己的财产、鲜血生命来保卫城市。能长期坚守的城市，必须防御力量大于进攻力量，救援力量大于防御力量。倘若那城池坚固但援军不可靠，即使是愚蠢的男女，也会无不守着墙垛而流眼泪，这是人的常情。到了那种地步，即使马上散发库存粮食物资来救济抚恤，也不能制止悲观绝望的情绪了。

必鼓其豪杰雄俊，坚甲利兵，劲弩强矢者并于前，幺么毁瘠者并于后①。十万之军顿于城下②，救必开之，守必出之。出据要塞，但救其后，无绝其粮道，中外相应。此救而示之不诚。示之不诚，则倒敌而待之者也。后其壮，前其老，彼敌无前，守不得而止矣。此守权之谓也。

【注释】

①幺（yāo）：幼小。么（mó）：细小。毁瘠：因过度哀伤而消瘦，此当指年老体弱。

②顿：屯驻，屯扎。或谓困顿。

【译文】

防守必须动员城中的英雄豪杰，配备精锐部队、优良武器，并排守卫在前；老少病弱并排紧随在后。十万敌军兵临城下，援军一定要打开包围圈，守军一定要主动出击。守军出击占据险要地段，援军只救援守军的后方，不断绝城中的运粮通道，城内城外互相呼应。这是援军既救援又制造假象。制造假象，就可以颠倒敌军部署而等待时机进攻了。敌方把精壮部队放在后面，把老弱部队放在前面，那敌军便无有力的前锋，城中的守势也就不再继续而中止了。这说的就是防守的谋略。

十二陵第七

【题解】

本篇记述将领在治军作战中应注意的十二条正面经验和十二条反面教训。

———————————————

威在于不变①，惠在于因时②，机在于应事③，战在于治气④，攻在于意表⑤，守在于外饰⑥，无过在于度数⑦，无困在于豫备⑧，慎在于畏小⑨，智在于治大⑩，除害在于敢断⑪，得众在于下人⑫。

【注释】

①威：威严，权威。此用作动词，立威。不变：指不轻易变更号令。"威在于不变"，本书《战威》云："审法制，明赏罚，便器用，使民有必战之心，此威胜也。""令者，一众心也。众不审，则数变；数变，则令虽出，众不信矣。出令之法，小过无更，小疑无申。"言之甚详，可参看。

②惠：给人好处，布施恩惠。

③机：机巧，灵活。

④战在于治气：本书《战威》云："夫将之所以战者，民也；民之所以战者，气也。气实则斗，气夺则走。"《左传·庄公十年》云："夫战，勇气也。"皆可参看。

⑤意表：意外，出人意料。

⑥外饰：外部整治，指做好外部防御的各项准备，即本书《守权》所云："池深而广，城坚而厚，士民备，薪食给，弩坚矢强，矛戟称之。"饰，通"饬"，整饬，整治。

⑦度数：法度术数。或谓"度"读duó，揣度，考虑；"数"读cù，细密，周密，"度数"为考虑周密之意。

⑧豫：预先。

⑨畏小：谨小慎微。意谓防微杜渐。

⑩治大：治理大事。意谓处理好重大事件。

⑪敢断：果敢决断。意谓能当机立断。

⑫下人：甘为人下。指待人谦恭。

【译文】

树立权威在于不轻易变更号令，布施恩惠在于利用好时机，机动灵活在于应付各类事变，作战在于把握敌我双方的士气，进攻在于出其不意，防守在于做好外部的各项战备，没有失误在于有法度术数，不陷困境在于有预先准备，谨慎在于防微杜渐，明智在于处置好大事，剪除祸害在于果敢决断，博得民众在于待人谦恭。

悔在于任疑①，孽在于屠戮，偏在于多私，不祥在于恶闻己过，不度在于竭民财②，不明在于受间③，不实在于轻发④，固陋在于离贤，祸在于好利，害在于亲小人，亡在于无所守⑤，危在于无号令。

【注释】

①任疑：意谓信任可疑的人，即信任奸细。

②不度：无度，没有节制。

唐代描金石刻武士俑

③间（jiàn）：离间，反间。

④不实：无实，无功。发：举，动。

⑤所守：防守的各种手段。

【译文】

悔恨在于信任奸细，罪孽在于肆意屠杀，偏邪不正在于私欲太多，不吉利在于厌憎别人指出自己的过失，丧失节制在于耗尽百姓财力，昏聩糊涂在于受人离间，无所建树在于轻举妄动，固执浅薄在于脱离贤人，祸乱在于贪图钱财，灾难在于亲近小人，亡国在于没有可用来防守的各种手段，危机在于没有严明的号令。

武议第八

【题解】

本篇从多个角度论述用兵治军的主要问题。提出"兵者，所以诛暴乱、禁不义也"，认为用兵的最高境界是"兵不血刃而天下亲焉"。作为军事大国，应以农战为本，出于保证供给要求，还需经营管理好市场。治军必须纪律严明，任用的将领敢于"刑上究"，"赏下流"，才能建立威信，从而指挥三军取得胜利。以姜太公遇周文王而一战天下定和周武王兵不血刃而克商诛纣为例，阐述战争的胜利最终取决于政治的修明：举贤用能，明法审令，贵功养劳。以吴起的带兵治军为例，说明将领应具备不搞特殊、礼贤下士、舍身忘家、善于指挥、敢于执法的素质。

凡兵，不攻无过之城，不杀无罪之人。夫杀人之父兄，利人之货财^①，臣妾人之子女^②，此皆盗也。故兵者，所以诛暴乱、禁不义也。兵之所加者，农不离其田业，贾不离其肆宅^③，士大夫不离其官府^④，由其武议在于一人^⑤，故兵不血刃而天下亲焉。

【注释】

①利：用作动词，贪图，掠夺。

②臣妾：奴隶仆役的称谓，男奴称"臣"，女奴称"妾"。此用作动词，使为奴役。

③贾（gǔ）：商人。肆宅：店铺。肆，市肆，商摊。

战国铜胄
顶上有方形穿孔，可系帽饰。
护耳部位下垂。

④士大夫：指在政府机构中的任职人员。

⑤武议：指军事谋略，用兵之道。一人：亦称"一夫""独夫"，指众叛亲离、孤立无援的暴君，即所谓独夫民贼。《孟子·梁惠王下》云："一人衡行于天下，武王耻之。"又云："贼仁者谓之'贼'，贼义者谓之'残'。残贼之人谓之'一夫'。闻诛一夫纣矣，未闻弑君也。"

【译文】

凡是用兵，不进攻没有过失的城邑，不杀戮没有罪恶的百姓。杀害别人的父兄，掠夺人家的财货，奴役人家的子女，这些都是强盗行径。所以用兵的目的，是为了讨伐暴君、制止不义。军队所到之处，农民不离弃自己的田产家业，商人不离弃自己的店铺住宅，官吏不离弃自己的官府衙门，因为用兵之道已定，只在于惩罚那暴君一人，所以军队武器不必见血而天下都来归顺了。

万乘农战①，千乘救守②，百乘事养③。农战不外索权④，救守不外索助⑤，事养不外索资⑥。

【注释】

①万乘（shèng）：当时诸侯大国所拥有的军事力量，亦借以指代兵拥万乘的大国。以下"千乘"则指兵拥千乘的中等国家，"百乘"则指兵拥百乘的小国。乘，原指一车四马，此指当时军赋的计算单位。又为军队步兵、战车混合编制的基本单位，由一辆四马所拉的战车和若干甲士、步卒组成。农战：亦称"耕战"。此指鼓励百姓务农耕作和参军作战。

②救守：此指鼓励百姓参军作战，自救防守。

③事养：此指鼓励百姓务农耕作，上事父老，下养妻小。《晏子春秋·内篇问下》云："事大养小，安国之器也。"

④农战不外索权：意谓万乘大国致力农战，就能富国强兵，最后达到统一天下的目的，不必对外争夺强权。索权，索求权力，指寻求霸权。

⑤救守不外索助：意谓中等国家鼓励百姓参军作战，足以自卫，不必向外寻求军事援助。索助，寻求援助。

⑥事养不外索资：意谓百乘小国鼓励百姓务农耕作，养老育小，就可在经济上自给自足，不必出外另辟财源。索资，索求财货。

头鍪顿项
明刊本《武备志》插图。

盔
明刊本《兵录》插图。

【译文】

万乘之国应当致力农耕征战，千乘之国应当致力自救防卫，百乘之国应当致力养老育幼。致力农耕征战，万乘之国就不必对外强争霸权；致力自救防卫，千乘之国就不必向外寻求援助；致力养老育幼，百乘之国就不必出外寻找财源。

夫出不足战、入不足守者，治之以市^①。市者，所以给战守也。万乘无千乘之助，必有百乘之市^②。

【注释】

①市：市场，市场贸易。

②百乘之市：收入相当于百乘军赋的市场。意即政府从管理经营市场中，取得的收入相当于百乘军赋。

【译文】

财力匮乏，出兵不足以支持作战，收兵不足以支持防守国家，就应治理好市场贸易。市场贸易的收入，是用来供给作战防守军需的。万乘之国可以没有千乘之国的援助，但必须要有收入相当于百乘军赋的市场。

凡诛赏者^①，所以明武也。杀一人而三军震者，杀之；赏一人而万人喜者，赏之。杀之贵大，赏之贵小。当杀而虽贵重必杀之，是刑上究也。赏及牛童马圉者^②，是赏下流也；夫能刑上究、赏下流^③。此将之武也，故人主重将。

【注释】

①诛赏：责罚与奖赏。

②牛童：放牛牧童。据称秦政府设专人牧养国有牛马，由身高不满秦尺六尺五寸的小隶臣充当牧童。马圉（yǔ）：养马人，或为徒役，或为奴隶。

③流：流及，普及。

【译文】

凡施刑行赏，是用来彰明将帅威武的。杀一人而使三军震动的，就杀死他；赏一人而使万众高兴的，就赏赐他。杀戮，贵在敢于杀大人物；赏赐，贵在能够赏小人物。罪当该杀，即使位贵权重也一定杀他，这就是刑罚追究到了上层。赏赐那些有功的牧童、马夫，这就是赏赐普及到了下层；能做到刑罚追究到上层，赏赐普及于下层。这就是将帅的威武，所以国君重视将帅的作用。

　　夫将，提鼓挥枹①，临难决战，接兵角刃②。鼓之而当，则赏功立名；鼓之而不当，则身死国亡。是存亡安危，在于枹端，奈何无重将也！夫提鼓挥枹，接兵角刃者，此将军也。君以武事成功者，臣以为非难也。

【注释】

①枹（fú）：鼓槌。

②角刃：兵刃相较，交锋。

【译文】

将帅挥槌击鼓指挥全军，面临危难与敌决战，短兵相接拼力厮杀。如果指挥得当，就会建功立业；如果指挥不当，就会身死国亡。这说明国家的存亡安危，就在于将帅鼓槌头的指挥上，怎么能不重视将帅的作用呢！挥槌击鼓指挥全军，短兵相接拼力厮杀，这就是将军的职责啊。

国君要靠军事成就功业，臣下认为并不困难，关键在于选择将帅。

古人曰："无蒙冲而攻[①]，无渠答而守。"是为无善之军[②]。视无见，听无闻[③]，由国无市也。夫市也者，百货之官也[④]。市贱卖贵[⑤]，以限士人[⑥]。人食粟一斗[⑦]，马食菽三斗[⑧]，人有饥色，马有瘠形，何也？市有所出，而官无主也[⑨]。夫提天下之节制[⑩]，而无百货之官，无谓其能战也。

【注释】

①蒙冲：指用质地坚韧的材料如兽皮等蒙围起来的战车。汉代有一
　种战船亦称"蒙冲"，《资治通鉴》汉献帝建安十三年胡三省注引
　杜佑曰："蒙冲，以生牛皮蒙船覆背，两厢开掣棹孔，左右有弩

蒙冲
明刊本《武经总要》插图。

窗、矛穴，敌不得近，矢石不能败。"当由此陆地战车"蒙冲"
演变而来。

②为：通"谓"。

③视无见，听无闻：意谓睁眼看，看不见东西，用耳听，听不见声
音。或言士兵因饥饿影响视力、听力所致。或言将帅耳目闭塞，
信息不通。

④官：舍，场所。或谓通"管"，管理。

⑤市：这里是买进的意思。

⑥限：难，窘迫困难。士人：即"士民"。疑原作"士民"，唐人
为避太宗讳而改。

⑦人食粟一斗：意即当时成年男子一天的粮食基本定量为一斗。
粟，谷子。此泛指粮食。斗，约合今二升。

⑧马食菽（shū）三斗：指一匹马一天的饲料定量为豆料三斗。菽，
大豆。此当指豆料。

⑨主：主管，主管机构。

⑩节制：调度管束。此指管辖指挥军队。

【译文】

古人说："没有蒙冲却去进攻，没有渠答却要防守。"这说的是不善
于作战的军队。士兵饿得睁眼看不见东西，竖耳听不到声音，是由于国
都中没有政府管理的市场。市场，是天下各种货物集散交易的地方。商
人在市场上贱买贵卖，使得士兵百姓窘迫困难。尽管规定每个人一天口
粮一斗，每匹马一天豆料三斗，但人有饥饿的脸色，马有瘦削的体形，
什么缘故呢？是因为市场上虽然有粮食卖出，但那地方却没有设立政府
的管理机构。总领天下军队的管辖指挥，却不设立管理市场百货贸易的
机构，是不能说善于作战的。

起兵，直使甲胄生虮虫^①，必为吾所效用也。鸷鸟逐雀^②，有袭人之怀、入人之室者^③，非出生也^④，后有惮也^⑤。

【注释】

①直使：即使。虮（jǐ）虫：虱子。

②鸷（zhì）鸟：凶猛的大鸟，如鹰、鹳之类。

③袭：入，窜入。

④生：通"性"，本性，天性。

⑤惮（dàn）：畏惧。

【译文】

发兵出战，士兵即使甲衣头盔里生出虱子来，也必定为我所效力拼命。这就像鸷鹰追逐麻雀，有的麻雀撞到人的怀中、飞入人的房里，不是出于它的本性，而是因为身后有它畏惧的东西啊。

太公望年七十^①，屠牛朝歌^②，卖食盟津^③，过七十余而主不听^④，人人谓之狂夫也。及遇文王^⑤，则提三万之众，一战而天下定。非武议，安得此合也^⑥！故曰："良马有策^⑦，远道可致；贤士有合，大道可明。"

【注释】

①太公望：姜姓，吕氏，名望，字尚，一说字子牙，有太公之称，故又叫"吕尚""姜子牙""姜太公"。周初官太师，故亦叫"师尚父"。商末，受到周文王赏识重用，成为辅佐周武王推翻商王统治、建立西周王朝的重臣。周初，受封于齐（今山东北部），是为齐国始祖。世传其著之《六韬》，实系战国时人伪托。

②朝歌：商朝末年国都，在今河
南淇县北。

③盟津：亦称"孟津"，古黄河津
渡名。在今河南孟津东北、孟
州西南。

④主：雇主。听：采用，雇用。

⑤文王：即周文王，姬姓，名
昌，商纣时西方诸侯之长，
故称"西伯"，亦称"伯昌"。
曾被商纣王囚禁于羑里（今
河南汤阴北）。招致贤士，修
明内政，国力强盛，建立丰
邑（今陕西西安西南沣水西
岸）以为国都，从各方面为
其子周武王灭商奠定了基础。

⑥合：会合，机遇。

⑦策：马鞭。

明刊本《封神演义》"羑里城囚西伯侯图"

【译文】

太公望年纪七十，曾在朝歌宰牛，曾在盟津卖饭，先后遇见过七十
多个雇主，但没有一个长期雇用他，人们都说他是个狂人。直到遇见周
文王，才突然统率三万大军，一场战斗而天下从此安定。倘若没有军事
谋略，哪里能得到这种机遇呢！所以说："好马得到鞭策，遥远的路途
可以赶完；贤士碰上机遇，治世的大道可以彰明。"

武王伐纣，师渡盟津，右旄左钺①，死士三百②，战士三万。纣之陈亿万，飞廉、恶来③，身先戟斧，陈开百里④。武王不罢士民⑤，兵不血刃，而克商诛纣，无祥异也⑥，人事修不修而然也。今世将考孤虚⑦，占咸池⑧，合龟兆⑨，视吉凶，观星辰风云之变⑩，欲以成胜立功，臣以为难。

【注释】

①右旄（máo）左钺（yuè）：《尚书·牧誓》云："王左杖黄钺，右秉白旄以麾。"旄，古时旗杆头上用旄牛尾做的装饰，因即指有这种装饰的旗，常用作帅旗。钺，一种形似斧的兵器。圆刃或平刃，安装木柄，持以砍斫，一般以青铜制成，为军中执法之器。又常用作礼器，象征刑法和权力。

旄
《诗经大传》插图。

战国平肩圆刃钺

②死士：敢死之士。

③飞廉：亦作"蜚廉"，嬴姓，与秦同族，别号处父，善奔跑，为商纣大臣。《孟子·滕文公下》云："周公相武王诛纣，伐奄三年讨其君，驱飞廉于海隅而戮之。"恶来：飞廉之子，名革，亦称"来革"，有力，为商纣之臣，在牧野之战中被周武王的军队所杀死。

④陈开百里：军阵排开有百里之长。

⑤罢（pí）：疲劳。

⑥祥异：祥瑞灾异。

⑦孤虚：古时一种推算时日吉凶的迷信方法。天干为日，地支为辰，日辰不全称"孤虚"，亦称"空亡"。如得孤虚之日，则举事不成。《史记·龟策列传》褚少孙所补云："日辰不全，故有孤虚。"裴骃《集解》云："甲乙谓之日，子丑谓之辰。《六甲孤虚法》：甲子旬中无戌亥，戌亥即为孤，辰巳即为虚。甲戌旬中无申酉，申酉为孤，寅卯即为虚。甲申旬中无午未，午未为孤，子丑即为虚。甲午旬中无辰巳，辰巳为孤，戌亥即为虚。甲辰旬中无寅卯，寅卯为孤，申酉即为虚。甲寅旬中无子丑，子丑为孤，午未即为虚。"

⑧咸池：星名。属御夫座。星术家以为此星与兵事有关。《史记·天官书》云："西宫咸池，曰天五潢。五潢，五帝车舍。火入，旱；金，兵；水，水。中有三柱；柱不具，兵起。"或谓咸池与孤虚类似，也为卜问时日吉凶之法。刘寅《尉缭子直解》云："咸池者，阴阳家以寅、午、戌月忌卯为咸池，巳、酉、丑月忌午为咸池，申、子、辰月忌酉为咸池，亥、卯、未月忌子为咸池是也。"

⑨合龟兆：即占卜之法，验合龟卜的兆纹。兆，卜兆，占卜时灼烤龟壳凿孔所出现的裂纹。

⑩观星辰风云之变：观察星辰风云的变化。古代迷信家认为星辰风云的变化能预示人事的吉凶。历代统治者多信从其说，设置有关机构，配备专职人员，主掌其事。《周礼·春官·保章氏》云："保章氏掌天星，以志星辰、日、月之变动，以观天下之迁，辨其吉凶；以星土辨九州之地，所封封域，皆有分星，以观妖祥；以十有二岁之相，观天下之妖祥；以五云之物，辨吉凶、水旱、降丰荒之祲象；以十有二风察天地之和，命乖别之妖祥。凡此五物者，以诏救政、访序事。"

【译文】

周武王讨伐商纣王，率领军队渡过盟津，右手拿着白旄，左手拿着黄钺，有敢死的勇士三百，士兵共三万。商纣王陈兵几十万，飞廉、恶来身先士卒，手持长戟大斧，军阵排开有百里之长。周武王没有让士兵百姓疲劳，也没有让武器的锋刃沾血，就战胜了商军，诛杀了纣王，这之前并没有发生祥瑞灾异，是人事修明和不修明造成这个结果的。如今世上一般的将帅只知道考究时日的好坏，验合龟卜的预兆，审视吉凶祸福，观察星辰风云的变化，想借此获得胜利建立功业，臣下认为那是难以如愿的。

夫将者，上不制于天，下不制于地，中不制于人。故兵者，凶器也；争者，逆德也；将者，死官也。故不得已而用之①。无天于上②，无地于下③，无主于后，无敌于前④。一人之兵⑤，如狼如虎⑥，如风如雨⑦，如雷如霆⑧，震震冥冥⑨，天下皆惊。

【注释】

①"故兵者"数句：细揣上下文意，似为错简，致使上下文气中断，别生枝节。疑当移置篇首"此皆盗也"之后。

②无天于上：即"上不制于天"之意。

③无地于下：即"下不制于地"之意。

④无主于后，无敌于前：即"中不制于人"之意。

⑤一人之兵：指全军服从将帅统一指挥，行动起来像一个人那样。

⑥如狼如虎：形容凶猛勇敢。

⑦如风如雨：形容轻逸迅速。

⑧如雷如霆：形容猛烈突然。

⑨震震：声势浩大的样子。冥冥：幽秘莫测的样子。

明刊本《封神演义》"武王白鱼跃
龙舟图"
《史记·周本纪》载，武王伐纣，
观兵盟津，中流有白鱼跃入舟
中。殷尚白，附会者以为是周灭
商的祥瑞。

【译文】

统领军队的将帅，上不受制于天，下不受制于地，中不受制于人。军队，是凶险的器具；争战，是违背道德的行动；将帅，是置人死地的官职。所以不得已才发动战争。一旦用兵，将帅不管在上的天，不管在下的地，不管在后的国君，不管在前的敌人。团结得像一个人似的军队，如同虎狼那样凶猛，如同风雨那样迅速，如同霹雷那样突然，声威赫赫，神秘莫测，天下的人都为之震惊。

胜兵似水。夫水，至柔弱者也，然所触，丘陵必为之崩。无异也，性专而触诚也。今以莫邪之利①，犀兕之坚②，三军之众，有所奇正③，则天下莫当其战矣。故曰：举贤用能，不时日而事利；明法审令，不卜筮而获吉；贵功养劳，不祷祠而得福。又曰：天时不如地利，地利不如人和。古之圣人，谨人事而已。

【注释】

①莫邪：古宝剑名。相传春秋时吴人干将与其妻莫邪善铸剑。铸有二剑，一名干将，一名莫邪，献给吴王阖闾。事详见《吴越春秋》卷四。后用以泛指锋利之剑。

②犀：犀牛，皮极坚厚，古人常用以制甲。兕（sì）：犀牛一类的动物。或谓即雌犀。

③奇正：军事术语。"奇"与"正"相对。在军事上，兵力部署或作战方式凡属正面的、常规的、一般的称为"正"，凡属侧翼的、反常的、特殊的称为"奇"。古代

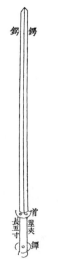

剑镡 剑首 剑锷
清刊本《考工记图》
插图。

兵家十分重视指挥中"奇""正"的灵活运用。《孙子兵法·兵势》云:"三军之众,可使毕受敌而无败者,奇正是也。""凡战者,以正合,以奇胜。"《老子》云:"以正治国,以奇用兵。"

【译文】

胜利的军队好似水一样。那水,是最轻柔软弱的东西,然而它如果一直冲击的话,即使是崇山峻岭也必定会被冲得崩塌。没有其他特殊的缘故,只是由于水性专一而冲击持久。如今凭着犹如莫邪那样锋利的武器,用犀兕皮革制成的坚硬甲衣,三军众多的将士,又有巧妙运用奇正之术的指挥,那就普天之下没有人能抵挡它的进攻了。所以说:推举贤才任用能人,不挑良辰吉日也会事情顺利;彰明法制严密号令,不用龟卜筮卦也会获取吉祥;宠贵战功尊养劳作,不用祭祀祈祷也会得到福佑。又说:天象时日不及地势优越重要,地势优越不及人事和合重要。古代的圣人,只是谨慎处理好人事罢了。

吴起与秦战,舍不平陇亩①,朴樕盖之②,以蔽霜露。如此何也?不自高人故也。乞人之死不索尊③,竭人之力不责礼④。故古者,甲胄之士不拜⑤,示人无己烦也。夫烦人而欲乞其死、竭其力,自古至今未尝闻矣。

【注释】

①舍:住,宿营。陇亩:田地。陇,通"垄",田埂。亩,垄上,即田埂高处。

②朴樕(sù):树名。落叶乔木。此泛指小树。

③索尊:索求尊敬,要求别人尊重自己。

④责礼:要求别人对自己行礼。责,求。

⑤甲胄之士：指戴着盔甲全副武装的将士。拜：古代表示恭敬所行的一种礼节。据《周礼·春官·大祝》，拜有九种，云："一曰稽首，二曰顿首，三曰空首，四曰振动，五曰吉拜，六曰凶拜，七曰奇拜，八曰褒拜，九曰肃拜。"

【译文】

吴起领兵与秦军作战，野外宿营不铲平田埂，只用小树枝盖顶来遮挡霜露。为什么这样做呢？为的是表示不自视高人一等的缘故。要求别人献身就不必苛求对自己毕恭毕敬，要求别人尽力就不必讲究繁文缛节。所以古时候，着甲戴盔的将士不行跪拜之礼，向人表示不要为了自己是主将而增添不必要的麻烦。麻烦别人而又想要求人家为你献身殉

吴起吮卒病疽图

司马迁在《史记》里说，吴起在魏国，"秦兵不敢东乡，韩赵宾从"；后来在楚国实行变法，结果"南平百越，北并陈、蔡，却三晋，西伐秦"；而他自己也因此名显天下。

难、竭尽全力，这样的事从古至今不曾听说过。

　　将受命之日忘其家，张军宿野忘其亲①，援枹而鼓忘其身。吴起临战，左右进剑。起曰："将专主旗鼓尔。临难决疑，挥兵指刃，此将事也。一剑之任②，非将事也。"三军成行，一舍而后，成三舍③。三舍之余，如决川源④。望敌在前，因其所长而用之，敌白者垩之⑤，赤者赭之⑥。

【注释】

①张军：陈兵，部署军队。亲：父母双亲。

②一剑之任：意谓手持一剑前去厮杀的任务。指士兵的职责。

③三军成行，一舍而后，成三舍：意谓三军整列出发，一天出一军，日行三十里；三天之后，三军皆出，前后排成九十里的军营。或谓三军出发，开始日行三十里，以后逐渐加快到日行九十里。舍，古时行军，以三十里为一舍。

④如决川源：如同河川之源决口，形容军队气势浩大，不可阻挡。

⑤垩（è）：白色土。这里指白色标记。

⑥赭（zhě）：红色土。这里指红色标记。

【译文】

　　将帅从接受国君命令之日起就忘记自己的家室，部署军队宿营野外就忘记自己的双亲，舞槌击鼓指挥作战就忘记自己的身体。吴起临战之前，手下有人进献一把宝剑。吴起说："将帅专门主掌旌旗战鼓。遇到危险解决疑难，指挥全军进退战斗，这是将帅的事情。手持一柄剑前去厮杀，那不是将帅的事情。"三军整好队伍，一天出一军，日行三十里；三天之后，三军皆出，排成九十里的军营。九十里军营排成之后，全军就如同河川源头决口那样不可遏止。望见敌军在前方，根据其特点而采用相应的对策，敌军用白色标记我也用白色的，敌军用红色标记我也用红色的，这样，以假乱真，以毒攻毒。

吴起与秦战，未合，一夫不胜其勇^①，前获双首而还。吴起立斩之。军吏谏曰^②："此材士也^③，不可斩。"起曰："材士则是矣，非吾令也^④。"斩之。

【注释】

①胜：承受，克制。

②军吏：指军中执法的官吏。

③材士：武艺超群的勇士，亦称"材技之士"。

④非：否定，违反。

【译文】

吴起领兵与秦军作战，还未交锋，一人不能克制自己的勇劲，径自上前斩获两个敌人首级回来。吴起立即下令斩首。军吏劝谏说："这是位勇士啊，不可以斩。"吴起说："要说勇士，确实是啊，但他违反了我的命令。"便斩了那人。

将理第九

【题解】

本篇讨论将领的执法问题。将领同时担负法官的职责，要善于审理案情，反对酷刑逼供、贪赃枉法、株连无辜，指出滥用刑法、大量关押囚犯对社会和军事的危害。

凡将，理官也①，万物之主也②，不私于一人。夫能无私于一人，故万物至而制之，万物至而命之③。

【注释】

①理：亦作"李"，狱官，司法之官。古代兵刑合一，将帅领兵，兼治刑狱；军队既是作战组织，又为执法工具。

②物：事，事务。

③命：同"名"。这里是处理的意思。

【译文】

凡是将帅，又都是职掌刑法的官，是各种事务的主宰，不能对任何一个人徇私情。倘若能够不对任何一个人徇私情，那么各种事务到他那里都可以调制有方，各种事务到他那里都可以处理解决。

君子不救囚于五步之外①，虽钩矢射之，弗追也②。故善审囚之情③，不待箠楚④，而囚之情可毕矣。笞人之背⑤，灼人之胁，束人之指⑥，而讯囚之情，虽国士⑦，有不胜其酷而自诬矣^⑧。

【注释】

①君子不救囚于五步之外：君子不在五步之外解救囚犯。换言之，则谓君子要解救囚犯，当在五步之内。此句意为君子若要解救囚犯，应当秉公执法，进行当面审讯，仔细核准，不得草率从事，枉法徇私。五步，极言其近，面对面。

②虽钩矢射之，弗追也：此似指齐桓公曾被管仲用箭射中带钩而不加追究之事。春秋时，齐襄公死后，公子小白与公子纠争夺君位。争斗中，管仲辅佐公子纠，曾发箭射中过公子小白的带钩。公子小白后夺得君位，是为齐桓公，慨然捐弃前嫌，重用管仲。按，此二句，扞格难通，令人费解，疑有衍夺讹误。钩，衣带钩。

战国鎏金嵌玉镶琉璃银带钩

③情：实情，案情。

④箠（chuí）楚：指刑杖。箠，木棍。楚，荆杖。

⑤笞（chī）：鞭打，杖击。

⑥束人之指：即"拶（zǎn）指"，以绳穿五根小木棍，套入囚犯手指，用力紧收，是一种酷刑。束，捆，缚。

⑦国士：通国之士，指英雄豪杰。

⑧诬：诬陷，以无为有。

【译文】

君子不会不经当面审讯而随便赦免囚犯，同时又能像齐桓公对待管仲那样，为国事而不报私仇，即使有发箭射中身上带钩的罪过，也不加追究。所以君子善于审理囚犯的案情，不必等待动用刑具，而囚犯的案情便可全部掌握了。鞭打杖击犯人的脊背，用火烫烧犯人的胁部，拴捆夹挤犯人的手指，这样来审讯犯人的案情，即使是英雄豪杰，也会因不能忍受那酷刑折磨而屈打成招了。

今世谚云："千金不死[①]，百金不刑。"试听臣之言、行臣之术，虽有尧、舜之智[②]，不能开一言；虽有万金之资，不能用一铢[③]。

【注释】

①金：古代计算货币的单位。《史记·平准书》："更令民铸钱，一黄金一斤。"司马贞《索隐》引臣瓒注云："秦以一溢（二十两）为一金，汉以一斤为一金。"此"金"指黄铜。

②尧、舜：是春秋战国时代人们理想中的两位远古圣贤君王，也被视为智慧的代表。尧，陶唐氏，名放勋，亦称"唐尧"。舜，姚姓，有虞氏，名重华，亦称"虞舜"，被尧所任用，后继尧执政。

笞杖
明刊本《三才图会》插图。

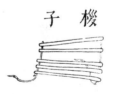

掭子
明刊本《三才图会》插图。

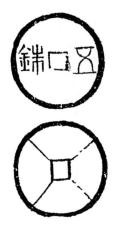

五铢钱

③铢（zhū）：古代重量单位。一两的二十四分之一，约合今0.67克。

【译文】

如今世间有谚语说："千金可以免死，百金可以免刑。"如果听从臣下的意见、实行臣下的办法，即使有尧、舜那样的智慧，也不能说上一句打通关节的话；即使家有万金，也没法行贿用上一分一毫。

今夫系者①，小圄不下十数②，中圄不下百数，大圄不下千数。十人联百人之事，百人联千人之事，千人联万人之事。所联之者，亲戚兄弟也③，其次婚姻也④，其次知识故人也⑤。是农无不离其田业，贾无不离其肆宅，士大夫无不离其官府。如此关联良民，皆囚之情也。《兵法》曰："十万之师出，日费千金⑥。"今良民十万而联于囹圄，为上不能省，臣以为危也。

【注释】

①系：拴缚，囚禁，关押。

②圄（yǔ）：囹圄，监狱。

③亲戚：此指父母。

④婚姻：亲家。《尔雅·释亲》云："婿之父为姻，妇之父为婚。……妇之父母，婿之父母，相谓为婚姻。"

⑤知识：相知，相识。此指熟人。故人：旧友，老

西汉兵俑

朋友。

⑥十万之师出，日费千金：此反映了当时出动十万军队一天的费
用。《孙子兵法·作战》云："内外之费，宾客之用，胶漆之材，
车甲之奉，日费千金，然后十万之师举矣。"又《用间》云："凡
兴师十万，出征千里，百姓之费，公家之奉，日费千金。"可
参看。

【译文】

如今在押的囚犯，小的监狱不下几十人，中等监狱不下几百人，大
的监狱不下几千人。十个人牵连到一百个人的事，一百个人牵连到一千
个人的事，一千个人牵连到一万个人的事。所牵连的人，首先是父母兄
弟，其次是婚姻亲家，再次是熟人旧友。这些被牵连的人中，农民没
有不离弃自己的土地田产的，商人没有不离弃自己的店铺住宅的，官吏
没有不离弃自己的官府衙门的。像这样株连善良百姓，便都是拘留囚禁
的真实情况啊。《兵法》上说："十万人的军队出征，一天的费用需要千
金。"如今有善良百姓十万，却被监狱囚犯所牵连，上面的将帅不能明
察，臣下认为是很危险的啊。

原官第十

【题解】

本篇探讨官吏的设置和职能。官吏是为君主办理事务的，是治理国家的根本。按照士、农、工、商四类百姓来设置官职，分成文武两大系统。官吏各司其职，各负其责，下情上达，最终对君主负责。强调维护天子诸侯的礼仪制度，将"官无事治，上无庆赏，民无狱讼，国无商贾"作为治理的最高境界。

———————————

官者，事之所主，为治之本也。制者，职分四民①，治之分也。贵爵富禄，必称，尊卑之体也。好善罚恶，正比法②，会计民之具也③。均地分④，节赋敛⑤，取与之度也。程工人⑥，备器用，匠工之功也⑦。分地塞要，殄怪禁淫之事也⑧。

【注释】

①四民：四种人，即士、农、工、商。本书"士"常与"大夫"连言，泛指在官府任职的官吏。

②比法：古时登记、考查人口及财产多少以供征收赋役和评骘官吏政绩的法令。《周礼·地官·小司徒》云："凡征役之施舍，与其祭祀、饮食、丧纪之禁令，乃颁比法于六乡之大夫，使各登其乡之众寡、六畜、车辇，辨其物，以岁时入其数，以施政教，行征令。及三年，则大比。大比，则受邦国之比要。"比，比较，考较。

蚕织图（局部）

③会计：统计，总计。先秦时代，最高统治者为便于及时掌握了解各地人口财力和官吏的政绩，已有较为严密定期进行统计上报的制度。秦汉称为"上计"，汉律中有"上计律"。

④均地分：使土地的分配平均。西周至秦代，土地所有权控制在国家手中，普遍实行授田制，为使授田平均，限制农民之间的苦乐不均与贫富分化，有定期换田耕作的制度。秦国自商鞅变法后取消了农民之间换土易居的制度，但仍实行授田制，还是有"均地分"的问题。

⑤赋敛：指农民按土地上缴政府的军赋和田租。

⑥程：计量，考核。工人：指官府控制的手工业工人。

⑦匠工：即匠人，指熟练技工，负有向一般工人传授技术的责任。按，《周礼·考工记·匠人》记匠人职掌土木工程和田土规划，可参看。

⑧殄（tiǎn）怪禁淫：意谓消灭禁止各种怪异奢侈的物品。与下文

"国无商贾"相合。当时一些政治家坚持"崇农抑商"的主张，视民间较为精致高级的手工业生产为"奇技淫巧"，企图通过在商业领域杜绝流通的方式来加以扼杀和取缔。《商君书·弱民》云："商有淫利，有美、好，伤器。"殄，灭绝，消灭。

【译文】

设置官员，作为各种事务的主宰，是治理国家的根本。建立官制，按照职掌分管士、农、工、商四类人，是治国分工的需要。官爵显贵，俸禄丰厚，必须同本人的才能政绩相称，这是确定尊贵卑贱的基础。奖励善良，惩罚邪恶，整饬官吏考核制度，这是统计检查民情的工具。土地分配平均合理，征收赋税有节制，这是经济收支的准则。规定工人的生产定额，备齐各种器物用具，这是熟练工匠的作用。划分地域，设立关卡，这属于消灭、禁止怪异奢侈物品流通买卖的事情。

守法稽断①，臣下之节也。明法稽验②，主上之操也。明主守，等轻重③，臣主之权也。明赏赉④，严诛责，止奸之术也。审开塞，守一道⑤，为政之要也。下达上通，至聪之听也⑥。知国有无之数，用其仂也⑦。知彼弱者，强之体也。知彼动者，静之决也。官分文武⑧，惟王之二术也⑨。

【注释】

①稽：考核，调查。断：做出判断，决断。

②验：验证，检查。

③等轻重：统一刑赏的轻重标准，即下文所云"明赏赉，严诛责"。或以"等轻重"谓权衡各种行政事务的利弊。《商君书·靳令》《韩非子·饬令》专门讨论刑赏的轻重问题，可参看。等，等齐，统一。

④赏赉（lài）：赏赐，赠送。

⑤一道：专一之道。此指专一致力耕战的国策。参看本书《兵谈》"禁舍开塞"注。

⑥聪：听觉灵敏。

⑦仂（lè）：余数，零数。或谓十分之一。

⑧官分文武：指官员分为文职、武职两类。文官之长为相，武官之长为将。春秋时代，文武合一，各国卿大夫兼掌行政和军务。自战国初期始，逐渐出现文武分职。银雀山汉墓竹简《王兵》云："王兵者，必三具：主明、相文、将武。"《韩非子·解老》云："国家必有文武。"

唐代三彩文官俑

⑨惟：为，是。

【译文】

　　恪守法度，调查决断，是下面臣子的职责。申明法度，考察核准，是上面君主的职责。明确自己主管的任务，统一刑罚赏赐的轻重标准，是君主臣子都应具备的智慧谋略。宣明赏赐，严厉惩罚，是制止奸邪的手段。研究明确鼓励什么、禁止什么，坚持专一的耕战之道，是当政的要务。上情下达，下情上通，国君耳边的消息便可达到最灵通的程度。了解国家财力的富有状况，只用其中的多余部分。了解敌方的弱点，是保持自己强大的基础。了解敌方的动向，我方沉着应战的策略便可决定了。官职区分为文臣武将，是王者治国的两手。

唐代三彩武官俑

　　俎豆同制[1]，天子之会也[2]。游说间谍无自入[3]，正议之术也。诸侯有谨天子之礼，君民继世[4]，承王之命也。更号易常，违王明德，故礼得以伐也。官无事治，上无庆赏，民无狱讼，国无商贾[5]，何王之至！明举上达，在王垂听也。

【注释】

①俎（zǔ）、豆：二者均为古代飨饮祭祀中常用的礼器，因此用以指称礼仪。俎，盛装牲体的器具。豆，盛装食物的器具。

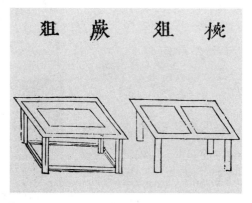

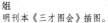

俎
明刊本《三才图会》插图。

豆
清刊本《考工记图》插图。

②会：朝会。

③游说：指游说之士，如张仪、苏秦纵横家之流。

④君民：君临百姓，指做百姓的君主。继世：父死，子袭其位。

⑤国无商贾：意谓国都中没有商业活动。这种将取消商贾作为最高政治理想——王政内容之一的观点，也见于银雀山汉墓竹简《市法》："王者无市，霸者不成肆，中国利市，小国恃市。"

【译文】

礼仪都有相同的规格，是天子朝会诸侯的需要。让游说之士、间谍内奸无缝可钻，是使谋略准确无误的手段。诸侯要谨守天子规定的礼法，倘若有立为国君、父死子袭者，都必须接受王的策命。更换名号、改变常法，是违背了王的圣明大德，所以按照礼法可以进行讨伐。官府没有事务要办，上面没有奖赏封赐，百姓没有官司好打，国都没有买卖可做，王政的实行是何等的尽善尽美啊！臣下将这些明白陈述上呈，就全在于大王垂听了。

治本第十一

【题解】

本篇论述治理国家的根本。着重谈了两个问题：一提倡男耕女织，反对"雕文刻镂之事""绣饰纂组之作"；二使民无私，从根本上肃清欲望、消除争夺，同时提出"往世不可及，来世不可待，求己者也"，反映出积极进取的精神。

———————————

凡治人者何？曰：非五谷无以充腹，非丝麻无以盖形，故充腹有粒，盖形有缕。

【译文】

凡是治理百姓应该注意什么？回答是：没有五谷杂粮便不能填饱肚子，没有丝帛麻布便不能遮盖身体，所以首先应该注意填饱肚子要有粮食，遮盖身体要有布帛。

夫在芸耨①，妻在机杼②，民无二事，则有储蓄。夫无雕文刻镂之事③，女无绣饰纂组之作④。木器液⑤，金器腥⑥。圣人饮于土，食于土，故埏埴以为器⑦，天下无费。

【注释】

①芸：通"耘"，除草松土。耨（nòu）：除草松土。
②机：指织布机。杼（zhù）：织布的梭子。

③雕文刻镂：彩绘雕刻。

④纂（zuǎn）：赤色丝带。组：用丝织成的宽带子。

⑤液：浸渍，渗透。

⑥金器腥：古人认为金属的气味是腥的。《礼记·月令》以金配西方、秋季，云"其臭腥"。

⑦埏埴（shān zhí）：把黏土放入模型中制成陶器。埏，揉黏土，引申为制陶器的模型。埴，黏土。

【译文】

丈夫在田间耕耘，妻子在织布机前织布，百姓不干别的事情，就会有积蓄。男子没有绘画雕琢的差事，女子没有刺绣织锦的活儿。木制器皿容易渗漏，金属器皿会有腥气。古代圣人因为喝的水来自土中，吃的粮食也来自土中，所以将黏土放到模子里做出各种器皿，天下便没有什么浪费。

舂米图
明刊本《历代名公画谱》插图。

今也，金木之性不寒而衣绣饰，马牛之性食草饮水而给菽粟，是治失其本，而宜设之制也。春夏夫出于南亩①，秋冬女练布帛②，则民不困。今裋褐不蔽形③，糟糠不充腹④，失其治也。古者，土无肥硗，人无勤惰，古人何得，而今人何失邪？耕有不终亩，织有日断机，而奈何寒饥！盖古治之行，今治之止也。

【注释】

①南亩：朝南的田亩。田亩朝南向阳，能较充分利用日照，利于庄稼生长，古人田亩多南北向开辟。后亦泛指农田。

②练：把丝麻或布帛煮得柔软雪白。

③裋（shù）褐：指粗陋的衣服，是古代贫贱百姓的着装。裋，短衣。褐，用兽毛或粗麻制成的短衣。

④糟：酒糟，酒渣。糠：谷物脱粒后剩的皮、壳。

【译文】

如今，金属、木质的器具本性不知寒冷，却披裹上刺绣锦缎；牛马本性吃草喝水，却供给大豆稻谷，这样来治国就丧失了立国的根本，应该为此建立必要的制度。春夏季节男子都出门到田间耕作，秋冬时节女人都在家洗练纺织布帛，那样百姓就不会穷困。如今百姓穿麻布短衣盖不住身体，吃酒糟谷糠填不饱肚子，是因为丧失了治国之道。古时候，土地并不比现在肥沃或瘠薄，百姓并不比现在勤劳或懒惰，但古人为什么丰衣足食，而今人为什么缺吃少穿呢？如今男人耕作没法耕完土地，女人织布时常停下机子，那怎么能对付寒冷饥饿！这都因为古代治国之道能够实行，如今治国之道却中止不能实行了。

夫谓治者，使民无私也。民无私，则天下为一家，而无私耕私织。共寒其寒，共饥其饥。故如有子十人，不加一饭；有子一人，不损一饭。焉有喧呼酖酒以败善类乎①！民相轻佻②，则欲心兴，争夺之患起矣。横生于一夫③，则民私饭有储食，私用有储财。民一犯禁，而拘以刑治，乌有以为人上也④。善政执其制，使民无私。为下不敢私，则无为非者矣。反本缘理⑤，出乎一道，则欲心去，争夺止，囹圄空，野充粟多，安民怀远⑥，外无天下之难，内无暴乱之事，治之至也。

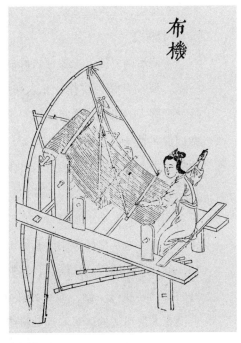

女织图
明刊本《三才图会》插图。

【注释】

①酖（dān）：嗜酒，酗酒。善类：良善之类。此指良家子弟。

②轻佻：轻薄，放浪。

③横：横逆，暴逆。一夫：独夫。指暴君。见本书《武议》注。

④乌：何，怎么。

⑤反：同"返"，归返。本：指农业，即男耕女织。

⑥怀远：怀柔远方之人。

【译文】

所谓治国之道，是要使百姓做到无私。百姓做到无私，天下就成为一家，便没有私人耕作、私人纺织。大家把别人的寒冷当作自己的寒冷，把别人的饥饿当作自己的饥饿。所以如果一家有十个孩子，也不会增加他父母一口饭的负担；一家只有一个孩子，也不会减少他父母一口饭的负担。这样哪里还会有人吵闹喧哗、酗酒作乐来败坏良家子弟呢！百姓相互之间轻薄放浪，贪财之心便会萌生，你争我夺的祸患就起来了。倒行逆施发端于暴君一人，那么百姓就要为了自己吃饭而有私下储备的粮食，为了自己费用而有私下储备的财产。可百姓一旦因此触犯法禁，就加以拘捕用刑法治罪，这哪里还有在百姓之上做君主的资格。良好的政治要执行法制，使百姓做到无私。在下面的百姓不敢追逐私利，就没有人做违法的事了。返归耕织的本业，遵循无私的道理，粮食钱财只能从专一耕织中才能获得，那么贪心就会除去，争夺就会停止，监狱就会空闲，田野长满庄稼，粮食收得很多，安抚自己的百姓，怀柔远方的人们，外部没有邻国侵扰的祸难，内部没有暴力动乱的事情，国家的治理便到了最完美的境界。

苍苍之天①，莫知其极。帝王之君②，谁为法则？往世不可及，来世不可待，求己者也。

【注释】

①苍苍：深青色。

②帝王之君：指古代的圣明帝王，即所谓"五帝""三王"。"五帝"所传不一，或谓伏羲（太皞）、神农（炎帝）、黄帝、尧、舜，

或谓黄帝、颛顼、帝喾、尧、舜，或谓少昊、颛顼（高阳）、高辛、尧、舜。"三王"一般指夏禹、商汤、周文王。

【译文】

苍茫的天空，没有人知道它的尽头。创立帝王之业的君主们，谁可以作为效法的楷模？过去的时代不可能追回来，未来的时代不可能等待，只有要求自己身体力行了。

所谓天子者四焉：一曰神明[①]，二曰垂光[②]，三曰洪叙[③]，四曰无敌。此天子之事也。

【注释】

①神明：意谓神圣英明，智慧超人。《淮南子·兵略训》云："见人

农耕图

所不见谓之明，知人所不知谓之神。神明者，先胜者也。"

②垂光：垂示光华。此喻普降恩泽。

③洪叙：意即按上下等级制度大赏有功之人。或谓弘扬人伦之叙。

洪，大。叙，秩序等级。亦指按等级次第给予赏赐晋升。

【译文】

能够称得上天子的，有四条：一是神圣英明，智慧超群；二是垂示光华，普降恩泽；三是上下有序，赏罚严明；四是英武勇敢，天下无敌。这就是天子所应做到的事情。

野物不为牺牲①，杂学不为通儒②。

牺牲
《圣迹图》插图。

【注释】

①野物：野生动物。牺牲：指祭祀用的牲口，色纯称为"牺"，体全称为"牲"。古人对用于祭祀的牲口要求很严，不但于牲口毛色、形体有严格标准，而且需要事先占卜，选定后又必须经过一段时间的专门单独饲养。

②通儒：指通晓古今、学术纯正的学者。儒，原指从巫、史、祝、卜中分化出来专为贵族人家相礼的术士，后泛指学者。

【译文】

野生动物不可作为祭祀供品，杂学无根不能算是鸿儒大师。

　今说者曰："百里之海，不能济一夫之饮；三尺之泉，足以止三军之渴。"臣谓欲生于无度，邪生于无禁。太上神化①，其次因物②，其下在于无夺民时，无损民财。夫禁必以武而成③，赏必以文而成④。

【注释】

①太上：最上，最高，最好。神化：用无形的精神力量感化、改造人。

②因物：利用现存的事物，因势利导，因事制宜。

③武：武功，武力，暴力。

④文：文治，文德，德政。

【译文】

如今游说的人说道："百里宽的大海，不够一个人喝；三尺深的泉水，却足以解除三军上下的干渴。"臣下认为贪欲产生于没有法度，邪恶产生于没有禁令。最高明的办法是用精神感化，其次是因事制宜，下策在于不误农时，不伤民财。禁令必须依靠武力来奏效，赏赐必须依靠德政来完成。

战权第十二

【题解】

本篇论述作战的谋略。提出"兵贵先"的先发制人战术。将领要通晓用兵之道，善于分析各种情况，谨慎取舍，运用智慧做出正确决策。最后提出"高之以廊庙之论，重之以受命之论，锐之以逾垠之论"的战略，认为这样"敌国可不战而服"。

《兵法》曰："千人而成权①，万人而成武②。"权先加人者，敌不力交；武先加人者，敌无威接。故兵贵先③，胜于此则胜彼矣，弗胜于此则弗胜于彼矣。凡我往则彼来，彼来则我往。相为胜败，此战之理然也。

【注释】

①千人而成权：意谓兵力虽然相对少，但可以形成以智谋权略取胜的态势。

②万人而成武：意谓兵力上占有相对优势，可以形成靠武装实力取胜的态势。

③故兵贵先：《左传》文公七年、宣公十二年、昭公二十一年三言"先人有夺人之心"，即此意。

【译文】

《兵法》上说："千人的军队可以形成以权谋韬略取胜的态势，万人的军队可以形成靠武装实力取胜的态势。"运用权谋韬略的军队抢先攻击敌人，敌人便没法施展实力来交锋；凭借武装实力的军队抢先攻击敌人，敌人就没有军威勇气来迎战。所以用兵贵在先发制人，在这点上取胜就能战胜对方了，不能在这点上取胜就不能战胜对方了。凡是我方前往进攻，敌方必来迎击；敌方前进进攻，我方必去迎击。敌我相互作为胜负的一方，这作战的规律就是如此的。

夫精诚在乎神明①，战权在乎道之所极。有者无之，无者有之，安所信之②。

【注释】

①精诚：至诚专一。指用兵沉着冷静，专注一贯。

②"有者无之"三句：意谓在作战中运用谋略，制造假象，虚虚实实，真真假假，使对方捉摸不定，无所适从。《孙子兵法·始计》

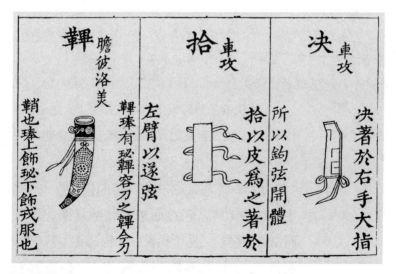

决　拾　鞲
《诗经大传》插图。

云："兵者，诡道也。故能而示之不能，用而示
之不用，近而示之远，远而示之近。"《军争》
云："兵以诈立。"《荀子·议兵》云："兵之……
所行者，变诈也。"《韩非子·难一》云："战陈
之间，不厌诈伪。"可参看。

【译文】

精明专一在于将帅智慧超人、出神入化，作战的
权谋韬略在于通晓洞悉用兵之道。有的伪装成没有，
没有的伪装成有，令人无法捉摸，不知所从。

臂縛　　先王之所传闻者，任正去诈，存其慈
顺①，决无留刑②。

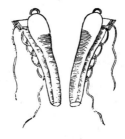

臂縛
明刊本《武经总要》插图。

【注释】

①存：存问，安抚。慈顺：敬顺。此指良善之人。

②决：判决，处决。留：滞留，拖延。

【译文】

在前代圣王的传说中听说，任用正直之士，除去
奸诈小人，安抚善良之人，处决邪恶不拖延刑期。

故知道者，必先图不知止之败①，恶在
乎必往有功②。轻进而求战，敌复图止，我往
而敌制胜矣。故《兵法》曰："求而从之，见
而加之，主人不敢当而陵之③，必丧其权。"
凡夺者无气，恐者不可守，败者无人，兵无

道也。意往而不疑则从之，夺敌而无败则加之④，明视而高居则威之，兵道极矣。

【注释】

①知止：指知道适可而止。

②恶（wù）：憎恨，讨厌，忌讳。或读作wū，何，怎么。谓"恶在乎必往有功"，意谓哪能有一定前往就必定成功的道理。可备一解。

③陵：侵凌，进攻。

④夺敌：指夺取敌人士气，使敌人丧失士气。

【译文】

所以通晓用兵之道的人，必须事先估计到不知适可而止会带来的失败，忌讳那些只知一味出击而求成功的行动。轻率进兵而寻求决战，敌人反过来设计阻击，我方中计前往，敌人便稳操胜券了。所以《兵法》上说："寻求决战而穷追不歇，发现行踪而轻率冒进，守方故意示弱不敢抵挡而发起攻击，必定会丧失自己的权谋策略。"凡是丧失权谋策略的一方就没有士气，惶恐畏惧就不能坚守，溃败逃跑就等于无人，是因为军队丧失了用兵的规则。决意前往而没有疑惑就穷追不歇，使敌人丧失士气而自己可保持不败就发起攻击，明察秋毫而居高临下就能以威势震慑敌人，能如此便称得上完全洞悉掌握用兵的规律了。

其言无谨，偷矣①；其陵犯无节，破矣。水溃雷击，三军乱矣。必安其危，去其患，以智决之。高之以廊庙之论②，重之以受命之论，锐之以逾垠之论，则敌国可不战而服。

【注释】

①偷：苟且，苟且偷安。

②廊庙之论：与下"受命之论""逾垠之论"已见本书《战威》。

【译文】

如果将帅的言语不谨慎小心，就显示出有苟且偷安之心了；如果将帅发起进攻没有法度节制，就容易被敌方攻破了。到时会像洪水决堤，迅雷击物，三军上下立刻乱套了。一定要转危为安，除去祸患的话，便只有运用智慧来解决了。那就应该让朝廷的决策高明正确，让拜将授命严肃隆重，让出国离境的军队锐不可当，敌国就可不经过战斗而被降服。

重刑令第十三

【题解】

　　本篇记录严厉惩治战败、投降、逃跑将吏的法令，以此来达到使民众"内畏重刑，则外轻敌"的目的。

———————————

　　将自千人以上，有战而北，守而降，离地逃众，命曰国贼。身戮家残①，去其籍②，发其坟墓，暴其骨于市③，男女公于官④。自百人已上⑤，有战而北，守而降，离地逃众，命曰军贼。身死家残，男女公于官。使民内畏重刑⑥，则外轻敌，故先王明制度于前，重威刑于后。刑重则内畏，内畏则外坚矣。

【注释】

①戮：杀戮。比一般的斩首更为严厉，常包括斩首前后带有侮辱性的示众等惩罚。残：毁灭，抄灭。

②去其籍：指取消户籍，意味着剥夺原来包括爵位在内的身份。籍，名籍，户籍。

③暴（pù）其骨：暴露尸骨于光天化日之下，意谓陈尸示众。暴，暴露。

④男女公于官：指家中其他人没为官府奴隶。

⑤已：同"以"。

⑥民：战国时代兵民合一，此亦泛指士兵。

车式图
明刊本《武备志》插图。

【译文】

将帅领兵千人以上的，有作战而败走，防守而投降，擅离阵地逃弃部众的，称之为"国贼"。杀戮本人抄灭全家，削去他的户籍，掘发他的祖坟，将他的尸体暴露在闹市示众，家中男女老少没为官奴。领兵百人以上的，有作战而败走，防守而投降，擅离阵地逃弃部众的，称之为"军贼"。杀死本人抄灭全家，家中男女老少没为官奴。使得百姓在内畏惧严刑酷法，就能对外轻蔑敌人，所以先代圣王首先明确各项制度，然后实施有威力的重刑。刑罚从重，人们就畏惧内部刑法，畏惧内部刑法就会对外坚强了。

伍制令第十四

【题解】

本篇记录军队按伍、什、属、间的编制实施连保连坐和各级将吏上下相保的法令，目的是以此来消灭"干令相私"的现象。

军中之制，五人为伍，伍相保也[①]；十人为什，什相保也；五十人为属，属相保也；百人为间，间相保也。伍有干令犯禁者[②]，揭之，免于罪；知而弗揭，全伍有诛[③]。什有干令犯禁者，揭之，免于罪；知而弗揭，全什有诛。属有干令犯禁者，揭之，免于罪；知而弗揭，全属有诛。间有干令犯禁者，揭之，免于罪；知而弗揭，全间有诛。

【注释】

①保：保证，担保。

②干：干犯，冒犯。

③诛：惩罚，处罚。

【译文】

军中的编制，五人编为一伍，同伍的人互相担保；十人编为一什，同什的人互相担保；五十人编为一属，同属的人互相担保；百人编为一间，同间的人互相担保。伍中有触犯禁令的，同伍的人揭发他，可以免于判罪；知情而不揭发，全伍的人要受惩处。什中有触犯禁令的，同什的人揭发他，可以免于判罪；知情而不揭发，全什的人要受惩处。属中有触犯禁令的，同属的人揭发他，可以免于判罪；知情而不揭发，全属的人要受惩处。闾中有触犯禁令的，同闾的人揭发他，可以免于判罪；知情而不揭发，全闾的人要受惩处。

吏自什长已上^①，至左右将^②，上下皆相保也。有干令犯禁者，揭之，免于罪；知而弗揭者，皆与同罪。

【注释】

①吏：官吏。此指军中各级将领。什长：一什之长。

②左右将：军中位秩仅次于最高统帅大将军的左将军和右将军，当为率领左军、右军之将。本书《束伍令》云："什长得诛十人，伯长得诛什长，千人之将得诛百人之长，万人之将得诛千人之将，左右将军得诛万人之将，大将军无不得诛。"可参看。

【译文】

将吏从什长以上，直至左将军、右将军，上下级之间都互相担保。有触犯禁令的人，只要揭发他，其他人可以免于判罪；知情而没有揭发的，其他人都要与犯者同样判罪。

夫什伍相结，上下相联，无有不得之奸，无有不揭之罪。父不得以私其子，兄不得以私其弟，而况国人聚舍同食^①，乌能以干令相私者哉！

【注释】

①国人：居于国中的平民。聚舍同食：指编在同一什伍。编入军队的平民，以什伍为单位，朝夕相处，吃住在一起。

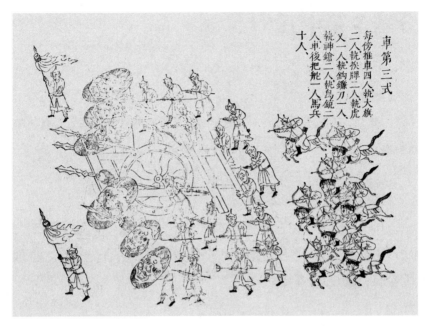

车式图
明刊本《武备志》插图。

【译文】

同什同伍的士卒互相具结保状，从上至下的将领互相联系牵制，就没有抓不到的奸细，就没有不被揭发的罪行。做父亲的不能私下袒护自己的儿子，当兄长的不能私下袒护自己的弟弟，何况一般原无深交的平民百姓，编在一起同住同吃，怎么敢以触犯法令来相互私下袒护呢！

分塞令第十五

【题解】

本篇记载军队营区的划分、建制和通行管理的法令。实行严格的警戒制度，杜绝内部违纪犯禁，防止外部奸细侦探。

———————————

中军，左、右、前、后军，皆有分地^①，方之以行垣^②，而无通其交往。将有分地^③，帅有分地^④，伯有分地^⑤，皆营其沟洫，而明其塞令^⑥。

【注释】

①分地：划分的地域。指规定的营区。

②方：旁边，一侧。指四周。行垣：军营四周的围墙或藩篱。行军作战中安营扎寨，常以排列起来互相连接的车辆作为"行垣"。

③将：此当指统领万人之将。本书《束伍令》云："什长得诛十人，伯长得诛什长，千人之将得诛百人之长，万人之将得诛千人之将，左、右将军得诛万人之将，大将军无不得诛。"

④帅：此当指统领千人之将。亦作"率"，"帅""率"相通，本书《攻权》云"千人而率"。又称"司马"，本书《制谈》云"千人一司马"。又称"兵尉"，见本书《兵教上》。

⑤伯：伯长，统领百人之长。

⑥塞：堵塞，阻格，禁止。

【译文】

中军和左军、右军、前军、后军，都有规定的营地，四周筑起墙藩，不准随便沟通各部之间的交接往来。将有规定的营地，帅有规定的营地，伯长有规定的营地，都修建好各自营地的壕沟，同时申明各部的禁令。

使非百人^①，无得通。非其百人而入者，伯诛之；伯不诛，与之同罪。

【注释】

①百人：指编在同一间的人。本书《伍制令》云："百人为间。"

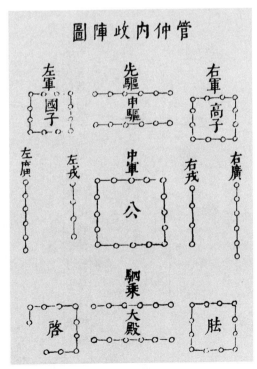

管仲内政阵图
明刊本《武经总要》插图。

【译文】

假使不是同一闾的人，不得通行。不是同一闾的人而进入营地，伯长就惩处他；伯长如果不加惩处，便与犯禁者同罪。

军中纵横之道，百有二十步而立一府柱[①]，量人与地。柱道相望，禁行清道。

【注释】

①府柱：做标记的旗杆。

【译文】

军营里纵横交错的道路上，每隔一百二十步树立一根旗杆，计量人

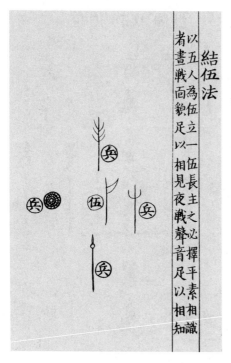

结伍法

以五人为伍，立一伍长主之，必择平素相识者以画战，百赖足以相见，夜战声音足以相知

结伍法
明刊本《兵录》插图。

员数目和营地距离。旗杆同道路相对，禁止通行、肃清道路。

　　非将吏之符节，不得通行。采薪刍牧者^①，皆成行伍；不成行伍者，不得通行。吏属无节、士无伍者^②，横门诛之^③。逾分干地者，诛之。故内无干令犯禁，则外无不获之奸。

【注释】

①采薪刍牧：指军中打柴割草放养牲口的勤杂人员。

②吏属：指军中各级将领所属的官吏。

③横门：亦称"衡门"，横木为门，即栅栏门。此指营门。或以"横门"指守门者。

【译文】

　　没有军中将领颁发的符节，不得通行。出外打柴割草喂养牲口的勤杂人员，都要排成队伍；不排成队伍的，不得通行。将领属吏没有符节，士卒没有编入什伍的，在营门一经发现便就地惩处。超越自己营区侵入别人营地的，都要惩处。所以内部没有触犯禁令的，外部就没有破获不了的奸细。

束伍令第十六

【题解】

本篇实际记载两个法令。一为"束伍令"，以"伍"为单位结立赏罚连保的伍符。二为"战诛之法"，即关于各级将吏战时诛杀权限的规定。

束伍之令曰：五人为伍，共一符①，收于将吏之所。亡伍而得伍，当之；得伍而不亡，有赏；亡伍不得伍，身死家残。亡长得长，当之；得长不亡，有赏；亡长不得长，身死家残，复战得首长②，除之。亡将得将，当之；得将不亡，有赏；亡将不得将，坐离地遁逃之法③。

【注释】

①符：伍人相保共同具结的书状。又称"符信"。《六韬·龙韬·农器》云："田里相伍，其约束符信也。"

②首长：疑"首"字衍。

③坐：判罪，定罪。离地遁逃之法：见本书《重刑令》。

【译文】

约束部伍的法令说：五人编为一伍，共立一份伍符，收存在军中执法的将吏之处。伤亡了同伍的人，而同时斩获了敌方的伍人，功罪可以互相抵消；斩获了敌方的伍人，同时自己没伤亡，有奖赏；伤亡了同伍的人，而不能斩获敌方的伍人，本人处死全家抄灭。伤亡了自己的什伯

之长，而同时斩获了敌方的什伯之长，功罪可以互相抵消；斩获了敌方的什伯之长，同时自己没伤亡，有奖赏；伤亡了自己的什伯之长，而不能斩获敌方的什伯之长，本人处死全家抄灭，如果再战斩获敌方什伯之长，可以免除判罪。伤亡了自己的将帅，而同时斩获了敌方的将帅，功罪可以互相抵消；斩获了敌方的将帅，同时自己没伤亡，有奖赏；伤亡了自己的将帅，而不能斩获敌方的将帅，按处置临阵脱逃的刑法定罪。

战诛之法曰：什长得诛十人，伯长得诛什长，千人之将得诛百人之长，万人之将得诛千人之将，左、右将军得诛万人之将，大将军无不得诛①。

【注释】

①大将军：全军的最高统帅。

【译文】

战场惩处的法令说：什长可以惩处所辖的十个人，伯长可以惩处所辖的什长，千人之将可以惩处所辖的伯长，万人之将可以惩处所辖的千人之将，左将军、右将军可以惩处所辖的万人之将，大将军没有人不可以惩处。

经卒令第十七

【题解】

本篇为军队编组列阵的法令。军队分三部，各配苍、白、黄的旗帜、羽毛；士伍分五行，各配苍、赤、黄、白、黑的标志，佩戴于不同位置。以此管理指挥，部队便能进退有序，赏罚有据，具有强大的战斗力。

经卒者[1]，以经令分之，为三分焉：左军苍旗，卒戴苍羽；右军白旗，卒戴白羽；中军黄旗，卒戴黄羽。[2]

【注释】

[1]经：经理，治理。此指编队。

[2]本段所述三军所配颜色为中黄、左苍（即青）、右白，与《礼记·月令》四方与五色的分配相合。古人一般以东为左，以西为右，《月令》所载正是中配黄，东配青，西配白。

【译文】

对士兵进行编队，按照编队条令来分编，全体分为三军：左军用青色的旗帜，士兵佩戴青色的羽毛；右军用白色的旗帜，士兵佩戴白色的羽毛；中军用黄色的旗帜，士兵佩戴黄色的羽毛。

卒有五章[1]：前一行苍章，次二行赤章，次三行黄章，次四行白章，次五行黑章[2]。次以经卒，亡章者有诛。前一五行置章于首，次二五行置章于项③，次三五行置章于胸，次四五行置章于腹，次五五行置章于腰。

【注释】

①章：徽章，标记。

②"前一行"五句：各行依次配色，亦与《礼记·月令》五行之色木青、火赤、土黄、金白、水黑的顺序相合。可见本篇编队的配色吸收了阴阳五行说。

③项：颈的后部。此指脖子。

【译文】

士兵有五种颜色的标志：第一行用青色的标志，第二行用红色的标

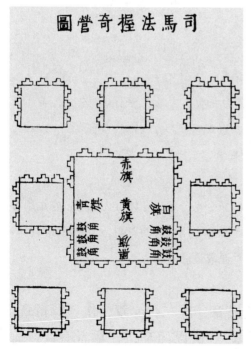

司马法握奇营图

明刊本《武经总要》插图。握奇，军阵名。古谓阵数有九，四正四奇为八阵，余奇为握奇，乃中心奇零者，大将握之，以应赴八阵之急处。编队各依青、赤、黄、白、黑配色。

志，第三行用黄色的标志，第四行用白色的标志，第五行用黑色的标志。按这个次序进行士兵编队，丢失标志的要受到惩处。第一个五行把标志佩置在头上，第二个五行把标志佩置在颈上，第三个五行把标志佩置在胸口，第四个五行把标志佩置在腹部，第五个五行把标志佩置在腰间。

如此，卒无非其吏，吏无非其卒。见非而不诘，见乱而不禁，其罪如之。

【译文】

按照这个规定，士兵不会弄错自己的将官，将官不会弄错自己的士兵。见到差错而不予追究，发现混乱而不加禁止，他的罪过与违令者相同。

鼓行交斗，则前行进为犯难，后行退为辱众，逾五行而前者有赏，逾五行而后者有诛；所以知进退先后，吏卒之功也。故曰："鼓之，前如雷霆，动如风雨，莫敢当其前，莫敢蹑其后。"言有经也。

【译文】

击鼓进军交锋格斗，超越同一行列前进是敢冒难险，落后同一行列退却是玷污大家，越过同一五行而向前的有奖赏，脱离同一五行而往后的有惩罚；这样就能知道部军进退先后的情况，将吏士兵的战功。所以说："击鼓之后，前进如同雷击电闪，行动如同暴风骤雨，没有人敢在前面阻挡，没有人敢在后面尾随。"说的就是有正确的编队制度。

勒卒令第十八

【题解】

　　本篇为指挥军队训练、作战的法令。使用金、鼓、铃、旗来发号施令，进行操练，逐级合成，使得部队在任何实战情况下都能积极向前，克敌制胜。提出"正兵贵先，奇兵贵后"，反对将领擅自冒进或多疑犹豫。

　　金、鼓、铃、旗，四者各有法。鼓之则进，重鼓则击①。金之则止，重金则退。铃，传令也。旗，麾之左则左，麾之右则右。奇兵则反是。

行女墙
明刊本《武经总要》插图。

【注释】

　　①重（chóng）：复，再。

【译文】

　　金、鼓、铃、旗，这四件各有自己的用法。击鼓就前进，再击鼓就出击。鸣金就止步，再鸣金就撤退。铃，是传达命令的。旗，向左挥动就向左转，向右挥动就向右转。奇兵则与此相反。

　　一鼓一击而左，一鼓一击而右。一步一鼓，步鼓也。十步一鼓，趋鼓也①。音不绝，骛鼓也②。商③，将鼓也。角，帅鼓也。小鼓，伯鼓也。三鼓同，则将、帅、伯其心一也。奇兵则反是。

【注释】

①趋：疾走，快步而走。

②骛（wù）：奔驰，急奔。

③商：与下"角"皆为古代五音之一。五音即宫、商、角、徵、羽五个音阶。五音没有绝对音高，只有相对音高，宫、商、角、徵、羽五个音级大致相当于今简谱中的1、2、3、5、6。此"商""角"当为鼓名。

【译文】

一般情况下，击鼓一下出击一次而向左转，击鼓一下出击一次而向右转。走一步击一下鼓，是整齐步伐的鼓声。走十步击一下鼓，是快步行进的鼓声。鼓音不止，是跑步冲锋的鼓声。商鼓，是万人之将的鼓。角鼓，是千人之帅的鼓。小鼓，是伯长的鼓。三种鼓声和同，表示将、帅、伯长的意图一致。奇兵则与此相反。

鼓失次者有诛①。谨哗者有诛②。不听金、鼓、铃、旗而动者有诛。

【注释】

①次：次序，规矩。

②谨（huān）哗：喧哗吵闹。

北魏击鼓陶俑

【译文】

击鼓不按规定的要受惩处。喧哗吵闹的要受惩处。不听从金、鼓、铃、旗而擅自行动的要受惩处。

百人而教战，教成，合之千人；千人教成，合之万人；万人教成，会之于三军。三军之众，有分有合，为大战之法，教成，试之以阅①。

【注释】

①试：试验，演习。阅：检阅，考核。

【译文】

北齐彩绘按盾武士陶俑

以百人为单位来训练作战，训练完成后，合并到千人训练；千人训练完成后，合并到万人训练；万人训练完成后，会合到左、中、右三军训练。三军各部队，有分散也有集中，实施大规模作战的训练方案，训练完成后，举行演习来考核检查。

方亦胜，圆亦胜，错邪亦胜，临险亦胜①。敌在山，缘而从之；敌在渊，没而从之。求敌若求亡子，从之无疑，故能败敌而制其命。

【注释】

①"方亦胜"四句：本书《兵谈》云："兵之所及，羊肠亦胜，锯齿亦胜，缘山亦胜，入谷亦胜，方

亦胜，圆亦胜。"可参阅。错邪，交错不正，
形容地形错综复杂。邪，不正。

【译文】

方阵也能取胜，圆阵也能取胜，地形错综复杂
也能取胜，面临险隘绝阻也能取胜。敌人在高山上，
便沿着山脉追踪它；敌人在深潭下，便潜入水中追
踪它。寻找敌人如同寻找丢失的孩子那样志在必得，
全力追踪毫不迟疑，所以能打败敌军而致其死命。

北魏武士陶俑

夫蚤决先定^①，若计不先定，虑不蚤
决，则进退不定，疑生必败。故正兵贵先，
奇兵贵后。或先或后，制敌者也。

【注释】

①蚤：通"早"。

【译文】

用兵应该谋略提早决断，计划事先制定，倘若
计划不事先制定，谋略不提早决断，军队就会进退
不定，疑惑丛生，必然失败。所以正兵贵在先发制
人，奇兵贵在后发制人。或者先发制人，或者后发
制人，都是为了制服敌军。

世将不知法者，专命而行^①，先击而
勇，无不败者也。其举有疑而不疑，其往
有信而不信，其致有迟疾而不迟疾^②。是三

者，战之累也。

【注释】

①专命：没有接到命令而独断专行。

②迟疾：缓急，快慢。

【译文】

世上一般的将领不知晓用兵的方法，无所承命而独断专行，抢先出击而逞能称勇，便没有不失败的。起兵之时有可疑之处却不以为疑，进兵之时情况确凿却疑惑不信，到达目的地该慢不慢，该快不快。这三点，都是作战的危害。

将令第十九

【题解】

本篇记载将军接受君命的仪式与其后将军发布集合地点、时间的号令，以及进入军营后的纪律，体现了树立将军权威以统一号令、严格执法的思想。

将军受命，君必先谋于庙①，行令于廷。君身以斧钺授将②，曰："左、右、中军皆有分职③，若逾分而上请者死。军无二令，二令者诛，留令者诛，失令者诛。"

【注释】

①庙：宗庙，祖庙，太庙。

②身：亲身，亲自。斧钺：原为两种兵器，常被用作执行军法的杀人刑具，这里作为统率全军的权力象征。

③分职：职分，职责。

【译文】

将军接受任命，国君必须首先在太庙谋议确定人选，然后在朝廷正式发布命令。国君亲自把斧钺授予将军，说："左军、右军、中军，都有自己的

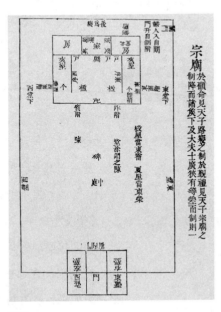

宗庙
清刊本《考工记图》插图。

职责，如有越级向上请示的处死。军中不许有两种命令，擅发命令者严惩，扣压命令者严惩，贻误命令者严惩。"

将军告曰："出国门之外①，期日中②，设营表③，置辕门④。期之，如过时，则坐法。"

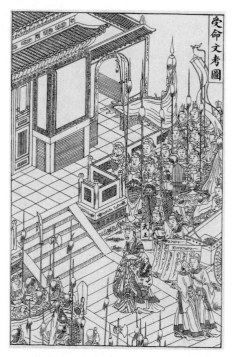

《钦定书经图说》"受命文考图"
《书经》即指《尚书》。《钦定书经图说》是清光绪年间孙家鼐等奉旨编纂，以图为主而系之以说，对儒家经典《尚书》所作诠释。此图即描绘了周武王兴师伐商，出兵前，祭告宗庙，祈求祖先在天之灵保佑军队取胜的场景。

【注释】

①国门：国都的城门。

②期：约定，约会。日中：日正午，中午。

③营表：指军营中测时的标杆。表，古代测量日影来计时的标杆。

④辕门：古时军队在野外扎营，常以车辆围绕作为屏障。出入处仰立两车，使车辕相向作为门，故称"辕门"。亦泛指军营营门。

【译文】

将军接受君命后告知大家说："出国都城门之外，以日中为集合期限，在那里竖立营表，设置营门。在规定时间等待报到，如果超过时间，就依法定罪。"

国家博物馆藏冠军将军印、高城侯印、怀州刺史印。三方印文表现了墓主人生前的军职、爵位和官职。

将军入营，即闭门清道。有敢行者诛，有敢高言者诛，有敢不从令者诛。

【译义】

将军进入军营，立即关闭营门清路戒严。有敢随意走动者严惩，有敢高声言谈者严惩，有敢不服从命令者严惩。

踵军令第二十

【题解】

本篇记述军队出动过程中承担不同任务的踵军、兴军、分卒、大军等各部的任务和纪律，同时在相关地区实行戒严，安定内部，派出名为"顺职之吏"的使者巡视。

————————————

所谓踵军者^①，去大军百里，期于会地，为三日熟食，前军而行。为战，合之表^②，合表乃起。踵军飨士^③，使为之战势，是谓趋战者也。

【注释】

①踵军：先头部队中靠后面的一部分。相当于《左传》中所说的"申驱"。《左传·襄公二十三年》云："秋，齐侯伐卫。先驱，穀荣御王孙挥，召扬为右。申驱，成秩御莒恒，申鲜虞之傅挚为右。""踵军"亦见《六韬·虎韬·绝道》云："凡帅师之法，当先发远候，去敌二百里，审知敌人所在。地势不利，则以武冲为垒而前。又置两踵军于后，远者百里，近者五十里。即有警急，前后相救。"

②表：表记。此指符节一类的信物。

③飨（xiǎng）：用酒肉款待人。此指战前用酒肉犒赏士兵。

【译文】

所谓踵军，通常距离大部队一百里，按规定时间到达会合的地点，准备好三天的干粮，先于大部队出发。进行战斗，要验合战表，战表验合，就开始行动。踵军应用酒肉犒赏士兵，让部队进入临战状态，这就是所说的趋战了。

兴军者[①]，前踵军而行，合表乃起。去大军一倍其道，去踵军百里，期于会地。为六日熟食，使为战备。

【注释】

①兴军：先头部队中前面的一部分。相当于《左传》中的"先驱"。

见前"踵军"注。

【译文】

兴军，先于踵军出发，验合战表就开始行动。距离大部队比踵军远一倍的路程，距离踵军一百里，按规定的时间到达会合的地点。准备好六天的干粮，使部队做好战斗准备。

分卒据要害[①]，战利则追北，按兵而趋之。

【注释】

①分卒：指分散的零星部队。

【译文】

分散的零星部队据守各个要

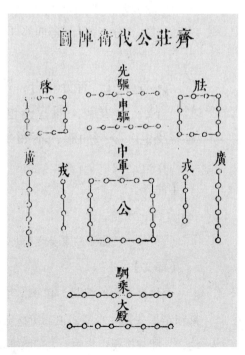

先驱　申驱
明刊本《武备志》"齐庄公伐卫阵图"。

塞，战斗顺利就追击败军，平时约束好部队随时准备奔赴战斗。

踵军遇有还者，诛之。所谓诸将之兵在四奇之内者①，胜也。

【注释】

①四奇：指兴军、踵军、分卒、大军等互成掎角之势的四部。或谓古代作战有八种阵法，四为正，四为奇，"四奇"即其中的四种阵法。按，此语颇费解，疑有讹误。

【译文】

踵军遇到有逃回来的士兵，就惩处他。众将率领的士兵都能各自在兴军、踵军、分卒、大军等四部忠于职守，就有胜利的保证了。

兵有什伍，有分有合，豫为之职①，守要塞关梁而分居之②。战，合表起，即皆会也。大军为计日之食，起，战具无不及也。令行而起，不如令者有诛。

【注释】

①豫：预先。

②关梁：泛指水陆要会之处。

【译文】

士兵有什伍的编制，有分散有集中，事先为他们明确各自的职责，据守军事要塞、水陆要道而分区驻防。战斗发生，验合战表就开始行动，立即都按规定集中。大部队准备好按日计算的粮食，开始行动，作战用具没有不齐备的。命令出发就开始行动，有不按照命令行动的给予惩处。

　　凡称分塞者^①，四境之内，当兴军、踵军既行，则四境之民无得行者。奉王之命，授持符节，名为顺职之吏。非顺职之吏而行者，诛之。战，合表起，顺职之吏乃行，用以相参^②。故欲战先安内也。

晋持盾陶俑

【注释】

　　①称：举，任。分塞：即前所云"分卒据要害"，指分散据守各个要塞。

　　②参：参验，检验。

【译文】

　　凡是担任分散据守各要塞的部队，在四周边境范围内，当兴军、踵军已经行动，就负责使四周边境范围内的百姓不得通行。亲受大王之命，持有符节的官员，叫作"顺职之吏"。不是顺职之吏而来往通行的，应予惩处。战斗发生，验合战表开始行动，顺职之吏就同时出发，借此互相检查核验。所以将要作战先须整饬安定内部。

兵教上第二十一

【题解】

　　本篇记述军队训练的方法，具体是：分营居阵，各安其位；令行禁止，连保连坐；从伍开始，逐级合练；各级将吏，按法指挥。强调兵教之法，必须"明刑罚，正劝赏"，才能使士兵服从命令，努力战斗，攻破敌阵，为的是"开封疆，守社稷，除患害，成武德"。

　　兵之教令，分营居陈①，有非令而进退者，加犯教之罪。前行者，前行教之；后行者，后行教之；左行者，左行教之；右行者，右行教之。教举五人②，其甲首有赏③。弗教，如犯教之罪。罗地者④，自揭其伍。伍内互揭之，免其罪。

【注释】

①居陈：即"居阵"，居守战阵，居守阵地。

②举：皆，全。

③甲首：甲士之长。古代战车，每乘车下步兵若干；车上载甲士三名，分左、中、右排列，左方甲士持弓主射，是一车之首，亦称"车左"，似即此"甲首"。

④罗地：疑"罗"假为"离"，指擅离训练场地。或谓伏地。或谓"罗"通"罹"。

【译文】

军队的训练条令规定，划分营区，居守阵地，有不依训练条令而前进后退的，判处违反训练条令的罪。前行的士兵，由前行的教官负责训练；后行的士兵，由后行的教官负责训练；左行的士兵，由左行的教官负责训练；右行的士兵，由右行的教官负责训练。训练好全部五人，当教官的甲首有奖赏。如果教官不组织训练，就按照违反训练条令的罪论处。有擅离训练场地的，应该由同伍的人自己揭发。同伍之内有互相揭发的，可免予论罪。

凡伍临陈，若一人有不进死于敌，则教者如犯法者之罪。凡什保什，若亡一人，而九人不尽死于敌，则教者如

犯法者之罪。自什已上至于裨将①，有不若法者②，则教者如犯法者之罪。凡明刑罚，正劝赏③，必在乎兵教之法④。

【注释】

①裨（pí）将：偏将，副将，似相当于本书《伍制令》之"左、右将"、《束伍令》之"左、右将军"。

②若：如。这里是依照、遵守的意思。

③劝：勉励，鼓励。

④在：察，视。

【译文】

凡是同伍临阵作战，倘若其中有一人不前进与敌人拼死相斗，那么教官就犯了和违反军法的人同样的罪。每个什内同什人互相连保，倘若伤亡一人，而其余九人不拼死与敌相斗，那么教官就犯了和违反军法的人同样的罪。从什长以上直至裨将，有不遵守法令者，那么教官就犯了和违反军法的人同样的罪。凡是要刑罚严明，奖赏平正，必须详察军队训练的法令。

将异其旗，卒异其章。左军章左肩，右军章右肩，中军章胸前，书其章曰某甲某士①。前后章各五行，尊章置首上②，其次差降之③。伍长教其四人，以板为鼓，以瓦为金④，以竿为旗，击鼓而进，低旗则趋，击金而退，麾而左之，麾而右之，金鼓俱击而坐⑤。伍长教成，合之什长。什长教成，合之卒长⑥。卒长教成，合之伯长。伯长教成，合之兵尉⑦。兵尉教成，合之裨将。裨将教成，合之大将。大将教之，陈于中野⑧，置大表三，百步而一。既陈，去表

百步而决^⑨，百步而趋，百步而骛。习战以成其节，乃为
之赏法。

【注释】

①甲：甲乘。指以甲士为首的一乘战车及其所辖步兵的编制单位。
　参看本书《武议》注。

②尊：上。首：指第一行。

③其次差（cī）降之：指佩戴标志的位置，其余各行依次下移。详
　参本书《经卒令》。次，次行，依次各行。差，分别等级，分别
　先后序列。降，下降，下移。

④瓦：陶土烧成的器物，瓦器。

⑤坐：古人席地而坐，坐时两膝着地，臀部压在脚跟上。此指步兵
　的一种单兵动作，相当于跪姿。参看本书《兵令上》"坐陈"注。

⑥卒长：据上下文意及本书《经卒令》，当指五行（即五伍）之长，
　辖二十五人。参看本书《战威》"卒伯"注。

⑦兵尉：当指千人之将。

⑧中野：野中，原野之中。

⑨决：开，起步，指本书《勒卒令》"一步一鼓"的齐步走。

【译文】

将领有不同的旗帜，士兵有不同的标记。左军的标记佩在左肩，右
军的标记佩在右肩，中军的标记佩在胸前，在标记上写明某甲乘某人。
前后佩带相同标记的各有五行，首行标记佩戴在头上，其余各行佩戴标
志的位置依次下移。伍长训练其他四人时，用木板当作鼓，用瓦器当作
金，用竹竿当作旗，击鼓就前进，旗放低就快步走，鸣金就后退，旗挥
向左就向左，旗挥向右就向右，金鼓齐鸣就摆好跪坐之阵。伍长训练完

成，就集合到什长训练。什长训练完成，就集合到卒长训练。卒长训练完成，就集合到伯长训练。伯长训练完成，就集合到兵尉训练。兵尉训练完成，就集合到裨将训练。裨将训练完成，就集合到大将训练。大将训练全军，在原野之中布阵，设置表竿三根，一百步一根。布阵完毕，离开表竿第一个百步齐步走，第二个百步快步走，第三个百步跑步走。反复演习来建立军队的节度，并制定奖赏的法令。

自尉吏而下尽有旗，战胜得旗者，各视其所得之爵①，以明赏劝之心。战胜在乎立威，立威在乎戮力②，戮力在乎正罚。正罚者，所以明赏也。

【注释】
①之：此处用法同"以"。
②戮力：努力，尽力。

【译文】
从兵尉以下的各级将吏也都有旗帜，战胜敌军夺得对方旗帜的，分别按照所缴获的旗帜来赏赐爵位，以此彰明国君奖赏激励有功将士的意图。战斗胜利在于建立军威，建立军威在于将士尽力，将士尽力在于刑罚严正。刑罚严正，也是用以彰明奖赏的手段啊。

令民背国门之限①，决死生之分，教之死而不疑者，有以也②。令守者必固，战者必斗；奸谋不作，奸民不语；令行无变，兵行无猜；轻者若霆，奋敌若惊。举功别德③，明如白黑，令民从上令，如四支应心也。

【注释】

①背：背离，离开。限：门槛，界限。

②有以：有因由，有缘故。

③别：辨别，甄别。

【译文】

要让百姓离境出国，在生死关头做出勇敢抉择，教他们至死而毫不犹豫，是有其缘故的。务使防御的部队守必坚固，进攻的部队战必敢斗；阴谋诡计不能发作，奸人刁民不敢言语；命令实施不轻易变更，士

社稷

《唐土名胜图会》插图。

兵行动无随意猜测；轻捷迅速如同闪电，奋勇杀敌如同惊雷。评功论德，清楚准确得如同黑白一样，就能使得士兵服从上级的命令，如同四肢顺应心志支配那样。

前军绝行乱陈①，破坚如溃者，有以也。此之谓兵教，所以开封疆②，守社稷③，除患害，成武德也④。

【注释】

①绝：断绝，击破。

②封疆：疆界，疆域。

③社稷：古代帝王、诸侯所供奉的土地之神和谷神，常作为国家的象征和代称。

④武德：武道，武功。

【译文】

军队前进冲锋陷阵，攻破坚固的城池让敌人如同大堤溃决那样败退，是有其缘由的。这就叫作"兵教"，是用来开拓疆域、守卫国家、消除祸患、建立武功的手段啊。

兵教下第二十二

【题解】

　　本篇总结军事训练的十二个要点，认为这是威服天下的必胜之道。对此前的《重刑令》以下八篇做综合归纳。接着谈到将士应舍身忘家，主帅要重赏严罚，"伐国必因其变"，起兵需摸清权衡敌我双方状况采取有针对性的战术，对敌国民众实施怀柔安抚政策。最后抨击用兵中所存在"伤气败军，曲谋败国"的各种表现。

　　臣闻人君有必胜之道，故能并兼广大，以一其制度，则威加天下，有十二焉：一曰连刑①，谓同罪保伍也。二曰地禁②，谓禁止行道，以网外奸也。三曰全车③，谓甲首相附，三五相同④，以结其联也。四曰开塞⑤，谓分地以限，各死其职而坚守也。五曰分限⑥，谓左右相禁，前后相待，垣车为固⑦，以逆以止也。六曰号别⑧，谓前列务进，以别其后者，不得争先登不次也。七曰五章⑨，谓彰明行列，始卒不乱也⑩。八曰全曲⑪，谓曲折相从，皆有分部也。九曰金鼓，谓兴有功，致有德也⑫。十曰陈车，谓接连前矛⑬，马冒其目也⑭。十一曰死士，谓众军之中有材力者，乘于战车，前后纵横，出奇制敌也。十二曰力卒，谓经旗全曲，不麾不动也。

习射法

明刊本《兵录》插图。

【注释】

①连刑：即"连坐"。商鞅变法，在秦国实施此法。《史记·商君列传》云："令民为什伍，而相收司连坐。"此"连刑"则就军队而言，详参本书《伍制令》《兵教上》。

②地禁：指军营中各部分地驻扎，互为禁区。参看本书《分塞令》《将令》。

③全车：配齐战车的编制，使之满员。春秋战国时代，每辆兵车配备一定数量的甲士和步兵，组成一个车兵和步兵混编的基本作战单位，称为"乘"。见本书《武议》注。

④三五：亦作"参伍""参五"，划分，排列。此当指战车所辖的步兵行列。《通典》卷一四八及《太平御览》卷二九八云："凡立军，一人曰步，二人曰比，三人曰参，比参曰伍，五人为列。"

⑤开塞：设置要塞。开，开立，设置。

⑥分限：意同上"分地以限"。此指划分各部营区或阵地中各部的界隔。

⑦垣车：连接战车以为军营藩垣。

⑧号别：标记有别。此指军中编队先后行列有不同的标记。

习骑射法
明刊本《兵录》插图。

⑨五章：指苍、赤、黄、白、黑五种标记。详见本书《经卒令》。

⑩始卒：始终。

⑪全曲：配齐军队或军阵各部的人员。曲，古代军队的编制单位。这里泛指军队或军阵的各个部分。

⑫德：武德，武道。或谓通"得"。

⑬前矛：前锋，先头部队。

⑭马冒其目：战马罩好它的眼睛，目的是防止马匹受惊而扰乱军阵。冒，蒙，罩。

【译文】

臣下听说国君掌握了治军的必胜之道，就能兼并列国，扩大疆域，统一原来不同的制度，进而威服天下，这有十二个方面：一叫"连刑"，是说士兵有罪同当，伍人相保。二叫"地禁"，是说军营内禁止在通道上随意来往，以便捕获外来的奸细。三叫"全车"，是说每乘战车的甲士互相亲附，步兵行列协同有序，从而结成紧密的联系。四叫"开塞"，是说划分地段作为防区，各部都能以身殉职而坚守阵地。五叫"分限"，是说左、右部队互相警戒，前后部队互相照应，排列战车构成坚固的营垒，用以迎击敌军、安营扎寨。六叫"号别"，是说前面的行列应努力

习长枪法
明刊本《兵录》插图。

前进，以示有别于后面的行列，后面的行列不得争抢头功捷足先登而破坏队形的先后次序。七叫"五章"，是说标明部队前后左右行列，自始至终保持队列不乱。八叫"全曲"，是说各部曲折相从，错落有致，都有自己分管的区域。九叫"金鼓"，是说指挥得当兴兵出征能立战功，达到目的能建武德。十叫"陈车"，是说兵车依次相接直连先头部队，战马要罩好它的双目。十一叫"死士"，是说从各部之中挑选武艺高强的士兵，乘着战车，忽前忽后，忽左忽右，突出奇兵，制服敌军。十二叫"力卒"，是说让得力的勇士掌管旌旗，增援各部，没有将帅号令不得擅自行动。

　　此十二者教成，犯令不舍①。兵弱能强之，主卑能尊之，令弊能起之，民流能亲之，人众能治之，地大能守之。国车不出于阃②，组甲不出于橐③，而威服天下矣。

【注释】

①舍：赦免。

②阃（kǔn）：门槛。特指国都郭门的门槛，指代国都城门。

习拳法
明刊本《兵录》插图。

③组甲：用绳子连缀皮革或金属片制成的铠甲。一说指漆成组纹的
　　铠甲。櫜（gāo）：收藏弓矢、盔甲的袋子。

【译文】

　　这十二个方面训练完成后，倘若有谁违犯军令决不宽恕。这样，军
队弱小能够强大，君主卑贱能够尊贵，法令废弛能够重振，百姓流离能
够亲附，人口众多能够治理，土地广大能够守卫。国都之中的战车不必
驾出郭门，收藏起来的铠甲不必拿出套子，便能威服天下了。

　　兵有五致：为将忘家，逾垠忘亲①，指敌忘身，必死则
生，急胜为下②。百人被刃③，陷行乱陈；千人被刃，擒敌
杀将；万人被刃，横行天下。

【注释】

①亲：此特指父母双亲。

②急胜为下：意谓欲急于求胜当礼贤下士。

③被刃：意谓敢冒刀剑的锋刃。指拼死作战。

【译文】

军队要做到五条：担任将帅就忘弃家室，越过国界就忘弃双亲，面对敌军就忘弃自身，陷入绝境就死里求生，急于求胜就礼贤下士。百人的军队拼死作战，可以冲入敌军、捣乱敌阵；千人的军队拼死作战，可以俘获敌军、杀死敌将；万人的军队拼死作战，可以所向披靡、横行天下。

武王问太公望曰："吾欲少间而极用人之要①。"望对曰："赏如山，罚如谿②。太上无过，其次补过。使人无得私语，诸罚而请不罚者死，诸赏而请不赏者死。"

【注释】

①少间：短时间。极：穷尽。这里是通晓、洞悉的意思。

②赏如山，罚如谿：意谓以山与谿对举，取山之高、谿之深，借喻赏罚必重。

【译文】

周武王问太公望道："我想在极短的时间内洞悉用人的要诀。"太公望回答说："赏赐应当如同高山那样厚重，刑罚应当如同谿谷那样严厉。最好是赏罚没有过失，其次是万一赏罚有误，赶紧补救过失。应该使下人不得私自议论赏罚，凡是有罪当罚而请求不罚的处死，凡是有功当赏而请求不赏的处死。"

伐国必因其变。示之财以观其穷①，示之弊以观其病，上乖下离②，若此之类，是伐之因也。

【注释】

①示：通"视"，审视，考察。

②乖：背戾，违逆。

【译文】

攻伐敌国，必须利用它内部的变故。考察对方的财政状况来发现它的穷乏，考察对方的政治弊端来发现它的危机，上面横逆无道、下面众叛亲离，像这一类情形，就是攻伐的有利条件。

凡兴师，必审内外之权，以计其去①。兵有备阙②，粮食有余不足，校所出入之路③，然后兴师伐乱，必能入之。

【注释】

①去：去就，进退。

②阙：空缺，亏损。

③校（jiào）：查校，勘查。

【译文】

凡是兴兵出征，必须研究权衡内外形势的发展变化，来计议商定军队的去就进退。摸清兵力是充足还是缺乏，粮食是富余还是不足，探明部队所要行经进出的道路，然后起兵讨伐暴乱，就必定能攻入敌国。

地大而城小者①，必先收其地；城大而地窄者，必先攻其城；地广而人寡者，则绝其厄②；地狭而人众者，则筑大堙以临之③。无丧其利，无夺其时，宽其政，夷其业④，救其弊，则足以施天下。

【注释】

①地：指都城外的郊野之地。先秦时代的国都或都邑，一般由城、郊、野组成。农耕的土地都在城外的郊、野。

②厄（ài）：险要之处。

③堙（yīn）：环城堆筑的土山。

④夷：平定，安定。

【译文】

敌方郊野大而城郭小的，必须先攻取它的郊野；城郭大而郊野狭窄的，必须先进攻它的城郭；郊野广大而人口稀少的，就切断它的险要关塞；郊野狭窄而人口众多的，就修筑土山居高临下。攻克之后，不损害百姓的利益，不耽误农民的时令，放宽原来的政策，安定百姓的家业，拯救各种弊端，那就足以对天下发号施令了。

今战国相攻①，大伐有德。自伍而两②，自两而师③，不一其令。率俾民心不定④，徒尚骄佚。谋患辩讼，吏究其事，累且败也。日暮路远，还有挫气。师老将贪⑤，争掠易败。

【注释】

①战国：征战之国。银雀山汉墓竹简《守法》云："战国者，外修城郭，内修甲戟矢弩。"

②两：古代军队的编制单位。《周礼·地官·小司徒》云："五伍为两。"

③师：古代军队的编制单位。《周礼·地官·小司徒》云："五人为伍，五伍为两，四两为卒，五卒为旅，五旅为师。"《唐太宗李卫公问对》卷上云："亦犹《司马法》'一师五旅，一旅五卒'。"则

二千五百人为一师。

④率：大率，通常。俾（bǐ）：使。

⑤老：疲惫。

【译文】

如今征战之国互相攻击，大举进兵讨伐有德政的国家。军队从伍到两，从两到师，不能统一号令。通常使得人心不定，只是助长骄横奢侈的风气。内部图谋不轨，争讼吵闹，执法官吏追究其中事实，只能平添麻烦而招致失败。时日已晚，道路又远，军队返归，挫伤士气。军队疲惫，将领贪婪，争夺掳掠，极易溃败。

凡将轻、垒卑、众动，可攻也；将重、垒高、众惧，可围也。凡围，必开其小利①，使渐夷弱②，则节吝有不食者矣③。众夜击者，惊也。众避事者，离也。待人之救，期

北魏冲角头盔武士
头盔上的冲角，不单为了装饰，还可以在近身肉搏时搏击对方。

战而蹙④，皆心失而伤气也。伤气败军，曲谋败国⑤。

【注释】

①凡围，必开其小利：意谓凡是围城，必须给敌方留有缺口，用小利加以引诱。《孙子兵法·军争》云："围师必阙。"《三国志·魏书·张郃传》裴松之注引《魏略》云："军法：围城必开出路，归军勿追。"意与此近，可相参证。

②夷弱：削弱，消耗。

③节吝：节约，节省。

④蹙（cù）：局促不安。

⑤曲：不正，谬误。

【译文】

凡是将领轻佻、营垒低矮、人心动摇，就可进攻；将领持重、营垒高峻、人心恐惧，就可围困。凡是围困，必留缺口用小利加以诱惑，使得敌军逐渐消耗，即使再节省粮食最后也会无粮可吃了。敌众夜间敲打作响，是胆战心惊的表现。敌众躲避公事，是离心离德的表现。等待他人的救援，约定战期而又局促不安，都是失去斗志而又损伤士气的表现。损伤士气会使军队溃败，错误谋划会使国家灭亡。

兵令上第二十三

【题解】

本篇首先申述"伐暴乱、本仁义"的军事观（亦见《武议》），认为军事应以文为本、以武为标，"文所以视利害、辨安危，武所以犯强敌、力攻守"。接着论述排兵布阵要专一密固，遵守常令常法，树立将威，严明赏罚，并讲述了常用的阵法和对阵时的三种状态。

兵者，凶器也；争者，逆德也。事必有本，故王者伐暴乱、本仁义焉。战国则以立威抗敌相图，而不能废兵也①。

【注释】

①废：废弃，止息。

【译文】

兵器，是凶险的器具；争战，是违背道德的行动。万事万物必定有其根本，所以王者之兵讨伐暴乱，以仁义为本。征战之国却以树立威名、抗衡敌对、互相算计为事，因而不能止息兵争。

兵者，以武为栋，以文为植①；以武为表，以文为里；以武为外，以文为内。能审此三者，知胜败矣。文所以视利害、辨安危，武所以犯强敌、力攻守也。

【注释】

①植：木柱，柱子。

【译文】

用兵，以武力作为栋梁，以文略作为基柱；以武力作为表层，以文略作为里层；以武力对付外敌，以文略治理内部。能够明察这三点，便是懂得用兵的胜败之道了。文略，是用来考察利害、辨别安危的；武力，是用来冲击强敌、致力攻守的。

专一则胜，离散则败。陈以密则固，锋以疏则达①。卒畏将甚于敌者战胜②，卒畏敌甚于将者战败。所以知胜败者，固称将于敌也③。敌之与将，犹权衡焉④。

【注释】

①锋：此指军阵前沿突出的部队，前锋。

②甚：超过，胜过。

③固：应当，必须。称：衡量，估量。于：与，同。

④权衡：此指秤。先秦之秤，其形制如同现在的天平。权，秤锤。衡，秤杆。

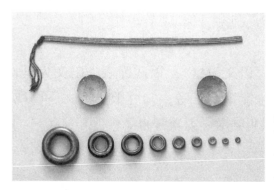

战国天平和环权
秤杆由木杆和二铜盘组成，木杆呈扁条状，中间一孔，穿丝线为提钮。铜盘边缘有四个对称小孔，穿丝线后分别系于秤杆两端，呈提钮天平。环权共九枚。

【译文】

团结一致就胜利，分裂散乱就失败。布阵密集就牢固，前锋疏散就灵活。士卒畏惧将吏超过敌人的，作战就胜利；士卒畏惧敌人超过将吏的，作战就失败。所以要预知战争双方的胜败，就只须估量一下将吏和敌人谁对士卒的威慑力大。敌人和将吏的关系，如同天秤两边的重量一样。

安静则治，暴疾则乱。出卒陈兵固有常令，行伍之疏数固有常法，先后之次有适宜。常令者，非追北袭邑攸用也[①]。前后不次，则失也。乱先后，斩之。

【注释】

①攸：所。

【译文】

安定冷静就井然有序，暴乱急躁就混乱不堪。出军部署兵力应有常规的号令，队伍行列疏密应有常规的法则，先后的次序应当合理适度。

隋代武士俑

常规的号令，不是追赶败军、袭击敌邑所用的。前后没有次序，就会失利。扰乱先后次序者，判处斩首。

　　常陈皆向敌，有内向，有外向[①]，有立陈[②]，有坐陈[③]。夫内向，所以顾中也[④]。外向，所以备外也。立陈，所以行也。坐陈，所以止也。立坐之陈，相参进止[⑤]，将在其中。坐之兵剑斧，立之兵戟弩，将亦居中。

【注释】

①内向：意谓行伍向中心收缩。外向：意谓行伍向四周扩张。

②立陈：士兵以立姿所摆设的阵，是一种向前行进准备攻击的阵势。

③坐阵：士兵以跪姿所摆设的阵，是一种按兵不动准备防御的阵势。按，陕西临潼秦始皇陵二号坑出土的兵俑中，有一批左足向左前方伸出，右腿微拱，右腿后绷，两足呈丁字形；左臂下垂微向左伸，右臂横曲胸前。又有一批右膝着地，左腿蹲屈，身子和头向左方倾斜，两目向左方平视，两手在身的右侧上下作握弓状。可视作此"立阵""坐阵"的实物模型，前者系"立阵"姿势，后者为"坐阵"姿势。

立俑

坐俑

④顾：环顾，保卫。

⑤相参：相互交错，轮换交替。

【译文】

通常布设的阵营都是面向敌方的，有的向内部收缩集中，有的向外部扩张散开，有的摆立阵，有的摆坐阵。向内收缩，目的是保护中央主将。向外扩张，目的是防备外部敌军。立阵，是用来行军进攻的。坐阵，是用来驻止防御的。立阵、坐阵，交替变换，军队有进有止，主将处在阵的中央。坐阵使用的兵器是刀剑斧钺，立阵使用的兵器是矛戟弓弩，主将也处在阵的中央。

善御敌者，正兵先合，而后扼之①。此必胜之术也。

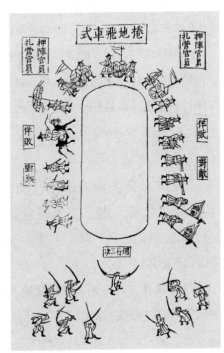

卷地飞车式
明刊本《武略神机》插图。

【注释】

①扼：掐住。引申为歼灭。

【译文】

善于驾驭敌人的将帅，正规部队先行交战，而后用奇兵歼灭。这是必定胜利的战术。

陈之斧钺①，饰之旗章②，有功必赏，犯令必死。存亡死生，在枹之端。虽天下有善兵者，莫能御此矣。

【注释】

①斧钺：此泛指军中执法的刑具。

②饰：通"饬"，整治，配置。

【译文】

陈列执法的斧钺，配置各色旗帜标志，有战功必定赏赐，违反军令必定处死。全体将士的存亡生死，都决定于将帅指挥的鼓槌头上，使全军保持高度统一。这样，即使天下再有善于用兵的人，也没有谁能抵御他了。

矢射未交，长刃未接，前噪者谓之虚，后噪者谓之实，不噪者谓之秘。虚、实、秘者，兵之体也。

【译文】

弓箭没有对射，兵器没有交接，前面军队喧哗呼喊的叫作"虚"，后面军队喧哗呼喊的叫作"实"，前后军队都不喧哗呼喊的叫作"秘"。虚、实、秘，是军队对阵的三种体态。

兵令下第二十四

本篇主要记述惩治逃避服役、应征误期、临阵脱逃的法令，最后强调善于用兵的关键在于赏罚分明、执法如山，使士兵在战斗中尽力拼命，从而实现威加海内的目标。

———————————

诸去大军为前御之备者，边县列候^①，各相去三、五里。闻大军为前御之备，战则皆禁行，所以安内也。

【注释】

①县：地方行政区划名。西周时期，指王畿以内、国都以外的地区或城邑四周的地区。春秋时期，逐渐演变为郡县之县，起初一般设置在边地，以后逐渐推行于内地，指属于国都或大城的一种邑。战国时期，县一般上隶郡、下辖乡，至秦朝成为定制。候：同"堠"，土堡，为边境上供斥候伺望警戒的军事设施。

【译文】

各个离开主力部队担任前沿防御的守备部队，在边境县邑周围建立土堡，各土堡之间相距三、五里。得知主力部队开拔，做好前沿防御的准备，战斗开始就都禁止通行，为的是安定内部。

空心墩

空心墩
明刊本《兵录》插图。

内卒出戍①，令将吏授旗鼓戈甲。发日，后将吏及出县封界者，以坐后戍法②。兵戍边一岁③，遂亡不候代者，法比亡军④。父母妻子知之，与同罪；弗知，赦之。

【注释】

①内卒：内地士卒。指国都及中心城邑的士卒。

②后戍法：古代征发戍边，对戍卒到达目的地的期限皆有规定，若逾期不到，则要定罪杀头。《史记·陈涉世家》记陈胜、吴广被征发戍守渔阳，途中遇雨受阻，"度已失期。失期，法皆斩"。所言"法"，即此所云"后戍法"。

③戍边一岁：戍边一年，指戍卒已满应服的一年戍期。

④比：比拟，比照。

【译文】

内地士卒出外戍边，任命将吏授予旗帜、战鼓、戈戟、铠甲。到了出发之日，如有在将吏之后才出县境的士卒，按照"后戍法"定罪。士卒守卫边疆满一年，就擅自离开而不等候接替者的，比照处理逃兵的规定法办。父母妻子知情的，与犯者同罪；不知情的，应免予追究。

卒后将吏而至大将所一日①，父母妻子尽同罪。卒逃归至家一日，父母妻子弗捕执及不言，亦同罪。

【注释】

①大将：即本书《兵教上》"大将"、《束伍令》"大将军"，指出征军队的最高将领。

【译文】

士卒在将吏之后到达大将处所哪怕只有一天，他的父母妻子也全都同样有罪。士卒逃跑回到家哪怕只有一天，他的父母妻子既不拘捕又不报告，也同样有罪。

诸战而亡其将吏者，及将吏弃卒独北者，尽斩之。前吏弃其卒而北①，后吏能斩之而夺其卒者，赏。军无功者，戍三岁②。

【注释】

①前吏：指在军阵中处于前面行列的将吏。

齐景公派司马穰苴监军，抵抗燕、晋之师。司马穰苴与齐景公的宠臣庄贾约于次日中午会于军门。庄贾向来骄横，与人饮宴，直到日暮时分才到，司马穰苴即以军法将其论斩。事见《史记·司马穰苴列传》。

②戍：谪戍，因犯罪而服罚戍边疆的刑。

【译文】

凡是作战而擅自离开将吏的士卒，以及将吏离弃士卒独自败逃的，都要斩首。前面的将吏离弃自己的士兵而败逃，后面的将吏能杀死他而夺取其下属士卒的，给予奖赏。在军中久无战功的，到时罚戍边疆三年。

三军大战，若大将死，而从吏五百人以上不能死敌者①，斩。大将左右近卒②，在陈中者，皆斩；余士卒有军功者③，夺一级；无军功者，戍三岁。

【注释】

①从吏五百人：似指拥有五百名卫兵的将吏。

②大将左右近卒：指大将身边的卫兵。据《商君书·境内》，大将卫兵有千人。

③有军功者：此特指因建立军功而被授予爵位者，下文有"夺一级"之语可证。战国时代，各国都有爵秩制度，如秦国设爵二十级，将士建立一定的军功，便能得到相应的爵位。如《商君书·境内》云："能得爵（甲）首一者，赏爵一级。"《韩非子·定法》亦云："商君之法曰：'斩一首者爵一级，欲为官者为五十石之官；斩二首者爵二级，欲为官者为百石之官。'官爵之迁与斩首之功相称也。"

【译文】

全军大战，倘若大将军战死，而随从的将吏凡拥有卫兵在五百以上者而不能与敌死战的，斩首。大将军左右近身卫兵，在军阵中的，都处斩首；其余士卒有军功的，削夺爵位一级；没有军功的，罚戍边疆三年。

战亡伍人，及伍人战死不得其尸，同伍尽夺其功；得其尸，罪皆赦。

【译文】

作战中逃亡了伍人，以及伍人战死不能得到他的尸体，同伍其他人全部取消先前所立的军功；倘若得到战死伍人的尸体，罪过全部赦免。

军之利害，在国之名实①。今名在官，而实在家，官不得其实，家不得其名。聚卒为军，有空名而无实，外不足以御敌，内不足以守国，此军之所以不给，将之所以夺威也。

【注释】

①名实：名称与实际。此指在册名数与实际人员。

【译文】

军队的利害所系，在于国家的登册名数与实际人员是否相符。如今名字虽然在官府簿籍，但本人实际在家里，这样官府得不到实际的兵员，而家庭也得不到他的名籍。聚集士卒组成军队，仅有空头名额而无实际兵员，对外便不足以抵御敌人，对内便不足以守卫国家，这就是军队兵员不能补齐，将帅威信削夺丧失的原因。

臣以谓卒逃归者①，同舍伍人及吏罚入粮为饶②，名为军实③，是有一军之名，而有二实之出。国内空虚，自竭民岁④，曷以免奔北之祸乎⑤！

【注释】

①以谓：以为，认为。

②同舍伍人：指军中同宿的伍人。参本书《伍制令》注。饶：多，富。

③军实：军事实力，包括人员、武器装备、粮草等。此指军粮。

④岁：岁收，年成。指农民一年的收入。

⑤曷：何。

【译文】

臣下认为士卒逃亡回家，把同宿的伍人及其将吏所罚交的粮食当作

《三国演义》"马谡拒谏失街亭图"

《三国演义》里，马谡立军令状据守街亭，因违反节制，大败于街亭，被诸葛亮挥泪斩杀。

多余的收入，名义上叫作军实，这就造成空有一个兵员的名额，下面却要有二分的实际支出。国内兵力空虚，百姓收入枯竭，怎么能避免军队败北的祸患呢！

今以法止逃归、禁亡军，是兵之一胜也。什伍相联，及战斗，则卒吏相救，是兵之二胜也。将能立威，卒能节制，号令明信，攻守皆得，是兵之三胜也。

【译文】

如今能用法令制止士卒逃跑回家，杜绝士卒脱离军队的现象，这是用兵取胜的第一个条件。军中实行什伍相互连保，到作战格斗时，士卒将吏就会相互救助，这是用兵取胜的第二个条件。将帅能够树立威信，士卒能够遵守制度，发号施令明确有信，进攻防守都能达到预期目的，这是用兵取胜的第三个条件。

臣闻古之善用兵者，能杀卒之半[①]，其次杀其十三[②]，其下杀其十一。能杀其半者，威加海内；杀其十三者，力加诸侯；杀其十一者，令行士卒。

【注释】

①杀：杀伤，牺牲，消耗。此引申为拼死战场。《孙子兵法·谋攻》云："将不胜其忿而蚁附之，杀士三分之一。而城不拔者，此攻之灾也。"《孙膑兵法》有《杀士》篇。"杀"字含义皆同此。前人诠释，多以执法杀戮释之，误。

②十三：十分之三。

【译文】

臣下听说古代善于用兵的人，能使士卒的一半拼死在战场，其次一等的能使士卒的十分之三拼死在战场，最下一等的能使士卒的十分之一拼死在战场。能使士卒的一半拼死战场的，武威可以施加天下；能使士卒的十分之三拼死战场的，武力可以凌加诸侯；能使士卒的十分之一拼死战场的，号令可以通行全军。

故曰：百万之众不用命，不如万人之斗也；万人之斗不用命，不如百人之奋也。赏如日月，信如四时，令如斧钺，利如干将，士卒不用命者，未之有也。

【译文】

所以说：百万人的军队不用力效命，不如万人军队的搏斗；万人军队的搏斗不用力效命，不如百人军队的奋勇作战。赏赐如同日月那样昭明显赫，信用如同四季交替那样必定无疑，法令如同斧钺那样严峻，兵器如同干将那样锋利，而士卒还不用力效命的，从来没有过。

黄石公三略

马留堂 译注

前　言

　　《黄石公三略》，也简称为《三略》，是中国古代著名的兵书。

　　关于《黄石公三略》的作者和成书年代，历来就有不同的说法。前人研究有的认为它是周代姜太公所作，有的认为是秦代末年隐士黄石公所作，亦有不少学者对上述两种说法持怀疑或反对的态度。

　　据现今学者考证，《黄石公三略》约成书于西汉末年，其真实作者已不可考。关于它的书名，也有人认为《黄石公三略》的最初书名为《黄

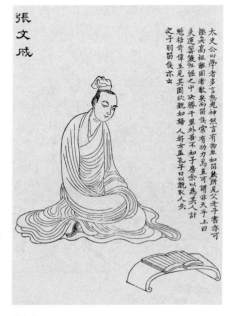

张良像

石公记》，始见于《后汉书·臧宫传》。光武帝刘秀不仅认真研读《黄石公记》，而且在诏书中大段引用它的内容，作为制定政策的依据。把《黄石公记》的文字与今本及唐魏徵纂辑的《群书治要》本《黄石公三略》相对照，除了个别文字有出入外，其余大部分相同，可见《黄石公三略》在东汉光武帝刘秀时期就已经成书，并在世间广为流传，在当时人们的心目中地位已经很高，已是一部颇受推崇的军事著作。综上所见，我们认为《黄石

圯上授书图

《史记·留侯世家》载：张良曾经游于下邳圯上，遇一老父，"出书一编，曰：'读此则为王者师矣。后十年兴，十三年孺子见我济北，穀城山下黄石即我矣。'遂去，无他言，不复见。旦日视其书，乃《太公兵法》也。良因异之，常习诵读之"。

公三略》的成书时间最晚不会晚于西汉末年。

《黄石公三略》最早见于《隋书·经籍志》，之后，历代书目均有收录。自《隋书·经籍志》以来，历代都把《黄石公三略》列于兵家类。但真正使《黄石公三略》取得显赫声誉的，是在它被列入《武经七书》之后。

全书由上、中、下三略组成：《上略》多引《军谶》语，主要是通过对"设礼赏，别奸雄，著成败"的分析，论述以"柔弱胜刚强"为指导、以收揽人心为中心，以"任贤擒敌"为宗旨的治国统军的战略思想。《中略》多引《军势》语，主要是通过"差德行，审权变"，强调君主需有识人之明，论述君主驭将统众的谋略。《下略》主要是讲"陈道德，察安危，明贼贤之咎"，说明治国的根本。从全书的内容来看，它与其他的兵家著作有很大的区别，是杂采儒、道、法、兵诸家思想以为己用，将道德功利、仁政权术熔为一炉。它的这一特点，决定了它具有非常丰富的思想内容，尤其是它在兼采众家之长的基础上没有原地踏步，而是形成了自己的思想体系，有自己新的见解。《文献通考·兵书》引晁公武说："其书论用兵机权之妙，严明之决，明妙审决，军可以死易生，国可以存易亡。"戴少望则认为："兵法传于今世者七家，惟《三略》最通于道，而适于用。""《三略》之书，则其旨远，其理深。"（《将鉴论断》）《四库总目提要》说它："务在沉几观变，先立于不败，以求敌之可胜，操术颇巧，兵家或往往用之。"本书作者的真正目的是为"明胜衰之源，审治国之计"之用，是我国古代专讲战略的一部兵书。

上　略

【题解】

　　本卷多引《军谶》语，主要是通过对"设礼赏，别奸雄，著成败"的分析，论述了以"柔弱胜刚强"为指导、以收揽人心为中心，以"任贤擒敌"为宗旨的治国统军的战略思想。

————————————

　　夫主将之法①，务揽英雄之心②，赏禄有功，通志于众③。故与众同好，靡不成④；与众同恶，靡不倾⑤。治国安家，得人也；亡国破家，失人也。含气之类⑥，咸愿得其志。

【注释】

①主将：指军队的统帅。

②揽：收揽。这里引申为拉拢、招引。

③通志于众：向部下传达自己的志向。志，思想，意志。

④靡：无，没有。

⑤倾：倾覆，灭亡。

⑥含气之类：古人认为任何生物体内都充盈着"气"，因此"含气之类"泛指生物。此处专指人类。《汉书·贾捐之传》里说："含气之物，各得其宜。"可参考。

【译文】

　　做军队主帅的方法，务必致力于收揽英雄的心，爵位、俸禄应赏赐给有功劳的人，向部下传达自己的志向。因此与众人同喜好，就没有做不成的事业；与众人同憎恶，就没有摧不垮的敌人。国家治理，家庭安定，这是取得了人心的结果；国家灭亡，家庭破碎，这是失掉人心的结果。这是因为人们都想实现自己的意志的缘故。

《军谶》曰①："柔能制刚，弱能制强②。"柔者，德也；刚者，贼也③。弱者人之所助，强者怨之所攻。柔有所设，刚有所施；弱有所用，强有所加；兼此四者，而制其宜④。

【注释】

①《军谶（chèn）》：相传为古代一部预测战争胜败的兵书，今已失传。谶，伪托神灵的预言、预兆。

②柔能制刚，弱能制强：柔的能制服刚的，弱的能制服强的。这是

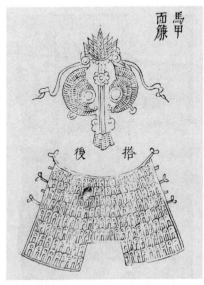

马面帘　马身甲
明刊本《武经总要》插图。

《老子》三十六章里说的"柔弱制刚强"的思想。

③贼：贼患，祸患。

④制其宜：运用得恰如其分。

【译文】

《军谶》说："柔的能制服刚的，弱的能制服强的。"柔，是一种美德；刚，是一种祸害。弱小者容易得到人们的同情和帮助，强暴者容易受到人们的怨恨和攻击。"柔"有"柔"的作用，"刚"有"刚"的用途；"弱"有"弱"的用处，"强"有"强"的时机；关键是把这四者结合起来，根据情况的变化再运用得恰如其分。

端末未见①，人莫能知；天地神明②，与物推移，变动无常。因敌转化，不为事先③，动而辄随。故能图制无疆④，扶成天威⑤，匡正八极⑥，密定九夷⑦。如此谋者，为帝王师。

【注释】

①端末未见：没显露出头尾。

②天地神明：意谓天地那样神明，也是通过万物的推移而变化的。

③不为事先：犹言不要事先制定作战模式。

④图制：图谋制胜。疆：疆界，界限。

⑤扶成天威：辅佐君主树立权威。

⑥八极：《淮南子·原道训》高诱注云："八极，八方之极也。"即指最边远的地方。

⑦密：安定。九夷：我国古代东方的九种民族。《后汉书·东夷传》："夷有九种。曰畎夷、于夷、方夷、黄夷、白夷、赤夷、玄夷、

风夷、阳夷。"《尔雅·释地》"九夷" 疏说指玄菟、乐浪、高骊、满饰、凫臾、索家、东屠、倭人、天鄙。"九地"与上文"八极"泛指天下、四海。

【译文】

事物的头尾还没显露出来之前，人们也无从了解它。天地那样神明，也是通过万物的推移而变化无常。必须根据敌情的变化来改变自己的策略，不要事先制定作战模式，要跟着敌方的行动而采取相应的行动。只有这样，才能制服敌方，辅佐君主树立权威，一统天下，安定四海。能够像这样出谋划策的人，就可以成为帝王的老师了。

　　故曰：莫不贪强①，鲜能守微②；若能守微，乃保其生。圣人存之③，动应事机④。舒之弥四海⑤，卷之不盈怀⑥；居之不以室宅，守之不以城郭；藏之胸臆，而敌国服。

【注释】

①莫不贪强：人没有不贪求强大的。

②鲜（xiǎn）能守微：很少有能够持守"柔的能制服刚的，弱的能制服强的"这个微妙的道理的。鲜，少。微，幽深而精微。这里引申为"微妙"。

③圣人：这里指君主。存：保存。这里引申为"掌握"。

④动应事机：行动就能适应事物的变化。事机，指事物的规律。

⑤舒之弥四海：把它们推行开来遍布四海。舒，舒展。这里引申指推广。弥，遍，满。

⑥卷之不盈怀：藏起来又不会充满整个胸怀。卷，裹。这里引申指藏。盈，充满。

战国错金银马首形铜马辕饰
铜辕饰呈马首型，其头、颈错
金饰卷毛纹、鳞纹，制作非常
精美。

【译文】

所以说：人没有不贪求强大的，却很少有能够持守"柔的能制服刚的，弱的能制服强的"这个微妙的道理的；如果能够持守"柔的能制服刚的，弱的能制服强的"这个微妙的道理，就可以保住自己的性命。圣人掌握了"柔的能制服刚的，弱的能制服强的"这个微妙的道理，行动就能适应事物的变化。把它们推行开来遍布四海，将它收藏起来又不会充满整个胸怀；不需要用房宇安置它，也用不着用城池来守护它；只要将它藏之于胸怀间，敌国就可以被屈服。

《军谶》曰："能柔能刚，其国弥光①；能弱能强，其国弥彰②。纯柔纯弱③，其国必削④；纯刚纯强，其国必亡。"

【注释】

①弥光：更加光明。弥，更加，愈益。

②彰：彰显。

③纯：单纯，纯粹。

④削：削弱，衰败。

【译文】

《军谶》上说："既能用柔，又能用刚，他们的国家就会更加光明；既能用弱，又能用强，他们的国家就会愈益彰显。如果单纯地使用柔弱，他们的国家必然会削弱；如果单纯地使用刚强，他们的国家必定会灭亡。"

夫为国之道，恃贤与民①。信贤如腹心，使民如四肢，则策无遗②。所适如支体相随③，骨节相救，天道自然，其巧无间④。军国之要，察众心，施百务⑤。

【注释】

①恃：依靠。

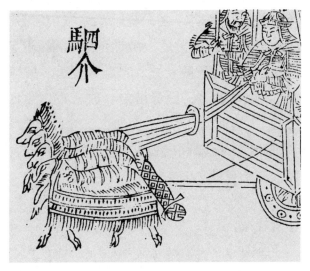

骊介

明刊本《三才图会》插图。

②则策无遗：就不会有失策。无遗，不会有遗漏，指失策。

③所适：所向，所往。支体：即"肢体"。支，同"肢"。

④间（jiàn）：缝隙。

⑤施百务：妥善处理各项事务。

【译文】

治理国家的方法，在于依靠贤士与民众。信赖贤士要视若心腹，使用民众要如同使用自己的四肢，只有这样，自己就不会失策。所作所为就好像肢体一样紧相随从，像骨节一样相互适应，顺应天道，顺应自然，其中工巧奥妙，天衣无缝。统率军队、治理国家的要诀，就在于体察民众的心理，并妥善处理好各项事务。

危者安之，惧者欢之，叛者还之①，冤者原之②，诉者察之，卑者贵之，强者抑之③，敌者残之④，贪者丰之，欲者使之，畏者隐之⑤，谋者近之，谗者覆之⑥，毁者复之⑦，反者废之，横者挫之⑧，满者损之，归者招之，服者居之⑨，降者脱之。获固守之，获厄塞之⑩，获难屯之，获城割之，获地裂之，获财散之。敌动伺之⑪，敌近备之，敌强下之，敌佚去之⑫，敌陵待之，敌暴绥之⑬，敌悖义之⑭，敌睦携之⑮。顺举挫之，因势破之，放言过之，四纲罗之⑯。得而勿有⑰，居而勿守⑱，拔而勿久，立而勿取⑲。为者则己，有者则士⑳，焉知利之所在！彼为诸侯，己为天子，使城自保，令士自处。

【注释】

①叛者还之：对离乡叛逃的人要将以招还。还，召还。

②冤者原之：对含冤受屈的人要给他昭雪。原，还原。
这里指昭雪。

③强者抑之：对恃强行暴的人要加以抑制。

④敌者残之：对与我为敌的人要予以摧毁。残，摧毁，
消灭。

⑤畏者隐之：对怕人揭短的人要替其隐瞒。畏者，怕人
揭短的人。隐之，隐讳其短处。

⑥谗者覆之：对爱进谗言的人要弃之不用。覆，倾覆。
这里为弃置不用之义。

⑦毁者复之：对诋毁之人要进行核实。毁者，指诋毁、
诽谤的人或话。复，核实，验证。

⑧横者挫之：对蛮横的人要挫败他。横，凶暴，蛮横。

⑨服者居之：对已被征服的人要给予安置。服者，指已
被征服的人。居，安置。

⑩获厄塞之：占领了险隘的地方要加以阻塞。厄，险隘
的地方。

⑪敌动伺之：敌人行动时要密切监视他。伺，监视，
侦察。

⑫敌佚去之：敌人安逸时要避开他。佚，安逸，安闲。
去，离开。这里是"避开"的意思。

⑬敌暴绥之：敌人凶暴时要平定他。绥，平定，安抚。

⑭敌悖义之：敌人悖逆时要用正义来声讨他。悖，悖逆
无道。义，正义。

⑮敌睦携之：敌人和睦时要离间分化他。睦，和睦。携，
离间分化。

战国蛙蛇形铜马饰
这件马饰造型生动，
呈蛙形，体态肥胖，
双目突起，前足踞
地，后足衔于互相
纠结的双蛇之口。

⑯四纲罗之：四面设网来围剿他。纲，拉网的绳子。这里指"网"。罗，围剿。

⑰得而勿有：胜利时不要将功劳归于自己，意谓建立功勋时不要一个人占有。

⑱居而勿守：获得财物时不要占为己有。

⑲立而勿取：立其国之人为君，不要取而代之。

⑳为者则己，有者则士：决策出于自己，功劳归于将士。

【译文】

对处境危险的人要使他安全，对心存畏惧的人要使他高高兴兴，对叛离逃亡的人要予以招还，对含冤受屈的人要给他昭雪，对上告申诉的人要为他调查清楚，对地位卑贱的人要使他高贵起来，对恃强行暴的人要加以抑制，对与我为敌的人要予以摧毁，对贪图钱财的人要使他丰厚起来，对自愿效力的人要予以任用，对怕人揭短的人要替他隐瞒，对善于谋划的人要与他亲近，对爱进谗言的人要弃之不用，对诋毁之人要进行核实，对反叛的人要消灭他，对蛮横的人要挫败他，对骄傲自满的人要批评他，对愿意归顺的人要招抚他，对已被征服的人要予以安置，对战败投降的人要给予宽大。占领了坚固的地方时要注意守卫，占领了险隘的地方时要加以阻塞，占领了难攻的地方时要屯兵驻守，占领了城邑时要分赏有功之臣，占领了土地时要分封出力的将士，获得财物时要散发给众人。敌人行动时要密切监视，敌人靠近时要严加防备，敌人强大时要表示甘居下风，敌人安逸时要避开他，敌人盛气凌人时要等他锐气消失，敌人凶暴时要平定他，敌人悖逆时要用正义讨伐他，敌人和睦时要分化离间他。要顺应敌人的行动来挫败他，要因势利导来击破他，要散布假情报使敌人发生过失，要四面设网来围剿他。取得胜利时不要将功劳归于自己，获得财物时不要自己独占，攻打城池时不要旷日持久，立国之人为君时不要取而代之。决策出于自己，功劳归于将士，哪里知道更大的好处就在于此！让别人做诸侯，由自己做天子，使他们各保城邑，让他们各自征收财赋。

世能祖祖①，鲜能下下②；祖祖为亲，下下为君。下下者，务耕桑，不夺其时③；薄赋敛，不匮其财④；罕徭役⑤，不使其劳；则国富而家娱⑥，然后选士以司牧之⑦。夫所谓士者，英雄也。故曰：罗其英雄则敌国穷⑧。英雄者，国之干；庶民者，国之本。得其干，收其本，则政行而无怨。

【注释】

①祖祖：尊敬祖先。第一个"祖"字为动词，意谓尊敬；第二"祖"字为名词，意谓祖先。

②下下：爱护民众。第一个"下"字为动词，意谓爱护；第二个"下"字为名词，意谓下等人，这里指"民众"。

③不夺其时：不耽误农时。夺，侵夺。这里指"耽误"。

④匮其财：匮竭民众的财货。匮，匮乏，匮竭。

⑤罕：少。这里是"减少"的意思。

⑥娱（xī）：同"嬉"，喜乐，游戏玩耍。

⑦司牧：管理，治理。司，掌管。牧，治理，管理。

⑧穷：困窘，窘迫。

【译文】

世上的君主多能尊敬他的祖辈，而很少有能爱护他的民众的；尊敬他的祖辈那只是亲亲之道，爱护他的民众才是君主之道。爱护民众，就能使民众努力耕作，不侵夺耽误民众的农时；要减轻民众的赋税，不要

北魏骑马武士陶俑

使民众的财货匮竭；要减少民众的徭役，不要使民众境地困顿；这样就能使国家殷富而民众的家庭也会感到欢乐，然后再选用有才智的人去管理他们。所谓"士"，就是那些才智杰出的豪俊人物。所以说：将敌国的豪俊网罗过来，敌国就会走向衰败。英雄豪杰，是国家的主干；平民百姓，是国家的根本。得到了主干，获得了根本，政令就会得到施行而民众也无怨言。

夫用兵之要，在崇礼而重禄①。礼崇则智士至，禄重则义士轻死②。故禄贤不爱财，赏功不逾时③，则下力并而敌国削④。夫用人之道，尊以爵⑤，赡以财⑥，则士自来；接以礼⑦，励以义⑧，则士死之⑨。

【注释】

①崇礼而重禄：尊崇礼义和加重俸禄。

②轻死：轻视死亡，视死如归。

③逾时：不能超过期限。

④力并：同心协力。削：削弱。

⑤尊以爵：用爵位来尊重他。

⑥赡以财：用钱财来赡养他。

⑦接以礼：用礼仪接待他。

⑧励以义：用正义激励他。

⑨则士死之：意谓士人就会效死卖命。

【译文】

用兵的要点，在于崇尚礼义而加重俸禄。崇尚礼义则智士就会到来，加重俸禄则义士就会视死如归。所以赐禄给贤人时不要吝惜钱财，赏赐有功的人时不能超过期限，这样属下就会同心协力而敌国就会因此削弱。所以用人的方法要用爵位来尊重他，用钱财来赡养他，这样士人就会自动前来；用礼仪接待他，用正义激励他，这样士人就会效死。

　　夫将帅者，必与士卒同滋味而共安危①，敌乃可加②。故兵有全胜，敌有全因③。昔者良将之用兵，有馈箪醪者，使投诸河与士卒同流而饮④。夫一箪之醪，不能味一河之水，而三军之士思为致死者，以滋味之及己也。

【注释】

①同滋味而共安危：与士卒共享滋味、同处安危。意谓同甘共苦。

②敌乃可加：才可以对敌作战。

饲马图
明刊本《历代名公画谱》插图。

③全因：即全部被俘获。《武经七书直解》云："'因'字未详，或曰当作'湮'，言吾兵有全胜，则敌有全没者，未知是否?"《汇解》引《纂序》释此句云"敌有前徒倒戈，无不为我资也"。

④"昔者"三句：箪醪投川，或以为越王勾践事，事见《吕氏春秋·顺民》。馈，赠送。箪（dān），古代用以盛酒用的竹制盛器。醪（láo），醇酒。投诸河，投入河中。这里是"倒入河中"的意思。诸，"之于"的合音字。

【译文】

做将帅的，一定要与士卒同甘共苦，同安共危，才能对敌作战，这样军队才可以取得全部的胜利，而敌人才可以全部被俘获。从前有一位良将在用兵的时候，有人赠送他一坛醇酒，良将便让人将这一坛醇酒倒入河中，与士卒们共同在河中分享饮用。一坛的醇酒并不能使一河的水变得有酒味，然而三军的士卒却愿意效死力战，这是因为将帅能与士卒们同甘共苦、同安共危的缘故。

《军谶》曰："军井未达①，将不言渴；军幕未办②，将不言倦；军灶未炊，将不言饥。冬不服裘，夏不操扇，雨不张盖③。是谓将礼。"与之安，与之危，故其众可合而不可离，可用而不可疲，以其恩素蓄④，谋素和也。故曰蓄恩不倦，以一取万⑤。

【注释】

①军井未达：军井还未挖好。达，实现。这里是"完成"的意思。

②军幕未办：军中的营帐还未搭成。幕，帷幕，营帐。

③盖：伞盖，遮阳避雨的工具。

④其恩素蓄：他的恩德平时就在积蓄。素，平时，平素。

⑤蓄恩不倦，以一取万：平时经常给士卒一些恩惠，千千万万的士卒就会归附，拥护他。不倦，经常，不断地。

【译文】

《军谶》上说："军井还未挖好，将帅不说口渴；幕帐还未搭成，将帅不说困倦；军灶还未做饭，将帅不说饥饿。寒冬将帅不穿皮衣御寒，夏天将帅不使用扇子解热，雨天不张开伞盖防雨。这是身为一个将帅的礼仪。"能与士卒同安乐，共危难，所以他的军队就会团结一致而不离心，可以使用而不会疲倦，这是因为他的恩德平时就在积蓄，而他的想法平时就与士卒相合的缘故。所以说，平时经常给士卒一些恩惠，就会赢得千千万万士卒的拥护。

《军谶》曰："将之所以为威者，号令也；战之所以全胜者，军政也①；士之所以轻战者②，用命也③。"故将无还令④，赏罚必信；如天如地⑤，乃可使人⑥。士卒用命，乃可越境⑦。

【注释】

①军政：指军事行政，包括训练、编制、装备和管理等。

②轻战：把死看得很轻，能勇敢作战。

③用命：服从命令。

④还令：收回命令。

⑤如天如地：用来形容赏罚一定要守信用，要如天地自然运行一样，不失其时。

⑥使：统率，驾驭。

⑦越境：指出境作战。

【译文】

《军谶》上说："将帅之所以具有威严，这是因为他有发号命令的权力；作战之所以能够大获全胜，这是因为军政的严明；士卒之所以会把死看得很轻，能勇敢作战，这是因为能听从指挥、服从命令。"所以将帅发出的命令不可收回，赏罚必须讲信用；能够像天地自然运行规律一样，不失其时，才可以驾驭众人。士卒能够听从命令，才可以出境作战。

夫统军持势者①，将也；制胜破敌者，众也。故乱将不可使保军②，乖众不可使伐人③。攻城则不拔，图邑则不废④。二者无功，则士力疲弊⑤；士力疲弊，则将孤众悖⑥；以守则不固，以战则奔北⑦，是谓老兵⑧。兵老则将威不行，

将无威则士卒轻刑⑨，士卒轻刑则军失伍⑩，军失伍则士卒
逃亡，士卒逃亡则敌乘利，敌乘利则军必丧。

【注释】

①统军持势者：统率军队、把握作战形势的人。

②乱将：治理军队没有方略的将帅。保军：保护三军。这里指统率
军队。

③乖众：背离的士卒，引申为不服从将帅的士卒。乖，背离。

④图邑则不废：图谋夺取城邑则不能摧毁。废，废灭，摧毁。

⑤疲弊：疲惫困乏。

⑥将孤众悖：将帅就会受到孤立，士卒就会不听从指挥。

⑦奔北：败走，败逃。

⑧老兵：师老兵疲。老，指长久在外的作战军队。作战历时长久，
伴随而来的是士卒体力的疲惫。

⑨轻刑：轻视刑罚。

⑩军失伍：指军队失去了章法，变得混乱。

【译文】

统率军队、把持势的，是将帅；取得胜利、打败敌人的，是士
卒。所以没有方略的将帅不可以统率军队，不服从将帅的士卒不可以用
来讨伐敌人。这样的军队，攻城则不能夺取，取邑则不能摧毁。攻城、
取邑这两件事都没有成功，士卒的力量就会疲惫；士卒的力量疲惫，将
帅就会受到孤立，士卒就会不听从指挥；用这样的军队来防守一定不会
坚固，用这样的军队来作战一定会败逃，这就叫作师老兵疲。师老兵
疲，将帅的威严就不能执行；将帅没有了威严，士卒就会轻视刑罚；士
卒一轻视刑罚，整个军队就失去了章法；军队一失去了章法，士卒就会

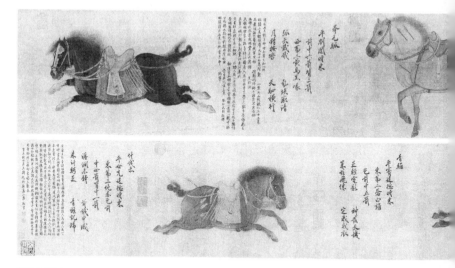

昭陵六骏图

逃亡；士卒一逃亡，敌人就会趁机发动进攻；敌人一趁机发动进攻，军队必然会遭到大败。

《军谶》曰："良将之统军也，恕己而治人[1]，推惠施恩，士力日新。战如风发，攻如河决。"故其众可望而不可当[2]，可下而不可胜[3]。以身先人，故其兵为天下雄。

【注释】

[1]恕己：语本《论语·卫灵公》："子贡问曰：'有一言而可以终身行之者乎？'子曰：'其恕乎！己所不欲，勿施于人。'"意谓推己及人。治人：治理他人。这里指统率军队。

[2]可望而不可当：只可以远望而不可以抵挡。当，抵挡。

[3]可下而不可胜：只可以投降而不可以取胜。

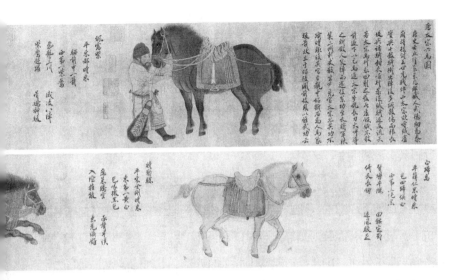

【译文】

《军谶》上说："好的将领统率军队，时时以爱己之心爱护士兵、管理士兵，推行仁惠、广施恩德，于是士卒的力量就会日渐增强。拥有这样的士卒，作战起来就像暴风骤雨般迅疾，进攻就像黄河决口般猛烈。"所以敌人的军队只可以远望而不能加以抵挡，只可以投降而不可以取胜。将帅能够做到身先士卒，那么他的军队就会称雄于天下。

《军谶》曰："军以赏为表，以罚为里①。"赏罚明，则将威行；官人得②，则士卒服。所任贤③，则敌国畏。

【注释】

①军以赏为表，以罚为里：意谓既要有赏，又要有罚，二者相辅相成，缺一不可。

②官人：授官给人。

③任贤：任用的官吏贤能。

【译文】

《军谶》上说："军中以奖赏为表，以惩罚为里。"赏罚分明，将帅的威严就能贯彻执行；授官得当，士卒就会心服口服。任用的官吏贤能，敌国就会感到畏惧。

《军谶》曰："贤者所适①，其前无敌。"故士可下而不可骄②，将可乐而不可忧，谋可深而不可疑③。士骄则下不顺，将忧则内外不相信④，谋疑则敌国奋⑤。以此攻伐，则致乱。夫将者，国之命也⑥。将能制胜，则国家安定。

【注释】

①适：往，到。

②士可下而不可骄：士人可以谦下而不可以骄傲。下，谓以礼下人，是一种谦虚的态度。

③谋可深而不可疑：计谋可以深思熟虑而不可以犹豫不决。《吴子·治兵》里说："用兵之害，犹豫最大，三军之灾，生于狐疑。"

④内外：君主和将帅之间。

⑤奋：奋起。这里引申为进击的意思。

⑥命：指命根子，命脉。

【译文】

《军谶》上说："贤能的人所到的地方，他的面前就不会有敌人可言。"因此士人可以谦下而不可以骄傲，将帅可以欢乐而不可以忧愁，计谋可以深思熟虑而不可以犹豫不决。士人骄傲，他的下属就不会顺服；将帅忧愁，君主与将帅就不能互相信任；计谋犹豫不决，敌人就会发动进攻。用这样的军队来讨伐敌人，就会招致祸乱。将帅是国家的命根子。将帅能取胜，那么国家就会安定。

《军谶》曰："将能清，能静，能平，能整，能受谏，能听讼，能纳人，能采言，能知国俗，能图山川[①]，能表险难，能制军权。"故曰仁贤之智，圣明之虑，负薪之言[②]，廊庙之语[③]，兴衰之事，将所宜闻[④]。

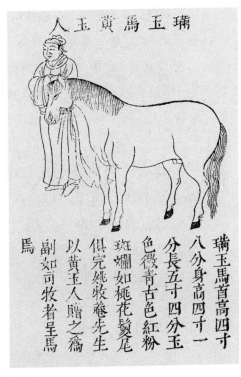

璘玉马首高四寸八分身高四寸一分长五寸四分玉色微青古色红粉斑斓如桃花鬃尾俱完姚牧养先生以黄玉人赠之窝副知司牧者呈马

璘玉马
明刊本《三才图会》插图。

【注释】

①能图山川：能画出一国的山川形势。这里是指对山川地势了如指掌。

②负薪之言：指下层民众的言论。负薪，指负担薪樵的劳动人民。

③廊庙之语：指上层统治者的建议。廊庙，君主与大臣的议政之处，故代指朝廷。这里指在朝廷为官的人。

④将所宜闻：做将帅的应该了解。宜闻，应该听说。这里指了解。

【译文】

《军谶》上说："将帅要能清正廉洁，能镇静，能公平，能严正，能接受谏言，能裁决是非，能接纳人才，能采撷建言，能了解一国的风俗礼仪，能了解一国的山川地势，能掌握一国的地形险阻，能掌握全军大权。"所以说，有才德之人的智慧，圣哲之人的谋略，下层民众的言论，上层统治者的建议，历史上成败兴亡的大事，都是做将帅的应该了解的。

　　将者，能思士如渴，则策从焉①。夫将拒谏，则英雄散；策不从，则谋士叛；善恶同②，则功臣倦③；专己④，则下归咎；自伐，则下少功⑤；信谗，则众离心；贪财，则奸不禁；内顾，则士卒淫⑥。将有一，则众不服；有二，则军无式⑦；有三，则下奔北；有四，则祸及国。

【注释】

①策从：听从贤士的策略。

②善恶同：善恶不分。同，同样。

③倦：心灰意冷，消极怠慢。

④专己：独断专行。

⑤自伐，则下少功：喜好自夸，把功劳归于自己，那么下属就不愿建立功绩。

⑥内顾，则士卒淫：意谓如果将帅迷恋妻妾，士卒就会淫乱无度。内顾，指迷恋家内的妻妾。

⑦军无式：意谓军队没有法则，没有纪律。式，程式，法则。

【译文】

将帅能如饥似渴地期盼贤士，那么贤士的策略也就会被采纳。如果将帅听不进规劝，那么英雄也就会离他而去；如果策略得不到采纳，那么谋士就会叛离；如果将帅善恶不分，那么功臣就会感到心灰意冷；如果将帅独断专行，那么下属就会将过错归咎于上级；如果将帅喜好自夸，那么下属就不愿去建立功绩；如果将帅相信谗言，那么就会人心离散；如果将帅贪图钱财，那么奸恶贪婪的人就无法禁绝；如果将帅迷恋妻妾，那么士卒就会淫乱无度。将帅具有这其中的一项，那么众人就不会服从他；具有其中的两项，那么军队就没有纪律；具有其中的三项，那么士卒就会溃败；具有其中的四项，那么国家就会遭到祸患。

　　《军谶》曰："将谋欲密，士众欲一，攻敌欲疾。"将谋密，则奸心闭①；士众一，则军心结；攻敌疾，则备不及设②。军有此三者，则计不夺③。将谋泄，则军无势；外窥内④，则祸不制⑤；财入营⑥，则众奸会。将有此三者，军必败。

唐彩绘贴金骑马陶俑

【注释】

①奸心闭：奸细刺探军情的想法就不能得逞。闭，闭塞，不通。这里引申指不能得逞。

②备不及设：来不及设置防备措施。备，防备。

③夺：失误。

④外窥内：指外部的敌人窥探到我军的内部情况。

⑤祸不制：祸患不可遏制，无法防止。

⑥财入营：钱财进入军营。这里指贿赂的财物。

【译文】

《军谶》上说："将帅的计谋要隐秘，军队的成员要团结一致，攻击敌人要勇猛迅疾。"如果将帅的计谋能隐秘，那么奸细刺探军情的想法就不能得逞；如果军队的成员能团结一致，那么军队就会同心同德；如果攻击敌人能勇猛迅疾，那么敌人就会来不及设置防备措施。军队具备这三个条件，那么计谋也就不会失误。如果将帅的计谋泄漏，那么军队就没有威势；外部的敌人窥探到我军的内部情况，那么祸患就无法防止；贿赂的财物进入军营，那么众多的奸邪就会聚集在这里。将帅有了这三点，所带领的军队就必败无疑。

将无虑①，则谋士去；将无勇，则吏士恐；将妄动，则军不重②；将迁怒③，则一军惧。《军谶》曰："虑也，勇也，将之所重④；动也，怒也，将之所用⑤。"此四者，将之明诚也⑥。

【注释】

①虑：深谋远虑。

②不重：不稳重。

③迁怒：把怨气发泄在别人身上。

④重：重视。

⑤动也，怒也，将之所用：意谓妄动、发怒，是将帅所应慎重使
　　用的。

⑥诫：告诫，警惕。

【译文】

　　将帅若不能深谋远虑，智谋之士就会离去；将帅若不勇猛，官兵就
会恐惧不前；将帅如果轻举妄动，全军就会不稳重；将帅如果把怨气发
泄在别人身上，全军士卒一定会惊恐畏惧。《军谶》上说："深谋远虑，
威武勇猛，是将帅所应重视的；妄动、发怒，是将帅所应慎重运用的。"
这四条，是将帅应当明确告诫自己的。

　　《军谶》曰："军无财，士不来；军无赏，士不往。"

　　《军谶》曰："香饵之下①，必有悬鱼②；重赏之下，必
有死夫。"

　　故礼者③，士之所归；赏者，士之所死④。招其所归，
示其所死，则所求者至。故礼而后悔者，士不止⑤；赏而后
悔者，士不使⑥。礼赏不倦，则士争死。

【注释】

①香饵：钓鱼用的香味饵料。

②悬鱼：悬在钓线上的鱼，指上钩的鱼。

③礼者：指以礼相待。

④士之所死：是士人来效死的原因。

⑤止：停止。这里指留住。

⑥使：役使，驱使。

【译文】

《军谶》上说："军中没有钱财，士人就不会前来；军中没有赏赐，士人就不会勇往直前。"

《军谶》上说："芳香的鱼饵之下，一定会有鱼上钩；厚重的赏赐之下，一定会有不怕死的勇士出现。"

唐彩绘陶甲马

所以以礼相待，是士人归附的原因；赏赐，是士人效死的原因。用以礼相待来招引士人，用赏赐来招徕士人赴死，那么想得到的人自然会前来归附。所以待之以礼而后又反悔的，归附的士人也不能被留住；给以重赏而后又反悔的，招徕的士人也不会受驱使。不停地用礼仪与赏赐来对待士人，那么士人就会争相来效死。

《军谶》曰："兴师之国，务先隆恩①；攻取之国，务先养民。"以寡胜众者，恩也；以弱胜强者，民也。故良将之养士，不易于身②，故能使三军如一心，则其胜可全。

【注释】

①务先隆恩：一定先要广施恩泽于人。务，务必，一定。隆，盛大，深厚。

②不易于身：就好像爱护自己的身体一样。易，改易。

【译文】

《军谶》上说："发动战争的国家，一定要先厚施恩泽于人；攻取敌人的国家，一定要先让人民得到休养。"能够以少胜多的，这是广施恩泽的缘故；能够以弱战胜强大的，这是得民之助的缘故。所以良将爱护士卒，就好像爱护自己的身体一样，所以能使三军万众一心，取得全部胜利。

《军谶》曰："用兵之要，必先察敌情：视其仓库，度其粮食①，卜其强弱②，察其天地，伺其空隙。"故国无军旅之难而运粮者，虚也；民菜色者③，穷也。千里馈粮，民有饥色；樵苏后爨④，师不宿饱⑤。夫运粮千里，无一年之食；二千里，无二年之食；三千里，无三年之食；是谓国虚。国虚，则民贫；民贫，则上下不亲。敌攻其外，民盗其内，是谓必溃。

【注释】

①度（duó）：估计，推测。

②卜：卜算，估计。

③菜色：以菜充饥，面色如菜。这是一种饥民的脸色。

④樵苏：砍柴割草。爨（cuàn）：烧火煮饭。

⑤宿饱：即俗言隔夜饱。

【译文】

《军谶》上说："用兵的要点，一定要事先侦察敌情：察看他的仓库还有多少储藏物资，度量他的粮食还有多少存量，估计他的兵力的强弱程度，观察他的天候与地形的优劣，寻找他的空隙所在。"所以国家没有战事却在忙于运送粮食，肯定是国内空虚；老百姓面有饥色，肯定是国家穷困。从千里之外转运粮食，老百姓就会面黄肌瘦；打柴割草之后再做饭，军队就不能吃个隔夜饱。向千里之外转运粮食，国家就缺一年的粮食；向两千里之外转运粮食，国家就缺两年的粮食；向三千里之外转运粮食，国家就缺三年的粮食；这就是人们所说的国家空虚。国家空虚，民众就贫困；民众贫困，君民上下就不会和睦。敌人在外面进攻，百姓在内部行盗，这样国家定会崩溃。

《军谶》曰："上行虐^①，则下急刻^②；赋敛重数^③，刑罚无极^④，民相残贼^⑤；是谓亡国。"

【注释】

①虐：暴虐。

②急刻：峻急苛刻。

③重数：沉重频繁。数，指次数多。

④刑罚无极：严刑酷罚，滥用无止。

⑤民相残贼：民众相互残害。贼，贼害。

【译文】

《军谶》上说："君主暴虐无道，下属官吏就会峻急苛刻；赋税繁重，刑罚无止，老百姓就会相互残害；这就是人们所说的亡国之兆。"

《军谶》曰："内贪外廉，诈誉取名^①；窃公为恩^②，令上下昏；饰躬正颜^③，以获高官；是谓盗端^④。"

【注释】

①诈誉取名：以欺骗的手段猎取好的名声。诈，欺骗，诈骗。

②窃公为恩：窃取公家的财物以换取私人的恩德。

③饰躬正颜：乔装打扮，假作正经。饰躬，伪饰自己。

④盗端：祸乱的源头。

【译文】

《军谶》上说："内心贪婪而外表廉洁，以欺骗的手段猎取好的名声；窃取公家的财物以换取私人的恩德，使得君臣上下是非不分；乔装打扮，假作正经，以骗取高官；这就是人们所说的祸乱的源头。"

《军谶》曰："群吏朋党①，各进所亲；招举奸枉，抑挫仁贤②；背公立私，同位相讪③；是谓乱源。"

唐黑釉三彩马

【注释】

①群吏朋党：官吏结党营私。朋党，以争权夺利、排斥异己为目的而集成的集团。

②抑挫：压制挫伤。

③讪（shàn）：讥讽，诽谤。

【译文】

《军谶》上说："官吏之间结党营私，各自引进亲信；网罗奸邪之徒，压制挫伤仁人贤士；背弃公道，树立私恩，同僚之间，诽谤不已；这就是人们所说的祸乱的源头。"

《军谶》曰："强宗聚奸①，无位而尊，威无不震；葛藟相连②，种德立恩③，夺在位权；侵侮下民，国内喧哗，臣蔽不言④；是谓乱根。"

【注释】

①强宗聚奸：豪门大族结党营私，相聚为奸。强宗，指豪门大族。

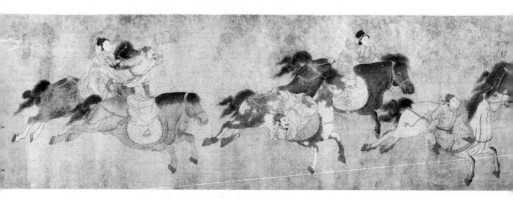

马戏图

②葛藟（lěi）相连：藤缠葛绕，盘根错节。葛、藟，皆为蔓生藤本
　植物。这里形容豪门大族结党营私，盘根错节。

③种：树立。

④蔽：隐蔽。不言：指不敢直言。

【译文】

《军谶》上说："豪门大族结党营私，相聚为奸，虽然没有官位而妄
自尊大，威风所至，无人不惧；他们如同葛藤盘根错节一样彼此勾结，
树立个人的恩德，侵夺执政者的大权；欺压平民百姓，国内怨声载道，
群臣却隐蔽实情不敢直言；这就是人们所说的祸乱的根由。"

《军谶》曰："世世作奸，侵盗县官①，进退求便，委曲
弄文②，以危其君，是谓国奸。"

【注释】

①侵盗县官：侵害朝廷之官。侵盗，侵害。县官，这里指朝廷
　之官。

②委曲弄文：搬弄文墨。委曲，不直，不公平。

【译文】

《军谶》上说："世世代代为奸作恶，侵害朝廷之官，前进后退只为自己谋取便利，搬弄文墨，来危害他的君主，这就是人们所说的国家的奸臣。"

《军谶》曰："吏多民寡，尊卑相若①，强弱相虏②，莫適禁御③，延及君子，国受其咎④。"

【注释】

①尊卑相若：没有尊卑等级之分。相若，同等，一样。

②虏：掠夺。

③莫適（dí）禁御：无从禁止。

④国受其咎：国家将要遭受灾祸。咎，危害，灾祸。

【译文】

《军谶》上说："官多民少，没有尊卑等级之分，以强凌弱，不能抵制，祸患危及君子，这样，国家将要遭受灾祸。"

《军谶》曰："善善不进，恶恶不退①，贤者隐蔽，不肖在位，国受其害。"

【注释】

①善善：第一个"善"字是动词，赞许；第二个"善"字是名词，指善人。恶恶：第一个"恶"字是动词，厌恶；第二个"恶"字是名词，指恶人。

【译文】

《军谶》上说："称赞他们是好人而不能任用，厌恶那些坏人而不能将他们贬退，德才兼备的人隐居不出，品行恶劣的人却在位当权，这样，国家一定要蒙受其害。"

《军谶》曰："枝叶强大^①，比周居势^②，卑贱陵贵^③，久而益大，上不忍废，国受其败。"

【注释】

①枝叶：这里指皇权的藩辅。古代思想家一般以皇权为根本，藩辅为枝叶，主张强本弱枝，巩固皇权，削弱藩辅势力。

②比周：结党营私。居势：占据有势力的要地。

③卑贱陵贵：欺下犯上。陵，欺凌。

【译文】

《军谶》上说："藩辅势力强大，结党营私，窃居要位，欺下犯上，时间越久，势力越大，而君主又不忍心废除他们，这样，国家必定要遭到败坏。"

《军谶》曰："佞臣在上^①，一军皆讼^②；引威自与^③，动违于众；无进无退^④，苟然取容^⑤；专任自己，举措伐功^⑥；诽谤盛德，诬述庸庸^⑦；无善无恶^⑧，皆与己同；稽留行事^⑨，命令不通；造作奇政^⑩，变古易常^⑪；君用佞人，必受祸殃。"

【注释】

①佞（nìng）臣：指花言巧语、谄媚取宠的奸臣。

②讼：指控。

③引威：倚仗权势。自与：自许，自夸。

④无进无退：这里指办事没有原则。

⑤苟然：苟且的样子。这里指卑屈谄媚，没有原则。取容：看脸色行事。

⑥伐功：夸耀自己的功劳。伐，夸耀。

⑦诬述：诬蔑。庸庸：指庸庸碌碌之人。

⑧无善无恶：不分善恶。

⑨稽留行事：指积压政务。

⑩造作奇政：制造不合常规的政令。指在政务上标新立异。

⑪变古易常：变更了古制，改易了常道。易，改易，变更。

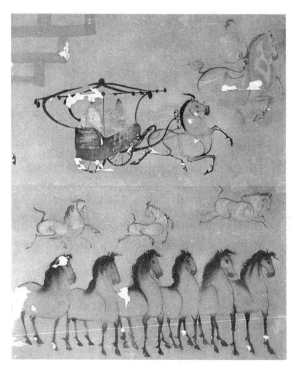

牧马图

【译文】

《军谶》上说："巧言谄媚之徒当权，全军上下都愤愤不平；他们倚仗权势，炫耀自己，一举一动都违背众人的意志；他们办事没有原则，看脸色做事；他们态度专横自我，只夸耀自己的功劳；他们诽谤有德之士，诬蔑有德之士是庸庸碌碌的人；他们善恶不分，只求与自己的意见相合；他们积压政务，使上面的命令不能下达；他们在政务上标新立异，变乱古制，更易常法；君主如果任用了这样的奸佞之臣，国家一定要遭受祸殃。"

《军谶》曰："奸雄相称①，障蔽主明②。毁誉并兴③，壅塞主聪④。各阿所私⑤，令主失忠。"

【注释】

①称：称许，称誉。

②障蔽主明：蒙蔽君主的眼睛。障蔽，蒙蔽。

③毁：诋毁，诽谤。誉：称赞，称誉。

④壅塞：堵塞。聪：听觉。

⑤阿：偏袒。

【译文】

《军谶》上说："为奸作恶的人相互吹捧，蒙蔽君主的眼睛。诋毁、赞誉的声音一齐而来，堵塞了君主的耳朵。各自袒护自己所爱的亲信，使君主失去了忠臣。"

故主察异言①，乃睹其萌；主聘儒贤，奸雄乃遁；主任旧齿②，万事乃理；主聘岩穴③，士乃得实④；谋及负薪⑤，功乃可述^⑥；不失人心，德乃洋溢。

【注释】

①异言：指颠倒黑白、混淆是非的诡辩之言。

②旧齿：指故旧老臣。

③岩穴：这里指隐居在深山里的隐士。

④士乃得实：意谓能得到有真才实学的贤士。

⑤谋及负薪：君主谋事能倾听黎民百姓的意见。负薪，背负薪柴的
人。这里比喻职位、身份低贱的人。

⑥功乃可述：意思是才能建立可以书诸竹帛的功业。

【译文】

因此，君主能明察颠倒黑白、混淆是非的诡辩之言，就可以看清祸
乱的萌芽；君主聘用儒士贤才，奸邪霸道的人就会逃跑；君主重用故旧
蓍老之臣，纷繁的政事就能处理得有条不紊；君主能招请隐居在深山里
的隐士，就能得到有真才实学的贤士；君主谋事能倾听黎民百姓的意
见，就能建立可以书诸竹帛的功业；君主不失去民心，他的德泽就可以
洋溢天下。

中　略

【题解】

本卷多引《军势》语，主要是通过"差德行，审权变"，强调君主需有识人之明，论述君主驭将统众的谋略。

————————————

夫三皇无言而化流四海①，故天下无所归功。帝者②，体天则地③，有言有令，而天下太平。群臣让功，四海化行，百姓不知其所以然。故使臣不待礼赏有功，美而无害。

【注释】

①三皇：传说中的远古帝王。文献记载有六种说法：一、天皇、地皇、泰皇；二、天皇、地皇、人皇；三、伏羲、女娲、神农；四、伏羲、神农、祝融；五、伏羲、神农、共工；六、燧人、伏羲、神农。四海：古人认为中国四境有海环绕，故称"四海"。亦指中国四周的海疆。在这里泛指天下。

②帝：传说中的上古帝王。这里指五帝。文献记载有三种说法：一、黄帝、颛顼、帝喾、唐尧、虞舜；二、太皞（伏羲）、炎帝（神农）、黄帝、少皞、颛顼；三、少昊（皞）、颛顼、高辛（帝喾）、唐尧、虞舜。

③体天则地：取法天地。体，取法。古人认为"帝"的含义是效法天地。

【译文】

"三皇"无言而他的教化流布四海，所以天下的人不知功劳该归于谁。上古时代的"五帝"，效法天地变化的道理，设教施令，而天下太平。群臣之间互相推让功劳，四海之内教化盛行，百姓不知道为什么会这样。所以使用臣属不需要依靠"礼赏有功"，君臣之间就能完美无间。

王者①，制人以道，降心服志，设矩备衰②，四海会同③，王职不废④。虽有甲兵之备，而无斗战之患。君无疑于臣，臣无疑于主，国定主安，臣以义退⑤，亦能美而无害。

【注释】

①王：这里指"三王"，即夏禹、商汤、周文王；一说指夏禹、商

牧马图

汤和周代的文王、武王。总之是指夏、商、周三代开国的君主。

②设矩备衰：设立法度以防备衰乱。矩，法度，规矩。

③会同：古代诸侯朝见天子的通称。

④王职不废：天子的职权不会废弛。

⑤义退：功成身退。

【译文】

夏、商、周的时候，"三王"用"道"来治理人们，使人们心悦诚服，设立法度以防备衰乱，天下的诸侯都来朝见天子，天子的职权没有废弛。虽然有军事准备，但没有战争的祸患。君主不怀疑大臣，大臣也不怀疑君主，国家稳定，君主平安，臣下功成身退，君臣之间也能和谐无间。

　　霸者①，制士以权②，结士以信，使士以赏。信衰则士疏③，赏亏则士不用命④。

【注释】

①霸者：这里指春秋时先后称霸的五个诸侯，文献记载也不尽一致。一般指齐桓公、晋文公、宋襄公、秦穆公、楚庄王。一说指齐桓公、晋文公、楚庄王、吴王阖闾、越王勾践。

②制：这里指驾驭。士：先秦时最低级的贵族阶层。权：权术。

③衰：衰退。这里指失去。

④亏：亏损。这里指给的少。

【译文】

春秋时的"五霸"，用权术来驾驭士，用诚信来结交士，用奖赏来役使士。失去诚信，士就会疏远；奖赏少了，士就不会效命。

　　《军势》曰①："出军行师，将在自专②；进退内御③，则功难成。"

【注释】

①《军势》：相传为古代的一种兵书。已佚。

②自专：自行专权、决策，有独立的决断权。这是中国古代军事思想家的重要主张。《孙子兵法·九变》里说："凡用兵之法，将受命于君，合军聚众……军有所不击，城有所不攻，地有所不争，君命有所不受。"就是说将在外，君命有所不受。

③内御：受君王控制。

【译文】

　　《军势》上说："率军出兵打仗，将帅要有独立的决断权；如果军队前进后退都受君王的控制，那么战争的胜利就很难取得。"

　　《军势》曰："使智、使勇、使贪、使愚①：智者乐立其功，勇者好行其志，贪者邀趋其利②，愚者不顾其死。因其至情而用之③，此军之微权也④。"

【注释】

①使：役使。

②邀：希求。趋：向。

③因其至情而用之：根据他们各自的情况来使用他们。

④微权：微妙的权术。

【译文】

　　《军势》上说："使用有智谋的人、勇敢的人、贪财的人、愚笨的人的方法各不相同：有智谋的人喜欢建立自己的功业，勇敢的人爱好实现自己的志向，贪财的人希望追求自己的利禄，愚笨的人不顾自己的牺牲。根据他们各自的情况来使用他们，这就是用人的微妙权术。"

《军势》曰："无使辩士谈说敌美①，为其惑众②；无使仁者主财③，为其多施而附于下④。"

【注释】

①无使辩士谈说敌美：不要让能说善辩的人谈论敌人的长处。无，不要。敌美，指敌人的长处。

②为：因为。

神骏图（局部）

③仁者：这里指仁厚的人。主财：管理财务。

④多施：过多地施舍。附于下：附和部下。

【译文】

《军势》上说："不要让能说善辩的人谈论敌人的长处，因为他会惑乱军心；不要任用仁厚的人管理财务，因为他会过多地施舍钱财而附和部下。"

《军势》曰："禁巫祝①，不得为吏士卜问军之吉凶。"

【注释】

①巫祝：古代占卜吉凶、替人祝祷的神职人员。巫，古代称能以舞降神的人为"巫"。祝，指古代祭祀时司祭礼、致祝祷之辞和传达神言的人。

【译文】

《军势》上说："军队里禁止巫祝活动，不得为官兵卜问军事上的吉凶祸福。"

《军势》曰："使义士不以财①。故义者，不为不仁者死；智者，不为暗主谋②。"

【注释】

①义士：指有节操的人。

②暗主：昏庸愚昧的君主。

【译文】

《军势》上说："使用侠义之士不能依靠钱财。所以侠义之士，不为不仁义的人效命；有智谋的人，不为昏庸愚昧的君主出谋划策。"

　　主不可以无德，无德则臣叛；不可以无威^①，无威则失权。臣不可以无德，无德则无以事君；不可以无威，无威则国弱^②，威多则身蹶^③。

【注释】

①威：威势。

②无威则国弱：没有威势国家就会衰弱。

③威多则身蹶（jué）：指大臣威势过了头则会害了自己。蹶，跌倒，
　挫折。

作战图

【译文】

做君主的不可以没有道德，没有道德臣民就会叛离；也不可以没有威严，没有威严就会丧失权力。做臣下的不可以没有道德，没有道德就不能侍奉君主；也不能没有威严，没有威严国势就会衰弱，但是大臣威势过了头则会害了自己。

故圣王御世，观盛衰，度得失，而为之制；故诸侯二师①，方伯三师②，天子六师。世乱则叛逆生，王泽竭则盟誓相诛伐③。德同势敌④，无以相倾，乃揽英雄之心，与众同好恶，然后加之以权变。故非计策，无以决嫌定疑⑤；非谲奇⑥，无以破奸息寇；非阴计，无以成功。

【注释】

①诸侯：这里指西周时分封的各诸侯国。在诸侯国内，世代掌握统治大权，但要服从王命，定期向朝廷进贡，同时有出军赋与服役的义务。师：犹言"军"。以下"三师""六师"均言三军、六军。《周礼·夏官·司马》："凡制军，万有二千五百人为军，王六军，大国三军，次国二军，小国一军。"

②方伯：商、周时一方诸侯之长。《礼记·王制》："千里之外设方伯。"

③泽：恩泽。

④势敌：势均力敌。敌，均等。指强弱相等。

⑤嫌：嫌疑。

⑥谲奇：诡诈、奇特多变。谲，奇异，多变化。

【译文】

所以圣明的君主治理天下，要观察世道的盛衰，推测人事的得失，从而制定制度；因此规定诸侯辖二军，方伯辖三军，天子辖六军。社会混乱就会产生叛逆，君主的恩泽枯竭了，诸侯之间就会发誓结盟，相互诛伐。双方道德相同、势力均等，谁都无法倾覆谁，于是就收揽英雄人物的心，和大家同好恶，然后再加上使用权术。所以不运筹策划就无法决嫌定疑，不施诡诈奇变就无法战胜敌寇；不用密谋就无法获得成功。

圣人体天①，贤者法地②，智者师古③，是故《三略》为衰世作。《上略》设礼赏，别奸雄，著成败④；《中略》差德行⑤，审权变⑥；《下略》陈道德，察安危，明贼贤之咎。故人主深晓《上略》，则能任贤擒敌；深晓《中略》，则能御将统众；深晓《下略》，则能明盛衰之源，审治国之纪。人臣深晓《中略》，则能全功保身⑦。

【注释】

①体天：尊奉上天之道。体，效法，尊奉。

②法地：效法大地之理。法，效法，取法。

③师古：以古为师，师法古人或事。

④著：显出，揭示。

⑤差：分别等级。

⑥审：审察。

⑦全功保身：保全自己的功业和身家性命。

【译文】

圣人能够尊奉上天之道，贤人能够效法大地之理，智者能够以古为师，所以《三略》一书是针对衰乱的时代撰写的。《上略》是说设置礼赏，辨识奸雄，揭示成败之理的；《中略》是说区分德行，明察权变的；《下略》是陈述道德，分析安危，说明残害贤人的罪过的。所以君主深通《上略》，就可以任用贤士、制服敌人了；君主深通《中略》，便可以驾驭将帅，统率兵众了；君主深通《下略》，就可以明辨兴衰的根源，知道治国的原则了。人臣深通《中略》，就可以保全自己的功业和身家性命了。

夫高鸟死，良弓藏；敌国灭，谋臣亡①。亡者，非丧其身也，谓夺其威，废其权也。封之于朝，极人臣之位，以显其功；中州善国②，以富其家；美色珍玩，以说其心③。

【注释】

①"高鸟死"四句：这是古人常用的俗语，是说高空飞的鸟死了，优良的弓箭就要收藏起来；敌对的国家灭亡以后，出谋划策的谋臣就要消灭掉。比喻事情成功以后，原来用过的人或器物就不要了。

②中州善国：指中原地区的肥沃土地。中州，古地域名。指中原地区。善国，好的封国领地。

③说：同"悦"，愉悦。

【译文】

高空飞的鸟死了，优良的弓箭就要收藏起来；敌对的国家灭亡以后，出谋划策的谋臣就要消灭掉。所谓消灭掉，并不是消灭掉他的生命，而是说削弱他的威势，废除他的权力。在朝廷上给他封赏，给他人臣中最高的爵位，以此来表彰他的功勋；封给他中原地区的肥沃土地，使他家庭富有；赏给他珠宝美人，使他心情愉快。

夫人众一合而不可卒离①，威权一与而不可卒移②。还师罢军，存亡之阶③。故弱之以位，夺之以国④，是谓霸者之略。故霸者之作，其论驳也⑤。存社稷罗英雄者，《中略》之势也，故世主秘焉。

【注释】

①卒：同"猝"，突然。

②移：改变。这里指"收回"。

③阶：途径。这里引申指关键时刻。

④国：指封地。

⑤驳：错杂，混杂。这里是"复杂"的意思。

【译文】

一旦聚众组成军队，就不能突然解散；兵权一经授予，就不能马上收回。战争结束，将帅班师回朝，这是君主生死存亡的关键时刻。所以要通过封官加爵来削弱将帅的实力，通过分封土地来夺取他的权力，这就叫作霸主驾驭将帅的谋略。因此说，霸主的兴起，其道理是复杂的。保全国家，收罗英雄，是《中略》所讨论的内容，所以历代君主对此都是秘而不宣的。

侍马图

下　略

【题解】

本卷主要讲"陈道德，察安危，明贼贤之咎"，强调重视道德和圣贤，强调重视礼乐教化，从而说明治国的根本。

夫能扶天下之危者^①，则据天下之安；能除天下之忧者，则享天下之乐；能救天下之祸者，则获天下之福。故泽及于民^②，则贤人归之；泽及昆虫^③，则圣人归之。贤人所归，则其国强；圣人所归，则六合同^④。求贤以德，致圣以道。贤去则国微，圣去则国乖^⑤。微者，危之阶^⑥；乖者，亡之征。

【注释】

①扶：扶持，拯救。

②泽：雨露。这里引申为恩德。

③昆虫：虫类。这里指万物，形容恩泽无所不及。

④六合：天地四方。这里指国家或天下。同：归一，统一。

⑤乖：乖戾。这里指不和谐。

⑥阶：途径。

【译文】

能够拯救天下危亡的人，就能使得天下安宁；能够解除天下忧患的人，就能够享受天下的快乐；能够解救国家灾祸的人，就能够得到天下的幸福。所以恩泽遍及百姓，贤人就会归附他；恩泽遍及于万物，圣人就会归附他。贤人归附的，国家就能强盛；圣人归附的，天下就能统一。要用"德"来寻求贤人，用"道"来招致圣人。贤人离去，国家就要衰弱；圣人离去，国家就会不和谐。衰弱，是通向危险的阶梯；不和谐，是国家即将灭亡的征兆。

　　贤人之政，降人以体①；圣人之政，降人以心。体降可以图始②，心降可以保终。降体以礼③，降心以乐④。所谓乐者，非金石丝竹也⑤，谓人乐其家，谓人乐其族，谓人乐其业，谓人乐其都邑，谓人乐其政令，谓人乐其道德。如此，君人者乃作乐以节之⑥，使不失其和。故有德之君，以乐乐人⑦；无德之君，以乐乐身。乐人者，久而长；乐身者，不久而亡。

东丹王出行图（局部）

【注释】

①降人以体：指用模范行动使人降服。

②体降：众人行动顺从。图始：图谋事情的开端。

③礼：即礼教，指古代统治者为巩固其等级制度和宗法关系而制定的礼法条规和道德规范。《论语·为政》里说："齐之以礼。"朱熹注云："礼，谓制度品节也。"《史记·乐书》里说："礼以导其志，乐以和其声。……礼乐刑政，其极一也。所以同民心而出治道也。"意谓"礼"是用来区分高低贵贱等级的，"乐"是用来协调上下级关系的，礼、乐、刑、政都是为了一个目的，那就是巩固统治阶级的统治地位。

④乐：即乐教，指古代统治阶级为维护等级制度和巩固其统治而制定的吕律雅乐及一整套音乐制度。

⑤金石丝竹：古代的四种乐器。金石，指钟磬类乐器。丝竹，指弦乐器和竹管乐器。

⑥节：节制。这里引申指陶冶。

⑦以乐（yuè）乐（lè）人：第一个"乐"字是名词，指音乐；第二个"乐"是动词，快乐，高兴。

【译文】

贤人为政，是用模范行动来使人降服；圣人为政，是用诚心感化来使人归顺。人行动顺从，便可以开始创业；人心悦诚服，就可以保持善始善终。使人行动顺从要靠礼教，使人心悦诚服要靠乐教。所谓乐教，不是指金、石、丝、竹等乐器，而是使人们喜爱自己的家庭，喜爱自己的宗族，喜爱自己的职业，喜爱自己的城邑，喜爱国家的政令，喜爱社会的伦理道德。像这样来统治人们，就推行乐教陶冶人们的思想感情，使人们不要丧失和睦。所以有道德的君主，是用音乐来使人们心情舒畅；无道德的君主，是用音乐来使自己快乐。使人们心情舒畅者，国家就能长治久安；用音乐来使自己快乐者，国家不久就会灭亡。

释近谋远者①，劳而无功；释远谋近者，佚而有终②。佚政多忠臣③，劳政多怨民④。故曰，务广地者荒，务广德者强，能有其有者安，贪人之有者残。残灭之政⑤，累世受患⑥；造作过制⑦，虽成必败。

【注释】

①释近谋远者：舍弃近的而图谋远的人，也即舍近求远的人。释，舍弃，放弃。

②佚：安逸，安乐。

③佚政：指让百姓得到休养生息的政策。

④劳政：指对外经常发动战争，对内加重徭役赋税、劳民伤财的政策。

⑤残灭：残酷暴虐。

⑥累世：指子孙累世，世世代代。

⑦过制：超过了限度。

【译文】

舍近求远的人，劳而无功；舍远求近的人，安逸而有成果。实行使百姓得到休养生息的政策就会出现许多忠臣，实行劳民伤财的政策就会出现许多怨恨之民。所以说，一定要扩张领土的内政必然荒废，勉力广施德惠的国家就会强盛，能够拥有自己所应当有的就会平安，想贪图别人所有的就会残败。残酷暴虐的政治，世世代代都要受害；所作所为超过了限度，虽然一时成功，最终也必然会失败。

唐狩猎纹高足银杯及局部展开图

舍己而教人者逆①，正己而化人者顺；逆者乱之招，顺者治之要。

【注释】

①舍己而教人者逆：不进行自我教育而去教育别人的，行不通。逆，不顺。这里引申为行不通。

【译文】

不进行自我教育而去教育别人是行不通的，先使自己的品行端正后再感化别人才顺乎常理；违背常理是招致祸乱的原因，顺乎常理是国家安定的关键。

道、德、仁、义、礼，五者一体也。道者人之所蹈①，德者人之所得，仁者人之所亲，义者人之所宜，礼者人之所体，不可无一焉。故夙兴夜寐②，礼之制也；讨贼报仇，义之决也；恻隐之心③，仁之发也；得己得人，德之路也。使人均平，不失其所，道之化也。

【注释】

①蹈：履行，践行。

②夙兴夜寐：早起晚睡。这里指一天的活动。夙，早。寐，睡。

③恻隐：怜悯。

【译文】

道、德、仁、义、礼是相互联系的一个整体。"道"是人们所践行的，"德"是人们所愿意得到的，"仁"是人们所亲近的，"义"是人们所宜做的，"礼"是人们所身体力行的，这五条缺一不可。所以一天的活动都要受"礼"的制约；讨贼报仇，是受"义"的决断；产生怜悯心理，是"仁"的萌发；正己正人，得己得人，是修行"德"的道路。使人均齐平等，各得其所，是"道"的教化。

出君下臣，名曰命①；施于竹帛②，名曰令；奉而行之，名曰政。夫命失则令不行，令不行则政不正，政不正则道不通，道不通则邪臣胜，邪臣胜则主威伤。

【注释】

①出君下臣，名曰命：由君主发出意旨，下达到臣民的叫作"命"。

②施于竹帛：把它写在竹简或丝帛上。"竹"指竹简，"帛"指丝织品，"竹""帛"是古代常用的两种书写材料。

【译文】

由君主发出意旨，下达到臣民的，叫作"命"；把它写在竹简或帛绸上的，叫作"令"；遵照执行命令，叫作"政"。"命"有错误，"令"就不能实行；"令"不能实行，"政"就会出现偏差；"政"出现偏差，治国之道就行不通；治国之道行不通，奸臣就会得势；奸臣得势，君主的威势就会受到伤害。

千里迎贤，其路远；致不肖，其路近。是以明王舍近而取远，故能全功尚人①，而下尽力。

【注释】

①全功：保全功业。尚人：崇尚贤人。

【译文】

到千里之外迎接贤人，这条路程很远；招引不贤的人，这条路程很近。所以贤明的君主舍近而取远，因此能保全功业、尊崇贤人，而下级也就乐于竭尽全力。

废一善，则众善衰；赏一恶，则众恶归。善者得其祐①，恶者受其诛，则国安而众善至。

【注释】

①祐（yòu）：保佑、庇佑之意。

【译文】

放弃一个好人、一件好事，许多好人、好事就会消失、离去；奖赏一个坏人、一件坏事，许多坏人、坏事就都会到来。好人、好事得到保护，坏人、坏事受到惩处，那么国家就会安定，而众多的好人、好事就会到来。

　　众疑无定国^①，众惑无治民^②。疑定惑还，国乃可安。

【注释】

①众疑无定国：民众对上级怀有疑虑，国家就不会安定。

②众惑无治民：民众困惑，就不可治理。

【译文】

民众对上级有疑虑国家就不会安定，民众对上级困惑百姓就不可治理。疑虑消失，困惑解除，国家就可以安定。

　　一令逆则百令失^①，一恶施则百恶结。故善施于顺民，恶加于凶民，则令行而无怨。使怨治怨^②，是谓逆天；使仇治仇，其祸不救。治民使平^③，致平以清，则民得其所，而天下宁。

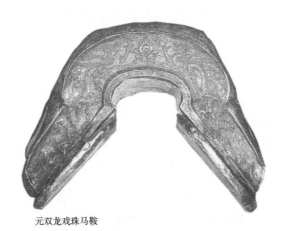

元双龙戏珠马鞍

【注释】

①逆：倒行逆施。

②使怨治怨：使用民众所怨恨的法令去治理有怨恨的民众。

③治民使平：治理民众要使他们贫富均平。

【译文】

一项政令倒行逆施，许多政令就会失去效用；一项恶政施行，就会结下许多恶果。所以对于"顺民"要实行仁政和褒奖，对于"凶民"要实行严刑酷法，这样法令就能推行，民众就没有怨恨。使用民众所怨恨的法令去治理有怨恨的民众，这叫背逆天理；让民众仇恨的人去治理有仇恨的民众，国家的祸患就不可挽救。治理民众要使他们贫富均平，达到贫富均平要靠政治清明，这样民众就能各得其所，国家就会得到安宁。

犯上者尊，贪鄙者富①，虽有圣王，不能致其治。犯上者诛，贪鄙者拘②，则化行而众恶消③。清白之士不可以爵禄得，节义之士不可以威刑胁。故明君求贤，必观其所以而致焉。致清白之士，修其礼；致节义之士，修其道；而后士可致而名可保。

【注释】

①贪鄙：贪婪卑鄙。

②拘：拘束。

③化行：教化能顺利推行。

【译文】

冒犯君主、尊长的人反而得到尊贵，贪婪卑鄙的人反而享有富足，这样，虽然有圣明的君主，也不能使国家安定而有秩序。冒犯君主、尊长的人要受到诛杀，贪婪卑鄙的人要受到惩罚，这样，政治教化就能顺利推行而邪恶的人就会销声匿迹。对清白廉洁的人不可用爵禄收买得到，对有节操义行的人不可用重刑相威胁。所以贤明的君主招徕有贤德的人，一定要先观察他们的志向而使他们到来。使清白廉洁的人到来，要讲究礼节；使有节操义行的人到来，要讲究道义；然后贤能有才的人就会到来，而君主的圣名也可以保全。

元世祖出猎图

夫圣人君子①，明盛衰之源，通成败之端②，审治乱之机③，知去就之节④。虽穷不处亡国之位，虽贫不食乱邦之禄⑤。潜名抱道者⑥，时至而动，则极人臣之位；德合于己，则建殊绝之功⑦。故其道高，而名扬于后世。

【注释】

①圣人君子：这里指才德出众的人。

②端：端倪。

③审：这里是洞察的意思。

④去就：这里是进退的意思。

⑤"虽穷"二句：虽然穷苦也不做亡国的官，虽然贫困也不拿乱国的俸禄。《论语·泰伯》里说："笃信好学，守死善道，危邦不入，乱邦不居。"与此义同。

⑥潜名：隐姓埋名。

⑦殊绝之功：卓越的功勋。

【译文】

才德出众的人，能明察盛衰的根源，通晓成败的端倪，洞察治乱的机枢，深知进退的节度。即使穷苦也不做亡国的官，即使贫困也不拿乱国的俸禄。匿名隐居、胸怀大志的人，时机到来才会有行动，所以能位极人臣；遇到志同道合的人，便能建立卓越的功勋。所以他的志向高远而美名可以流芳后世。

　　圣王之用兵，非乐之也①，将以诛暴讨乱也。夫以义诛不义，若决江河而溉爝火②，临不测而挤欲堕③，其克必矣④。所以优游恬淡而不进者⑤，重伤人物也。夫兵者，不祥之器，天道恶之，不得已而用之，是天道也。夫人之在道，若鱼之在水；得水而生，失水而死。故君子者常惧而不敢失道。

【注释】

①乐：好，喜欢。

②溉：浇，灌注。爝（jué）火：极小之火苗。

③挤：推。

④克：胜。

⑤优游：悠闲。恬淡：清静无所为。

【译文】

圣王进行战争，并不是他好战，而是用战争来诛杀暴君、讨伐乱臣。用正义之师来讨伐不义之众，就像决开江河的洪水去淹灭一个小小的火苗，就像临近深不可测的深渊去推下摇摇欲坠的一个人一样，他取得胜利是必然的。圣王之所以悠闲安静而不急于进击，是因为怕过多地伤害人和物。兵器，是不祥之器，是"天道"所不容的，在不得已时使用，这是符合"天道"的。人生活在"天道"之中，就像鱼生活在水中一样；有水才能生存，离开水就会死亡。所以君子时刻警惕自己而不敢悖逆"天道"。

豪杰秉职①，国威乃弱；杀生在豪杰②，国势乃竭。豪杰低首，国乃可久；杀生在君，国乃可安；四民用虚③，国乃无储；四民用足，国乃安乐。

【注释】

①豪杰：这里指倚仗权势横行不法的豪强权臣。

②杀生：指生杀予夺的大权。

③四民：指士、农、工、商，即当时的知识分子、农民、手工工人、商人。

【译文】

专横跋扈的权臣把持国政，国威就会削弱；生杀予夺的大权操纵在专横跋扈的权臣手中，国势就会衰竭。专横跋扈的权臣俯首听命，国家才可久盛不衰；生杀予夺的大权掌握在君主手里，国家才能安宁不乱；

番马图

士、农、工、商的费用贫乏，国家就没有储备；士、农、工、商的费用富足，国家才可以安乐。

贤臣内则邪臣外^①，邪臣内则贤臣毙^②。内外失宜，祸乱传世。

【注释】

①贤臣内则邪臣外：贤臣掌权，奸臣就会被排斥在外。

②毙：死。这里指遭陷害。

【译文】

贤臣在朝内掌权,奸臣就会被排斥在朝廷之外;奸臣在朝内掌权,贤臣就会被陷害。内外用人不当,祸乱就会累世相传。

大臣疑主,众奸集聚;臣当君尊①,上下乃昏②;君当臣处,上下失序。

【注释】

①臣当君尊:人臣像君主那样尊贵。

②昏:昏昧。

【译文】

大臣有怀疑君主之心,众奸就会乘机而集;人臣像君主那样尊贵,上下就会昏昧不明;君主处于人臣的地位,上下就会失去正常的尊卑秩序。

伤贤者,殃及三世;蔽贤者①,身受其害;嫉贤者,其名不全。进贤者,福流子孙,故君子急于进贤,而美名彰焉。

【注释】

①蔽:遮蔽。这里指埋没。

【译文】

伤害贤人的人,祸殃延及三代;埋没贤人的人,会自身受到灾害;嫉妒贤人的人,他的名誉就不能保全。引荐贤人的人,福泽会流传给后代子孙,所以君子急于进用贤人,而美名也就会因此彰显。

利一害百，民去城郭；利一害万，国乃思散。去一利百，人乃慕泽①；去一利万，政乃不乱。

【注释】

①慕泽：感慕恩泽。

【译文】

为一人之利而危害百人，民众就会离开城郭；为一人之利而危害万人，全国人民就会人心离散。除掉一人而对百人有利，人们就会思慕他的恩泽；除掉一人而对万人有利，国政就不会危乱。

六韬

盛冬铃 译注

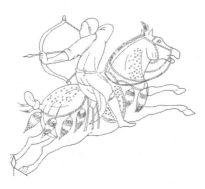

前　言

　　《六韬》或称《太公六韬》，包括《文韬》《武韬》《龙韬》《虎韬》《豹韬》《犬韬》六个部分，共六十篇，是现存早期古兵书中文字最多、内容最丰富的一种，久负盛名，影响较大。但是，这部书的作者和成书时代，都还存在着一些疑问。

姜太公像

　　《六韬》旧题"周吕望撰"。吕望，又称"吕尚""吕牙""师尚父""太公望""太公"等，是西周的开国功臣。作为一个杰出的政治家、军事家，他曾先后辅佐周文王、武王，在兴周灭商的斗争中起了重要的作用。《六韬》全书都是以太公答文王、武王之问的形式写成的，如果它真是出自吕望的手笔，当成书于殷周之际。然而经过许多学者考证，都认定它是一部伪书。我们认为，它作为一部古兵书，在长期流传过程中辗转传抄，文字或经增删润色，篇章也有改订变化，但其基本内容，至迟在战国后期已经形成。

　　《六韬》之名，最早见于《庄子》，其《杂篇·徐无鬼》记战国初魏武侯的宰臣女商自称："吾所以说吾君者，横说之，则以诗书礼乐，从（纵）说之，则以金版六弢。""弢""韬"二字音义并同。《杂篇》一般认为是庄子门人或后学所作，时间不晚于战国后期。其中提到《六韬》之名，说明当时这部书已经存在于世。尤其值得注意的是，1972年在山东临沂银雀山西汉前期墓葬中发现的大批竹简中，就有一部分抄录了《六韬》，残存的内容与今传本《文韬》《武韬》《龙韬》中的相应篇章大多相合。这一实物资料有力地证明了此书在西汉前期已广为流行，其成书时代必在先秦战国之世。

　　《六韬》虽然不是周初之书，仍然是一部值得研究的早期兵家著作。从今传本看，《文韬》《武韬》主要讲政治战略，《龙韬》以下，则涉及军队编制，武器装备，人才选拔，治军要则，练兵方法，兵种配合，以及各种具体的战术，对突围战、攻坚战、围攻战、埋伏战、奔袭战、夜战、火攻和在种种不同条件下应采用的战法，都有精彩的论述，可以说是我国早期的一部兵学大全。正因为如此，它历来受到论兵者和研究古籍的学者的重视。作为我国古代军事科学的宝贵遗产，书中的许多论述在今天仍有借鉴意义，相信读者能从中得到有益的启发。

文 韬

【题解】

本卷共12篇，论述了获取天下之道，提出要获得天下，必须以仁、德、义、道收揽人心，从而提高国力。本卷还强调了尊重贤人的重要性，提出选拔人才的六项标准。在军事方面，本卷着重论述了保卫国土的策略以及用兵的最基本的规律，即精纯专一。

文师

文王将田^①，史编布卜曰^②："田于渭阳^③，将大得焉。非龙非彲^④，非虎非罴^⑤，兆得公侯^⑥，天遗汝师^⑦，以之佐昌^⑧，施及三王^⑨。"文王曰："兆致是乎？"史编曰："编之太祖史畴为禹占^⑩，得皋陶^⑪，兆比于此^⑫。"

【注释】

①文王：商末周部族的领袖，姓姬名昌，商纣时为西方诸侯之长，招贤纳士，有很高的威望。他领导周部族发展生产，积极备战，并自称膺受灭商兴周的天命，迅速扩展势力，为后来其子武王灭商做好了准备。田：打猎。

②史编：人名。史，即史官，表示身份，其名为编。当时的史官负责记载君主的言行和国家大事，起草文书，收藏档案，并兼管天文历法和占卜祭祀之事。官职和名字连称，是商周时的习惯。布

卜：占卜，先在龟甲或牛胛骨背面钻凿若干小孔，然后用火灼孔，根据甲骨正面灼裂的纹路判断吉凶。当时人十分迷信，君主外出必须占卜，这正是史官的职责。

③渭阳：渭水北岸地区。水北为阳，水南为阴。

④螭（chī）：即"螭"，传说中的一种无角的龙。

⑤罴（pí）：即棕熊，熊的一种，体型较大，俗称人熊。

⑥兆：占卜时龟甲被灼裂开后可以预示吉凶的纹路。

⑦遗（wèi）：赠予。

⑧昌：文王名。

⑨三王：指周代文王以后的三个王，即武王、成王、康王。据古本《竹书纪年》记载，太公望死于周康王六年，他在文王死后又辅佐过武、成、康三王。

周文王像

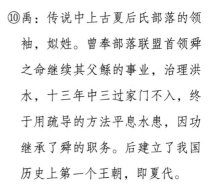

⑩禹：传说中上古夏后氏部落的领袖，姒姓。曾奉部落联盟首领舜之命继续其父鲧的事业，治理洪水，十三年中三过家门不入，终于用疏导的方法平息水患，因功继承了舜的职务。后建立了我国历史上第一个王朝，即夏代。

⑪皋陶（yáo）：传说中东夷族的领袖，偃姓。舜时任士，主管刑狱，执法公正，后又辅佐禹，禹曾选拔他作为自己的继承人，但他先禹而死。

⑫比：类似。

【译文】

文王将要出去打猎,史编为他占卜后说:"这次到渭水北岸去打猎,将大有收获。得到的既不是龙,也不是螭,既不是虎,也不是罴,根据卜兆,将会得到一个帮助您成就大业的公侯之才,他是上天赠予您的老师,用来辅佐您,他的恩惠还会延及您三代称王的子孙。"文王说:"卜兆真的预示会有这样好的结果吗?"史编说:"我的高祖史畴为大禹占卜,卜兆预示将得到贤臣,后来果然得到了皋陶,当时的卜兆与今天这个相似。"

文王乃齐三日^①,乘田车^②,驾田马^③,田于渭阳,卒见太公坐茅以渔^④。

【注释】

① 齐(zhāi):同"斋",斋戒。古人祭祀以前要沐浴更衣,不饮酒,不食荤,不近女色,整洁身心。文王在出猎前斋戒三日,是为了表示对上天命兆的恭敬和渴求贤才的诚心。

② 田车:打猎用的车,比一般的乘车和兵车形制略小。

③ 田马:打猎时用以驾田车的马,经过专门训练,奔跑时步伐整齐,便于追逐。

④ 太公:对老年人的尊称。此指吕尚。《史记·齐太公世家》说文王的曾祖父公叔

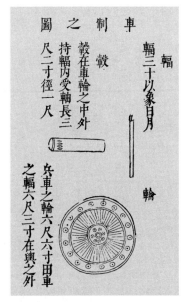

车制之图
明刊本《三才图会》插图。

祖类曾预言将有圣人入周，振兴周邦，文王见到吕尚，说"吾太公望子久矣"，所以吕尚又号称"太公望"。今按，"望""尚"音近义通，吕尚当名望字尚，"太公"则是因其年老而尊称之，《史记》所言不确。渔：捕鱼。此指垂钓。

【译文】

文王于是斋戒三天，然后乘着田车，驾着田马，到渭水北岸一带打猎，终于遇见太公正坐在河边的茅草上钓鱼。

文王劳而问之曰①："子乐渔耶②?"

太公曰："臣闻君子乐得其志③，小人乐得其事④。今吾渔，甚有似也。"

【注释】

①劳：慰问。

②子：对男子的尊称。

③君子：指有身份有教养的人。西周、春秋时用作对贵族统治者的通称。

④小人：身份低微缺乏教养的人，西周、春秋时用来称谓被统治的劳动人民。

【译文】

文王上前慰劳太公，并问道："您乐于钓鱼吗?"

太公回答："我听说君子以实现自己的抱负为乐，小人以完成自己的工作为乐。现在钓鱼，情况与此十分相似。"

文王曰："何谓其有似也?"

明戴进《渭滨垂钓图》
此图所描绘的为周文王拜访在渭水之滨隐居垂钓的姜太公，寻得姜太公入朝辅政的故事。

太公曰：“钓有三权^①：禄等以权，死等以权，官等以权。夫钓以求得也，其情深，可以观大矣。”

【注释】

①权：权术。

【译文】

文王问：“为什么说钓鱼的情况与此相似？”

太公回答：“钓鱼时要使用三种权术：用鱼饵诱鱼上钩，等于人君用禄位诱人入仕；用香饵诱鱼冒死来食，等于人君用重赏诱人尽忠致死；把钓得的鱼按大小不同，分别各尽其用，等于人君把求仕的人按才能高下分别任以各种官职。垂钓，是为了得鱼，这件事用意很深，并且可以用来参透更大的道理。”

文王曰：“愿闻其情。”

太公曰：“源深而水流，水流而鱼生之，情也；根深而木长，木长而实生之，情也；君子情同而亲合，亲合而事生之，情也。言语应对者，情之饰也^①；言至情者，事之极也^②。今臣言至情不讳，君其恶之乎^③？”

【注释】

①饰：文饰，指外表的装饰。

②极：极致，指最高最终的境界。

③恶：厌恶。

【译文】

文王说：“我希望能听到其中的详情。”

太公说:"源头深远,河水才能长流,河水长流,鱼类才能生长繁衍,这合乎自然的情理;根入土深,树木才能长成,树木长成,才能结出果实,这合乎自然的情理;君子志趣相投,就会情投意合,情投意合,就能共同经营事业,这也是合乎自然的情理。言语对答,这是人感情外露的方式;而内心包含的最深的感情,则是事理的极致。现在我要讲人间的至情,而且直言不讳,您听了后会厌恶吗?"

文王曰:"惟仁人能受直谏①,不恶至情,何为其然?"

太公曰:"缗微饵明②,小鱼食之;缗调饵香③,中鱼食之;缗隆饵丰④,大鱼食之。夫鱼食其饵乃牵于缗⑤,人食其禄乃服于君。故以饵取鱼,鱼可杀;以禄取人,人可竭⑥;以家取国,国可拔;以国取天下,天下可毕⑦。呜呼!曼曼绵绵⑧,其聚必散;嘿嘿昧昧⑨,其光必远。微哉⑩!圣人之德⑪,诱乎独见⑫。乐哉!圣人之虑,各归其次,而树敛焉⑬。"

【注释】

①谏:劝告。专指地位低的人对地位高的人做劝告。

②缗(mín):钓丝。

③调:这里是指大小轻重合适。

④隆:粗大。

⑤牵:拘牵。这里指上钩被制。

⑥竭:这里指使其竭尽才力。

⑦毕:完成。

⑧曼曼绵绵:这里用来形容某种事物外表上的兴旺久远。曼曼,广

《钦定书经图说》"协和万邦图"
描绘帝尧功业之隆。

远。绵绵，延续不断。

⑨嘿嘿：同"默默"。昧昧：纯厚隐晦，不显露于外。

⑩微：精微奇妙。

⑪圣人：指道德修养极高、智慧超群的人。

⑫诱：称美之词。独见：谓见解超群，先知先觉。

⑬树：树立，确定。敛：聚敛，收揽。

【译文】

文王说："只要是具有仁爱之心的人，都能接受正直的劝告，而不厌恶表达真情的逆耳之言，您为什么会有这样的想法呢？"

太公回答："钓丝细小，鱼饵明显，小鱼就会来吞饵上钩；钓丝大小适中，鱼饵香美，中鱼就会来吞饵上钩；钓丝粗大，鱼饵丰厚，大鱼就会来吞饵上钩。鱼吞食了鱼饵，就会受制于钓丝；人食用了俸禄，就会臣服于君主。所以用鱼饵来诱鱼入钩，就可杀鱼而食；用俸禄来谋人入仕，就可使他竭尽才力而为我所用；用家作为诱饵而谋取一国，就可一举得到那个国；用国作为诱饵来谋取天下，统一天下的大业就可成功。唉！事物表面上繁荣兴旺，广远久长，但有聚必有散，总会衰败；而如果默默运行，不显露自己，它倒一定能光照远方，影响久远。真是奇妙啊！圣人的道德高尚之极，见解超群，先知先觉，不是凡人所能理解的。真是值得高兴啊！圣人考虑的事，是暗中诱导，使人们各有所归

并处于合适的地位，从而确定收揽
人心的办法。"

文王曰："树敛何若，而
天下归之？"

太公曰："天下非一人之
天下，乃天下之天下也。同天
下之利者则得天下，擅天下之
利者则失天下①。天有时，地
有财，能与人共之者，仁也。
仁之所在，天下归之。免人之
死，解人之难，救人之患，济
人之急者，德也。德之所在，
天下归之。与人同忧同乐，同
好同恶者，义也。义之所在，

《钦定书经图说》"命官授时图"
描绘帝尧命官授时，以见敬天勤民之意。

天下赴之②。凡人，恶死而乐生，好德而归利，能生利者，
道也。道之所在，天下归之。"

【注释】

①擅：专擅，独自享用。

②赴：奔赴，归顺。

【译文】

文王说："应该怎样确定收揽人心的办法，而能使天下所有的人都
诚心归服呢？"

太公回答："天下，不是某一个人的天下，而是天下之人共有的天

下。能同天下之人共享其利的人，就能得到天下；想独自专有天下之利的人，就会失去天下。天有岁时变化，地有货财滋生，能同人们共同享有利用，这就是‘仁’。仁所在的地方，天下的人都会归向那里。能免除别人死亡的危险，解救别人的患难，接济别人的急需，这就是‘德’。德所在的地方，天下的人都会归向那里。能与人们一起忧虑，一起欢乐，有共同的爱憎，这就是‘义’。义所在的地方，天下的人都会赶去归向那里。凡是人，无不憎恶死亡而乐于生存，无不喜爱仁德而趋向实利，能为人们谋得实利，这就是道。道所在的地方，天下之人都归向那里。”

文王再拜曰①：“允哉②！敢不受天之诏命乎③！”乃载与俱归，立为师。

【注释】

①再拜：连拜两次。表示恭敬的礼节。

②允：诚然，信然。

③诏命：上天或帝王的命令。文王对太公的言论诚心叹服，并把这些话看作是上天委托太公向他下达的意旨。

【译文】

文王接连两次下拜，说道：“讲得真对啊！我怎敢不接受上天委托您向我下达的诏命呢！”文王于是请太公登上自己的车，同他一起回到都城，立太公为国师。

盈虚

文王问太公曰：“天下熙熙①，一盈一虚②，一治一乱，所以然者何也？其君贤不肖不等乎③？其天时变化自然乎？"

太公曰："君不肖，则国危而民乱；君贤圣，则国安而民治。祸福在君，不在天时。"

【注释】

①熙熙：众多纷扰的样子。

②盈、虚：这里指气运盛衰。盈，充满。虚，空虚。

③不肖：与"贤"对举，就是不贤的意思。

【译文】

文王问太公说："天下的事情众多繁杂，气运一时兴旺，一时衰弱，国家一时安定，一时纷乱，之所以如此的原因是什么？是因为国君有贤或不贤的不同呢，还是由于天时气运自然而然的变化？"

太公回答说："国君不贤，就会使得国家危难，人民动乱；国君贤德圣明，就会造成国家太平，人民安定。是祸是福，决定于君主的贤或不贤，与天时气运的变化无关。"

文王曰："古之圣贤，可得闻乎？"

太公曰："昔者帝尧之王天下①，上世所谓贤君也。"

【注释】

①尧：上古传说时期的部落联盟领袖，名放勋，号陶唐氏，史称"唐尧"。据说他效法天时，制定历法，任用贤能，推行教化，使天下太平，人们安居乐业。后来年老，把部落联盟领袖的职务禅让给舜。后世尊之为"帝"，所以也称"帝尧"。王（wàng）：用作动词，指行德政而统治天下。

【译文】

文王说:"古代圣贤的情况,能讲给我听吗?"

太公说:"从前帝尧推行德政君临天下,他就是远古之世所谓的贤君。"

文王曰:"其治如何?"

太公曰:"帝尧王天下之时,金银珠玉不饰,锦绣文绮不衣①,奇怪珍异不视,玩好之器不宝②,淫泆之乐不听③,宫垣屋室不垩④,甍桷椽楹不斫⑤,茅茨遍庭不翦⑥。鹿裘御寒⑦,布衣掩形,粝粱之饭⑧,藜藿之羹⑨。不以役作之故,害民耕绩之时,削心约志⑩,从事乎无为⑪。吏忠正奉法者尊其位,廉洁爱人者厚其禄。民有孝慈者爱敬之,尽力农桑者慰勉之。旌别淑德⑫,表其门闾⑬。平心正节,以法度禁邪伪。所憎者有功必赏,所爱者有罪必罚。存养天下鳏寡孤独⑭,振赡祸亡之家⑮。其自奉也甚薄,其赋役也甚寡⑯。故万民富乐,而无饥寒之色,百姓戴其君如日月⑰,亲其君如父母。"

文王曰:"大哉!贤君之德也。"

【注释】

①文绮:华美的丝织品。衣(yì):穿着。

②玩好:赏玩喜好。

③淫泆(yì):轻浮放荡。

④垣(yuán):矮墙。垩:用白泥涂饰。

⑤甍(méng):屋脊。桷椽(jué chuán):横排在屋梁上用以架遮

顶的草或瓦的木条，方形的叫
"桷"，圆形的叫"椽"。楹
（yíng）：柱子。斫（zhuó）：
砍削。

⑥茨（cí）：蒺藜。翦：斩断，
除去。

⑦鹿裘：用鹿皮做的衣。鹿裘粗
陋易得，是平民所服。

⑧粝（lì）粱：粗劣的粮食。

⑨藜（lí）：一种可以食用的野菜。
藿（huò）：豆叶，嫩时可食。

⑩削：削弱。这里有抑制的意
思。心、志：都指欲望。

⑪无为：无所作为。指顺其自
然，以清静求安定。

⑫旌别：识别，甄别。淑：美好。

⑬闾：里巷的门。

《钦定书经图说》"帝世时雍图"
描画帝尧以德治民治国，黎唐皆变恶为善，以致时雍
之美。

⑭存养：保全，抚养。鳏（guān）寡孤独：指无依无靠的老弱妇幼。
鳏，老而无妻。寡，老而无夫。孤，幼而无父。独，老而无子。

⑮振赡：用财物救济供养。

⑯赋役：土地税和力役。古制国家除征收土地税外，又无偿征用民
力若干天，从事筑城墙、修道路、开河渠、造宫室等劳役。

⑰戴：这里是尊奉、推崇的意思。

【译文】

文王问："帝尧是怎样治理天下的？"

太公回答："帝尧君临天下时，他不用金银珠玉作为装饰品，不穿用花纹华丽的精美丝织品制作的衣服，不顾盼奇珍异宝，不宝爱那些可供玩赏的器物，不听不庄重的靡靡之音，不粉饰宫墙房室，不修饰雕琢屋脊橡柱，庭院里长满茅草蒺藜也不去清除。他穿鹿皮袄御寒，粗布衣遮体，吃粗糙的粮食和用野菜豆叶熬的羹汤。他不因为要兴修工程而征发劳役，妨害农时，使人们不能正常地从事耕织，抑止自己享受的欲望，清静无为，以求天下安定。对待官吏，凡是忠于职守、正直守法的，就提升他们的职位，凡是廉洁奉公、爱护百姓的，就增加他们的俸禄。对待人们，凡是孝顺父母、慈爱子女的，就敬爱他们；凡是尽力农桑发展生产的，就慰劳奖勉他们。他识别人们中具有美德的人，把表彰送到他们的家门、里门。他总是使自己的心保持公平，端正自己的操守，用法律和规章制度来禁止邪恶欺诈的行为。自己所憎恶的人，如果立了功，他一定给予奖赏；自己所亲爱的人，如果犯了罪，他一定给予惩罚。他保全照顾那些鳏寡孤独无依无靠的人，救济供养那些遭受灾祸家破人亡的人家。他对自己的奉养十分微薄，加在人们身上的赋税劳役非常之少。所以那时所有的人生活都富足欢乐，脸上没有挨饿受冻的样子，百姓们尊崇帝尧，就如同他是天上的日月一样，亲近帝尧，就如同他是自己的父母一样。"

文王听了说："伟大啊！帝尧真是一位贤德的君主。"

国务

文王问太公曰："愿闻为国之大务①。欲使主尊人安，为之奈何？"

太公曰："爱民而已。"

【注释】

①为：治理。

【译文】

文王问太公说："我想听您说说治理国家的要务。如要使君主得到人们的爱戴，人们生活安定，应该怎么办？"

太公回答："只要爱民就可以了。"

文王曰："爱民奈何？"

太公曰："利而勿害，成而勿败，生而勿杀①，与而勿夺，乐而勿苦，喜而勿怒。"

【注释】

①杀：这里是伤害败坏的意思。

【译文】

文王说："应该怎样爱民呢？"

太公回答："使人们获得利益，而不加以损害；使人们成全自己的事业，而不加以败坏；使人们能生存繁育，而不加以伤害；多赐予人们财物，而不去侵吞掠夺；使人们生活快乐，而不给他们造成痛苦；使人们心情舒畅，而不使他们怨恨愤怒。"

文王曰："敢请释其故①。"

太公曰："民不失务则利之，农不失时则成之，省刑罚则生之，薄赋敛则与之，俭宫室台榭则乐之，吏清不苛扰则喜之，民失其务则害之，农失其时则败之，无罪而罚则杀之，重赋敛则夺之，多营宫室台榭以疲民力则苦之，吏浊苛扰则怒之。故善为国者，驭民如父母之爱子②，如兄之爱弟。见其饥寒则为之忧，见其劳苦则为之悲。赏罚如加于身，赋敛如取己物。此爱民之道也。"

【注释】

①敢：谦词，自言冒昧。

②驭：驾马为驭，驾车为御。这里引申为治理、管理。

明刊本《帝鉴图说》"谏鼓谤木图"
传说，尧曾设鼓于朝廷供进谏者敲击以闻；舜曾树诽谤之旌，供人书写指责时政缺失的意见。《后汉书·杨震传》曰："臣闻尧舜之世，谏鼓谤木，立之于朝；殷周哲王，小人怨詈，则还自敬德。"

【译文】

文王说："我冒昧地请您解释一下其中的道理。"

太公回答："使人们不失去所从事的工作，那就是使他们获得利益；使农民不失农时，那就是成全他们的事业；放宽法令，减省刑罚，那就是使人们能生存繁育；少收租税，减轻负担，那就是给予人们实惠；爱惜民力，不轻易营建宫室台榭，就是使人们生活快乐；使官吏清正廉洁，不苛刻扰民，那就是使人们心情舒畅；使人们失去从事自己工作的条件，那就是妨害他们的利益；使农民不能按农时耕种收获，那就是败坏他们的事业；

人们无罪而加以惩罚，那就是伤害他们；多收赋税，加重人们的负担，那就是抢夺他们；大量营建宫室台榭而使民力凋疲，那就会使人们痛苦；容许官吏浑浊贪污，苛刻扰人，那就会使人们心怀怨恨愤怒。所以善于治理国家的君主，对待人们就像是父母爱护子女，兄长爱护弟妹。看到他们挨饿受冻就为之担忧，看到他们吃苦受累就为之悲伤。对他们施行奖赏或惩罚，都像加在自己身上一样，向他们征收赋税，就像是索取自己的资财一样。这些，就是爱民的道理和方法。"

大礼

　　文王问太公曰："君臣之礼如何①？"

　　太公曰："为上唯临②，为下唯沉③。临而无远，沉而无隐。为上唯周④，为下唯定⑤。周则天也⑥，定则地也。或天或地，大礼乃成。"

【注释】

①礼：此指礼仪规范、行为准则。

②临：居高临下。此指监临、君临，高高在上进行统治。

③沉：沉伏。此指居下服上，臣服。

④周：周遍，普遍。此指监临一切，并普施恩惠。

⑤定：安定，稳定。此指老老实实地接受统治。

⑥则：效法。

【译文】

文王问太公说："君臣之间的大礼应该怎样确定？"

太公回答："为君上者，只要求他居高临下进行统治；为臣下者，只要求他沉伏于下臣服君上。君上居高临下，但不要疏远臣下，臣下臣服于下，不要欺蒙君上。为君上的，只要求他能监临一切，并普施恩惠，为臣下的，只要他安定稳重。监临一切，普施恩惠，是效法于天；安定稳重，是效法于地。君上效法于天，臣下效法于地，君臣之间的大礼就确定了。"

文王曰："主位如何①？"

太公曰："安徐而静②，柔节先定③。善与而不争，虚心平志，待物以正。"

【注释】

①位：用作动词，处位，居位。

②安徐：安详徐缓，指不妄动。

明刊本《帝鉴图说》"泽及枯骨图"

泽及枯骨，指恩泽施及于死去的人，形容施恩深广。《吕氏春秋·异用》载："（周）文王贤矣，泽及髊骨。"

③柔节：柔和而有节度，指不猛烈。

【译文】

文王问：“君主应该怎样居于君位？”

太公回答：“君主的举动，应该安详缓和，而不轻妄急躁，应该柔和有节，而不刚愎自用。还要善于施加恩惠，不与臣下争利，虚心而不自满，志平而不徇私，用公正的态度待人接物。”

文王曰：“主听如何^①？”

太公曰：“勿妄而许^②，勿逆而拒^③。许之则失守^④，拒之则闭塞。高山仰止^⑤，不可极也^⑥；深渊度之^⑦，不可测也。神明之德^⑧，正静其极^⑨。”

【注释】

①听：指听取意见、纳谏。

②妄：轻率。

③逆：迎。

④守：操守，心中坚持的原则。

⑤止：语助词。

⑥极：究极。

⑦度（duó）：测量，计算。

⑧神明：如神之明，无所不知。

⑨正静：公正宁静。极：准则。

【译文】

文王问：“君主应该怎样听取意见？”

太公回答：“听人说话，不要轻率地表示赞同，不要迎头就予以拒绝。轻率赞同，就会失去心中坚持的原则；迎头拒绝，就会堵塞言路，使自己耳目闭塞。人君应该像高山那样，使臣下仰望而难以看到峰巅；应该像深渊一样，使臣下揣摩而难以测量深度。处于君位，应像神一样英明，无所不察，这就需要把公正宁静当作最重要的准则。"

文王曰："主明如何？"

太公曰："目贵明①，耳贵聪②，心贵智③。以天下之目视，则无不见也；以天下之耳听，则无不闻也；以天下之心虑，则无不知也。辐凑并进④，则明不蔽矣。"

【注释】

①明：视觉敏锐。

②聪：听觉敏锐。

③智：善于思考。古人以为心的职能是思考。

④辐凑：辐条内端集中于轴心，称"辐凑"，喻会聚归拢。辐，车轮上的辐条。凑，会合，聚合。

【译文】

文王问："君主怎样才能英明而无所不察？"

太公回答："眼以视觉敏锐为贵，耳以听觉敏锐为贵，心以善于思考为贵。人君能利用天下所有人的眼去看，天下之事就无所不见；能利用天下所有人的耳去听，天下之事就无所不闻；能利用天下所有人的心去思考，天下之事就无所不知。像车辐集中于轴心一样，把天下人的见闻和智慧汇聚到人君那里，人君的神明就不会被遮蔽堵塞了。"

明传

文王寝疾①，召太公望，太子发在侧②。曰："呜呼！天将弃予③，周之社稷④，将以属汝⑤。今予欲师至道之言⑥，以明传之子孙。"

【注释】

①寝疾：卧病。

②太子发：文王次子，名发。文王死后，继位为君，后率领周军会合诸侯完成灭商事业，建立了西周王朝，史称武王。

③天将弃予：此谓上天将要抛弃自己，是委婉地表达自知将死的意思。

④社稷：国家无土不立，人们非谷不食。古代天子与诸侯都设庙立坛，祭祀社神稷神，并把"社稷"作为国家的象征。社，土地之神。稷，五谷之神。

⑤属（zhǔ）：托付。

⑥至道：至高无上的最根本的准则。

【译文】

文王得病，卧床不起，他召见

明刊本《封神演义》"文王托孤立武王图"

《封神演义》是一部融历史演义和神魔幻想为一体的长篇小说。小说依托商灭周兴的历史背景，以周武王伐纣为线索，从女娲降香开篇，到姜子牙封三百六十五位正神结束，其中有许多如哪吒闹海、姜子牙下山、文王访贤、三抛封神榜、腾云驾雾、呼风唤雨、撒山移海、撒豆成兵等至今仍为读者津津乐道的情节。

太公望，当时太子发正在一旁。文王说："唉！我病重至此，上天将要抛弃我，不再保佑我了，国家的社稷将托付给您。现在我想师法能体现至高无上的准则的话，并把这些话明明白白地传给子孙。"

太公曰："王何所问？"

文王曰："先圣之道，其所止①，其所起②，可得闻乎？"

太公曰："见善而怠③，时至而疑，知非而处；此三者，道之所止也。柔而静，恭而敬④，强而弱，忍而刚；此四者，道之所起也。故义胜欲则昌⑤，欲胜义则亡；敬胜怠则吉，怠胜敬则灭。"

【注释】

①止：此指消亡湮没。

②起：此指复兴发展。

③怠：懒惰疲沓。

④恭而敬：从内心到外貌都端肃有礼。"恭""敬"义近，但有差别，在貌为"恭"，在心为"敬"。

⑤义：大义，高尚的原则。欲：私欲。

【译文】

太公说："大王想问什么？"

文王说："先圣的治国之道，为什么会消亡湮没，又为什么会复兴发展，您能讲给我听听吗？"

太公回答："见到可行的善事，却懒得去做；时机来到，却心有疑惑，犹豫不前；知道错误所在，却安然处之，不去改正；这三点就能使先圣之道消亡湮没。持身柔和宁静，寡欲无争；待人恭敬有礼，谦虚谨慎；接物能强能弱，宽大有容；处事善于忍耐，又有决断；这四点，就能使先圣之道复兴发展。所以人君心中义理压倒私欲，他的国家就会昌盛，私欲压倒义理，他的国家就会衰亡；恭敬胜于怠惰，他遇事一切都会顺利，怠惰胜于恭敬，他遇事一切都会败灭。"

六守

文王问太公曰："君国主民者①，其所以失之者何也？"

太公曰："不慎所与也。人君有六守、三宝。"

【注释】

①君：为君。主：为主。

【译文】

文王问太公说："统治国家，为万民之主的人君，有的会失去他的国家和人民，其原因何在？"

太公回答："这是因为在选择人才交付他们处理国务民事的权力时不够谨慎。人君治国必须注意六守、三宝。"

文王曰："六守何也？"

太公曰："一曰仁，二曰义，三曰忠，四曰信，五曰勇，六曰谋；是谓六守。"

【译文】

文王又问："什么叫作'六守'？"

太公回答："第一叫作'仁'，第二叫作'义'，第三叫作'忠'，第四叫作'信'，第五叫作'勇'，第六叫作'谋'；这就是所谓'六守'。"

文王曰："慎择六守者何？"

太公曰："富之，而观其无犯^①；贵之，而观其无骄；付之，而观其无转^②；使之，而观其无隐；危之，而观其无恐；事之，而观其无穷。富之而不犯者，仁也；贵之而不骄者，义也；付之而不转者，忠也；使之而不隐者，信也；危之而不恐者，勇也；事之而不穷者，谋也。人君无以三宝借人^③，借人则君失其威。"

【注释】

①犯：违背礼制，干犯法禁。

②转：通"专"，专断。

③借：此谓给予、授予。

【译文】

文王说："怎样才能谨慎地选择到符合六守标准的人呢？"

太公回答："使他富起来，观察他能否做到不凭借财富胡作非为；给他以尊贵的身份，观察他能否做到不依仗官爵，骄傲放纵；付托他重任，观察他能否做到不专断独行；派他完成具体的工作，观察他能否做到不隐瞒欺骗；让他担当危险的任务，观察他能否做到无所畏惧；要他接连不断地处理各种事务，观察他能否做到应变无穷。拥有财富而不胡作非为，这就是'仁'；地位尊贵而不傲骄放纵，这就是'义'；受托重任而不去专断独行，这就是'忠'；完成工作而不隐瞒欺骗，这就是'信'；面对危险而无所畏惧，这就是'勇'；理事繁多而应变无穷，这就是'谋'；人君不要把国家的三宝轻易地给予别人，如把'三宝'给了人，人君就会失掉自己的权威。"

文王曰："敢问三宝。"

太公曰："大农、大工、大商^①，谓之三宝。农一其乡^②，则谷足；工一其乡，则器足；商一其乡，则货足^③。三宝各安其处，民乃不虑。无乱其乡，无乱其族。臣无富于君，都无大于国^④。六守长则君昌^⑤，三宝完则国安。"

【注释】

①大农、大工、大商：农、工、商都是有关国计民生的大事，所以称"大农、大工、大商"。

②一其乡：指在一处聚居许多从事同一行业的人。古代城乡居民由国家严格控制，而且农之子恒为农，工之子恒为工，商之子恒为商，聚族而居。

③货：财货。

④都：较大的城邑。国：国都。《左传·隐公元年》所谓"大都不过参（三）国之一，中五之一，小九之一"，也就是"都无大于国"的意思。

⑤长：经常，以为常则。

【译文】

文王又说："我冒昧地再问一下，什么是三宝。"

太公回答："大农、大工、大商，就是国家的'三宝'。使农民聚居一处，组织他们耕种，各种粮食就会充足起来；使工匠聚居一处，组织他们制作，各种器具就会充足起来；使商人聚居一处，组织他们贸易，各种货物就会充足起来。使农、工、商三宝都能安定地在各自的范围内经营事业，人们就不会产生不安现状的想法。所以不要让农民、工匠、商人在同一地杂处，不要打乱他们聚族而居的习惯。不要让臣下的财富超过君上，不要使一般的城邑大于国都。如能把六守作为选择人才的常则，人君就可以巩固地进行统治；如能保护三宝，使它们不受损害，国家就可以长治久安。"

守土

文王问太公曰："守土奈何？"

太公曰："无疏其亲①，无怠其众②，抚其左右③，御其四旁④。无借人国柄⑤，借人国柄，则失其权。无掘壑而附丘⑥，无舍本而治末⑦。日中必彗⑧，操刀必割⑨，执斧必伐。日中不彗，是谓失时；操刀不割，失利之期；执斧不伐，贼人将来。涓涓不塞⑩，将为江河；荧荧不救⑪，炎炎奈何⑫；

两叶不去⑬，将用斧柯⑭。是故人君必从事于富，不富无以为仁，不施无以合亲。疏其亲则害，失其众则败。无借人利器⑮，借人利器，则为人所害而不终其正也。"

【注释】

①亲：指国君同族近亲，即宗室贵族。

②怠：怠慢。众：民众。

③左右：指国君身旁亲近之臣。

④御：控制，统治。四旁：四方。

⑤借：这里是授予、给予的意思。国柄：国家大权。

⑥掘壑而附丘：谓掘深谷之土而增附于土山之上，比喻损害地位低微的平民的利益而增长身居高位权贵的势力。

⑦舍本而治末：谓放弃农业而从事工商业。古代重视农业，喻之为本，轻视工商业，喻之为末。

⑧彗：通"熭（wèi）"，曝晒。

⑨割：割肉。

⑩涓涓：细流。

⑪荧荧：小火。

⑫炎炎：烈火。

⑬两叶：树木种子萌芽之初每生两叶。此即以两叶代称刚出土的树苗。

《钦定书经图说》"德洽民心图"
帝舜因皋陶之教，以治四方。

⑭斧柯：斧子的柄。此用以代称斧子。

⑮利器：锐利的兵器。这里用来比喻国家权力。

【译文】

文王问太公曰："怎样才能保守住国家的疆土？"

太公回答："不要疏远宗亲贵族，不要怠慢平民百姓，安抚身边的近臣，控制住四方的游士。不要把治国的大权交给他人，把治国之权给了他人，国君就会丧失权威。不要像挖出深谷中的土来增加山丘的高度那样，损害地位低微的平民的利益而使身居高位的权贵的势力有进一步的扩张，不要舍本逐末，放弃农业的发展，而为了追求奇巧的奢侈品去扶植工商业。在太阳当头的正午，一定要抓紧时机曝晒东西；手中拿着利刀，一定要抓紧时机割肉；手中拿着利斧，一定要抓紧时机伐木。正午时不曝晒东西，这就叫作错过合适的时辰；拿着利刀不去割肉，这就叫丢失有利的时机；拿着利斧不去伐木，就会有贼人前来偷伐。涓涓细流不去堵塞，细流就会发展成大江大河；星星之火不去扑灭，等它变成势可燎原的大火，就无可奈何了；种子萌发，两叶初生，这时不去摘除，等它长成大树，就只能用斧子对付了。所以国君一定要努力从事于增加国家的财富，没有财富，就难以对民众广行仁政，不能慷慨施予，就难以团结宗室贵族。疏远了宗室贵族，就会造成危害，失掉了民众的拥护，就会导致失败。不要把治国的大权交给他人，把治国之权给了他人，就会被人所害而不得善终。"

文王曰："何谓仁义？"

太公曰："敬其众，合其亲。敬其众则和，合其亲则喜，是谓仁义之纪。无使人夺汝威，因其明①，顺其常②。顺者，任之以德；逆者，绝之以力③。敬之无疑，天下和服。"

【注释】

①明：洞察力。

②常：事物的常规、常理。

③绝：灭绝。

【译文】

文王又问："什么叫作'仁义'？"

太公回答："对平民百姓要谦虚恭敬，对宗室贵族要亲密融洽。能谦虚恭敬地对待民众，民众就和睦安乐；能亲密融洽地对待宗亲，宗亲就心悦诚服，这就是施行仁义的重要准则。不要让人夺走您的威权，要依循自己的洞察能力，遵照事物的常理行事。对归顺自己的，就用德行去感化，使他效力；对抗拒不从的，就用武力去征伐他，使他灭绝。如能敬服上述原则，毫不犹豫地予以实施，那么天下之人都会顺从归服。"

守国

文王问太公曰："守国奈何？"

太公曰："斋，将语君天地之经①，四时所生，仁圣之道，民机之情②。"

【注释】

①经：常道。

②机：指智巧诈伪的机变之心。

【译文】

文王问太公说："怎样才能保守住国家的政权？"

太公回答："请您先行斋戒，然后我将告诉您天地的常道，四时化生万物的规律，仁君圣人治理国家的准则，以及人们机变之心发动的情由。"

王即斋七日，北面再拜而问之。

太公曰："天生四时，地生万物。天下有民，仁圣牧之①。故春道生，万物荣；夏道长，万物成；秋道敛②，万物盈；冬道藏，万物静。盈则藏，藏则复起，莫知所终，莫知所始。圣人配之，以为天地经纪③。故天下治，仁圣藏；天下乱，仁圣昌。至道其然也。

《钦定书经图说》"平秩东作图""夏至致日图""平秩西成图""冬日隩居图"，帝尧命羲仲、羲叔、和仲、和叔居东、南、西、北，考察一春、一夏、一秋、一冬之事。

【注释】

①牧：管理，统治。古代以牧人牧养牲畜比喻统治者治民。

②敛：收敛。此指生长完毕，收敛生机。

③经纪：纲常，法度。

【译文】

文王就斋戒七天，然后郑重地向太公两次下拜，再作询问。

太公说："天体运行，产生春夏秋冬四季，大地则孕育孳生万物。天下有百姓，要由仁君圣人管理统治他们。所以依照天时递转的规律，开始生长是春季的事，万物在春天就一片繁荣；充分生长是夏季的事，万物在夏天就茁壮长成；完成生长是秋季的事，万物在秋天就成熟满盈；藏伏生机是冬季的事，万物在冬天就一片宁静。生长完华，生机就藏伏，生机藏伏后又会重新萌发，周而复始，不知道所终，也不知道所起。圣人能配合这种变化规律，效法天地，制定治理国家的纲常法度。因此，如果天下安定，政治清明，仁君圣人就隐伏不见，不必显扬于世；如果天下大乱，仁君圣人就会应运而起，拨乱反正，大行其道。这是由天地之间的根本规律决定的。

"圣人之在天地间也，其宝固大矣。因其常而视之，则民安。夫民动而为机，机动而得失争矣。故发之以其阴，会之以其阳①，为之先唱②，天下和之。极反其常，莫进而争，莫退而让。守国如此，与天地同光。"

【注释】

①阴：此指隐秘的手段。阳：此指公开的策略。

②唱：后作"倡"，倡导。

【译文】

"圣人生于天地之间，对他来说，最宝贵的本来就是这种根本规律。如果顺应这种规律，遵循常道去对待人们，那么人们就能保持安定。一旦民情动荡，就会产生机变之心，人们有了机变之心，就会患得患失，起而相争。所以，如果知道了人们产生机变之心的情由，就要暗中发动操纵，再公开地会合利用，确定一个目标，首先提倡，天下之人就都会起来响应。事物的规律物极必反，等到情势恢复正常，人们又处于安定的状态，不要进而与民争功争利，也不要退而逊让治国的权力。能这样地保守住国家政权，就可以与天地同光，永垂不朽了。"

上贤

文王问太公曰："王人者，何上何下？何取何去？何禁何止？"

太公曰："王人者，上贤，下不肖。取诚信，去诈伪。禁暴乱，止奢侈。故王人者有六贼、七害①。"

《钦定书经图说》"试鲧治水图"

鲧为尧臣，帝尧时，洪水滔天，尧令他去治水，以苏民困。

【注释】

①贼：败坏，伤害。此处"六贼""七害"都是指能严重败坏自己、损害自己的人和事。

【译文】

文王问太公说："做人君的，应该让哪一种人居于上位，让哪一种人处于下位？应该任用哪一种人？应该除去哪一种人？应该严禁什么行为？应该遏止什么举动？"

太公回答："做人君的，应该使德才兼备的贤人居于上位，使无德不才、心术不正的不肖之徒处于下位。应该任用诚实不欺的人，除去奸诈虚伪的人。应该严禁暴乱的行为，遏止奢侈的举动。所以，对做人君的来说，有所谓'六贼''七害'，必须特别警惕。"

文王曰："愿闻其道。"

太公曰："夫六贼者：一曰臣有大作宫室池榭，游观倡乐者①，伤王之德②；二曰民有不事农桑，任气游侠③，犯历法禁④，不从吏教者，伤王之化；三曰臣有结朋党⑤，蔽贤智⑥，障主明者⑦，伤王之权；四曰士有抗志高节⑧，以为气势，外交诸侯，不重其主者，伤王之威；五曰臣有轻爵位，贱有司⑨，羞为上犯难者⑩，伤功臣之劳；六曰强宗侵夺，陵侮贫弱者⑪，伤庶人之业⑫。

【注释】

①倡乐：指由倡表演的音乐歌舞。倡是古代表演音乐歌舞以娱乐统
　治者的艺人。

②伤：损害。

③任气：负气，任性，意气用事。游侠：游于四方，敢于打抱不平，
　锄强扶弱，救人急难。

④犯历：触犯，侵越。

⑤朋党：以类相聚、图谋私利的宗派集团。

⑥蔽：遮掩，阻挡。

⑦障：遮蔽。

⑧抗志高节：谓坚持自己高尚的志向和节操。抗，高。

⑨有司：官吏。官吏各主某职，事有专司，所以又称"有司"。

⑩犯难（nàn）：不顾危难、冒险。

⑪陵侮：欺凌，欺侮。

⑫庶人：众人，平民百姓。

【译文】

文王说："我想听您讲讲什么叫六贼、七害。"

太公说："所谓六贼：第一是指臣下之中大造宫室池榭，沉湎于歌舞音乐，生活荒淫的人，这种人会损害人君的德业；第二是指人们中不肯从事农桑之业，任性使气，喜欢打抱不平，而不惜触犯法律禁令，不服从官吏管理的人，这种人会损害人君的教化；第三是指臣下之中结党营私，阻挡贤人智士的晋身之路，遮蔽主上知人之明的人，这种人会损害人君的权力；第四是指士人之中自认为具有高尚的志向和节操，标榜自己，抬高身价，制造声势，交结别国诸侯，却不尊重本国君主的人，这种人会损害人君的威严；第五是指臣下之中看轻爵位，蔑视官吏，耻于为了主上而不顾危难、挺身冒险的人，这种人会损害功臣的劳绩；第六是指有权有势的豪门大族之中致力于侵吞掠夺，欺凌势孤力单的贫民的人，这种人会损害平民百姓的生计。

"七害者：一曰无智略权谋，而以重赏尊爵之故，强勇轻战，侥幸于外，王者慎勿使为将；二曰有名无实，出入异言，掩善扬恶，进退为巧，王者慎勿与谋；三曰朴其身躬①，恶其衣服，语无为以求名，言无欲以求利，此伪人也，王者慎勿近；四曰奇其冠带，伟其衣服，博闻辩辞，虚论高议，以为容美②，穷居静处，而诽时俗，此奸人也，王者慎勿宠；五曰谗佞苟得③，以求官爵，果敢轻死，以贪禄秩，不图大事，得利而动，以高谈虚论说于人主④，王者慎勿使；六曰为雕文刻镂⑤，技巧华饰，而伤农事，王者必禁之；七曰伪方异伎⑥，巫蛊左道⑦，不祥之言⑧，幻惑良民，王者必止之。

【注释】

①朴：质朴，简陋而不加修饰。身躬：身体。

②容美：装饰外表，以求美观。

③谗佞（nìng）：巧言谄媚，又说人坏话。苟得：苟且贪求，不当得而得。

④说（yuè）：后作"悦"，讨好。

⑤雕文刻镂：在建筑物或日常生活用品上雕刻花纹图案。

⑥伪方：用以骗人，没有实效的方术。伎：技巧。

⑦巫蛊（gǔ）：使用巫术加害他人。蛊，据说是一种人工培养的毒虫，用来害人，人不能知。

⑧不祥之言：惑乱人心的妖言。

【译文】

"所谓七害：第一种是指没有智谋，不具备用兵的权变之道和策略，只是为了获得厚重的赏赐、崇高的爵位，而故作勇敢，轻率出战，企图侥幸取胜，立功于外，对这种人，人

《钦定书经图说》"四凶服罪图"

"四凶"，相传为尧舜时四个恶名昭彰的部落首领，即共工、驩兜、三苗、鲧。一说，浑敦、穷奇、梼杌、饕餮。《孟子·万章》载："舜流共工于幽州，放驩兜于崇山，杀三苗于三危，殛鲧于羽山，四罪而天下咸服。"

君要多加小心，不能让他担任将帅；第二种是指徒有虚名，并无真才实学，言论前后矛盾，总想掩盖别人的优点，显扬别人的缺点，人前人后，一贯投机取巧，对这种人，人君要多加小心，不能同他商量计议；第三种是指外表装出朴素的样子，身穿粗劣的衣服，嘴里讲着清静无为的道理而一心求名，嘴里讲着克制私欲的道理而一心求利，这是虚伪的人，对这些人，人君要多加小心，不能亲近他；第四种是指身穿奇装异服，显得与众不同，又见闻广博，能言善辩，常常不切实际地高谈阔论，以此美化自己，炫人耳目，居于僻静之地，远离朝廷，则又诽谤时俗朝政，这是奸邪的人，对这种人，人君要多加小心，不能宠信他；第五种是指进谗言诋毁别人，行诡媚花言巧语，不讲原则，不择手段，一心求取更高的官爵，不惜下狠劲轻率地冒死行事，一心求取更多的俸禄，不考虑大事，不顾全大局，只要对自己有利，就轻举妄动，用不切实际的高谈阔论取悦讨好人主，对这种人，人主要多加小心，不能使用他；第六种是指致力于用高超的技巧雕刻彩绘各种建筑物和日常生活用品，以致妨害了农事的进行，对这种人，人主必须禁止他们的工作；第七种是指使用虚假而无实效的方术、奇特诡异的技巧，以及各种符咒巫蛊、邪门歪道，并且散布惑乱人心的妖言，来欺骗愚弄善良百姓的人，对这种人，人主必须禁止他们的活动。

　　"故民不尽力，非吾民也；士不诚信，非吾士也；臣不忠谏，非吾臣也；吏不平洁爱人①，非吾吏也；相不能富国强兵，调和阴阳②，以安万乘之主③，正群臣，定名实④，明赏罚，乐万民，非吾相也。

【注释】

①平洁：公平廉洁。

②调和阴阳：阴阳指天地、日月、风雨、冷暖等自然物或自然现象。古人迷信，认为天道与人事相应，如果人世政治清明，反映到天道上，就是阴阳和谐，亦即日月不食，气候适宜，风调雨顺，天地没有灾变。而辅佐国君处理政务，使国内政治清明，正是一国之相的事情，所以把调和阴阳当作是一国之相的职责。

③万乘（shèng）之主：拥有兵车一万辆的君主，本指天子，这里用以称像文王这样的王者。乘，车一辆为一乘。

④定名实：指按照官名所表示的意思，确定具有实际能力的人担任这一官职，做到名实相副。可参看下《举贤》篇有关内容。

【译文】

"所以对人君来说，人民如果不能尽力奉献，那就不是我的人民；士人如果不能诚实不欺，那就不是我的士人；大臣不能直言规劝，那就不是我的大臣；官吏如果不能公正廉洁、爱护人民，那就不是我的官吏；相如果不能富国强兵，调和阴阳，使国内政治清明，风调雨顺，让君权稳固安定，群臣风气端正，核定名实，严明赏罚，万民得以安居乐业，那就不是我的相。

"夫王者之道，如龙首，高居而远望，深视而审听①。示其形，隐其情，若天之高不可极也，若渊之深不可测也。故可怒而不怒，奸臣乃作；可杀而不杀，大贼乃发②；兵势不行，敌国乃强。"

文王曰："善哉！"

【注释】

①深视：深刻地观察。审听：仔细地听。

②大贼：祸国殃民的巨奸大恶。

【译文】

"人君的统治之道，如同神龙之首，居于高处，远望四方，看得深刻，听得仔细。虽然显露出自己的形体，而隐蔽着自己的心思，就像天的高度一样不可究极，就像渊的深度一样不可测量。所以人君在应当发怒行威的时候不发怒行威，奸臣就会乘机而起；对应该处死的人不予处死，大奸大恶就会发难作乱；军队的威势不能行于远方，敌国就会强盛起来，难以对付。"

文王说："您讲得真好啊！"

举贤

文王问太公曰："君务举贤①，而不获其功，世乱愈甚，以致危亡者，何也？"

太公曰："举贤而不用，是有举贤之名，而无用贤之实也。"

【注释】

①务：致力于，从事于。举：这里是选拔的意思。

【译文】

文王问太公说："国君致力于选用

《钦定书经图说》"稷播百谷图"

帝舜重农养民，使禹治水，契敷五教，益掌山泽，皋陶理刑，后稷为农，垂为百工，举贤任用，深得帝舜视民如子之意。

德才兼备的人才，可是在选用以后，又不能获得在这些人才的辅佐下治理好国家这一功效，世道混乱，愈演愈烈，最终导致国家危亡，其原因是什么？"

　　太公回答："这是因为国君选拔了人才而又不任用他们，结果就只存在选拔人才的虚名而收不到任用人才的实效。"

　　文王曰："其失安在？"
　　太公曰："其失在君好用世俗之所誉，而不得真贤也。"

【译文】

　　文王又问："产生这种失误的原因是什么？"

　　太公回答："失误在于国君身上。这是因为国君喜欢任用世俗所称誉的那种人，而没有发现真正的德才兼备的人才。"

　　文王曰："何如？"
　　太公曰："君以世俗之所誉者为贤，以世俗之所毁者为不肖①，则多党者进②，少党者退。若是则群邪比周而蔽贤③，忠臣死于无罪，奸臣以虚誉取爵位，是以世乱愈甚，则国不免于危亡。"

《钦定书经图说》"垂典百工图"

【注释】

①毁：诽谤。

②党：朋党，同一宗派集团的人。

③比周：结党营私。

【译文】

文王又问："这话怎么讲?"

太公回答："国君如果把世俗称誉的人当作德才兼备的人才，把世俗所诽谤的人当作无德无才的不肖之徒，那么广交同类，结成一伙，互相标榜，善于骗取虚名的人就会受到赏识而进用，而不善结纳的人就会被黜退不用。这样下去，奸邪不正的人结党营私，阻挡了德才兼备的人才的进身之路，忠臣无罪蒙冤而死，奸臣则能依靠虚假的名誉取得官爵，因而世道混乱，愈演愈烈，国家最终也不能免于危亡。"

文王曰："举贤奈何?"

太公曰："将相分职，而各以官名举人①。按名督实②，选才考能，令实当其名，名当其实，则得举贤之道也。"

【注释】

①以官名举人：按照官名所表示的意思去选用合适的人才担任这一官职。如"相"的意思是"辅相"，也就是扶助、辅佐，作为官名，表示担任"相"的人要辅佐国君处理各种政务。又如"将"的意思是"统率"，作为官名，表示担任"将"的人要统率军队。

②督：这里是考察、考核的意思。

【译文】

文王又问："应该怎样选用德才兼备的人才呢?"

太公回答：“将和相各有自己的职守，应分工负责，在自己职责范围内依官职的名称推荐进用合适的人才。要按照官名所表示的意义考核一个人是否具有担任这一职务的才能，选拔具有真才实学的人，在工作中考察他们的实际能力，使每个被选用的人才本身具备的才智、能力都与所担任的官职相当，做到名实相副，这样做就掌握了选用人才的方法。”

赏罚

文王问太公曰：“赏所以存劝[1]，罚所以示惩[2]。吾欲赏一以劝百，罚一以惩众，为之奈何？”

太公曰：“凡用赏者贵信，用罚者贵必。赏信罚必于耳目之所闻见，则所不闻见者莫不阴化矣[3]。夫诚，畅于天地[4]，通于神明，而况于人乎？”

【注释】

①劝：奖勉。

②惩：警戒。

③阴化：暗中感化。

④畅：通达。

【译文】

文王问太公说：“颁行赏赐，是用来表明对有功者的勉励；施加刑罚，是用来显示对有罪者的警戒。我想赏赐一人而使众人受到勉励，惩罚一人而使众人受到警诫，那该怎么办？”

太公回答：“凡颁行赏赐，以信守诺言为最重要；施加刑罚，以说到做到为最重要。如果在身边近处、明处能够亲耳所闻、亲眼所见的范围内实施了颁行赏赐一定信守诺言、施加刑罚一定说到做到，那么远处、暗处不能亲耳所闻、亲眼所见的地方的人们必然会暗中受到感化。真诚守信，可以与天地神灵相通，何况对于人呢？"

兵道

武王问太公曰："兵道如何？"

太公曰："凡兵之道，莫过乎一①。一者，能独往独来②。黄帝曰③：'一者，阶于道④，几于神⑤。用之在于机，显之在于势，成之在于君。'故圣王号兵为凶器⑥，不得已而用之。今商王知存而不知亡⑦，知乐而不知殃。夫存者非存，在于虑亡；乐者非乐，在于虑殃。今王已虑其源，岂忧其流乎⑧？"

【注释】

①一：精一，专一。

②独往独来：此指能在掌握运用事物的规律的前提下自由行动，不受牵制。

③黄帝：传说时期中原地区部落联盟的领袖，后被中原各族奉为共同的祖先。据古史记载，为少典之子，姬姓，号轩辕氏、有熊氏，曾先后打败以炎帝、蚩尤为首的部落，领导中原人民发展农业，并在医药、技术、数学、音乐等方面取得重大进步，大大发展了中原地区的文明。后世的一些道家、兵家著作多有假托其名的。下引之文，当即出自某一种假托黄帝的兵家书。

④阶：阶梯。这里用作动词，指逐步通向。

⑤几（jī）：接近。

⑥圣王：指道德、智能、功业都极其高超的古帝王。凶器：不祥
之物。

⑦商王：这里指商王朝最后一个王帝辛。帝辛名受，亦作纣，据古
史记载，是一个残暴的君主。后周武王伐商，帝辛兵败自焚。

⑧源：本源。此指用兵的根本原则。流：支流。此指用兵的各种
细则。

【译文】

武王问太公道："用兵有哪些重要原则？"

太公回答："用兵的原则，最重要的莫过于精纯专一。做到了精纯专一，就能不受外界条件的限制，独往独来，自由行动，无往而不利。黄帝曾经说过：'精纯专一，是通往掌握宇宙万物根本规律这一境界的阶梯，接近于出神入化。运用它，在于善于抓住时机；显示它，在于造成有利的形势；取得成效，则在于国君能否授权将帅专断独行，得以尽其变化之妙。'所以古时的圣王把兵器看作不祥之物，在万不得已的时候才使用它。当今商王只知道自己的国家安然存在，不知道已经

《钦定书经图说》"征苗誓师图"
大禹摄政位，天下皆服德从化，三苗恃险而不循教令，于是征召诸侯会师讨伐三苗。

潜伏着灭亡的危险，只知道贪求享乐，不知道灾祸已经逼近。一个国家现时生存，不一定能长久生存，求得长久生存的方法在于时刻想到亡国的危险；一个人现时安乐，不一定能长久安乐，求得长久安乐的方法在于时刻想到灾祸的逼近。现在我王已经考虑到事物的本源，问明了用兵最重要的原则，难道还用得着忧虑作为支流的各种细则吗？"

武王曰："两军相遇，彼不可来，此不可往，各设固备^①，未敢先发。我欲袭之，不得其利。为之奈何？"

太公曰："外乱而内整，示饥而实饱，内精而外钝^②。一合一离，一聚一散。阴其谋，密其机，高其垒，伏其锐士。寂若无声，敌不知我所备。欲其西，袭其东。"

【注释】

①固备：坚固的防御。

②钝："锐"的反面。此指各种缺乏战斗力的迹象。

【译文】

武王又问："两军相遇，彼此对峙，敌军不能来，我军不能往，各自设下坚固的防御，都不敢首先进攻。我想发动袭击，可是未能占有可以因利乘便的优势地位。在这种情况下，应该怎么办？"

太公回答："这就需要使全军表面上装出散乱的样子，而实际上整齐有序；表面上装出饥饿的样子，而实际上都能饱食；表面上装出士卒瘦弱，器械不良，缺乏战斗力的样子，而实际上士卒精壮，器械精良，战斗力极强。忽离忽合，忽聚忽散，使敌军摸不透用意。暗中行施计谋，保守发动攻势的机密，高高地修筑营垒，隐伏好精锐的战士。军营内寂然无声，敌军无法知道我军所做的战前准备。我军开始行动，如果打算进攻敌军的西翼，就先用一小支部队去袭击敌军东翼，以佯攻迷惑敌军，吸引兵力，配合主力作战。"

武王曰："敌知我情，通我谋①，为之奈何？"

太公曰："兵胜之术，密察敌人之机而速乘其利，复疾击其不意。"

【注释】

①通：通晓。

【译文】

武王又问："如果敌方了解我军的情况，又通晓我军的计谋，那该怎么办？"

太公回答："在这种情况下，用兵制胜的方法在于周密地查明敌军行动的机密，寻找弱点，迅速抓住有利的时机，出其不意地突然发动袭击。"

武 韬

【题解】

　　本卷共5篇，从基本内容来看，论述了无为而治的政治思想，要修德惠民，保证人们的利益，看似与战争无关，其实都是从战略决策的角度来思考的。在军事思想方面，本卷主要阐述了"文伐"的观念，即12种非军事手段打击敌人的方法。此外，还论述了如何攻强、离间、瓦解等军事策略。

发启

　　文王在丰①，召太公曰："呜呼！商王虐极，罪杀不辜②。公尚助予忧民③，如何？"

【注释】

　　①丰：即丰京，都邑名。周文王在消灭崇国以后从岐迁都于此，故地在今陕西长安西南沣河以西。

　　②不辜：指无罪之人。辜，罪。

　　③公尚：太公望名尚。公，尊称。

【译文】

　　文王在丰京，召见太公望，对他说："唉！商王的暴虐已经到达极点了，加罪并杀害了许多无辜的人。您帮助我为苦于商王暴政的人们谋虑，设法解救他们，怎么样？"

太公曰："王其修德，以下贤惠民^①，以观天道^②。天道无殃^③，不可先倡；人道无灾^④，不可先谋。必见天殃，又见人灾，乃可以谋。必见其阳，又见其阴，乃知其心；必见其外，又见其内，乃知其意；必见其疏，又见其亲，乃知其情。

【注释】

①下贤：谓屈己以尊贤者。

②天道：此指天象的变化。古人迷信，以为天象的变化与人事有关。

③殃：指各种灾变以及日食等古人认为不祥的自然现象。

④人道：此指人事、人伦。

【译文】

太公回答："我王要加强自身的道德修养，敬重德才兼备的贤人，并且给普通的百姓施加恩惠，观察天意所向。如果商朝没有发生天灾，不可以首先倡议灭商；如果商朝没有发生人祸，不可以先行谋划伐纣。一定要既看到商朝发生了天灾，又看到商朝发生了人祸，才能筹划伐纣灭商。一定要既看到商王公开的言论，又看到他私下的所作所为，才能摸透他的心思；一定要既看到商王外表的行动，

明刊本《封神演义》"冀州侯苏护反商图"

又看到他的内心世界，才能了解他的意向；一定要既看到他疏远什么人，又看到他亲近什么人，才能知道他真情所在。

"行其道，道可致也；从其门，门可入也；立其礼，礼可成也；争其强，强可胜也。全胜不斗，大兵无创①，与鬼神通。微哉！微哉！与人同病相救，同情相成，同恶相助，同好相趋。故无甲兵而胜，无冲机而攻②，无沟堑而守。

【注释】

①大兵：此指兵力十分强大，先声夺人，威名远播的军队。

②冲机：即冲车，古代的一种用以冲撞城墙的战车。

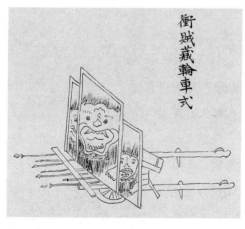

冲贼藏轮车
清抄本《兵钤》插图。

【译文】

"只要决心施行能够成就王业的正道，就能得到这个正道；只要决心寻求通向胜利的大门，就能进入这个大门；只要决心确立适宜的礼制，就能制定这种礼制；只要决心与敌人争强，再强大的敌人也能战胜。获得全面的胜利，不必进行战斗；强大的军队先声夺人，就能使敌人屈服而自身毫无损伤，其中的奥秘不可预测，与鬼神相通。真是奇妙啊！真是奇妙啊！如果与别人患同一病痛，双方就会互相救治；如果与别人怀有同样的心情，双方就会互相支持；如果与别人具有共同的憎恶对象，双方就会互相帮助；如果与别人抱有共同的爱好，双方就会互相接近。所以只要同心同德，即使没有甲胄兵器，也能战胜敌军；即使没有冲车，也能攻破敌城；即使没有沟堑，也能牢固地防守。

　　"大智不智，大谋不谋，大勇不勇，大利不利。利天下者，天下启之①；害天下者，天下闭之②。天下者，非一人之天下，乃天下之天下也。取天下者，若逐野兽，而天下皆有分肉之心。若同舟而济，济则皆同其利，败则皆同其害。然则皆有启之，无有闭之也。无取于民者，取民者也；无取于国者，取国者也；无取于天下者，取天下者也。无取民者，民利之；无取国者，国利之；无取天下者，天下利之。故道在不可见，事在不可闻，胜在不可知。微哉！微哉！鸷鸟将击③，卑飞敛翼；猛兽将搏，弭耳俯伏；圣人将动，必有愚色。

【注释】

①启：开启。这里是敞开心胸，竭诚欢迎的意思。

②闭：闭塞。这里是拒绝、对抗的意思。

③鸷（zhì）鸟：鹰、雕之类的猛禽。

【译文】

　　"禀有高超智慧的人，别人看不出他的智慧；运用重大计谋的人，别人看不出他的计谋；具备极大勇敢的人，别人看不出他的勇敢；谋取

《钦定书经图说》"布昭圣武图"
伊尹称述商汤以武功布德。

最大利益的人，别人看不出他的利益。能使天下人得利的，天下人都会欢迎他，帮助他；要使天下人受害的，天下人都会憎恨他、抗拒他。天下，不是某一个人私有的天下，而是天下之人共有的天下。取天下，就像是追逐野兽，天下之人都有分肉而食的心理。又好比许多人同乘一条船渡河，能安全渡过，共同有利，船如毁坏，共同受害。能这样与天下人利害相同，天下人就都会竭诚欢迎，而不会闭门相拒了。不向人们索取，实际上却取得了民心；不向国家索取，实际上却取得了一国之人的拥护；不向天下索取，实际上却取得了天下之人的欢迎。不向人们索取的，人们会使他得利；不向国家索取的，国家会使他得利；不向天下索取的，天下会使他得利。所以说，要取得天下，其运用的战略妙在人所不可见，其进行的活动妙在人所不可闻，其制胜的方法妙在人所不可知。真是奇妙啊！真是奇妙！猛禽将要搏击猎食，一定先低飞而收起双翼；猛兽将要搏击猎食，一定先垂耳而俯伏在地；圣人将要有所行动，一定是大智若愚，不引人注意。

"今彼殷商①，众口相惑，纷纷渺渺②，好色无极。此亡国之征也。吾观其野，草菅胜谷③。吾观其众，邪曲胜直。吾观其吏，暴虐残贼。败法乱刑，上下不觉。此亡国之时也。大明发而万物皆照④，大义发而万物皆利，大兵发而万物皆服。大哉！圣人之德，独闻独见。乐哉！"

【注释】

①殷商：商自盘庚迁都于殷（今河南安阳）以后，又称"殷"。"殷""商"互称，又可连称。

②纷纷渺渺：杂乱纷扰、没有止境的样子。

③菅（jiān）：一种野草。

④大明：指阳光。

【译文】

"现在那个商朝，上下互相欺骗迷惑，朝廷杂乱纷扰，商王荒淫好色又没有止境。这是国家即将灭亡的征兆。我看那里的土地，野草长得比庄稼还茂盛。我看那里的人们，心术不正的奸邪之徒压倒了正直的人。我看那里的官吏，一个个都残暴刻毒。法制败坏，刑罚错乱，面临危机而君臣上下都还没有知觉。这正是国家该要灭亡的时候。阳光一出，天下万物都被照耀；正义的事业一进行，天下万物都会得利；正义的军队一发动，天下万物都会降服。真是伟大啊！圣人的道德高尚之极，见解超群，先知先觉。能达到这种境界，真是乐在其中！"

文启

文王问太公曰："圣人何守①？"

太公曰："何忧何啬，万物皆得；何啬何忧，万物皆遒。政之所施，莫知其化②，时之所在，莫知其移。圣人守此而万物化，何穷之有？终而复始。优之游之③，展转求之④；

求而得之，不可不藏；既以藏之，不可不行；既以行之⑤，勿复明之⑥。夫天地不自明，故能长生⑦；圣人不自明，故能名彰。

【注释】

①守：此指治理天下所必须坚守的原则。

②化：教化，感化。

③优之游之：悠闲自得、从容不迫的样子。

④展转：同"辗转"。本指在卧席上反侧不安，难以入睡，这里是翻来覆去地思考探索的意思。

⑤以：通"已"。

⑥明：宣扬，明白地宣告。

⑦长生：指生长万物。

【译文】

文王问太公说："圣人治理天下，有哪些原则必须坚守，不能丢失？"

太公回答："何必怕有所丢失，也无须吝啬，天下万物都能获得；何必吝啬，也无须怕有所丢失，天下万物都会聚合。政令的实施，要人们在不知不觉中受到教化，就像时间的所在，人们感觉不到它正在推移。圣人能坚守这一原则，无为而治，那么天下万物也就受他潜移默化，哪里会有穷尽？必然循环不已，终而复始。圣人的那种无为而治的原则，一方面要从容不迫、悠闲自得地去体会，一方面又要努力思考研究，反复探索追求；一旦求得并参悟了其间深刻的道理，不可不把这一原则深藏于心中；既然心中深藏这一原则，不可不在施政中加以推行；既然已在施政中加以推行，那就不必再予以宣扬。天地不自我宣扬，所以能使万物生长；圣人不自我宣扬，所以能功业辉煌，名扬天下，流芳百世。

"古之圣人聚人而为家，聚家而为国，聚国而为天下。分封贤人，以为万国，命之曰大纪①。陈其政教②，顺其民俗，群曲化直③，变于形容④。万国不通，各乐其所，人爱其上⑤，命之曰大定⑥。呜呼！圣人务静之⑦，贤人务正之⑧，愚人不能正，故与人争。上劳则刑繁⑨，刑繁则民忧，民忧则流亡。上下不安其生，累世不休，命之曰大失⑩。

《钦定书经图说》"民怀有仁图"
伊尹申告太甲，要继祖以懋德。

【注释】

①命：命名。大纪：此指遵循最重要的法度原则，因而秩序井然。

②陈：敷陈，宣扬。政教：政令和教化。

③曲：奸邪不正。直：正直。

④形容：指神色举动。

⑤上：指君上、长上。

⑥大定：非常安定。

⑦静：清静无为。

⑧正：指纠正不良的风俗。

⑨劳：指烦苛多事。

⑩大失：最重大的失误。

【译文】

"古时的圣人立俗定法，把人们组成一个个家庭，把许许多多家庭组成一个个国家，把许许多多国家组成整个天下。分封德才兼备的贤人为诸侯，建立万国，自己并不直接治理，这种情况可以称之为"大纪"。贤人们治理国家，发布和宣扬各种政令，实施教化，顺应各地的民俗，使沾染恶习的人们改邪归正，神色举动都有所改变。天下万国虽然风俗不同，互不相通，但人们都安居乐业，敬爱自己的君上尊长，这种情况可以称之为"大定"。唉，真是可叹！圣人为君治理天下，务求清静无为，贤人为君治理国家，务求纠正不良的风俗，愚人为君不懂得这个道理，所以反而与人们争利。作为君上，如果烦苛多事，人们容易触犯法网，刑罚就会不胜其多，刑罚不胜其多，人们就会心中忧惧，人们心中忧惧，就会流离逃亡。于是上下都不得安生，一直持续许多世代，这种情况可以称之为"大失"。

"天下之人如流水，障之则止，启之则行，静之则清。呜呼，神哉！圣人见其所始，则知其所终。"

【译文】

"天下人们去恶向善之心如同流水一样，阻塞它，就会停止不行；开导它，就会畅通流行；使它保持安静，就会澄清明彻。唉，真是神奇啊！圣人看到变化的开始，就能预测变化的结果。"

文王曰："静之奈何？"

太公曰："天有常形①，民有常生②，与天下共其生，而天下静矣。太上因之③，其次化之。夫民化而从政，是以天无为而成事，民无与而自富。此圣人之德也。"

文王曰："公言乃协予怀④，夙夜念之不忘，以用为常。"

【注释】

①天有常形：指天显示出有一定的运行规律，如有春、夏、秋、冬的变化，万物也随之而春生、夏长、秋敛、冬藏等等。

②民有常生：指人民顺应天时，也有规律地从事生产，如春耕、夏耘、秋收、冬息等。

③太上：最大，最好。

④协：符合。

【译文】

文王又问："怎么才能使人们安静，天下安定呢？"

太公回答："天自能显示其运行的常规，人们也自能顺应天道而从事经常的生业，如果能同天下人们一起保有这种经常的生业，天下也就安静无事了。最好的办法就是顺应天道人心，其次就是对人们实施教化。人们受到教化就能服从政令，所以说天道无为而治，而能使万物成长，人们不用给予他们什么，也自然能够富足。这就是圣人治理天下的德政。"

文王说："您讲的这些话正合我意，我要日夜牢记，念念不忘，用作治理国家的准则。"

文伐

文王问太公曰："文伐之法奈何①？"

太公曰:"凡文伐有十二节：

【注释】

①文伐：用文事展开攻势，也就是用各种非军事的手段削弱敌人，在无形之中予以打击。

【译文】

文王问太公曰："在采取军事行动以前，先用非军事的手段打击敌人，有些什么方法?"

太公回答："用非军事的手段打击敌人，共有十二种方法：

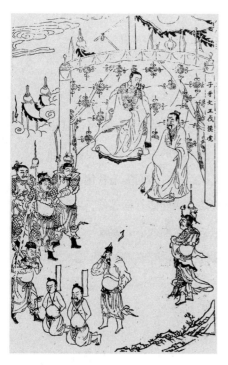

明刊本《封神演义》"子牙文王伐侯虎图"

"一曰：因其所喜，以顺其志。彼将生骄，必有奸事。苟能因之，必能去之。

【译文】

"第一：依照敌国君主的爱好，顺应他的心愿。这样，他就会滋长骄傲情绪，必然做出邪恶的事情。我们如能利用这种事态，一定能把他除掉。

"二曰：亲其所爱，以分其威。一人两心，其中必衰①。廷无忠臣，社稷必危。

【注释】

①中：此指忠诚、正直的内心世界。

【译文】

"第二：亲近、拉拢敌国君主所喜爱的人，削弱敌国君主的权威。一个人怀有二心，他对国君的忠诚程度必然越来越低。敌人朝廷中没有了忠臣，国家一定危亡。

"三曰：阴赂左右，得情甚深。身内情外，国将生害。

【译文】

"第三：暗中贿赂敌国君主身边的近臣，同他们建立深厚的情谊。这些近臣身在敌国国内而心向国外，敌国必然会发生祸患。

"四曰：辅其淫乐①，以广其志②，厚赂珠玉，娱以美人。卑辞委听③，顺命而合，彼将不争，奸节乃定④。

【注释】

①淫乐：过度的享乐。

②志：此指享乐的欲望。

③卑辞：极其谦卑的言辞。委听：曲意听命。

④奸节：此指邪恶的行为。

【译文】

"第四：诱使敌国君主过荒淫的生活，助长他追求享乐的欲望，多多奉献他珠玉财宝，又赠送美女讨取他的欢心。同他交往时使用最谦卑的辞令，曲意听命，顺从他的命令，迎合他的心意，这样一来，他将会松懈同我相争的斗志，而毫无顾虑地放纵自己去做邪恶的事情。

　　"五曰：严其忠臣^①，而薄其赂，稽留其使^②，勿听其事。亟为置代^③，遗以诚事^④，亲而信之，其君将复合之^⑤。苟能严之，国乃可谋。

【注释】

①严：尊敬。

②稽留：拖延时间，使之停留。

③亟（jí）：赶快，尽快。置代：派人替代。

④遗（wèi）：给予，赠送。这里是告诉的意思。

⑤合：约和连合。

【译文】

　　"第五：尊敬敌国的忠臣，但只给他很少的礼物，如果他作为使者来到我国，就故意拖延时间，留住他，而又不听取他的意见，让他不能完成使命。想方设法尽快使敌国君主另派使者来替代，告诉新来的使者一些真实情况，向他表示亲近友好，诚心结交，这样，他既然能完成使命，敌国国君就会再次派来同我国谈判约和。如果我们尊敬敌国的忠臣，敌国的国君就会疏远他，我们就能谋取他的国家了。

　　"六曰：收其内^①，间其外^②，才臣外相^③，敌国内侵，国鲜不亡^④。

【注释】

①收：拉拢，收买。内：指朝廷中的大臣。

②间：离间。外：指统兵在外的将领和一些地方行政长官。

③相：辅助，帮助。

④鲜（xiǎn）：少。

【译文】

"第六：拉拢收买敌国君主朝廷中的大臣，离间敌国君主同他统兵在外的将领、守臣的关系，使敌国有才能的臣僚都暗中帮助外国，再加上外国入侵，这样的国家就很少不灭亡的了。

"七曰：欲锢其心①，必厚赂之，收其左右忠爱②，阴示以利，令之轻业，而蓄积空虚。

【注释】

①锢：禁锢。此指牢固地控制。

②忠爱：指表面上忠君爱君，因而受到亲信的近臣。

【译文】

"第七：要想牢固地控制敌国君主的思想，使他对我深信不疑，一定要多多地赠送他贵重的礼物，同时要收买他左右的亲信近臣，暗中许给他们种种好处，使敌国君臣只想贪求我们的礼物，而忽视本国的生产事业，造成物资缺乏，国库空虚。

"八曰：赂以重宝①，因与之谋，谋而利之。利之必信，是谓重亲②。重亲之积，必为我用。有国而外，其地大败。

【注释】

①重宝：即重器、宝器。多指鼎彝等传国的大型青铜礼器，极其

珍贵。

②重亲：亲而又亲，情谊极其亲密。

【译文】

"第八：把传国的宝物赠送给敌国君主，博得他的欢心，从而和他一起图谋其他国家，使这一图谋对他有利。他得到好处以后，一定对我更加信任，这就叫作结成了极其亲密的情谊。这种情谊进一步发展，敌国君主一定受我利用。作为拥有一国统治权的君主而被外国所利用，他的国家一定会严重地衰败削弱。

"九曰：尊之以名，无难其身，示以大势，从之必信。致其大尊，先为之荣，微饰圣人①，国乃大偷②。

《钦定书经图说》"斫胫剖心图""囚奴正士图""郊社不修图""宗庙不飨图"，皆为商纣王暴虐之举。

【注释】

①微饰：巧妙地加以装扮。

②偷：怠惰，得过且过。

【译文】

"第九：给敌国国君奉献尊荣的称号，不要让他在满足自身的虚荣心方面遇到什么困难，使他觉得自己拥有最了不起的权势，顺从他的意愿，一定装出诚心诚意的样子。把最尊荣的尊号送给他，又事先对他大加恭维称颂，巧妙地把他比作圣人，这样，他既妄自尊大，政事就会严重废弛，国家也就呈现出一种怠惰苟且的景象。

"十曰：下之必信①，以得其情，承意应事，如与同生②。

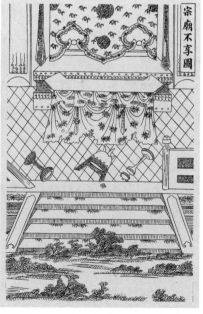

既以得之③，乃微收之④，时及将至，若天丧之。

【注释】

①下：指把自己放在卑下的地位，表示恭顺。

②同生：同胞兄弟。

③以：通"已"。

④收：操纵，控制。

【译文】

"第十：对敌国的君主表示谦卑恭顺，一定要显得诚心诚意，从而得到他的情谊，承应他的意图办事，和他好像同胞兄弟一样亲密。在取得他的信任以后，就暗中逐渐操纵控制他，一旦时机来到就消灭他，如同是老天要他灭亡。

"十一曰：塞之以道①。人臣无不重贵与富，恶死与咎②，阴示大尊③，而微输重宝，收其豪杰。内积甚厚，而外为乏。阴纳智士，使图其计；纳勇士，使高其气。富贵甚足，而常有繁滋④。徒党已具，是谓塞之。有国而塞，安能有国？

【注释】

①塞：此指闭塞、障蔽敌国国君的耳目。

②咎：灾祸。

③大尊：高官贵爵。

④繁滋：增益，加多。

【译文】

"第十一：用适当的方法闭塞敌国君主的耳目，使他不能了解真实的情况。凡是人臣，无不看重并追求尊贵的地位和财富，而厌恶死亡和灾祸，应该暗示可以给他们高官高爵，又偷偷地赠送他们珍贵的宝器，用种种手段来收买敌国的豪杰之士。国内要积蓄很多财富，外表却要显得国家财用不足。暗中招纳有智之士，使他们出谋划策；又招纳勇力之士，使他们斗志昂扬。让这些人享有足够的富贵，人数又不断增加。在本国和敌国都有为我效力的徒党，这就能闭塞敌国君主的视听。敌国君主虽然有一国的统治权，但他耳目闭塞，怎么还能保住自己的国家呢？

"十二曰：养其乱臣以迷之①，进美女淫声以惑之②，遗良犬马以劳之③，时与大势以诱之，上察而与天下图之④。

【注释】

①乱臣：奸邪乱政之臣。

②淫声：不庄重、不正派的音乐，靡靡之音。此指专门演奏这类音乐的乐工。

③犬马：指用于打猎的猎犬和田马。

④上察：谓上察天道，即观察有利的时机。

【译文】

"第十二：培养扶植敌国朝廷中奸邪乱政的大臣，用来迷乱敌国君主的心智，向敌国君主进献美女和演奏靡靡之音的乐工，用来迷惑他的神志，向敌国君主赠送出色的猎犬和骏马，使他的身体因猎游过度而疲劳困顿，经常奉承他权势无比，诱骗他妄自尊大，然后再观察有利的时机，同天下人一起，图谋把他消灭。

"十二节备，乃成武事。所谓上察天，下察地，征已见^①，乃伐之。”

【注释】

①见（xiàn）：显现。

【译文】

"上述十二种非军事的手段都已用过，就可进而采取军事行动来完成大业了。这就是所谓上观天时，下观地利，看到对我有利的征兆已经显露，就出兵征伐。"

顺启

文王问太公曰："何如而可为天下？"

太公曰："大盖天下^①，然后能容天下；信盖天下，然后能约天下^②；仁盖天下，然后能怀天下^③；恩盖天下，然后能保天下；权盖天下，然后能不失天下；事而不疑，则天运不能移^④，时变不能迁。此六者备，然后可以为天下政。

【注释】

①大：此指气度、度量而言。盖：覆盖。

②约：约束，收拢。此指制订法令加以管束。

③怀：使归向、归服。

④天运：天体运行的规律，自然的气数。此指天命，亦即上天的意志。

【译文】

文王问太公说："怎样做然后才能治理天下？"

太公回答："气度足以覆盖整个天下，然后才能包容天下；诚信足以覆盖整个天下，然后才能约束、管理天下；仁爱足以覆盖整个天下，然后才能使天下人心归服；恩惠足以覆盖整个天下，然后才能保有天下；权力足以覆盖整个天下，然后才能不丢失天下；有治理好天下的决心，遇事能顺应人心，当机立断，而不疑虑犹豫，那么天命的变化，时势的迁移，都无法予以改变。这六个方面的条件都已具备，然后才可以执政治理天下。

《钦定书经图说》"民归一德图"

《尚书·咸有一德》载，伊尹还政太甲，谏诫太甲说："天私我有商，惟天佑于一德。"

"故利天下者，天下启之；害天下者，天下闭之；生天下者，天下德之；杀天下者①，天下贼之②；彻天下者③，天下通之；穷天下者④，天下仇之；安天下者，天下恃之；危天下者，天下灾之。天下者非一人之天下，唯有道者处之。"

【注释】

①杀：灭绝。

②贼：残害，毁灭。

③彻：贯通，畅通。

④穷：与上"彻"相对，指困迫、无路可走。

【译文】

"所以说能使天下人得利的，天下人都会欢迎他、帮助他；要使天下人受害的，天下人都会反对他、抗拒他；能使天下人生存繁育的，天下人都会对他感恩戴德；要使天下人衰竭灭绝的，天下人都会恨不得毁灭他的生命；能使天下人的生路条条贯通的，天下人都会让他的事业畅通无阻；要使天下人走投无路的，天下人都会把他当作仇敌；能使天下人安居乐业的，天下人都会归附他、依靠他；要使天下人遭受危害的，天下人都会像躲避灾祸一样避开他、远离他。所谓天下，并不是某一个人所专有的天下，只有有德的人才能身居王位治理天下。"

三疑

武王问太公曰："予欲立功，有三疑：恐力不能攻强、离亲、散众，为之奈何？"

【译文】

武王问太公说："我想建立功业，但有三点疑虑：一是恐怕自己的力量不能攻破强大的敌人，二是恐怕不能离间敌国君主的亲信大臣，三是恐怕不能使敌国民心涣散，应该怎么办才好？"

太公曰："因之①，慎谋，用财。夫攻强必养之使强，益之使张。太强必折，大张必缺。攻强以强，离亲以亲，散众以众。

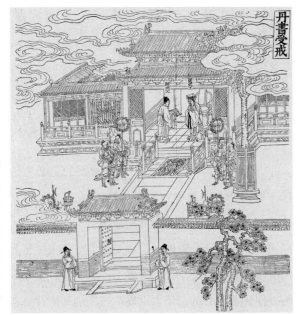

明刊本《帝鉴图说》"丹书受戒图"

周武王，为文王之子。姬姓，名发。继位后，联合盟军于牧野一战，大败商纣，灭亡商，建立周。《大戴礼记·武王践阼》记载，武王问师尚父："恶有藏之约，行之行，万世可以为子孙恒者乎?"师尚父曰："在丹书。王欲闻之，则齐矣。"三日，王端冕，师尚父亦端冕，奉书而入，负屏而立。

【注释】

①因：顺应，利用。

【译文】

太公回答："这就需要利用敌人的骄横且谨慎地运用计谋，舍得使用钱财。要进攻强大的敌人，一定先要创造条件，助长他强大的势头，让他的势力得到进一步的扩张。过于强大，必然会受到挫折，过度扩张，必然会造成破裂。要进攻强大的敌人，应该利用他的强大；要离间敌国君主的亲信，应该利用敌国君主的另一些亲信；要涣散敌国的民心，应该利用敌国的民众。

"凡谋之道，周密为宝。设之以事，玩之以利①，争心必起。欲离其亲，因其所爱，与其宠人。与之所欲，示之所利，因以疏之，无使得志。彼贪利甚喜，遗疑乃止^②。

【注释】

①玩：玩弄。这里可以解释为引诱。

②遗疑：遗留的疑虑。此指对我真实用心的怀疑。

【译文】

"凡是确定并运用计谋，至关紧要的是必须做好周密的布置。要安排一些事情，用种种利益引诱敌国君主的亲信大臣，使他们为了得到这些利益而互相争夺。要离间敌国君主同他亲信大臣之间的关系，应该利用敌国君主所喜爱的近臣和受到宠幸的人。依照他们的欲望，送给他们贵重的礼物，许给他们各种丰厚的利益，依靠他们向敌国国君施加影响，使怀着忠心的亲信大臣逐渐被疏远，不让这些忠臣受到重用。那些敌国君主身边的宠臣，贪图私利，得到好处十分高兴，原有的一些对我方真实意图的怀疑也就消失了。

"凡攻之道，必先塞其明，而后攻其强，毁其大^①，除民之害。淫之以色，唉之以利^②，养之以味，娱之以乐。既离其亲，必使远民。勿使知谋，扶而纳之^③，莫觉其意，然后可成。

【注释】

①大：指守备坚固的大城大邑。

②唉（dàn）：这里是利诱的意思。

③扶：这里是诱导的意思。纳：纳入。

【译文】

"凡是要进攻强大的敌国，必须首先堵塞敌国君主的耳目，使他不能了解真实情况，然后再设法攻破敌国强大的军队，摧毁敌国的大城大邑，除掉敌国种种残害人们的暴政。要做到这些，对敌国君主，应该用美女去迷惑他，用厚利去引诱他，用山珍海味去滋养他，用靡靡之音去娱乐他，使他贪图各种享受。既然已经离间了他同亲信大臣之间的关系，又必须使他疏远自己的人们。不要让他明白我方的计谋，慢慢诱导，把他纳入我方设置的圈套之中，他始终不觉察我方的意图，我们的计谋也就可以成功了。

"惠施于民，必无爱财①。民如牛马，数喂食之②，从而爱之。

"心以启智，智以启财，财以启众，众以启贤。贤之有启，以王天下。"

【注释】

①爱：吝啬，吝惜。

②数（shuò）：屡次，多次。食（sì）：喂养。

【译文】

"对百姓施加恩惠，一定不要吝惜财物。百姓如同牛马，要经常喂养他们，并且爱护他们。

"用心思考能启发智慧，智慧能开发财富，财富能招致百姓，在众多的百姓之中会出现贤才。贤才出现了，为我所用，就可以完成统一天下的王业了。"

龙　韬

【题解】

本卷共13篇，主要论述军队的统率、指挥问题，介绍了品评将帅的原则（"五材""十过"）、立将的方法，还就将帅如何树立威信、提高士气做了阐述。本卷还以较多的篇幅论述了秘密通信手段、奇兵、预测战争的胜负等问题，部分内容有迷信色彩。

王翼

武王问太公曰："王者帅师，必有股肱羽翼①，以成威神②，为之奈何？"

太公曰："凡举兵帅师，以将为命③。命在通达，不守一术。因能受职④，各取所长，随时变化，以为纲纪。故将有股肱羽翼七十二人，以应天道⑤。备数如法，审知命理⑥，殊能异技，万事毕矣。"

【注释】

①股肱（gōng）羽翼：人无股肱不便行事，鸟无羽翼不能飞翔。古代每以"股肱"或"羽翼"来比喻辅佐之人。股肱，大腿和胳膊。

②威神：尊贵威严，神机莫测。

③命：根本所在。此谓全军首脑。

④受：付与。后作"授"。

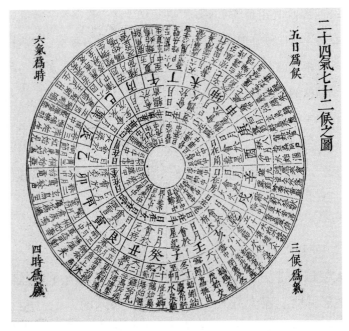

二十四气七十二候图
明刊本《三才图会》插图。

⑤天道：天象，亦即大自然运行的规律。古人认为人事如有缺失，
  天道会因之生变。人事与天道相应，就能避免灾祸，顺利如意。
  又，古代以五日为一候，三候为一节气，分一年为七十二候，共
  二十四节气。根据动物、植物及其他自然现象变化的征候，说明
  每候、每节气时令的变化。这也是所谓"天道"之一。这里说
  "股肱羽翼七十二人，以应天道"，就是以七十二人应七十二候。

⑥审：清楚的。命理：此指天道和事理。

【译文】

　　武王问太公说："国君统率军队，身边必定要有一些能起股肱羽翼
作用的人辅佐，以造成尊贵威严、神机莫测的气势，要做到这一点，应
该怎么办？"

太公回答:"凡用兵统率军队,必须把主将当作全军的首脑。全军首脑,指挥军队应该事理通达,而不仅仅只精通某一种本领。应该善于选拔人才,根据他们的能力授予适宜的职务,用其所长,处理各种事物应该根据情况的不同而随时有所变化,以此作为配备指挥部工作人员的准则。所以主将身边要有起股肱羽翼作用的辅佐人员七十二名,这样就可以上应天道的七十二候。编制确定,如法配备,清楚地了解天道和事理,又把一批具有特殊才能和奇异本领的人聚集在身边,主将就万事皆备了。"

武王曰:"请问其目^①。"

太公曰:"腹心一人,主潜谋应卒^②,揆天消变^③,总揽计谋,保全民命。谋士五人,主图安危,虑未萌,论行能^④,明赏罚,授官位,决嫌疑,定可否。天文三人,主司星历^⑤,候风气^⑥,推时日^⑦,考符验^⑧,校灾异^⑨,知天心去就之机^⑩。地利三人,主三军行止形势^⑪,利害消息^⑫,远近险易,水涸山阻,不失地利。兵法九人,主讲论异同,行事成败,简练兵器^⑬,刺举非法^⑭。通粮四人,主度饮食^⑮,备蓄积,通粮道,致五谷,令三军不困乏。奋威四人,主择材力^⑯,论兵革^⑰,风驰电掣,不知所由。伏旗鼓三人^⑱,主伏鼓旗,明耳目,诡符印^⑲,谬号令,阘忽往来^⑳,出入若神。股肱四人,主任重持难,修沟堑,治壁垒,以备守御。通材三人,主拾遗补过^㉑,应偶宾客^㉒,论议谈语,消患解结^㉓。权士三人,主行奇谲^㉔,设殊异,非人所识,行无穷之变。耳目七人,主往来听言视变,览四方之士^㉕,军中之情。爪牙五人,主扬威武,激励三军,使冒难攻锐^㉖,无所疑虑。羽翼四人，主扬名誉，震远方，摇动四境，以弱敌心。游士八人，主伺奸候变，开阖人情㉗，观敌之意，以为间谍。术士二人，主为谲诈，依托鬼神，以惑众心。方士二人，主百药，以治金疮㉘，以痊万病。法算二人，主计会三军营壁、粮食㉙，财用出入。"

【注释】

①目：细目。此指详细的编制情况。

②卒（cù）：后多作"猝"，突然。此指突然发生的紧急情况。

③揆（kuí）天：谓测度天象，窥知天意。揆，测度。变：灾变。古时认为灾变是上天的警告，必须顺应天意才能消弭。

④行能：德行和才能。

⑤星历：星象历数。历法与天文有关，所以"星""历"并称。

⑥候风气：占验风向及时气的变化。

⑦时日：指时日的吉凶。

⑧符验：指天降的祥瑞与人事符合应验。

⑨校（jiào）：校核，考察。

⑩去就：离散或归向。机：此

《钦定书经图说》"峙乃粮糧图"
粮糧即干粮。《尚书》孔传曰："皆当储峙汝糗糧之粮，使足食。"《吕氏春秋·悔过》曰："惟恐士卒罢弊与糗粮匮乏。"

指变化的缘由、关键所在。

⑪三军：指车、骑、步三个兵种，用以代指全军。形势：地形和地势。

⑫消息：指一消一长，或处优势，或处劣势。

⑬简练：此指精心选择，熟练掌握。简，通"拣"。

⑭刺举：侦察检举。

⑮度：计算。

⑯材力：勇力。此指具有勇力的人。

⑰兵革：泛指军备或战事。

⑱伏：通"服"，服习，熟练地掌握。古代作战时往往以旗帜和鼓声传达号令，指挥军队进退，大将必建旗鼓，全军以旗鼓为耳目。

⑲符印：凭证和印信。符，指军中用以传达命令的凭证，用竹木或金属制成。印，印信，军中传达、发布命令也须由将领盖印为凭。宋本为"节"。

⑳阉（yǎn）忽：突然。阉，通"奄"。

㉑拾遗：原指捡拾他人遗失之物，引申为指出尊者的失误，与"补过"同义。

㉒应偶：应对。

㉓结：绳结。比喻结成仇怨。

㉔奇谲（jué）：诡诈。

㉕士：通"事"。

㉖冒：冲犯，冲击。

㉗开阖（hé）：或张或闭，任由控制。

㉘金疮：金属兵刃造成的创伤。

㉙计会（kuài）：计算，总计出入。

【译文】

武王说："请问这七十二人具体应该怎样配备？"

太公回答："一人担任腹心，负责暗中谋划，应付各种突然的事变，测度天象，窥知天意，消弭灾变，并且总管拟订各种谋略计策，保全民众的生命。五人担任谋士，负责谋划使全军处于安全状态、避免危险，考虑尚未发生的事变，消除隐患，并且评议军中将士的德行和才能，使主将能对部属有功则赏，有过则罚，分别授予合适的官职，主将遇到疑难问题，则帮助决策，确定事情是否可行。三人担任天文，负责观察星象，掌握历法，占验风向和时气的变化，推测日期时辰的吉凶，稽考验证人事是否符合天意，查核发生灾异的原因，从而明了人心向背发生变化的原因。三人担任地利，负责选择全军行军道路以及宿息地点的地形地势，了解不同地形条件的利弊和优劣，无论道路是远是近，地势或险或平，也无论是进入缺水地带，还是到了险阻的山区，都不能让我军失掉地理上的优势。九人担任兵法，负责研究讨论各种兵法的异同，据以行事或成功或失败的原因，并且根据兵法精心选择兵器，训练士兵掌握使用，还要侦察揭发军中的非法行为。四人担任通粮，负责计算全军饮食所需，准备好一定的贮存，并且使运输军粮的道路畅通无阻，粮食能送到军中，全军将士不至于感到物资缺乏。四人担任奋威，负责选择勇士，研究如何手持兵器、身披甲胄、到战场上去冲锋杀敌，作战时率领他们如同风驰电掣一般冲击敌阵，出其不意，使敌人不知从何而来。三人担任伏鼓旗，负责熟练地掌握运用旗鼓传达号令的方法，使全军耳闻鼓，目视旗，能够统一行动，为了迷惑敌人，还要故意淆乱军符印信的形制内容以及号令所表示的意义，突然变化，往来不定，神出鬼没。四人担任股肱，负责承担重大的任务，主持艰难的工作，并且指挥挖掘壕沟，修筑围墙，准备好军营的防御工事。三人担任通材，负责指出主将的考虑不周之处以及各种过错，并且接待应对别国的使者宾客，和他们议论谈判，从外交方面消除敌患，解开仇怨。三人担任权士，负责设计种种别人难以识破的诡诈奇异的谋略，诱骗敌军，行施无穷无尽的权变。七人担任耳目，负责往来探听消息，察伺大小事变，观察四方发生的事态和军中的情势。五人担任爪牙，负责发扬军威，激励士气，使全军将士敢于冲击难以攻破的敌阵、进攻精锐的敌军，而毫不迟疑，无所畏惧。四人担任羽翼，负责传播宣扬我军的威名，以致远方为之震惊，四境为之动摇，使敌军勇气削弱，未战先怯。八人担任游士，负责侦伺敌人派出的奸细，观察敌方内部发生的事变，控制人心的动向，窥测敌军的意图，充当间谍。二人担任术士，负责故作怪异，依托鬼神，以迷惑敌军人心。二人担任方士，负责管理各种药品，治疗兵刃造成的创伤，医好各种疾病。二人担任法算，负责总计全军所需的营垒、粮食，掌管钱财物资的出入。"

论将

武王问太公曰："论将之道奈何?"
太公曰："将有五材、十过①。"

【注释】
①材：此指优秀的品质。过：缺点，不良的品质。

【译文】
武王问太公说："评论将帅，应依据哪些标准?"
太公回答："将帅，有五种品性可以称为美德，有十种品性则是严重的缺点。”

武王曰：“敢问其目。”

太公曰：“所谓五材者，勇、智、仁、信、忠也。勇则不可犯，智则不可乱，仁则爱人，信则不欺，忠则无二心。

【译文】

武王说：“我还要冒昧地问一下五种美德、十种缺点的具体名目。”

太公回答：“所谓五种美德，就是勇、智、仁、信、忠。将帅的品性中具备了勇，就不可侵犯；具备了智，就不可惑乱；具备了仁，就能爱人；具备了信，就真诚无欺；具备了忠，就不怀二心。

“所谓十过者：有勇而轻死者，有急而心速者①，有贪而好利者，有仁而不忍人者②，有智而心怯者，有信而喜信人者，有廉洁而不爱人者，有智而心缓者，有刚毅而自用者③，有懦而喜任人者。勇而轻死者，可暴也④；急而心速者，可久也⑤；贪而好利者，可遗也⑥；仁而不忍人者，可劳也⑦；智而心怯者，可窘也⑧；信而喜信人者，可诳也⑨；廉洁而不爱人者，可侮也；智而心缓者，可袭也；刚毅而自用者，可事也⑩；懦而喜任人者，可欺也。

【注释】

①心速：谓匆忙做出决定，急于求功。

②不忍人：不忍心伤害别人。

③自用：自以为是，不接受别人的意见。

④暴：急速，突然。此指突然进攻。

⑤久：此指持久而战，消磨其锐气。

⑥遗（wèi）：赠予。此指贿赂。

⑦劳：此指烦劳困扰。

⑧窘：困迫，束手无策。

⑨诳：用言语欺骗。

⑩事：此指烦以琐事，使之心力交瘁。

【译文】

"所谓十种缺点：就是有的秉性勇敢，但是轻于冒险，不爱惜自己的生命；有的秉性急躁，不深思熟虑，匆匆忙忙就做出决定，急于求功；有的秉性贪婪，喜好财货；有的秉性仁慈，但是在必要的时候硬不起心肠，总是不忍心伤害他人；有的秉性聪明智慧，但是内心怯懦；有的秉性诚实，但是喜欢轻信他人，容易受骗；有的秉性廉洁，但是不能施加恩惠，爱护他人；有的秉性机巧多智，但是遇事迟疑，不能早下决心；有的秉性刚强果敢，但是自以为是，独断独行；有的秉性懦弱，不能勇于负责，喜欢把事情推诿给他人。勇敢而每每轻率地去冒死亡危险的，敌方可以诱他丧失理智，很快就在阵前杀死他；急躁而匆忙行事，一心求功的，敌方可以用持久而战的方法把他拖垮，使他处于困境；贪婪爱财

明刊本《封神演义》"方弼方相反朝歌图"

的，敌方可以贿赂收买他；仁慈而无原则，总是不忍心伤害他人的，敌方可以烦劳困扰他；聪明智慧而内心怯懦的，敌方可以使他处境困窘，不敢有所作为；诚实而轻信他人的，敌方可以用言语蒙骗他；廉洁而不懂爱护他人的，敌方可以污蔑侮辱他；机巧多智而迟疑不决的，敌方可以突然袭击，把他打败；刚强果敢而自以为是的，敌方可以用各种琐事烦扰他，使他心力交瘁；懦弱而喜欢把责任推诿给他人的，敌方可以用计谋欺骗他。

　　"故兵者，国之大事，存亡之道，命在于将。将者，国之辅，先王之所重也①。故置将不可不察也。故曰兵不两胜，亦不两败②。兵出逾境，不出十日，不有亡国，必有破军杀将。"

　　武王曰："善哉！"

【注释】

①先王：先世圣王。此指武王之父文王。

②两胜：双方都得到胜利。两败：双方都失败。

【译文】

　　"所以出兵作战，是国家的大事，关系到国家的存亡，而军队的命运，则掌握在主将的手中。全军的主将，是国家的辅佐，先世圣王对担当这一重任的人非常重视。因此，国君任命一军主将，不能不特别慎重加以详察。所以说两军交战，不可能双方都战胜，也不可能双方都战败。军队出动，越过国境，为期不超过十天，不是攻灭敌国，就是全军战败，主将被杀。"

　　武王说："您讲得真好啊！"

选将

武王问太公曰:"王者举兵,欲简练英雄^①,知士之高下,为之奈何?"

太公曰:"夫士外貌不与中情相应者十五^②:有贤而不肖者,有温良而为盗者,有貌恭敬而心慢者,有外谦谨而内无至诚者,有精精而无情者^③,有湛湛而无诚者^④,有好谋而不决者,有如果敢而不能者,有悾悾而不信者^⑤,有恍恍惚惚而反忠实者^⑥,有诡激而有功效者^⑦,有外勇而内怯者,有肃肃而反易人者^⑧,有嘀嘀而反静悫者^⑨,有势虚形劣而外出无所不至、无所不遂者^⑩。天下所贱,圣人所贵。凡人莫知,非有大明,不见其际^⑪。此士之外貌不与中情相应者也。"

明刊本《封神演义》"姬昌燕山收雷震图"

【注释】

①简练:精选训练。此处专指精选。

②中情:内心的思想、情绪。

③精精:极其精明的样子。情:情实。此指实有的才情。

④湛湛:忠厚稳重的样子。

⑤悾悾(kōng):诚恳的样子。

⑥恍恍惚惚：心神不定、糊里糊涂的样子。

⑦诡激：奇异激烈，有悖常理。

⑧肃肃：严肃端正。易：轻视，瞧不起。

⑨嗃嗃（hè）：严酷的样子。静悫（què）：沉静诚实。

⑩势虚形劣：此谓形体孱弱，外貌丑陋。

⑪际：分际。

【译文】

武王问太公说："人君起兵发动战争，需要精选品德优秀、能力杰出的人才，委以军中重任，怎样才能分辨士人品德、能力等方面的高下呢？"

太公回答："士人外貌与内心实情不相符合的有以下十五种情况：有的表面上德才兼备，实际上却无德无才；有的表面上温和善良，实际上却做偷盗之事；有的外貌谦虚恭敬，而内心傲慢无礼；有的外貌廉洁谨慎，而内心虚伪，极不真诚；有的看起来非常精明能干，然而并不具备真才实学；有的看起来忠厚稳重，然而并不诚实可信；有的喜欢出谋划策，但是缺乏做出决断的能力；有的似乎办事果敢，能做决断，但是力不从心，缺乏才能；有的表面上十分诚恳，实际上并非信实无欺；有的表面上糊里糊涂，实际上反而忠实可靠；有的言论

明刊本《封神演义》"闻太师西岐大战图"

行为奇怪激烈，不合常情，而办事却往往收到功效；有的貌似勇敢，其实内心胆怯；有的看上去非常严肃正派，实际上却心怀嫉妒，轻视他人；有的看上去非常严厉苛刻，实际上却沉静厚道，忠实诚恳；有的貌不出众，孱弱丑陋，而外出担任使节却能到达任何地方，完成任何使命。往往是天下之人所轻贱的人，能被圣贤之君所重视。其中的道理，平凡的人难以懂得，如果不具备特别敏锐的目光，就看不清两者之间的分际。以上所说的，就是士人外貌和内心实情不符的种种情况。"

武王曰："何以知之？"

太公曰："知之有八征①：一曰问之以言，以观其辞②。二曰穷之以辞③，以观其变。三曰与之间谍④，以观其诚。四曰明白显问，以观其德。五曰使之以财，以观其廉。六曰试之以色，以观其贞。七曰告之以难⑤，以观其勇。八曰醉之以酒，以观其态。八征皆备，则贤不肖别矣。"

【注释】

①征：征验。

②辞：言辞。此指应对的能力。

③穷：穷究。

④与之间谍：与下"明白显问"对举，谓派人对他做暗中的监察侦视。

⑤难：祸难，急难。

【译文】

武王问："怎样才能察知其人真正的品质呢？"

太公回答："要了解一个人的品质，有八种验证的方法：第一先用话问他，观察他应对的能力如何。第二对他的答话穷究到底，观察他随机应变的能力如何。第三派人暗中考察侦视，观察他是否言行一致，诚实可信。第四，明白地当面询问与他有关的隐情，观察他是否具有坦荡无私的德行。第五，让他动用财货，观察他是否具有廉洁不贪的品质。第六，用美女去考验他，观察他是否具备严正的操守。第七，告诉他面临的急难变故，观察他是否英勇无畏。第八，用美酒灌醉他，观察他酒后能否不失常态。如果这八方面的验证都已有了结果，那么其人是德才兼备的贤者，还是无德无才的不肖之徒，就可鉴别判明了。"

明刊本《封神演义》"潼关黄天化下山图"

立将

武王问太公曰："立将之道奈何①？"

太公曰："凡国有难，君避正殿②，召将而诏之曰：'社稷安危，一在将军。今某国不臣，愿将军帅师应之③。'

【注释】

①立将：此指任命大将、主帅。

②正殿：国君举行朝会、发布政令的居中的殿堂。古时迷信，凡遇灾变，国君不居正殿，到偏殿处理国事，以此作为接受上天告诫的一种表示，称为"避正殿"。

③应：对付。这里指征伐。

【译文】

武王问太公说："任命主将应举行什么样的仪式？"

太公回答："凡是国家有了患难，必须出兵，国君应该不居正殿，在偏殿召见准备立为主将的人，告诉他：'国家是安是危，全靠将军了。现在某国不肯臣服，发动了战事，望将军统率军队前往征讨。'

"将既受命，乃命太史卜，斋三日，之太庙①，钻灵龟②，卜吉日，以授斧钺③。

【注释】

①太庙：帝王的祖庙。国有大事，必禀告太庙。在太庙举行立将仪式，表示已禀命于先王，极其郑重。

②钻灵龟：用龟甲占卜，先要在龟甲背面钻凿若干孔眼，然后用火灼孔，据龟甲正面裂开的纹路判定吉凶。灵龟，对占卜用的龟甲的美称，因其可以灵验地预示吉凶。

③钺（yuè）：一种兵器，似斧而较大。军中以斧钺为执法杀人的刑具。授以斧钺，象征授以统率全军的权力。

【译文】

"主将接受了任命，国君就命令太史占卜，然后国君斋戒三天，到太庙举行仪式，钻龟选择吉日，授予大将斧钺。

"君入庙门，西面而立^①；将入庙门，北面而立。君亲操钺，持首，授将其柄^②，曰：'从此上至天者，将军制之。'复操斧持柄，授将其刃^③，曰：'从此下至渊者，将军制之。见其虚则进，见其实则止。勿以三军为众而轻敌，勿以受命为重而必死，勿以身贵而贱人，勿以独见而违众，勿以辩说为必然。士未坐勿坐，士未食勿食，寒暑必同。如此，则士众必尽死力。'

【注释】

①西面而立：处东向西而立，这是主人所居之位。古以处北向南的位置为最尊，国君西面而立，一则表示礼贤，二则在太庙之中，先王的神位已居南面之位。

②授将其柄：授以钺柄，表示要求大将制御部下，惩罚敌人时执法必须果断明决。

③授将其刃：授以斧刃，表示要求大将持身严正，凛然勿忘君威，执行君命必须果断明决。

【译文】

"国君进入太庙正殿之门，处东向西，居于主位；主将进入太庙正殿之门，处南向北，面对先王的神位。国君亲自执钺，手拿钺的头部，把钺

明刊本《封神演义》"晁田兵援西岐图"

柄授予主将，说道：'从今以后，上至于天，军中的事一切都由将军控制。'又手拿斧柄，把斧的刃部授予大将，说道：'从今以后，下至于渊，军中的事一切都由将军控制。看到敌人虚弱的地方，就进兵攻击，看到敌人坚强的地方，就停止勿攻。不要认为我军人数众多而轻视敌人，不要认为受命深重而一定要以死相报，不要认为自己身份尊贵而看轻贬低他人，不要认为自己有独到的看法而违背众人的意见，不要认为强词夺理、巧妙动听的话一定正确而偏听偏信。士卒未坐，不可先坐，士卒未食，不可先食，不论寒暑，都要与士卒同甘共苦。能做到这些，那么全军上下都会尽其死力听命于您了。'

"将已受命，拜而报君曰：'臣闻国不可从外治，军不可从中御^①。二心不可以事君，疑志不可以应敌^②。臣既受命，专斧钺之威，臣不敢生还，愿君亦垂一言之命于臣^③。君不许臣，臣不敢将。君许之，乃辞而行。'

【注释】

①中：此指国内朝廷之中。御：控制，指挥。

②疑志：心意不定。

③垂：降，颁下。一言之命：一句话的命令，指授以全权的明确
　表示。

【译文】

"主将接受了斧钺，听毕国君的训辞，就下拜回答国君说：'臣听人说过，一个国家，不能从境外统治管理，军队在外，也不能由朝中控制指挥。为臣的如果怀有二心，就不能忠心事奉君上，如果心意不定，就不能对付敌人。臣既然已经受命担任主将，执掌斧钺，独行威权，就不

敢存在从战场上活着回来的想法，但希望我君能降下授臣全权的命令。我君如不答应，臣不敢为将。我君如答应给臣全权，臣就此拜辞，率军远征。'

"军中之事，不闻君命，皆由将出。临敌决战，无有二心。若此，则无天于上①，无地于下②，无敌于前③，无君于后④。是故智者为之谋，勇者为之斗，气厉青云⑤，疾若驰骛⑥，兵不接刃，而敌降服。战胜于外，功立于内，吏迁士赏，百姓欢悦，将无咎殃。是故风雨时节⑦，五谷丰登，社稷安宁。"

武王曰："善哉！"

【注释】

①无天于上：此指不管天时气候有何变化，都不受限制。

②无地于下：此指不管地形地势有何变化，都不受限制。

③无敌于前：此指不管敌情有何变化，都不受限制。

④无君于后：此指不管国君在后方有何意见，都不受牵制。

⑤厉：上扬。

⑥驰骛（wù）：马群交驰。此指奔驰的马。

⑦时节：此用作动词，谓应合时令节气。

【译文】

"军中的事情，一概不听国君的指示，所有命令都由主将发出。面对敌军，进行决战，全军上下一条心，只听从主将指挥。这样，就能上不受制于天，下不受制于地，前不管敌情有何变化，后不顾国君有何意见。军中足智多谋的人尽其所能为主将出谋划策，勇敢无畏的人尽其所力为主将奋斗苦战，全军士气高昂，上冲青云，行动迅猛，疾如奔马，不等两军兵器相接，开始交锋，敌军就会归顺投降。军队在境外战胜，功勋建立于国内，军官升职普级，士卒受到赏赐，百姓们欢欣鼓舞，主将复命，也不会获罪遭祸。因此国家也得以风调雨顺，五谷丰登，安宁太平。"

武王说："您讲得真好啊！"

将威

武王问太公曰："将何以为威？何以为明？何以禁止而令行？"

太公曰："将以诛大为威①，以赏小为明②，以罚审为禁止而令行③。故杀一人而三军震者，杀之；赏一人而万人说者④，赏之。杀贵大，赏贵小。杀及当路贵重之臣⑤，是刑上极也；赏及牛竖马洗厩养之徒⑥，是赏下通也。刑上极，赏下通，是将威之所行也。"

【注释】

①大：此指地位较高、权势较大的人。

②小：此指地位低微、默默无闻的人。

③审：详审，周密而又慎重。

④说：后作"悦"。

⑤当路：指身居要职。

⑥牛竖：指牧牛的仆隶。竖，童仆。马洗厩（jiù）养：指饲养马匹的仆隶。厩，马棚。

【译文】

武王问太公说:"一军的主将怎样才能树立自己的权威?怎样才能体现自己的英明?怎样才能做到所禁必止,有令必行?"

太公回答:"一军主将,要敢于执法处死地位尊贵的人,以此树立自己的权威;要按功赏赐地位卑微的人,以此体现自己的英明;要严密而又慎重地处罚各种违反法令的人,以此约束全军,做到所禁必止,有令必行。所以如果杀掉一个人足以使全军震惊畏惧,那就杀掉他;如果赏赐一个人足以使全军为之心悦诚服,那就赏赐他。行施诛杀的权威,可贵之处在于

明刊本《封神演义》"黄飞虎归周见子牙图"

敢针对大人物;推广赏赐的恩惠,可贵之处在于能想到小人物。依法处死身居要职的贵族权臣,这说明刑罚无上不及;按功赏赐牧牛饲马干杂活的仆隶小卒,这说明赏赐无下不达。刑罚无上不及,赏赐无下不达,这说明威信能够贯彻上下了。"

励军

武王问太公曰:"吾欲三军之众,攻城争先登,野战争先赴,闻金声而怒^①,闻鼓声而喜,为之奈何?"

太公曰:"将有三武。"

战国虎纹铜钲
行军节鼓乐器。该
器柄较长，器身正
面刻虎纹、树纹和
文字。

【注释】

①金：金钲，军中所用的一种铜制响器。两军交锋，
　鸣金则停止前进，击鼓则向前冲锋。

【译文】

武王问太公说："我要使全军将士，在攻城时争先攀登，在野战时争先冲锋，听到命令退兵的钲声就心中愤恨，听到命令前进的鼓声就心中喜悦，应该怎么办？"

太公回答："主将有三种可以体现武德激励士兵的办法。"

武王曰："敢问其目。"

太公曰："将冬不服裘，夏不操扇，雨不张盖，名曰礼将；将不身服礼①，无以知士卒之寒暑。出隘塞，犯泥涂②，将必先下步③，名曰力将；将不身服力，无以知士卒之劳苦。军皆定次④，将乃就舍⑤，炊者皆熟，将乃就食，军不举火⑥，将亦不举，名曰止欲将；将不身服止欲，无以知士卒之饥饱。将与士卒共寒暑、劳苦、饥饱，故三军之众，闻鼓声则喜，闻金声则怒。高城深池，矢石繁下，士争先登。白刃始合，士争先赴。士非好死而乐伤也，为其将知寒暑饥饱之审，而见劳苦之明也。"

【注释】

①服：服习，习惯于。

②犯：进入。

③下步：下马步行。

④次：停留止息。此指军队宿营。

⑤就舍：入营舍休息止宿。

⑥举火：谓点火做饭。

【译文】

武王说："我冒昧地请问这三种体现武德激励士兵的办法的具体内容。"

太公说："担任主将，隆冬不穿皮衣，盛夏不拿扇子，雨天不张伞盖，这就叫作'礼将'；主将如果不能习惯于守礼，就不能了解士兵的冷热。行军经过狭隘险要的地方，走上泥泞的道路，主将必定事先下马步行，这就叫作'力将'；主将如果不能习惯于耗力，就不能了解士兵的劳苦。全军都已宿营，安定以后，主将才进入营舍止宿，全军炊事完毕，饭已做熟，主将才就餐进食，军中还没有点火做饭，主将决不点火，这就叫作'止欲将'；主将如果不能习惯于控制自己的欲望，就不能了解士兵的饥饱。主将同士兵共冷热、共劳苦、共饥饱，所以全军将士能听到鼓声就高兴，听到钲声就愤恨。城墙虽高，护城河虽深，箭和石头像雨一样射来，士卒们都会争着登城。在战场上短兵相接，士卒们也会争先赴汤蹈火。兵士们并不是喜爱战死或受伤，这是由于主将们能够清楚地了解他们的冷热、饥饱、劳苦，才为之感奋，士气高昂。"

阴符

武王问太公曰："引兵深入诸侯之地①，三军卒有缓急②，或利或害。吾将以近通远，从中应外，以给三军之用，为之奈何？

【注释】

①诸侯之地：其他诸侯国的土地，亦即敌国领土。

②卒（cù）：同"猝"，突然。缓急：偏义复词，指紧急情况。

【译文】

武王问太公说："领兵深入敌国境内，军队突然遇到紧急情况，战事或有利，或失利。我要与各军远近相通，内外相应，保持密切的联系，以便及时支应战场上军队的需求，应该怎么办？"

明刊本《封神演义》"张山李锦伐西岐图"

太公曰："主与将，有阴符①。凡八等：有大胜克敌之符，长一尺②；破军擒将之符，长九寸；降城得邑之符，长八寸；却敌报远之符，长七寸；誓众坚守之符，长六寸；请粮益兵之符，长五寸；败军亡将之符，长四寸；失利亡士之符，长三寸。诸奉使行符，稽留者③，若符事泄，闻者告者皆诛之。八符者，主将秘闻，所以阴通言语，不泄中外相知之术。敌虽圣智，莫之能识。"

武王曰："善哉！"

【注释】

①阴符：是指军队主将与国君之间通信联络时用作秘密信号的符。阴，指隐蔽，秘密。符，古代朝廷用以传达命令，调遣军队的凭证，用竹木或金玉制成，上书文字，一分为二，国君与军队的主将各执一半，用时以两半契合为凭。

②尺：战国时一尺约合今制23厘米。

③稽留：延滞，耽搁。

【译文】

太公说："国君与主将之间有阴符秘密联络。阴符共分八种：一种表示大获全胜，摧毁敌军，长一尺；一种表示攻破敌军，擒敌主将，长九寸；一种表示敌人据守的城邑已经投降，被我军占领，长八寸；一种表示敌军败退，远传捷报，长七寸；一种表示战况不利，全军誓死坚守阵地，长六寸；一种表示请求拨运军粮，增派援军，长五寸；一种表示军队战败，主将阵亡，长四寸；一种表示战事失利，全军伤亡惨重，长三寸。那些奉命传递阴符的使者人等，如果在路上滞留耽搁，延误军机，或者泄露了阴符所表示的军情，不管是听到的人还是说的人，一律处以死刑。这八种阴符，只有国君与主将知道其中秘密，使用阴符，是暗中通信联络，而不泄露朝廷与军中声息相通的关系的手段。即使敌人十分聪明，也猜不透阴符所表示的意思。"

武王说："您讲得真好啊！"

阴书

武王问太公曰："引兵深入诸侯之地，主将欲合兵①，行无穷之变，图不测之利。其事烦多，符不能明，相去辽远②，言语不通，为之奈何？”

【注释】

①合兵：把两支以上的军队并合在一起。这里指两支以上的军队配
　合作战。

②辽远：遥远。

【译文】

武王问太公说：“领兵深入敌国境内，君主和将帅各率一军，要使
两支军队配合作战，实施变化无穷的作战方法，谋取敌人意想不到的胜
利。但需要联络的事情很多，使用阴符难以说明，而两军之间又距离遥
远，言语不能通达，这该怎么办？”

太公曰：“诸有阴事大虑①，当用书，不用符。主以书遗
将，将以书问主。书皆一合而再离②，三发而一知③。再离
者，分书为三部④；三发而一知者，言三人人操一分，相参
而不知情也⑤。此谓阴书。敌虽圣智，莫之能识。”

武王曰：“善哉！”

【注释】

①阴事：机密之事。大虑：重大的谋虑。

②再离：拆离两次，分为三部分。

③三发：分三次发出。一知：合三部分为一，才能读懂。

④分书为三部：当是不规则地横截为三。

⑤相参：相互掺杂。

【译文】

太公回答说："诸如军机密谋之类的大事需要联络，应当用书信而不用符。君主把机密写成书信送到别军主将那里，别军主将也用书信向君主询问请示作战意图。所用的书信，都要把完整的一封拆离两次，分三次发出，把三次发出的合在一起才能读懂。拆离两次，就是分为三部分；分三次发出，把三次发出的合在一起才能读懂，就是派遣三人，每人拿一份，使书信的文字互相掺杂，单看一份无法了解内容。这就是所谓阴书。即使敌人十分聪明，也猜不透阴书所说的事情。"

武王说："您讲得真好啊！"

军势

武王问太公曰："攻伐之道奈何？"

太公曰："资因敌家之动①，变生于两陈之间②，奇正发于无穷之源③。故至事不语④，用兵不言。且事之至者，其言不足听也；兵之用者，其状不足见也。倏而往，忽而来，能独专而不制者，兵也。

【注释】

①资因：凭借，利用。

②变：权变。陈：同"阵"。

③奇正："正"指两军正面交锋，"奇"指兵不厌诈，从侧旁邀截袭击或实施某种计谋。又，"正"指正面布置的军队，"奇"指隐蔽的预备队、别动队。《孙子兵法·兵势》："战势不过奇正，奇正之变，不可胜穷也。"

④至事：最重大的事情。

【译文】

武王问太公说："进军攻伐，用兵有什么原则？"

太公回答："我军在战场上的形态应该凭借并利用敌军形态的变动，在两军对阵时随时应变，奇正相生，源源不断，变化无穷。所以说最重大的事情，不能说出去，用兵的奥妙，不能讲出来。况且事情如是极其重要，一切解释都不足听信；用兵的手段如是十分高妙，一切情状都不必让人看到。突然而来，突然而去，只能由将帅独断专行而不受任何人牵制，这就是用兵的奥妙。

明刊本《封神演义》"青龙关飞虎拆兵图"

"夫兵，闻则议，见则图，知则困，辨则危①。

【注释】

①辨：明察。

【译文】

"我军所处的形态以及虚实动静等种种状况，敌人如有所闻，就会商议对付的办法；敌人如有所见，就会图谋取胜的策略；敌人如有所了解，我军就会陷于困境；敌人如能清楚地辨察一切，我军必定受其危害。

"故善战者，不待张军①；善除患者，理于未生；善胜敌者，胜于无形。上战无与战②。故争胜于白刃之前者，非良将也；设备于已失之后者，非上圣也③；智与众同，非国师也④；技与众同，非国工也⑤。

【注释】

①张军：军队展开，摆成阵势。

②上战：最高的战略。"上战无与战"，与《孙子兵法·谋攻》所言"不战而屈人之兵，善之善者也"意思相近。

③上圣：智能超群、德才杰出的人。

④国师：国君之师，一国之中智慧最高的人。

⑤国工：一国之中技能最高的匠人。

【译文】

"所以善于用兵作战的，不等军队展开列阵，就能取胜；善于治理病患的，不等病患产生，就已预防；善于战胜敌人的，能取胜于无形之中。最好的取胜战略，就是不战而胜。依靠在战场上冲锋陷阵白刃格斗取胜的，不能称为良将；在战事失利后再来设防的，不能称为智慧超群的人；智慧仅与一般人相同的，不能称为国师；技艺仅与一般人相同的，不能称为国工。

"事莫大于必克，用莫大于玄默①，动莫神于不意，谋莫善于不识。

【注释】

①玄默：内蕴玄机而潜蓄不露，沉静无为。

【译文】

"为将之事，最重要的莫过于必须取胜；兵法的运用，最重要的莫过于沉静含蓄，秘密布置；军事行动，最神秘的莫过于出敌不意；军中谋划，最重要的莫过于使人无法辨识测知。

"夫先胜者，先见弱于敌而后战者也①，故事半而功倍焉。圣人征于天地之动②，孰知其纪③？循阴阳之道而从其候④，当天地盈缩⑤，因以为常。物有生死，因天地之形⑥。故曰：未见形而战，虽众必败。

【注释】

①见（xiàn）：显露，现示。

②征：征验，验证。

③纪：准则，规律。也可理解为纪极、终极。

④阴阳：原指日光的向背。古人认为一切现象都有正、反两个方面，即有阴有阳。阴阳互相作用，彼此消长，既对立，又包容，从而化生万物。这里的"阴阳之道"似专指日月运转的规律，日为阳，月为阴。候：节候。

⑤天地盈缩：此指一年之中，日夜或长或短；一月之中，月形或盈

日月风云气色图
清抄本《兵钤》插图。

或亏。

⑥形：指盈缩变化。

【译文】

"能够预操胜券的人，就在于先向敌人显示弱点，诱敌来攻，然后与之交战，因而费力少而收功多。圣人的行动每每能从天地的运行中得到验证，一般人谁能掌握其中的准则？但应遵循日月运转的规律，顺依节候行事，与天地岁时的盈缩相当，以此作为常规。万物有生死消长，就是因顺着天地盈缩虚实的变化。所以说：没有看清敌人的形态，不知虚实，就投入战斗，军队人数虽多，也必然战败。

"善战者，居之不挠①，见胜则起，不胜则止。故曰：无恐惧，无犹豫。用兵之害，犹豫最大。三军之灾，莫过狐疑。善战者见利不失，遇时不疑。失利后时，反受其殃。故智者从之而不释，巧者一决而不犹豫。是以疾雷不及掩耳，迅电不及瞑目。赴之若惊②，用之若狂③。当之者破，近之者亡。孰能御之！

【注释】

①挠：曲。此谓受到干扰，改变原先的状态。

②惊：受惊之马。

③狂：发狂之犬。

【译文】

"善于用兵的人，能牢守自己所处的有利地位，不受外界干扰，看到可胜的时机，立即行动，战局一时难以取胜，就静止不动。所以说：在战场上不要恐惧，不要犹豫。用兵的灾难，以犹豫为最大。军队的祸

明刊本《封神演义》"姜子牙登台拜将图"

害，以狐疑为最大。善于用兵的人看到有利的因素就抓住不放，遇到可胜的时机就毫不疑虑，马上利用。丢掉了有利因素，赶不上取胜时机，反而会遭受灾祸。所以聪明的人会顺应有利因素和可胜时机，决不白白放过；灵巧的人会毅然做出决断，而决不犹豫。因此发动进攻要极其迅速，就像突然爆发的雷声，使人来不及掩住双耳，就像突然出现的闪电，使人来不及闭上双眼。全军勇往直前，如同惊马；尽力奋战，如同狂犬。敌军敢于当前的，必定破灭；敢于靠近的，必定败亡。以这样的气势作战，谁能抵挡得了！

"夫将，有所不言而守者^①，神也；有所不见而视者，明也。故知神明之道者，野无衡敌^②，对无立国。"

武王曰："善哉！"

【注释】

①守：此指坚守玄默之道。

②野：旷野。此指战场。衡：强横。

【译文】

"作为将帅，做到沉静不露，有所不言而暗中制衡，那就是神机莫测；做到大智若愚，有所不见而又视及隐微，那就是明察一切。将帅如果懂得了神机莫测，明察一切的道理，在战场上就不会遇见什么不可战胜的强敌，面前也决不存在什么不可使之屈服的国家。"

武王说："您讲得真好啊！"

奇兵

武王问太公曰："凡用兵之道，大要何如^①？"

太公曰："古之善战者，非能战于天上，非能战于地下，其成与败，皆由神势^②。得之者昌，失之者亡。

【注释】

①大要：要旨，概旨。

②神势：神妙莫测的用兵之势。

【译文】

武王问太公说："大凡用兵的方法，有哪些要点？"

太公回答："古代善于用兵作战的人，并不是能够上天入地，每战必胜，是胜是败，都取决于神妙莫测的用兵之势。掌握住这种神势，就能战胜敌军，国家昌盛；失掉了这种神势，就会作战失败，国家灭亡。

"夫两陈之间①，出甲陈兵②，纵卒乱行者③，所以为变也④。深草蓊翳者⑤，所以遁逃也。溪谷险阻者，所以止车御骑也。隘塞山林者，所以少击众也。坳泽窈冥者⑥，所以匿其形也。清明无隐者，所以战勇力也。疾如流矢，击如发机者⑦，所以破精微也⑧。诡伏设奇⑨，远张诳诱者⑩，所以破军擒将也。四分五裂者⑪，所以击圆破方也⑫。因其惊骇者，所以一击十也。因其劳倦暮舍者⑬，所以十击百也。奇伎者⑭，所以越深水、渡江河也。强弩长兵者，所以逾水战也。长关远候⑮，暴疾谬遁者⑯，所以降城服邑也。鼓行喧嚣者，所以行奇谋也。大风甚雨者⑰，所以搏前擒后也。伪称敌使者，所以绝粮道也。谬号令⑱，与敌同服者，所以备走北也⑲。战必以义者，所以励众胜敌也。尊爵重赏者，所以劝用命也⑳。严刑重罚者，所以进罢怠也㉑。一喜一怒，一与一夺，一文一武，一徐一疾者，所以调合三军，制一臣下也㉒。处高敞者，所以警守也。保险阻者，所以为固也。山林茂秽者㉓，所以默往来也。深沟高垒，积粮多者，所以持久也。

【注释】

①陈：同"阵"。

②甲：甲士，披甲的战士，地位比一般轻装士兵为高，战斗力也较强。陈：布列，摆成阵势。

③行：行列。

④变：变诈，出其不意地采取突然行动。

⑤蓊翳（wěng yì）：繁密茂盛。

⑥坳（ào）泽：低洼地。窈（yǎo）冥：幽暗隐蔽。

浮囊
明刊本《三才图会》插图。

⑦发机：弓弩上发箭的扳机。

⑧精微：精细隐微。此指敌军精心布置的重要部位。

⑨诡伏：行诡计，设埋伏。

⑩诓诱：欺骗诱惑。

⑪四分五裂：此指将全军分为若干部分，散布在战场之上。

⑫圆、方：圆阵、方阵，指敌军所布的各种阵势。

⑬舍：宿营休息。

⑭奇伎：指各种用奇妙的工程技术制成的器械。伎，技巧。

⑮长关：在远处设置封锁路口的关卡。远候：派人远出侦察探视。

⑯暴疾：急速。谬遁：假装退兵。

⑰甚雨：急骤的暴雨。

⑱谬号令：冒用敌人的号令。

⑲走北：败退逃走。

⑳用命：听命效力。

㉑罢（pí）怠：疲乏怠惰。罢，疲劳。

㉒制一：控制而使之一致。

㉓茂秽：茂密芜杂。

【译文】

"在两军对阵之时，在阵前摆开甲士和轻装步兵，而又放纵士兵队伍不整，行列混乱，这是为了蒙骗敌人，准备采取出其不意的突然行动。把军队布置在茂密的深草丛中，这是为了便于退兵逃走。占据山谷险阻之地，这是为了阻挡敌人的战车，防御敌人的骑兵。占据道路狭隘阻塞的山林之地，这是为了能够以少击多。处于不易被人发现的低洼幽暗之地，这是为了把军队隐蔽起来。在光天化日之下毫无隐蔽，这是为了同敌军公开斗勇斗力。突然发动攻击，像飞箭一样迅速，像扣发弩机一样猛烈，这是为了击破敌军阵中的精妙布置。诡诈地布下埋伏，设置奇兵，虚张声势，进行欺骗诱惑，这是为了击溃敌军和擒获敌军将领。把军队布置得四分五裂，是为了击破或方或圆的各种阵势。乘敌军受惊慌乱的时候发动攻击，这是为了以一击十，能以少胜多。乘敌军疲劳困倦，夜间宿营的时候发动攻击，这是为了以十击百，也能以少胜多。使用各种奇妙精巧的技术和器械，这是为了越过深水、渡过江河。使用力量强大的弓弩和各种长柄兵器，这是为了渡过江河与敌军交战。在围城时，远远地设置封锁的关卡，派遣侦察人员，隔断守军与外界的联系，突然假装退兵，这是为了攻破敌人防守的城邑，迫使守城的敌军投降。行军时大张旗鼓，高声喧嚷，这是为了迷惑敌军，实施奇谋。在刮大风、下大雨时发动攻击，这是为了在与敌军前锋搏斗时袭击并攻破其后军。假称敌军的使者到敌军后方活动，这是为了断绝敌军运粮的通道。冒用敌军的号令，穿上与敌军同样的服装，这是为了在战局不利时，准备退兵逃走。每战都坚持维护正义，这是为了激励全军将士的斗志，战胜敌军。对有功的人给予高爵厚赏，这是为了鼓励听命效力的将士。对有罪的人严厉地处以刑罚，这是为了使疲沓怠惰的将士有所畏惧而产生进取之心。有时高兴，有时发怒，有时慷慨赐予，有时无情剥夺，有时宽容松弛，有时威猛紧张，有时放慢节奏，有时雷厉风行，这是为了协调全军的行动，使臣下步调一致。使全军居于高旷平敞的地方，这是为了方便警戒守卫。在地形艰险阻塞的地方聚军保卫，这是为了固守。处于草木丛生的山林之中，这是为了便于暗中往来，不被敌军发觉。挖深沟，筑高墙，多积粮，这是为了长期作战。

"故曰：不知战攻之策，不可以语敌；不能分移①，不可以语奇；不通治乱，不可以语变。故曰：将不仁，则三军不亲；将不勇，则三军不锐；将不智，则三军大疑；将不明，则三军大倾②；将不精微，则三军失其机；将不常戒，则三军失其备；将不强力，则三军失其职。故将者，人之司命③。三军与之俱治，与之俱乱。得贤将者兵强国昌，不得贤将者兵弱国亡。"

武王曰："善哉！"

【注释】

①分移：分散转移。

②倾：倾危，倾倒，无所凭依。

③司命：掌握命运。

【译文】

"所以说：作为主将，如果不懂得野战攻城的种种策略，就不足以同他商讨对付敌军的战略战术；如果不能化整为零，运动作战，就不足以同他商讨出奇制胜的办法；如果不通晓或治或乱的道理，就不足以同他商讨各种权变的计谋。所以说：主将如不仁爱，全军将士就不会亲近敬爱他；主将如不勇敢，将士就会丧失斗志，全军毫无锐气；主将如没有智谋，全军就会军心动荡，疑惑不定；主将治军如不明察，全军就会无所凭依，处于倾危状态；主将用兵如不精细微妙，全军就会失去战胜的时机；主将如不经常戒惧，全军就会失去应有的警备；主将如不刚强果断，全军上下就会松懈怠惰，玩忽职守。因此所谓主将，就是掌握全军命运的人。如他持身严正，才能卓异，全军也就整齐有序，纪律严明，具有强大的战斗力；如他持身不正，又无才能，全军也就散漫混乱，纪律松弛，没有什么战斗力。能得到德才兼备的人担任主将，军队就会强大，国家就会昌盛；不能得到德才兼备的人担任主将，军队就会衰弱，国家就会灭亡。"

武王说："您讲得真好啊！"

五音

武王问太公曰："律音之声①，可以知三军之消息②，胜负之决乎？"

【注释】

①律音：指六律、五音。律，本是古代用以定音的竹管。竹管长短不同，可以吹出高低清浊不等的音。古人即用十二支竹管，定

出十二个标准音。这十二个标准音即称"十二律",十二律又分
阴、阳各六,阳律为"六律",阴律为"六吕"。但一般提及"六
律",往往也把六吕包括在内,实际上是十二律的统称。五音,
我国古代乐理五声音阶上的五个音级,即下文所言宫、商、角、
徵、羽。

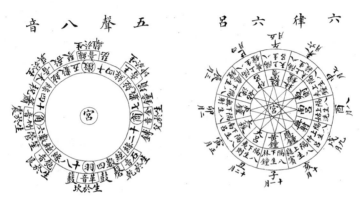

《钦定书经图说》"五声六律八音图"

②消息:此指盛衰、强弱、祸福、优劣等情况。

【译文】

武王向太公说:"通过六律、五音,能够了解军队盛衰强弱等情况,
并预决战事的胜负吗?"

太公曰:"深哉!王之问也。夫律管十二,其要有五音:
宫、商、角、徵、羽①。此其正声也②,万代不易。五行之神③,
道之常也,可以知敌。金、木、水、火、土,各以其胜攻
也④。古者三皇之世⑤,虚无之情以制刚强⑥,无有文字,皆
由五行。五行之道,天地自然。六甲之分⑦,微妙之神。

【注释】

①宫、商、角、徵（zhǐ）、羽：古代乐理的五个音阶，分别相当于现在简谱上的1、2、3、5、6。此外又有变徵和变宫，大致与现代简谱上的4、7相当。

②正声：指符合音律的纯正的声音。

③五行：古人认为天地间万物都由金、木、水、火、土五种基本物质构成，称之为"五行"，并且把"五行"的概念扩大到天文、历数、季节、地理、方位、医药、音乐、战阵、命相等各个方面。

④金、木、水、火、土，各以其胜攻也：古人把"五行"神秘化，认为金、木、水、火、土相互生成，又相互克制，即金生水，水生木，木生火，火生土，土生金；金克木，木克土，土克水，水克火，火克金。各以其胜攻也，即指互相克制，各自针对其可以制服的一方展开攻势。

⑤三皇：传说中远古时期的圣王（实际上应是部落领袖），一般认为是指伏羲氏、神农氏和黄帝轩辕氏。也有认为轩辕氏不当列于"三皇"，而代之以祝融氏、女娲氏或燧人氏的。

⑥虚无之情：此指虚无宁静，自然无为的状态。

⑦六甲：用天干与地支相配计算时日，其中有甲子、甲戌、甲申、甲午、甲辰、甲寅，称为"六甲"。五行术数认为六甲循环推数，可以预测吉凶，并可用隐遁的方法避凶趋吉，称为"遁甲"。

【译文】

太公回答："我王这个问题提得真深妙啊！律管十二支，所定的音主要有五种，就是宫、商、角、徵、羽。这五种是真正的符合音律的纯正之声，永世不变。五行所体现的微妙的神机，是天地间的普遍规律，可以了解敌人。金、木、水、火、土相生相克，各以自己的优势向可以制胜的一方展开攻势。上古三皇的时代，以柔克刚，用清静无为的状态来制胜猛勇刚强，那时没有文字，一切都依循五行的生克变化。五行生克变化的规律，就是天地自然之理。六甲的区分隐遁，体现了最微妙的神机。

　　"其法：以天清净，无阴云风雨夜半，遣轻骑往至敌人之垒，去九百步外^①，遍持律管当耳，大呼惊之。有声应管^②，其来甚微。角声应管，当以白虎^③；徵声应管，当以玄武^④；商声应管，当以朱雀^⑤；羽声应管，当以勾陈^⑥；五管声尽不应者，宫也，当以青龙^⑦。此五行之符，佐胜之征，成败之机。"

　　武王曰："善哉！"

【注释】

①步：长度名。周制每步八尺，约当今184厘米。

②有声应管：指在某一律管发出了相应的声音。

③角声应管，当以白虎：我国古代天文学把黄道上的恒星分为二十八个星座，即二十八宿。白虎本是西方七宿的合称，又用以代指西方，因西方属金，五行家又以白虎为金之神。而五行术数又把五音与五行相配，角声属木。根据五行相克的道理，金能克木。所以这里说当有角声应管时，与敌军交战，应该利用与白虎相应的战阵或方位。

④徵声应管，当以玄武：玄武，本是北方七宿的合

白虎瓦当

玄武瓦当

朱雀瓦当

青龙瓦当

称，又用以代指北方，因北方属水，五行家又以玄武为水之神。而徵声属火，水能克火，所以这里说"徵声应管，当以玄武"。

⑤商声应管，当以朱雀：朱雀，本是南方七宿的合称，又用以代指南方，因南方属火，五行家又以朱雀为火之神。而商声属金，火能克金，所以这里说"商声应管，当以朱雀"。

⑥羽声应管，当以勾陈：勾陈，我国古代天文学所定的一个星座，包括六颗恒星，勾陈即北极星。从地球上看，北极星位置不变，为群星所环绕，因此又用以代指中央，因中央属土，五行家又以勾陈为土之神。而羽声属水，土能克水，所以这里说"羽声应管，当以勾陈"。

⑦五管声尽不应者，宫也，当以青龙：青龙，本是东方七宿的合称，又用以代指东方，因东方属木，五行家又以青龙为木之神。而宫声属土，土性重静，所以说"五管声尽不应者，宫也"，又木能克土，所以"当以青龙"。

【译文】

"通过律管的声音来探测军情的方法是：在天空清澈明净，没有阴云风雨的夜半，派遣轻骑前往敌军营垒，在离开九百步之外的地方，拿着十二支律管，把它们全都放在耳边，然后大声呼叫，惊动敌人。过一会儿，会有相应的声音从某一律管中发出，声音传来十分微弱。如果律管相应发出的是角声，角声属木，根据金能克木的道理，应该采用与金神白虎相应的方位或阵势去克敌制胜；如果律管相应发出的是徵声，徵声属火，根据水能克火的道理，应该采用与水神玄武相应的方法或阵势去克敌制胜；如果律管相应发出的是商声，商声属金，根据火能克金的道理，应该采用与火神朱雀相应的方位或阵势去克敌制胜；如果律管发出的是羽声，羽声属水，根据土能克水的道理，应该采用与土神勾陈相应的方位或阵势去克敌制胜；如果各种律管中都没有发出相应的声音，这表示传来的是宫声，宫声属土，土性重静，所以沉寂不闻，根据木能克土的道理，应该采用与木神青龙相应的方法或阵势克敌制胜。这就是五行相克的符验效应，是可以用来帮助预测胜利的征兆，是成功或失败的关键。"

武王说："您讲得真好啊！"

太公曰："微妙之音，皆有外候①。"

武王曰："何以知之？"

太公曰："敌人惊动则听之。闻枹鼓之音者②，角也；见火光者，徵也；闻金铁矛戟之音者，商也；闻人啸呼之音者，羽也；寂寞无闻者，宫也。此五者，声色之符也。"

【注释】

①外候：外在的征候，显露于外的迹象。

②枹（fú）：击鼓的小槌。

【译文】

太公又说："这种从律管中发出的微妙的声音，还都有其外露的迹象。"

武王问："怎样才能知道这些迹象？"

太公回答："在敌人受到惊动后仔细听他们的动静。如果听到敌营中有击鼓的声音，这就与角声相应；如果看见敌营有火光，这就与徵声相应；如果听到敌营有金铁矛戟等兵器碰撞的声音，这就与商声相应；如果听到敌营有人大叫呼啸，这就与羽声相应；如果敌营中静寂无声，这就与宫声相应。这五种迹象，都是律管中的声音外在的符验。"

兵征

武王问太公曰："吾欲未战先知敌人之强弱，预见胜负之征，为之奈何?"

【译文】

武王问太公说："我想在尚未交战之前，先了解敌军的强弱，预见两军谁胜谁败的征兆，应该怎么办?"

太公曰："胜负之征，精神先见。明将察之，其效在人。谨候敌人出入进退^①，察其动静，言语妖祥^②，士卒所告。

【注释】

①候：伺望，侦伺。

②妖祥：凶吉。"妖"为怪异凶恶，"祥"为吉善。

【译文】

太公回答："胜败的征兆，未战以前，在两军的精神状态方面先已有所显露。英明的将帅能够察看出来，其效验体现在人的身上。应该谨慎严密地侦伺监视敌军出入进退的情况，察看敌人有何动静，并且了解敌军士卒之间相互传播议论的言语是凶是吉。

"凡三军说怿①，士卒畏法，敬其将命，相喜以破敌，相陈以勇猛，相贤以威武，此强征也。三军数惊②，士卒不齐，相恐以敌强，相语以不利，耳目相属③，妖言不止，众口相惑，不畏法令，不重其将，此弱征也。

《钦定书经图说》"大会孟津图"
盟津，即孟津。相传周武王伐纣，在此盟会诸侯。

【注释】

①说怿（yì）：心情愉快欢悦。说，同"悦"。

②数（shuò）：屡屡，多次。

③耳目相属：指互为耳目，探听消息，议论纷纷，接连不断。属，连属，跟从。

【译文】

"凡是全军上下心情愉快，士卒畏惧并遵守法纪，敬重并服从主将的命令，相互之间，都把打败敌军当作可喜之事，交谈之时，都夸耀作战如何勇猛，都赞美尊重威武勇敢的将士；这些都是强盛的征兆。凡是全军上下经常无故自相惊扰，士卒军容不整，行动不一致，交谈之时，都把敌军强大当作话题，相互恐吓，又传说种种对我军不利的消息，互为耳目，打听刺探军情之事，接连不断，扰乱人心的谣言流传不止，众口交加，鼓动煽惑，不畏惧并遵守法令，不敬重并服从主将；这些，都是衰弱的征兆。

"三军齐整，陈势已固，深沟高垒，又有大风甚雨之利；三军无故[1]，旌旗前指，金铎之声扬以清[2]，鼙鼓之声宛以鸣[3]；此得神明之助，大胜之征也。行陈不固，旌旗乱而相绕，逆大风甚雨之利；士卒恐惧，气绝而不属[4]，戎马惊奔，兵车折轴，金铎之声下以浊，鼙鼓之声湿如沐[5]；此大败之征也。

【注释】

①无故：没有事故，平静安定。

②金铎：一种铜制响器，形似大铃，军中用以警众。

③鼙（pí）鼓：骑兵使用的小鼓。宛以鸣：悠长响亮。

④属（zhǔ）：连属。

⑤湿如沐：蒙鼓之皮如被淋湿，其声不振。

战国青铜铎

【译文】

"全军队列整齐，阵势坚固，开挖濠沟，高筑壁垒，在大风暴雨中处于上风，得顺风之利；全军又平静安定，旌旗向前飘扬，直指敌军，金铎的声音昂扬清亮，鼙鼓的声音悠长激越；这表明得到神灵的佑助，是大胜的征兆。全军队列不齐，阵势不固，旌旗杂乱，飘向不定，互相缠绕，在大风暴雨中处于逆风的不利地位；士卒惊恐畏惧，情绪沮丧，上气不接下气，军马受惊狂奔，兵车折断车轴，金铎的声音重浊下沉，鼙鼓的声音像被雨淋湿一样沉闷不振；这是大败的征兆。

"凡攻城围邑，城之气色如死灰，城可屠。城之气出而北，城可克。城之气出而西，城可降。城之气出而南，城不可拔。城之气出而东，城不可攻。城之气出而复入，城主逃北。城之气出而覆我军之上，军必病①。城之气出高而无所止，用兵长久。凡攻城围邑，过旬不雷不雨，必亟去之，城必有大辅②。此所以知可攻而攻，不可攻而止。"

武王曰："善哉！"

【注释】

①病：困苦。

②大辅：杰出的辅佐之人。

【译文】

"凡是包围、进攻敌人的城邑，需要观察城中的云气，如果城中的云气颜色如同死灰，表明我军不仅可以攻下此城，并且能把守城的敌人军民全部屠杀消灭。如果城中的云气出城而向北移动，表明此城可以攻破。如果城中的云气出城而向西移动，表明此城即将向我军投降。如果城中之气出城而向南移动，表明我军不能攻下此城。如果城中之气出城而向东移动，表明此城不能轻易进攻。如果城中之气出城之后又重新进入城中，表明敌人守城的主官将要出逃。如果城中之气出城而覆盖在我军上空，表明我军将遇到很大的患难，处于困境。如果城中之气出城后高高向上没有停留的迹象，表明战事将旷日持久。大凡包围进攻敌人的城邑，如果超过十天不打雷、不下雨，一定要赶紧撤兵离去，因为这表明城中必然有才能杰出的人在辅佐主官。知道这些，也就懂得了可攻则攻，不可攻则止的道理。"

武王说："您讲得真好啊！"

农器

　　武王问太公曰："天下安定，国家无事①。战攻之具，可无修乎②？守御之备，可无设乎？"

【注释】

　　①事：指战争之事。

　　②修：整治。

【译文】

　　武王问太公说："天下安定，国家没有战争之事。在这种情况下，各种用于攻战的器械，可以不整治吗？各种用于防守的装备，可以不设置吗？"

　　太公曰："战攻守御之具，尽在于人事。耒耜者①，其行马蒺藜也②。马牛车舆者③，其营垒蔽橹也④。锄耰之具⑤，其矛戟也。蓑薛簦笠者⑥，其甲胄干楯也⑦。镢锸斧锯杵臼⑧，其攻城器也。牛马，所以转输粮用也。鸡犬，其伺候也⑨。妇人织纴⑩，其旌旗也。丈夫平壤⑪，其攻城也。春铗草棘⑫，其战车骑也。夏耨田畴⑬，其战步兵也。秋刈禾薪⑭，其粮食储备也。冬实仓廪⑮，其坚守也。田里相伍⑯，其约束符信也。里有吏，官有长，其将帅也。里有周垣⑰，

弍鑯角鹿馬拒

拒马鹿角枪
明刊本《兵录》插图。

不得相过，其队分也[18]。输粟收刍[19]，其廪库也。春秋治城郭、修沟渠，其堑垒也。

【注释】

①耒耜（lěi sì）：上古时用来翻土的农具，"耒"是其柄，"耜"在下端，形状与犁相似，可以起土。

②行马：即拒马，一种防御用的器械，用来防止敌军车骑冲突。蒺藜：本是一种草本植物，果实多刺。这里指木蒺藜，为一种可以阻拦通道，妨碍敌军行动的蒺藜形防御器械。

③舆：车厢，又泛指车。

④蔽橹：用来遮蔽防身的大盾牌。

⑤耰（yōu）：古代用以碎土平田的一种农具。

⑥蓑薜（bì）：草编的雨衣。簦（dēng）笠：都是遮雨之具。形制较大，有长柄可以手执而行的，叫"簦"，亦即雨伞；形制较小，戴在头上的叫"笠"，亦即笠帽、斗笠。

⑦干：盾。楯（dùn）：即盾。

⑧钁（jué）：大锄。锸（chā）：锹。

⑨伺候：守望侦伺。

⑩纴：织布或帛的丝缕。

安营蒺藜
明刊本《兵录》插图。

燕尾牌
清抄本《兵钤》插图。

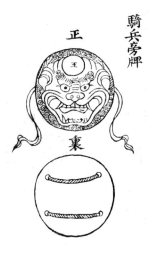

正

裹

骑兵旁牌

骑兵旁牌
明刊本《兵录》插图。

⑪平壤：平整土地。

⑫铍（pō）：本是一种割草的农具，这里用作动词，割草。

⑬耨（nòu）：除草。田畴：已经耕作的土地。

⑭刈（yì）：割。

⑮仓廪（lǐn）：粮仓。

⑯田里：田地和住宅。此用以代指农家。相伍：编制户籍，以五家为一伍。

⑰里：古代居民的管理单位。或以为二十五户为一里，或以为五十户、一百户为一里。

⑱队分：指军中队伍的编制。

⑲刍（chú）：牲口的草料。

【译文】

太公回答："各种用于攻战防守的器械，都存在于农家平时的日常工作之中。翻土用的耒耜，就等于是用以阻拦敌军的行马和木蒺藜。各种马车、牛车，就等于是军中的营垒和藏身的大盾牌。锄和耰，就等于是矛和戟。蓑衣伞笠，就等于是甲胄和盾。大锄、锹铣、斧子、锯子以及杵臼等物，就相当于军中的攻城器械。牛马，可以用来转运粮食物资。鸡犬，可以用来守望警戒。妇女纺织缝纫，就相当于制造旌旗。男子平整土地，就相当于攻城。春季割除野草荆棘，就相当于与车骑交战。夏季拔除田中的小杂草，就相当于与步兵交战。秋季收割庄稼柴草，就相当于军中进行粮食储备。冬季充实粮仓，就等于军中做好长期坚守的准备。农家编成户籍，组织起来，就等于军中用法规制约行为，用号令符信指挥行动。每里设吏，吏上又有官长，就等于军中的将帅。里的四周筑有矮墙，不得任意越过，就等于军中区别不同编制，不许混杂。运送粮食，收藏草料，就等于军中充实仓库。春、秋两季整治城郭，修挖沟渠，就等于军中挖壕沟，筑营垒。

"故用兵之具，尽于人事也。善为国者，取于人事。故必使遂其六畜①，辟其田野，究其处所②。丈夫治田有亩数，妇人织纴有尺度。是富国强兵之道也。"

武王曰："善哉！"

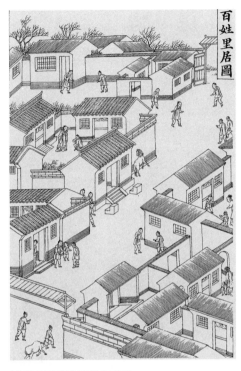

《钦定书经图说》"百姓里居图"

【注释】

①遂：成。六畜：指马、牛、羊、鸡、犬、豕。

②究：谋划，规划。

【译文】

"所以说，用兵所需要的器械，都在于农家平时的日常工作之中。善于治理国家的，就要取法并利用农家平时的日常工作。因此必须使人们饲养的六畜得以不失其时地顺利长成；必须使人们能够不失其时地开垦耕种田地；必须为人们规划好居住的住处，不让杂居。每个男子种田，都要有额定的亩数，每个妇女织布织帛，也要完成规定的尺数。这就是富国强兵的根本途径。"

武王说："您讲得真好啊！"

虎　韬

本卷共12篇。分别论述了武器装备的配置、性能，以及如何布阵、突围、渡河、扰敌、迂回、伏击与反伏击、围攻城邑、防御火攻等各种战术问题。

―――――――――

军用

武王问太公曰："王者举兵，三军器用，攻守之具，科品众寡①，岂有法乎？"

太公曰："大哉！王之问也。夫攻守之具，各有科品，此兵之大威也。"

【注释】

①科品：品类。

【译文】

武王问太公说："有志于成就王业的国君起兵发动战事，要配备军中的兵器、用具，以及攻守所需的各种器械，它们的种类以及数量多少，是不是有一定的标准？"

太公回答："我王提出的这个问题非常重要！军中用于攻战防守的器械，各有不同的种类，这与全军的战斗力有重大的关系。"

武王曰："愿闻之。"

太公曰："凡用兵之大数^①，将甲士万人，法用：武冲大扶胥三十六乘^②，材士强弩矛戟为翼^③，一车二十四人，推之以八尺车轮，车上立旗鼓，兵法谓之震骇；陷坚陈，败强敌。武翼大橹矛戟扶胥七十二具^④，材士强弩矛戟为翼，以五尺车轮，绞车、连弩自副^⑤；陷坚陈，败强敌。提翼小橹扶胥一百四十具^⑥，绞车、连弩自副，以鹿车轮^⑦；陷坚陈，败强敌，大黄参连弩大扶胥三十六乘^⑧，材士强弩矛戟为翼，飞凫、电影自副^⑨；飞凫赤茎白羽，以铜为首；电影，青茎赤羽，以铁为首；昼则以绛缟^⑩，长六尺，广六寸，为光耀；夜则以白缟，长六尺，广六寸，为流星；陷坚陈，败步骑。大扶胥冲车三十六乘，螳螂武士共载^⑪；可以击纵横，可以败强敌。辎车骑寇^⑫，一名电车，兵法谓之电击；陷坚陈，败步骑。寇夜来前，矛戟扶胥轻车一百六十乘^⑬，螳螂武士三人共载，兵法谓之霆击；陷坚陈，败步骑。

【注释】

①大数：约计之数。

②武冲大扶胥：一种大型兵车的名称。扶胥，车之别名。一说指兵车左右的防盾。

③材士：勇猛精锐的战士。翼：两侧的护卫。

④武翼大橹矛戟扶胥：一种装备掩蔽装置并设有矛戟以备击刺的兵车。

⑤绞车：一种用以张开强弩的牵引机械。连弩：装有机栝，可以连发数矢的弩。

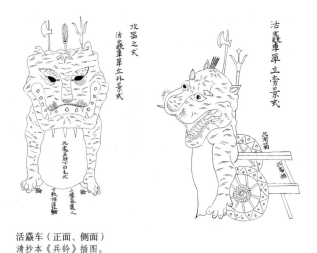

活巇车（正面、侧面）
清抄本《兵钤》插图。

⑥提翼小橹扶胥：也是一种装有掩蔽装置的兵车，但形制较小。

⑦鹿车：一种人力推挽的小车。

⑧大黄参连弩大扶胥：装备着大黄和连弩的大型兵车。大黄，一种强弩的名称。参，相互掺杂。

⑨飞凫、电影：两种箭的名称。

⑩绛缟：深红色的生绢。

⑪螳螂武士：螳螂举臂有奋击之势，所以被用来作为武士的称号。

⑫辎（zī）车骑寇：当是一种轻型兵车的名称。

⑬矛戟扶胥轻车：一种配备矛戟的轻型兵车。

【译文】

武王说："我想听您详细地讲一讲。"

太公回答："凡是用兵作战，所需武器装备的大致数目，每甲士一万人，应该用：武冲大扶胥三十六辆，由精锐勇猛的战士拿着强弩和矛戟在两侧护卫，每车二十四人，车轮高八尺，用人力推动，车上设置鼓旗，以便指挥，兵法上把这种兵车称作'震骇'；可以用来攻破坚固

的阵势，击败强大的敌人。武翼大橹矛戟扶
胥七十二辆，也由精锐勇猛的战士拿着强弩
和矛戟在两侧护卫，车轮高五尺，车上设有
绞车和连弩，作为辅助装置；也可以用来攻破
坚固的阵势，击败强大的敌人。提翼小橹扶
胥一百四十辆，车上设有绞车、连弩作为辅
助装备，车轮较小，与鹿车相同；也可以用
来攻破坚固的阵势，击败强大的敌人。大黄
参连弩大扶胥三十六辆，由精锐勇猛的战士
拿着强弩和矛戟在两侧护卫，车上设有飞凫、
电影作为辅助装备；所谓飞凫，是一种红杆
白羽的箭，箭头用铜制造；所谓电影，是一种
青杆红羽的箭，箭头用铁制造；白天车上飘
着长六尺、宽六寸的红绢，称为'光耀'；夜
晚车上飘着长六尺、宽六寸的白绢，称为'流
星'；可以用来攻破坚固的阵势，击败敌人的
步兵和骑兵。大扶胥冲车三十六辆，车上载
有敢于奋勇冲击的螳螂武士；可以用来横冲
直撞，击败敌人。辎车骑寇一名电车，兵法
上又称作'电击'；可以用来攻破坚固的阵势，
击败敌人的步兵和骑兵。敌人夜里前来进犯，
矛戟扶胥轻车一百六十辆，车上载有敢于奋
勇冲击的螳螂武士，这种车兵法上又称作'霆
击'；可以用来攻破坚固的阵势，击败敌人的
步兵和骑兵。

虎车
清抄本《兵钤》插图。

独轮车
清抄本《兵钤》插图。

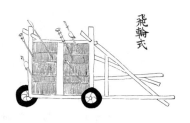

飞轮
清抄本《兵钤》插图。

"方首铁棓维盼^①，重十二斤，柄长五尺以上，千二百枚，一名天棓；大柯斧^②，刃长八寸，重八斤，柄长五尺以上，千二百枚，一名天钺；方首铁槌，重八斤，柄长五尺以上，千二百枚，一名天槌；败步骑群寇。飞钩，长八寸，钩芒长四寸，柄长六尺以上，千二百枚，以投其众。

【注释】

①棓：通"棒"。盼（fén）：头大的样子。

②柯：斧柄。

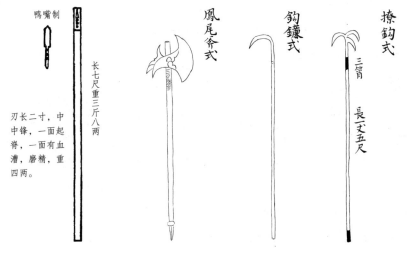

棒
明刊本《纪效新书》插图。

凤尾斧 钩镰 撩钩
清抄本《兵钤》插图。

【译文】

"方头的铁棒，头部要大，重十二斤，柄长五尺以上，共一千二百根，又称'天棒'；大柄的斧子，斧刃长八寸，重八斤，柄长五尺以上，共一千二百把，又称'天钺'；方头的铁槌，重八斤，柄长五尺以上，共一千二百把，又称'天槌'；这三种兵器可以用来击败敌军中的步兵、骑兵。飞钩，长八寸，钩芒长四寸，柄长六尺以上，共一千二百把，可以用来投掷杀伤敌军人群。

"三军拒守：木螳螂剑刃扶胥①，广二丈，百二十具，一名行马，平易地以步兵败车骑。木蒺藜，去地二尺五寸，百二十具，败步骑，要穷寇②，遮走北③。轴旋短冲矛戟扶胥④，百二十具，黄帝所以败蚩尤氏⑤，败步骑，要穷寇，遮走北。狭路微径，张铁蒺藜，芒高四寸，广八寸，长六尺以上，千二百具，败步骑。突暝来前促战⑥，白刃接，张地罗⑦，铺两镞蒺藜⑧，参连织女⑨，芒间相去二寸，万二千具。旷野草中，方胸铤矛⑩，千二百具；张铤矛法，高一尺五寸；败步骑，要穷寇，遮走北。狭路微径，地陷铁械锁参连百二十具⑪，败步骑，要穷寇，遮走北。

【注释】

①木螳螂剑刃扶胥：一种用以拒守的木制兵车，形似螳螂，有尖刃外向，可防止敌军骑兵冲突。

②要（yāo）：拦截。

③遮：拦截。

④轴旋短冲矛戟扶胥：一种用于拒守的兵车，便于旋转，装有冲角，并且配备矛戟。

⑤蚩尤氏：上古九黎部落联盟的领袖，相传发明金属兵器，能呼风唤雨，与黄帝争夺中原，在涿鹿大战，兵败被杀。

⑥突暝：疑是"夜暝"之误。

⑦地罗：地网。

⑧两镞（zú）蒺藜：有两个向上尖刺的小型铁蒺藜。

⑨织女：本是一种类似蒺藜的草，这里也当指一种有尖刺的障碍物。

⑩方胸：指矛尖与矛柄之间的部位呈方形，这样插柄于地，便于固定。铤（chán）矛：短柄小矛。

⑪铁械锁：此指铁锁链。

【译文】

　　"军中用于拒敌防守的器械：木螳螂剑刃扶胥，宽二丈，共一百二十辆，又称'行马'，在平地使用，步兵可以用来击败敌人的兵车和骑兵。木蒺藜，其尖刺要安放在离地面二尺五寸的位置，共一百二十个，可以用来击败步兵、骑兵，拦截阻击势穷力竭、溃败奔逃的敌人。轴旋短冲矛戟扶胥，一百二十辆，这是当年黄帝大败蚩尤氏时所使用的，可以用来击败步兵、骑兵，拦截阻击势穷力竭、溃败奔逃的敌人。在狭窄的小路上，张设铁蒺藜，刺高四寸，身宽八寸，每串长度在六尺以上，共一千二百串，可以用来击败步兵、骑兵。天色昏暗时敌军突然前来交战，双方白刃相接，这时可以张设地网，铺上两镞蒺藜，中间掺杂织女，尖刺之间相隔两寸，共一万二千个。在空阔的原野上，则使用方胸矛，共一千二百支；铺设矛的方法，应使矛尖离地面一尺五寸；可以用来击败步兵、骑兵，拦截阻击势穷力竭、溃败奔逃的敌人。在狭窄的小路，地表浅埋铁锁链，共一百二十条，使它们互相交错连接，可以用来击败步兵、骑兵，拦截阻击势穷力竭、溃败奔逃的敌人。

　　"垒门拒守：矛戟小橹十二具①，绞车、连弩自副。三军拒守：天罗虎落锁连一部②，广一丈五尺，高八尺，

百二十具。虎落剑刃扶胥③，广一丈五尺，高八尺，
五百二十具。

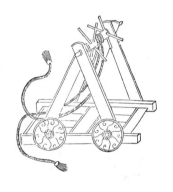

绞车
明刊本《三才图会》插图。

【注释】

①矛戟小橹：一种设有矛戟和小型防盾的
　兵车。

②天罗虎落锁连：一种防御设备。天罗，为
　缀有蒺藜的网，张设其上。虎落，竹篱。
　锁连，即锁链，用来绕在虎落上。

③虎落剑刃扶胥：一种车厢四周围有竹篱，
　并且有尖刃外向的兵车。

【译文】

"用于军营门口拒敌防守的器械：矛戟小橹十二辆，车上
装有绞车、连弩作为辅助设备。用于防守军营的器械：天罗虎
落锁链部，宽一丈五尺，高八尺，共一百二十具。虎落剑刃扶
胥，宽一丈五尺，高八尺，共五百二十辆。

"渡沟堑：飞桥一间①，广一丈五尺，长二丈以
上，着转关辘轳②，八具，以环利通索张之③。渡大
水：飞江④，广一丈五尺，长二丈以上，八具，以环
利通索张之；天浮铁螳螂⑤，矩内圆外，径四尺以上，
环络自副⑥，三十二具。以天浮张飞江济大海⑦，谓
之天潢，一名天舡⑧。

【注释】

①一间：一架。

②转关辘轳：一种起重装置，可以把飞桥吊起或转移方向。

③环利通索：连环铁索。

④飞江：浮桥。

瓮筏
清抄本《兵钤》插图。

飞组
清抄本《兵钤》插图。

⑤天浮铁螳螂：一种用以连接浮桥，使之有足够长度的装置。

⑥环络：铁环和绳索。

⑦大海：疑是"大江"之误。

⑧舡（chuán）：船。

【译文】

　　"渡沟堑用的器械：飞桥，宽一丈五尺，长二丈以上，配备转关辘轳，共八架，用环利通索铺设。渡江河大水用的器械：飞江，宽一丈五尺，长二丈以上，共八架，铺设时用环利通索；天浮铁螳螂，内方外圆，直径四尺以上，上面有铁环绳索等辅助设备，共三十二个。用天浮铁螳螂连接飞江渡过大江，称为'天潢'，又称'天舡'。

"山林野居，结虎落柴营①：环利铁锁，长二丈以上，千二百枚。环利大通索，大四寸，长四丈以上，六百枚。环利中通索，大二寸，长四丈以上，二百枚。环利小微缧②，长二丈以上，万二千枚。天雨盖，重车上板，结枲钼铻③，广四尺，长四丈以上，车一具，以铁杙张之④。

【注释】

①柴营：寨营。柴，通"寨"。

②缧（léi）：绳索。此亦指铁索。

③结枲（xǐ）钼铻（jǔ yǔ）：意不明。或指用麻绳捆扎排列，形成齿形掩蔽物。枲，麻。钼铻，排列成栉齿状。

④杙（yì）：橛，桩子。

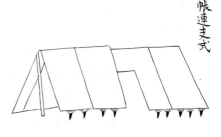

小军帐连支
清抄本《兵钤》插图。

【译文】

"在山林野外宿营，结成绕有竹篱的虎落寨营需用的器械：连环铁锁，长二丈以上，共一千二百条。环利大通索，环大四寸，长四丈以上，共六百条。环利中通索，环大二寸，长四丈以上，共二百条。环利小微缧，长二丈以上，共一万二千条。天雨盖，即重型兵车车厢上的盖板，用麻绳连接，竖立营前，排成齿形，每块宽四尺，长四丈以上，每车一块，用铁橛固定。

"伐木大斧，重八斤，柄长三尺以上，三百枚。棨钁①，刃广六寸，柄长五尺以上，三百枚。铜筑固为垂②，长五尺以上，三百枚。鹰爪方胸铁杷③，柄长七尺以上，三百枚。

方胸铁叉，柄长七尺以上，三百枚。方胸两枝铁叉，柄长七尺以上，三百枚。芟草木大镰^④，柄长七尺以上，三百枚。大橹刀^⑤，重八斤，柄长六尺，三百枚。委环铁杙^⑥，长三尺以上，三百枚。椓杙大锤^⑦，重五斤，柄长二尺以上，百二十具。

【注释】

①棨钁（qǐ jué）：一种大锄。

②筑：捣土的杵。为垂：谓其上设耳，可以穿绳。

③杷：即耙，用以聚物或碎土的工具。

④芟（shān）：除草。

⑤大橹刀：大砍刀。

⑥委环铁杙：上连铁环的铁橛。

⑦椓（zhuó）：捶击。

【译文】

"伐木大斧，重八斤，柄长三尺以上，共三百把。棨钁，刃宽六寸，柄长五尺以上，共三百枚。铜筑，有坚固的附耳，长五尺，共三百个。鹰爪方胸铁耙，柄长七尺以上，共三百把。方胸铁叉，柄长七尺以上，共三百把。割除草木用的大镰，柄长七尺以上，三百把。大橹刀，重八斤，柄长六尺，共三百把。上设铁环的铁橛，长三尺以上，共三百个。捶击铁橛用的大锤，重五斤，柄长二尺以上，共一百二十把。

"甲士万人，强弩六千，戟楯二千，矛楯二千。修治攻具，砥砺兵器^①，巧手三百人。此举兵军用之大数也。"

武王曰："允哉！"

【注释】

①砥砺：磨石。这里用作动词，即磨砺。

【译文】

"每一万名甲士，其中六千名使用强弩，二千人使用戟和盾，二千人使用矛和盾。此外，修理整治各种攻战器械，磨砺兵器，还需要巧匠三百名，以上所说，就是起兵作战需要的各种军用器械的大致数目。"

武王说："您讲得真对啊！"

三陈

武王问太公曰："凡用兵为天陈、地陈、人陈，奈何？"

太公曰："日月星辰斗杓①，一左一右，一向一背，此谓天陈。丘陵水泉，亦有前后左右之利②，此谓地陈。用车用马，用文用武，此谓人陈。"

武王曰："善哉！"

【注释】

①斗杓：指北斗，亦即今天所称大熊星座中七颗较亮的星，在北天排列成斗杓形，其中四星组成斗身，三星组成斗柄。北斗七星在不同的季节和夜晚不同时间，出现于天空的不同方位，古人往往根据初昏时斗柄所指的方向来决定季节，有所谓"斗柄指东，天下皆春；斗柄指南，天下皆夏；斗柄指西，天下皆秋；斗柄指北，天下皆冬"的说法。又，把北斗中天璇、天枢两星连成直线并延长五倍左右的距离，可以找到北极星，所以北斗又可据以辨明方向。

②丘陵水泉，亦有前后左右之
利：此谓行军扎营，要占据
有利的地形。古兵家有所谓
"前左水泽，右背山陵"的
说法。

《钦定书经图说》"牧野誓师图"

【译文】

武王问太公说："用兵布阵，有所谓天阵、地阵、人阵，这该怎样理解？"

太公回答："天上有日月星辰，根据北斗，又可辨明方向、知道季节的变化；依照种种天象布阵，并确定阵势的左右向背，这就是天阵。丘陵水泉的位置在前在后在左在右，对军队或有利或有弊；能利用地形条件，布下有利的阵势，这就是地阵。使用战车，还是使用骑兵，行施计谋，还是凭借勇力，这取决于人事；军队列阵能依此布置，这就是人阵。"

武王说："您讲得真好啊！"

疾战

武王问太公曰："敌人围我，断我前后，绝我粮道，为之奈何？"

太公曰："此天下之困兵也。暴用之则胜①，徐用之则败。如此者，为四武冲陈②，以武车骁骑惊乱其军而疾击之，可以横行③。"

【注释】

①暴：急促，突然。

②四武冲陈：指用武冲大扶胥捍卫四侧的阵势。

③横行：比喻所向无阻。

【译文】

武王问太公说："敌人包围我军，截断我前后的通路，又隔绝了我军运粮的途径，在这种情况下，应该怎么办？"

太公回答："这就是所谓处境极端困难的军队了。如能急速行动，鼓起勇气，冲出重围，那还有可能战胜；如果行动迟缓，拖延时间，非败不可。在这种情况下，应该结成四武冲阵，把武冲大扶胥布置在四侧，捍卫核心，再用各种兵车和精锐勇猛的骑兵去惊动扰乱敌军，趁势急速展开攻势，这就能所向无阻，顺利突围。"

武王曰："若已出围地，欲因以为胜，为之奈何？"

太公曰："左军疾左，右军疾右，无与敌人争道，中军迭前迭后①。敌人虽众，其将可走。"

【注释】

①迭前迭后：指更替处于左、右军之前或之后的位置。处于后，可引诱敌军来追；处于前，则可与左、右军组成一个口袋，围歼追军。

【译文】

武王又问："如果已冲出敌人的包围圈，想要趁势战胜敌人，应该怎么办?"

太公回答:"左翼的部队在左侧快速前进,右翼的部队在右侧快速前进,不要与敌军争夺道路,耽误时间,中路主力忽而落在后面,忽而超出左右翼的部队,轮流更替,敌人如被诱来追,就可布置口袋阵围歼追军。这样,敌人虽然人数众多,也能击败他们,迫使其主将逃跑。"

必出

武王问太公曰:"引兵深入诸侯之地,敌人四合而围我,断我归道,绝我粮食。敌人既众,粮食甚多,险阻又固。我欲必出①,为之奈何?"

《钦定书经图说》"河朔誓师图"
描画周武王约束整治军队,伐商的情形。

太公曰:"必出之道,器械为宝,勇斗为首。审知敌人空虚之地,无人之处,可以必出。将士人持玄旗②,操器械,设衔枚夜出③。勇力飞足冒将之士居前④,平垒为军开道⑤,材士强弩为伏兵居后,弱卒车骑居中。陈毕徐引,慎无惊骇。以武冲扶胥前后拒守,武翼大橹以备左右。敌人若惊,勇力冒将之士疾击而前,弱卒车骑以属其后,材士强弩隐伏而处。审候敌人追我,伏兵疾击其后,多其火鼓⑥,若从地出、若从天下。三军勇斗，莫我能御。

【注释】

①必出：一定突围而出，即成功地突围。

②玄旗：黑旗。夜出持黑旗，敌人不易发现。

③衔枚："枚"是一种形如筷子的竹木条，秘密行军时士卒横衔口
　中，以禁喧哗。

④勇力飞足：壮勇有力或敏捷善跑的人。冒将之士：敢于冒险冲击
　敌军主将的勇士。

⑤平垒：平毁营前壁垒，便于大军迅速撤离。

⑥火鼓：夜战时用的火把和战鼓。多其火鼓是为了迷惑敌人，使敌
　人误以为伏兵人数众多。

【译文】

武王问太公说："率领军队深入敌国的土地，敌人四面合拢，包围
我军，阻断我军的归路，隔绝我军的粮食供应。敌军人数既众，粮食又
多，而且凭借险要的地形设置了坚固的阵地。在这种情况下，我军要成
功地突围而出，应该怎么办？"

太公回答："成功突围的方法，关键在于要有必需的器械，而又以
敢于勇猛战斗为最重要。能够仔细地侦察到敌军守备空虚，无人设防
的地点，那就可以成功地突围而出。突围时全军将士手持黑旗，各拿器
械，口中衔枚，在夜间开始行动。选择勇猛有力、敏捷善跑，敢于冒险
突击的战士处于前部，平毁营垒，为全军开道，又选精兵带着强弩，准备
充当伏兵，处于后部，弱卒和车兵、骑兵处于中部。阵形排好，缓慢地开
始行动，小心不要自相惊扰。把武冲大扶胥放在军前军后，用作拒守的屏
障，又用武翼大橹矛戟扶胥防御左右两侧。敌军如被惊动，我军不能继

续隐蔽行动，就派遣作为前锋的勇猛有力、敏捷善跑、敢于冒险突击的战士迅速向前冲击，弱卒和车兵、骑兵紧跟其后，配备强弩的精兵隐藏埋伏起来。确切地侦察到敌军前来追击我军，伏兵就迅速地从后面攻击敌人的追兵，多拿火把和战鼓，制造人数众多的假象，好像从地下冒出，好像从天上降落。这时全军奋力战斗，谁也不能抵御这种攻势。"

武王曰："前有大水、广堑、深坑，我欲逾渡，无舟楫之备。敌人屯垒，限我军前①，塞我归道，斥候常戒②，险塞尽中。车骑要我前，勇士击我后，为之奈何？"

太公曰："大水、广堑、深坑，敌人所不守；或能守之，其卒必寡。若此者，以飞江转关与天潢以济我军。勇力材士，从我所指，冲敌绝陈③，皆致其死④。先燔吾辎重⑤，烧吾粮食，明告吏士：勇斗则生，不勇则死。已出者，令我踵军设云火远候⑥，必依草木、丘墓、险阻⑦。敌人车骑，必不敢远追长驱。因以火为记，先出者，令至火而止，为四武冲陈。如此，则吾三军皆精锐勇斗，莫我能止。"

武王曰："善哉！"

壕桥式

壕桥

清抄本《兵钤》插图。

【注释】

①限：这里是阻挡、隔绝的意思。

②斥候：哨兵。也指侦察敌情的人。

③绝：度，越。此指冲进、冲过。

④致其死：尽其死力。

⑤燔（fán）：烧。

⑥踵军：在前锋或主力部队之后继进的部队。云火：火光可以上照云天的大火。

⑦丘墓：坟墓。较大的墓称"丘"。

【译文】

武王又问："如果我军突围的方向前有大水、宽沟、深坑，我军要渡过去，却没有准备好船只。敌人驻守的营垒挡在前面，阻塞了我军的归路，敌军的哨兵、侦察人员常备不懈，地势险要的地方都有人把守。敌军的车兵、骑兵拦截我军，又派遣勇士攻击我军后部，在这种情况下，应该怎么办？"

太公回答："大水、宽沟、深坑，这些地方往往是敌人不加防守的；即或有兵防守，人数也一定很少。在这种情况下，可用飞江转关和天潢把我军渡过去。派遣勇猛精锐的战士依照命令所指，直冲敌阵，都尽其死力。先烧掉各种不便携带的物资粮食，明白地向全体军官和士兵宣告：情况危急，全军必须奋勇战斗，才有生路，不能奋勇战斗，必死无疑。突出重围以后，命令我军紧跟前锋的后继部队设置大火堆，派出人员远远地侦察敌人动静，必须依靠草丛、树林、坟墓、各种险要的地形隐蔽布置。敌人追击的战车骑兵看到这种情形，一定不敢长驱远追。我军就以火堆为记号，首先冲出的部队，命令他们到火堆就停下，结为四武冲阵。如能这样，那么全军都精锐敢斗，勇气十倍，谁也不能阻挡。"

武王说："您讲得真好啊！"

军略

武王问太公曰："引兵深入诸侯之地，遇深溪大谷险阻之水。吾三军未得毕济，而天暴雨，流水大至，后不得属于前。无有舟梁之备，又无水草之资①。吾欲毕济，使三军不稽留，为之奈何？"

【注释】

①水草：此指堵水用的草捆。单单用泥土堵水，费力较多，混用草捆，可以省功。

【译文】

武王问太公说："率领军队深入敌国的土地，遇到了深山大谷中势险水急的河流。三军尚未全部渡过，而天突然下起大雨，流水奔集，河水大涨，我军被从中隔断，未渡的后军与已渡的前军不相连接。这时既没有事先准备好的舟船和桥梁，又没有用来堵水的草捆。我想使全军能顺利地全部渡过而不被延滞，应该怎么办？"

太公曰："凡帅师将众，虑不先设，器械不备，教不素信①，士卒不习，若此，不可以为王者之兵也。凡三军有大事，莫不习用器械。攻城围邑，则有轒辒、临冲②。视城中，则有云梯、飞楼③。三军行止，则有武冲、大橹前后拒守。绝道遮街，则有材士强弩卫其两旁。设营垒，则有天罗、武落、行马、蒺藜④；昼则登云梯远望，立五色旌旗⑤，夜则设云火万炬，击雷鼓⑥，振鼙铎，吹鸣笳⑦。越沟堑，则有飞桥，转关辘轳、钽锯。济大水，则有天潢、飞江。

逆波上流，则有浮海、绝江⑧。三军用备，主将何忧！"

【注释】

①教：此指平时的训练。信：谓切实可用。

②轒辒（fén wēn）：攻城用的一种战车，下有四轮，车身排列大木，上蒙生牛皮以抵御矢石，用人力推进、往来运土填壕。临：指临车，攻城用的战车，车身较高，可以从上临下。冲：指冲车。也是攻城用的战车，车头包铜铁，用以撞击城门、城墙。

③云梯：一种攻城器械。排大木为床，下设六轮，上置两梯，各长二丈余，下梯固定，上梯可以活动，用转轴相连，用人力推至城下，竖起上梯，可以窥敌攻城。飞楼：即楼车，也是一种攻城器

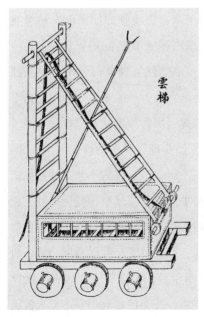

云梯
明刊本《武经总要》插图。

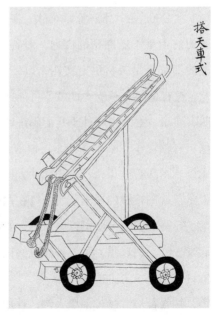

搭天车
清抄本《兵钤》插图。

械。在车上设高竿，竿上部架屋，用木板为幔，并蒙牛皮以防矢石，人居其中可以窥视城中动静。

④武落：即"虎落"，疑本作"虎落"，唐人为避高祖李渊祖父李虎之讳，改为"武落"。

⑤旌旗：古代军中，往往用青、赤、白、黑、黄五色旗帜作为部署军队的标记和调遣传呼的信号。如左军居东，用青旗；右军居西，用白旗；前军居南，用红旗；后军居北，用黑旗；中军居中，用黄旗等。

⑥雷鼓：一种八面蒙革的大鼓。

⑦鸣笳：一种管乐器。

⑧浮海、绝江：都是渡水器具，其详不明，可能是舟筏之类。

【译文】

太公回答："凡是统率军队，率领士众，做将帅的如果事先对可能遇到的困难不做周密的谋虑，对各种军用器械不配备齐全，对士兵所做的训练不是一贯讲究实用，以致士兵不能熟练地掌握运用必要的技艺，这样的话，这支军队就不可能成为能完成大业的王者之师。凡是军队有战事，必须事先使士兵们熟练地掌握运用各种器械。围攻敌人的城邑，有轒辒车、临车和冲车可以应用。如要观察城中动静，则用云梯、飞楼。军队行进止息，就用武冲大橹在前后守卫，以防不测。断绝街道大路，就用精锐的武士拿着强弩在两旁护卫。宿营筑垒，就用天罗、武落、行马、蒺藜等防御设施；白天要派人登上云梯瞭望，营中按方位竖起青、红、白、黑、黄五种颜色的旗帜，部署分派，井然有序；晚上设置许许多多光焰冲天的大火炬，不时击雷鼓，敲鼙鼓，摇大铎，吹鸣笳，加强警戒。越过深壕大沟，就用飞桥、转关辘轳和钘锯。渡大江大河，就用天潢、飞江。逆流而上，就用浮海、绝江。军队所需的这些器械如果装备齐全，当主将的又有什么可担忧的呢！"

临境

武王问太公曰："吾与敌人临境相拒，彼可以来，我可以往。陈皆坚固，莫敢先举。我欲往而袭之，彼亦可来，为之奈何？"

【译文】

武王问太公说："我军与敌人在国境线上对峙，敌军可以攻过来，我军可以攻过去。双方阵地都非常坚固，谁也不敢首先发动进攻。我军打算去袭击敌军，但担心敌军也会来袭击我军，在这种情况下，应该怎么办？"

太公曰："兵分三处，令我前军深沟增垒而无出，列旌旗，击鼙鼓，完为守备。令我后军多积粮食，无使敌人知我意。发我锐士，潜袭其中，击其不意，攻其无备。敌人不知我情，则止不来矣。"

【译文】

太公回答："遇到这种情况，可以把部队分为前军、后军和突击队三部分，命令前军深挖壕沟，增高垒墙，不要出战，在阵地上多列旗帜，击军鼓，严密戒备，做到无懈可击。命令后军多积贮粮食，不要让敌人知道我军的意图。然后发动由精锐的战士组成的突击队，偷袭敌军阵地的内部，击其不意，攻其无备。敌人不了解我军的情况，就会按兵不动，不敢越境向我进攻。"

明刊本《封神演义》"姜子牙三路分兵图"

武王曰："敌人知我之情，通我之谋①，动而得我事。其锐士伏于深草，要我隘路，击我便处。为之奈何？"

【注释】

①通：通晓，完全了解。

【译文】

武王又问："如果敌人知道我军的内情，又了解我军的计谋，我军每有行动，他们都能得到情报。事先派遣其精锐部队埋伏在深草丛中，或在狭窄险要的小路上拦截我军，或在他们方便适宜的地方攻击我军。在这种情况下，该怎么办？"

太公曰："令我前军，日出挑战，以劳其意。令我老弱曳柴扬尘①，鼓呼而往来。或出其左，或出其右，去敌无过百步②。其将必劳，其卒必骇。如此则敌人不敢来，吾往者不止，或袭其内，或击其外。三军疾战，敌人必败。"

【注释】

①曳（yè）：拖带。人数众多的军队行进时必然尘土飞扬，曳柴扬尘是为了制造人多势众的假象以迷惑敌人。

②无过百步：此指以一百步为界限，不要越过，也就是不要进入百

步之内。

【译文】

太公回答："遇到这种情况，可以命令我前军每天出去挑战，消磨敌军的斗志。又命令我军的老弱人员拖着柴把，扬起尘土，击鼓呼叫，往来不停。有时在敌军左方出现，有时在敌军右方出现，距离敌军要在一百步之外。敌军受到迷惑，主将必定疲于应付，士兵必定惊惶恐惧。这样，敌军就不敢来攻，而我军却不停地派遣突击队打过去，或袭击敌军内部，或攻打敌军外面。全军奋力战斗，敌人必败无疑。"

动静

武王问太公曰："引兵深入诸侯之地，与敌之军相当。两陈相望，众寡强弱相等，未敢先举。吾欲令敌人将帅恐惧，士卒心伤，行陈不固，后陈欲走，前陈数顾①；鼓噪而乘之②，敌人遂走，为之奈何？"

【注释】

①数（shuò）顾：屡屡回顾。这是军心不稳的表现。

②鼓噪：击鼓呼叫。

【译文】

武王问太公说："率领军队深入敌国土地，我军实力同敌军不相上下。两军对阵，人数多少和战斗力的强弱都势均力敌，谁也不敢先发动进攻。我想使敌人将帅心中恐惧，士兵满怀忧虑，丧失斗志，不能形成坚固的队列和阵势，后阵的人都想临阵脱逃，前阵的人屡屡回头观望，军心不稳；我军击鼓呼叫，壮大声势，乘机进攻，使敌人就此败阵逃跑，这该怎么办？"

　　太公曰："如此者，发我兵去寇十里而伏其两旁，车骑百里而越其前后。多其旌旗，益其金鼓。战合，鼓噪而俱起，敌将必恐，其军惊骇，众寡不相救，贵贱不相待①，敌人必败。"

【注释】

　　①贵贱：此指军中的高级军官和普通士兵。不相待：谓各自只顾逃命，不互相照顾。

【译文】

　　太公回答："在这种情况下，应该派遣一支步兵，在距离敌军十里处埋伏在道路两旁，又派遣车兵和骑兵埋伏在距离敌军百里的地方，来回运动，忽而在敌军之前，忽而在敌军之后。多用旗帜，多用金鼓。两军一交锋，埋伏的步兵、车兵、骑兵击鼓呼叫，一齐发动，这样，敌军的将帅必定惊惶失措，士兵必定恐慌畏惧，各支部队无论人数是多是少，都不能互相救援，军中官兵无论身份是贵是贱，都只顾自己逃命，敌人必败无疑。"

　　武王曰："敌之地势，不可以伏其两旁，车骑又无以越其前后。敌知我虑，先施其备。我士卒心伤，将帅恐惧，战则不胜，为之奈何？"

【译文】

　　武王又问："敌军所处的地势，使我军不能在其两旁布置埋伏，我军的车兵、骑兵也无法在敌军前后往来运动。敌人知道我方的计谋，事先做好了防备。我军士兵忧伤疑虑，将帅心怀恐惧，如果与敌军交战，难以取胜，在这种情况下，应该怎么办？"

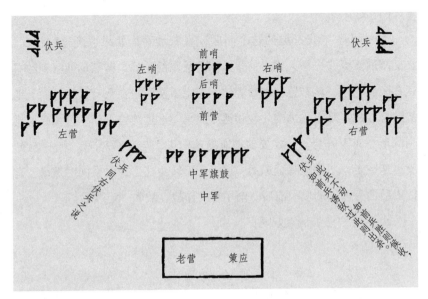

出站随变就于本阵内设伏图
明刊本《纪效新书》插图。

太公曰："微哉！王之问也。如此者，先战五日，发我远候，往视其动静。审候其来，设伏而待之，必于死地与敌相避①。远我旌旗，疏我行陈。必奔其前②，与敌相当③，战合而走，击金无止④，三里而还，伏兵乃起，或陷其两旁，或击其前后。三军疾战，敌人必走。"

武王曰："善哉！"

【注释】

①死地：必死之地。指被困其中，无逃生之路的地方。

②奔：急速行进。前：指前军。

③相当：这里是对阵的意思。

④金：铜钲，军中用以止众。击金是退兵的信号。

【译文】

太公回答："我王提的这个问题，真深妙啊！如果遇到这种情况，在交战前五天，先派人远出侦察，探听敌军的动静。清楚地侦察到敌军正在向我行进，就布置好埋伏等候，一定要使两军在我有伏兵，而又地势险恶、敌军难以脱逃的死地相遇。我军要远远地设置旗帜，稀疏地排列队形、布下阵势。一定要使前军急速前进，与敌军对阵，刚一交锋，就迅速败走，不停地鸣金退兵，退满三里转身还击，伏兵同时发动，有的攻敌两旁，有的攻敌前后。全军奋力作战，敌人一定败逃。"

武王说："您讲得真好啊！"

金鼓

武王问太公曰："引兵深入诸侯之地，与敌相当，而天大寒甚暑，日夜霖雨①，旬日不止，沟垒悉坏，隘塞不守，斥候懈怠，士卒不戒。敌人夜来，三军无备，上下惑乱，为之奈何？"

【注释】

①霖雨：连绵大雨。

【译文】

武王问太公说："率领军队深入敌国土地，我军的实力同敌军不相上下，而天气或者奇寒，或者酷热，又或者遇到连绵大雨，夜以继日，一连好多天下个不停,以致壕沟、壁垒全都崩塌损坏,险阻的路口要塞都无法守备,派出的侦察人员精神不振,懈怠失职,士兵们也都丧失了应有的警戒。这时敌军乘夜前来袭击,我全军事先毫无准备,上下疑惧,一片混乱,出现这种情况,应该怎么办?"

太公曰:"凡三军以戒为固,以怠为败。令我垒上'谁何'不绝[1],人执旌旗,外内相望,以号相命,勿令乏音[2],而皆外向。三千人为一屯[3],诚而约之,各慎其处。敌人若来,视我军之警戒,至而必还,力尽气怠。发我锐士,随而击之。"

【注释】

①谁何:何人,军中哨兵见有生人接近,往往先问"谁何"。后即以"谁何"指稽查诘问。

②音:指诘问之声和口令等。

③屯:聚。此指营中临时指定的守备单位,每屯各自负责守备划定的区域。

【译文】

太公回答:"大凡军队只有严密警戒,才能坚不可破,而懈怠疏忽,必然导致失败。遇到这种情况,必须命令我军垒上的哨兵不停地喝问口令,不让生人接近,人人都手执旗号,内

《钦定书经图说》"大巡六师图"
描画周武王伐商巡视军队的场景。

外相望，用口令、旗号互相联络，而一律面向外方。每三千人组成一屯，为一个守备单位，慎重告诫、申明法令，严加约束，每屯必须谨慎地守备划定的责任区域。敌人如果前来袭击，看到我军戒备严密，即使来到阵地之前也必然退回，这时难免已疲劳不堪而又士气低落。我军乘机发动精锐部队，跟在退回的敌军后面追击，就能击败他们。"

武王曰："敌人知我随之，而伏其锐士，佯北不止。遇伏而还，或击我前，或击我后，或薄我垒①。吾三军大恐，扰乱失次，离其处所，为之奈何？"

【注释】

①薄：逼近。

【译文】

武王又问："如果敌人知道我会派兵随后追击，事先布置精锐的战士偷偷埋伏在要道两旁，假装战败，不停地后退，以引诱我追军深入。到了埋伏地点，后退的敌军突然回头迎战，伏兵同时发动，有的攻打我追军的前锋，有的攻打我追军的后部，有的甚至逼近我军的营垒。这时我全军大为惊恐、混乱不堪，士兵们都找不到自己的行列，离开了各自应该守备的地域，在这种情况下，应该怎么办？"

太公曰："分为三队，随而追之，勿越其伏。三队俱至，或击其前后，或陷其两旁，明号审令，疾击而前。敌人必败。"

【译文】

太公回答："遇到这种情况，可把追军分为三队，隔开距离，相继出动追击后退的敌军，注意不要进入敌人设置埋伏的地方。等到三队会齐，再一起进攻，有的攻打敌军前、后两头，有的攻打敌军两旁，对付左、右的伏兵，申明号令，努力奋战，勇往直前。这样，敌人一定大败。"

绝道

武王问太公曰："引兵深入诸侯之地，与敌相守。敌人绝我粮道，又越我前后。吾欲战则不可胜，欲守则不可久。为之奈何？"

【译文】

武王问太公说："率领军队深入敌国土地，与敌军对垒，相持不下。敌人断绝我军运粮的通道，又派兵在我军前后来回运动。我想出战，预计难以战胜，我想据守，又不能持久。在这种情况下，应该怎么办？"

太公曰："凡深入敌人之地，必察地之形势，务求利便，依山林险阻、水泉林木而为之固；谨守关梁①，又知城邑丘墓地形之利。如是，则我军坚固，敌人不能绝我粮道，又不能越我前后。"

【注释】

①关梁：指水陆交通要道上的关隘、桥梁。

【译文】

太公回答：“凡是领兵深入敌人的国土，一路上必须仔细察看地理形势，务必寻求对我军方便有利的地形，依托山林险阻、水泉林木来构筑营垒、阵地；要派人严密地守卫我军后路的关隘桥梁水陆要道，又应了解周围城邑和墓葬区地形何处对我有利，并有所布置。这样的话，我军守备坚固，敌人既不能断绝我军的粮道，又不能在我军前后来回运动，构成威胁。”

武王曰：“吾三军过大陵广泽平易之地，吾盟误失^①，卒与敌人相薄。以战则不胜，以守则不固。敌人翼我两旁^②，越我前后，三军大恐，为之奈何？”

【注释】

①盟：盟军，友邻部队。

②翼：从两旁包抄。

【译文】

武王又问：“我军经过大片的陵区，宽广的水泽等平阔无阻的地域，盟军失约未到，仓促之间与敌军在极近的距离内相遇。我想与敌交战，则难以取胜，想采取守势，又无坚固的阵地。敌人从两旁包抄我军侧翼，又在我军前后来回运动，我军上下大为惊恐，在这种情况下，应该怎么办？”

太公曰：“凡帅师之法，当先发远候，去敌二百里，审知敌人所在。地势不利，则以武冲为垒而前，又置两踵军于后，远者百里，近者五十里。即有警急，前后相救。吾三军常完坚，必无毁伤。”

武王曰："善哉！"

【译文】

太公回答："大凡统率军队的法则，应当在大部队出动之前，先派遣侦察人员远出探看敌人动静，要做到距离敌人二百里，就能清楚地知道敌人所处的位置。如果地形对我军不利，就用武冲大扶胥排列在前作为屏障，列阵向前推进，又安排两支后续部队在大部队之后跟进，一支距大部队较远，离开一百里，一支离大部队较近，离开五十里。这样布置以后，即便遇到紧急情况而告警，前面的大部队和两支后续部队可以互相救援。我全军也就能经常保持完整而坚不可破，不会受到损伤。"

武王说："您讲得真好啊！"

略地

武王问太公曰："战胜深入，略其地，有大城不可下。其别军守险阻①，与我相拒。我欲攻城围邑，恐其别军卒至而薄我，中外相合，拒我表里，三军大乱，上下恐骇，为之奈何？"

【注释】

①别军：与主力配合作战的另一支军队。

【译文】

武王问太公说："我军战胜敌军，乘胜深入，夺取敌国的土地，但遇到设防坚固的大城难以攻克，敌人又有另一支军队在城外某地据险固守，与我军对抗。我军打算围攻大城，又恐怕敌人另一支部队突然进

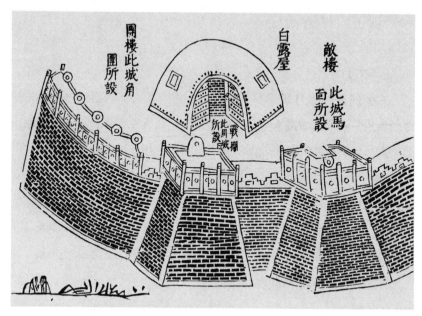

白露屋
明刊本《武经总要》插图。

逼，发动攻击，敌人两军里应外合，我军两面受敌，以致全军大乱，将领士兵全都惊惶恐惧，在这种情况下，应该怎么办？"

太公曰："凡攻城围邑，车骑必远，屯卫警戒，阻其外内。中人绝粮①，外不得输。城人恐怖，其将必降。"

【注释】

①中人：指被围困于城中的敌军。

【译文】

太公回答："大凡围攻城邑，必须派遣车兵、骑兵在离城较远的地方驻扎警戒，布置封锁线，隔断城内与外界的联系。被围困在城中的敌军粮食断绝，外面又无法输送进去。这样城中的军民恐慌害怕，敌将必将开城投降。"

武王曰："中人绝粮，外不得输，阴为约誓，相与密谋，夜出穷寇死战。其车骑锐士，或冲我内，或击我外。士卒迷惑，三军败乱，为之奈何？"

【译文】

武王又问："城中的敌军已经断粮，城外的粮食又无法输送进去。他们暗中订下誓约，互相密谋，乘夜派出敢死队拼死战斗，企图突围。他们的车兵、骑兵、精锐的战士也一起出动，有的冲入我军营内，有的攻打我军外侧。我军士兵惊慌迷惑，全军陷于混乱败散的状态，在这种情况下，应该怎么办？"

绳梯式

太公曰："如此者，当分军为三军，谨视地形而处。审知敌人别军所在，及其大城别堡①，为之置遗缺之道②，以利其心③，谨备勿失。敌人恐惧，不入山林，即归大邑。走其别军④，车骑远要其前，勿令遗脱。中人以为先出者得其径道，其练卒材士必出⑤，其老弱独在。车骑深入长驱，敌人之军，必莫敢至。慎勿与战，绝其粮道，围而守之，必久其日。无燔人积聚，无坏人宫室，冢树社丛勿伐⑥，降者勿杀，得而勿戮，示之以仁义，施之以厚德。令其士民曰：辜在一人⑦。如此则天下和服。"

绳梯
清抄本《兵钤》插图。

摺叠橋式

折叠桥
清抄本《兵钤》插图。

武王曰："善哉!"

【注释】

①大城别堡：指围城之外，附近地区敌人据守的大城和土堡。堡，土筑的小城，用以驻军防御。

②遗缺之道：空出而不加封锁的通道，也就是故意给敌军留出的一个逃跑的缺口。

③利：这里有引诱的意思。

④走：投奔。

⑤练卒：久经训练的士兵，同"材士"一样，用以指精兵。

⑥冢树：指墓地上的树木。社丛：指社神庙旁的树丛。古人崇敬祖坟，又非常重视对土地神的祭祀，伐人冢树社丛，将严重地伤害被征服者的感情。

⑦辜(gū)在一人：谓罪魁祸首只有一人，其他概不追究。一人，指敌国的君主。辜，罪。

【译文】

太公回答："遇到这种情况，应该把全军分为三部分，审察地形，选择有利的地点分别驻扎。仔细查明敌人其他部队所在的位置以及附近地区敌方还有哪些大城和军事据点，故意给被围困在城中的敌军留出一条通道，引诱他们外逃，但需周密布置，做到万无一失。先逃出的敌人心中恐惧，不是想躲进山林之中，就是逃往到附近的大城。或者投奔另一支敌军，命令我军的车兵、骑兵在远处拦击，迎头截住，不让敌人这股突围的先头部队漏网逃脱。这时城中的敌军误认为先头部队已突围成功，打开了通道，其精兵必然也会冲出外逃，城中只留下老弱残兵。我军的战车、骑兵乘胜长驱直入，敌人后继突围的主力一定不敢上前迎战，只得退回城中。我军不要与之交战，只需继续断绝敌军运粮的通道，严密围困，持久封锁，日子一长，城中残留敌军必然投降。敌人投降以后，不要焚烧他们积聚的物资，不要毁坏他们居住的房屋，不要砍伐他们坟地和社庙的林木，已经投降的，不要杀害，生俘的敌人，不要处死，对他们施以仁义，施以厚德。对他们宣告：只有那个无道之君一个人是罪魁祸首，其余概不追究。这样一来，天下之人都会诚心归服。"

武王说："您讲得真好啊！"

火战

武王问太公曰："引兵深入诸侯之地，遇深草蓊秽，周吾军前后左右。三军行数百里，人马疲倦休止。敌人因天燥疾风之利，燔吾上风，车骑锐士坚伏吾后。吾三军恐怖，散乱而走。为之奈何？"

【译文】

武王问太公说："率领军队深入敌国土地，遇到布满荒草的地形，茂密的草丛围绕着我军的前后左右。我军已连续行军数百里，人马疲倦不堪，必须宿营休息。敌人凭借燥热的天气和大风，

隐迹火阵
清抄本《兵铃》插图。

在我军上风放火烧草，他们的车兵、骑兵、精锐的战士又顽强地埋伏在我军后路。我全军恐怖畏惧，散乱逃跑。在这种情况下，应该怎么办？"

太公曰："若此者，则以云梯、飞楼远望左右，谨察前后。见火起，即燔吾前而广延之①，又燔吾后。敌人苟至，则引军而却，按黑地而坚处②。敌人之来，犹在吾后，见火起必还走。吾按黑地而处，强弩材士卫吾左右，又燔吾前后，若此，则敌不能害我。"

【注释】

①燔吾前而广延之：若直接在营前上风处放火烧草，火势必然延

木火兽
明刊本《武经总要》插图。

烧入营，所以必须首先把营前一定距离内的草木清除掉，形成一条防火带，然后在防火带前相当远的地方放火，火随风势，可以在敌人所放之火烧到以前先在营前烧出一片空地，敌火无可焚烧，自然熄灭。

②按：据。黑地：草地焚烧后地面呈黑色，所以称之为黑地。

【译文】

太公回答："遇到这种情况，就要使用云梯、飞楼，派人登高四下瞭望，严密监视。发现火起，马上就在我军营前清理出一条防火带，并在前

方相当远的地方顺风放火，同时又放火焚烧下风后方，烧出一片黑地。如果前方的敌人来进攻，我军就后退到黑地之中列阵坚守。如果后方敌人的伏兵来进攻，那么他们处在我军下风，看到火起，必然回头退走。我军牢固地据守黑地，有强弩和精锐勇猛的战士守卫左右两侧，又事先焚烧了前后的草丛，这样，敌人即使使用火攻，也不能加害于我。"

武王曰："敌人燔吾左右，又燔吾前后，烟覆吾军，其大兵按黑地而起，为之奈何？"

太公曰："若此者，为四武冲陈①，强弩翼吾左右，其法无胜亦无负。"

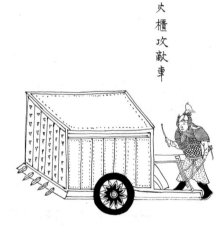

火柜攻敌车
清抄本《兵钤》插图。

【注释】

①四武冲陈：一种阵法。见前《疾战》篇注。

【译文】

武王又问："如果敌人在我军前后左右一起放火，我军被烟雾所覆盖，敌人的大军抢先占据了黑地，向我发起进攻，在这种情况下，应该怎么办？"

太公回答："遇到这种情况，我军可以结成四武冲阵，同时用强弩护卫左右两侧，这种办法虽然不能取胜，也不至于战败。"

垒虚

武王问太公曰："何以知敌垒之虚实，自来自去？"

太公曰："将必上知天道，下知地理，中知人事。登高下望，以观敌之变动。望其垒，则知其虚实；望其士卒，则知其去来。"

【译文】

武王问太公说："怎样才能知道敌军营垒的虚实情况和敌军究竟打算进攻还是准备撤退？"

太公回答："当将帅的，必须上能懂得天道，下能懂得地理，中能懂得人事。应该登高下望，观察敌军的动静变化。瞭望敌军营垒，就能知道敌军的虚实；看到敌军士兵的动态，就能知道他们是要进攻，还是要撤退。"

武王曰："何以知之？"

太公曰："听其鼓无音、铎无声，望其垒上多飞鸟而不惊，上无氛气①，必知敌诈而为偶人也②。敌人卒去，不远未定而复返者，彼用其士卒太疾也。太疾则前后不相次，不相次则行陈必乱。如此者，急出兵击之，以少击众，则必胜矣。"

【注释】

①氛气：既指因人马行动造成的烟尘，也指所谓结聚在军队屯留之
　　处上空可以据以推测军情的"气"。

②偶人：用土木或稻草制成的假人。

【译文】

武王又问："凭什么迹象可以知道这些呢？"

太公回答："细听敌军营垒之中既无鼓声，又无铎声，远望敌军营垒上空有众多的飞鸟上下来回，毫不惊恐，空中又没有烟尘和军队屯聚时应有的云气，这就可以断定敌军已秘密撤退而用偶人守营，意图欺骗迷惑我军。如果敌军从营中仓促撤走，退兵不远，尚未停留而又重新返回，这表示敌军主将是在极其匆忙的情况下命令士兵行动。行动过于匆忙，敌军前后就不按次序，不相连接；不按次序，不相连接，队伍的行列和阵势必然混乱。看到这种迹象，应该迅速出兵攻打，即使以少击众，也一定能够取胜。"

豹　韬

【题解】

　　本卷共8篇。分为两大部分，一是论述了针对不同地形（包括森林地、山地、江河和险阻地形等）的战法；二是论述了如何抗击敌人袭击（包括突然袭击、夜间袭击），如何以少击众、以弱胜强的作战方法等。

────────────

林战

　　武王问太公曰："引兵深入诸侯之地，遇大林，与敌分林相拒。吾欲以守则固，以战则胜，为之奈何？"

【译文】

　　武王问太公说："率领军队深入敌国土地，遇到大片林地，我军同敌军各据林地的一部分互相对峙。我想采取守势则防御坚不可破，采取攻势则能败敌取胜，应该怎么办？"

　　太公曰："使吾三军分为冲陈①，便兵所处，弓弩为表，戟楯为里。斩除草木，极广吾道，以便战所。高置旌旗，谨敕三军②，无使敌人知吾之情。是谓林战③。

【注释】

　　①冲陈：即四武冲阵。见前《疾战》篇注。

②敕：告诫，命令。

③是谓林战：此指林战中的战斗准备。

【译文】

太公回答："遇到这种情况，可以把全军结成若干四武冲阵，布置在便于采取作战行动的地方，每个四武冲阵外层都配备弓弩手，内层配备使用矛戟和大盾的战士，把周围一定距离内的草木清除干净，尽可能开阔道路，以便采取作战行动。高高地竖起旗帜，慎重地告诫全军将士，务必不让敌人了解我军的内情。这就是林地作战的战斗准备。

"林战之法，率吾矛戟，相与为伍。林间木疏，以骑为辅，战车居前，见便则战，不见便则止。林多险阻，必置冲陈，以备前后。三军疾战，敌人虽众，其将可走。更战更息，各按其部。是谓林战之纪①。"

【注释】

①纪：大纲，原则。这一段讲的是林战中的战斗行动。

【译文】

"林地作战的法则，首先把我军使用矛戟的步兵，编成许多互相配合的小队，率领他们作为作战主力。如果林地中树木比较稀疏，可以用骑兵辅助步兵，战车在前面开路，看到情况对我军有利，就前进与敌交战，没有发现对我军有利的情况，就停止不前，不要投入战斗。遇到林地中险阻的地形，一定要结成四武冲阵，用来防备敌军偷袭我军前后。全军备力作战，敌军虽然人数众多，也能击败他们，迫使敌军主将逃走。我军各按编制轮番作战，轮番休息。以上所说，就是林地作战的要点通则。"

突战

武王问太公曰:"敌人深入长驱,侵掠我地,驱我牛马。其三军大至,薄我城下①。吾士卒大恐,人民系累②,为敌所虏。吾欲以守则固,以战则胜,为之奈何?"

喷烟吐雾飞虎攻敌车

喷烟吐雾飞虎攻敌车
清抄本《兵钤》插图。

【注释】

①薄:靠近。

②系累:捆绑,囚禁。

【译文】

武王问太公说:"敌人进攻我国,长驱直入,侵占土地,大肆掳掠,驱走牛马。他们的大军汇集而来,进逼城下。我军士兵大为惊恐,大批人民被敌军捆绑拘禁,成为俘虏。在这种情况下,我想采取守势则防御坚不可破,外出迎战则能败敌取胜,应该怎么办?"

太公曰:"如此者,谓之突兵①。其牛马必不得食,士卒绝粮,暴击而前。令我远邑别军,选其锐士,疾击其后,审其期日,必会于晦②。三军疾战,敌人虽众,其将可虏。"

【注释】

①突兵:冒进的突击部队。

②晦:我国古代历法把每月的最后一天(大月三十,小月二十九)

称为"晦"。晦日之夜，月光全无。

【译文】

太公回答："像这种冒进突击的敌军，可以称之为'突兵'。他们不可能多带粮食，日子稍长，牛马一定得不到饲料，士兵也会断粮，只能迅猛地向前突击。这时可以命令我方在远地其他城邑的另一支军队，选拔精锐的战士，赶来迅速地攻击敌军的后部，事先要准确地计算好日期，一定赶在全无月光的晦日之夜同城中的守军会合，出其不意地对敌军实施内外夹击。全军奋力作战，敌军虽然人数众多，也能击败他们，活捉他们的主将。"

武王曰："敌人分为三四，或战而侵掠我地，或止而收我牛马。其大军未尽至，而使寇薄我城下，致吾三军恐惧。为之奈何？"

【译文】

武王又问："如果敌军分为三四部分，有的继续进攻，侵占掠夺土地，有的屯驻一地，只在附近搜寻、抢劫牛马。他们的大军尚未全部赶到，尚在进军途中，而先用一部分兵力逼近我城下，致使我守军十分恐慌。在这种情况下，应该怎么办？"

太公曰："谨候敌人，未尽至则设备而待之。去城四里而为垒，金鼓旌旗皆列而张。别队为伏兵。令我垒上多积强

陷马坑式

陷马坑
清抄本《兵钤》插图。

弩，百步一突门①，门有行马②，车骑居外，勇力锐士隐伏而处。敌人若至，使我轻卒合战而佯走③，令我城上立旌旗，击礨鼓，完为守备。敌人以我为守城，必薄我城下。发吾伏兵，以冲其内，或击其外。三军疾战，或击其前，或击其后。勇者不得斗，轻者不及走，名曰突战。敌人虽众，其将必走。”

武王曰：“善哉！”

【注释】

①突门：在城墙或军营垒壁上设置的小门，以备守军在有利时机从中突然冲出，对围城的敌军实施袭击。

②行马：一种防御器械。见前《农器》篇注。

③轻卒：轻装步兵。

【译文】

太公回答：“要派人认真侦察敌军的行动情况，在敌军没有全部到达之前，必须做好战备，严阵以待。在离城四里的地方另外修筑一座营垒，垒上金鼓旗帜全部排列开来、张设起来。此外，再布置一支部队担任伏兵。命令守垒的部队在垒上多多地准备好强弩，垒壁每一百步设置一座突门，每一座突门都用行马堵门，战车骑兵排列在营垒外面，精锐勇猛的战士隐蔽在营垒中间。敌军如果来进攻，派遣轻装步兵同他们交锋，假装败逃，同时命令我城上守军竖起旗帜，擂响战鼓，做好一切守城的准备。敌人见此，会认

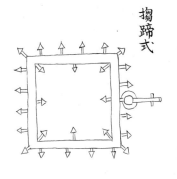

挡蹄

清抄本《兵钤》插图。

为我军主力在守城，一定会进逼城下。这时发动我军伏兵，有的冲进敌军阵内，有的攻打敌军外部。营垒中的部队和城中的部队一起出击，全军奋力作战，有的攻打敌军前部，有的攻打敌军后部。使作战勇猛的敌人来不及拼搏，行动敏捷的敌人来不及逃跑。这种作战方法，可以称之为'突战'。这样一来，敌军虽然人数众多，也可战胜他们，他们的主将必然败逃。"

武王说："您讲得真好啊！"

敌强

武王问太公曰："引兵深入诸侯之地，与敌人冲军相当①，敌众我寡，敌强我弱。敌人夜来，或攻吾左，或攻吾右，三军震动。吾欲以战则胜，以守则固，为之奈何？"

【注释】

①冲军：担任突击、进攻任务的野战部队。

【译文】

武王问太公说："率领军队深入敌国土地，同敌人担任突击任务的野战部队相遇对阵，敌众我寡，敌强我弱。敌人乘夜发动进攻，有的攻打我军左翼，有的攻打我军右翼，我全军震动惊惧。在这种情况下，我想做到出战能败敌取胜，防守则坚不可破，应该怎么办？"

太公曰："如此者，谓之震寇①。利以出战，不可以守。选吾材士强弩，车骑为之左右，疾击其前，急攻其后，或击其表，或击其里，其卒必乱，其将必骇。"

【注释】

①震寇：强行冲击，震动我军的敌人。

【译文】

太公回答："像这种实施突击，使我军受到震动的敌人部队，可以称之'震寇'。对付他们，我军出战有利，不宜消极防守，应该挑选精锐的战士和能够射远的强弩，并用战车、骑兵在左右两侧护卫配合，迅速勇猛地攻击敌军的首尾两部，有的攻击敌军外层，有的冲入敌阵中央。这样一来，敌军的士兵必然陷于混乱，敌军的主将必然惊惶失措。"

武王曰："敌人远遮我前，急攻我后，断我锐兵，绝我材士，吾内外不得相闻，三军扰乱，皆散而走，士卒无斗志，将吏无守心。为之奈何？"

【译文】

武王问："敌军远远地拦住我军前方的通路，又派兵急攻我军后部，隔断我各支精锐部队之间的联系，使我军前后内外互相失去联系，全军一片混乱，四散奔逃，士卒丧失斗志，将领和各级军官也都无心固守。在这种情况下，应该怎么办？"

太公曰："明哉！王之问也。当明号审令，出我勇锐冒将之士①，人操炬火，二人同鼓②，必知敌人所在，或击其表，或击其里。微号相知③，令之灭火，鼓音皆止。中外相应，期约皆当，三军疾战，敌必败亡。"

武王曰："善哉！"

【注释】

①冒将之士：见前《必出》篇注。

②人操炬火，二人同鼓：前《必出》篇也提到夜战"多其火鼓"，这是为了张大声势，迷惑敌人。

③微号：暗号。

【译文】

太公回答："我王提的这个问题真是英明！遇到这种情况，应该申明号令，派遣勇猛精锐敢于冒险决死的战士，每人手执火炬，二人合用一面战鼓，大张声势，一定预先侦知敌军所在位置，突然发动袭击，有的攻击敌阵外层，有的攻击敌阵内部。约定互相识别的暗号，密令下达，一起熄灭火炬，停止击鼓。

《钦定书经图说》"步伐止齐图"

止齐，整顿军队，使行列整齐。《尚书·牧誓》："今予发，惟恭行天之罚。今日之事，不愆于六步、七步，乃止于齐。夫子勖哉，不愆于四伐、五伐、六伐、七伐，乃止齐焉。"此图即描绘了周武王整顿约束军队伐商的情景。

这时我军里应外合，一起猛攻，发动的时间和暗号全部按照事先的约定，全军奋力战斗，敌军必然败亡。"

武王说："您讲得真好啊！"

敌武

武王问太公曰："引兵深入诸侯之地，卒遇敌人，甚众且武，武车骁骑绕我左右，吾三军皆震，走不可止，为之奈何?"

太公曰:"如此者,谓之败兵。善者以胜①,不善者以亡。"

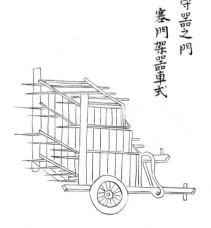

守器之门
塞门架器车式

塞门架器车
清抄本《兵钤》插图。

【注释】

①善:指善于应变,指挥正确。

【译文】

武王问太公说:"率领军队深入敌国土地,突然与敌军遭遇,敌军人数众多,又精锐威武,各种大型战车和勇猛的骑兵包抄我军左右两翼,我全军震惊恐惧,败退奔走,不可遏止,在这种情况下,应该怎么办?"

太公回答:"军队处于这种境地,只能称之为败兵了。如果善于指挥,行动得当,还有希望取胜;如果不善指挥,行动失误,必然败亡。"

武王曰:"为之奈何?"

太公曰:"伏我材士强弩,武车骁骑为之左右,常去前后三里①。敌人逐我,发我车骑,冲其左右。如此则敌人扰乱,吾走者自止。"

【注释】

①前后:此处偏义,实际上专指后方。

【译文】

武王又问:"应该怎样指挥、使用自己的部队呢?"

太公回答："把我军精锐的战士和强弩埋伏起来，大型战车和勇猛的骑兵配备在伏兵左右两翼，伏击圈一般布置在大军三里之后。我军败退，敌军追击，进入伏击地域，就出动我军埋伏的战车、骑兵，冲击敌人左右两侧。这样一来，敌军就会陷于混乱，我奔逃的士兵自然也会停下了。"

武王曰："敌人与我车骑相当，敌众我少，敌强我弱。其来整治精锐①，吾陈不敢当②，为之奈何？"

太公曰："选我材士强弩，伏于左右，车骑坚陈而处。敌人过我伏兵，积弩射其左右③，车骑锐兵疾击其军，或击其前，或击其后。敌人虽众，其将必走。"

武王曰："善哉！"

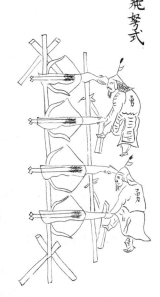

雙飛弩式

【注释】

①整治：整饬。指阵容整齐，队列不乱。

②当：抵挡，抵御。

③积弩：即连弩，一种把若干张弩并排连成一组，用机栝控制，可以连续发射的装置。

【译文】

武王又问："敌军与我军战车、骑兵互相对峙，敌众我寡，敌强我弱。前来进攻的敌军，阵容整齐、精锐勇猛，我军所列的阵势难以抵挡，在这种情况下，应该怎么办？"

太公回答："挑选出我军精锐的战士和强弩，埋伏在左右两侧，战车和骑兵布成阵势，坚守不

双飞弩
清抄本《兵钤》插图。

动。敌军前来进攻，经过我军埋伏的地方，就用连弩射击他们的左右两侧，战车、骑兵迅速出击，有的攻打敌军前部，有的攻打敌军后部。敌军虽然人数众多，也能打败他们，迫使其主将逃走。"

武王说："您讲得真好啊！"

鸟云山兵

武王问太公曰："引兵深入诸侯之地，遇高山磐石，其上亭亭^①，无有草木，四面受敌。吾三军恐惧，士卒迷惑。吾欲以守则固，以战则胜，为之奈何？"

【注释】

①亭亭：高高耸立的样子。

【译文】

武王问太公说："率领军队深入敌国土地，行经高山巨石，山顶高高耸立，没有草木可以隐蔽，处于四面受敌的境地。全军恐惧不安，士兵们全都疑虑重重。在这种情况下，我想做到防守则坚不可破，出战则能败敌取胜，应该怎么办？"

太公曰："凡三军处山之高，则为敌所栖^①；处山之下，则为敌所囚^②。既以被山而处^③，必为鸟云之陈^④。鸟云之陈，阴阳皆备^⑤；或屯其阴，或屯其阳。处山之阳，备山之阴；处山之阴，备山之阳；处山之左，备山之右；处山之右，备山之左。其山敌所能陵者，兵备其表，衢道通谷^⑥，绝以武车。高置旌旗，谨敕三军，无使敌人知吾之情。是谓山城⑦。行列已定，士卒已陈，法令已行，奇正已设⑧，各置冲陈于山之表，便兵所处，乃分车骑为鸟云之陈。三军疾战，敌人虽众，其将可擒。"

【注释】

①为敌所栖：谓被敌围困于山上，如同鸟栖于高树之上不能飞下。《史记·越世家》司马贞《索隐》引邹诞云："保山曰栖，犹鸟栖于木以避害也，故《六韬》曰'军处山之高者则曰栖'。"

②为敌所囚：谓被敌围困于山脚下的谷地，如同犯人被囚禁于狱，不能脱身。

③被山：覆盖、占据整个山头。

④鸟云之陈：像飞鸟行云一样聚散无常、飘忽不定的阵势。

⑤阴阳：山北为阴，山南为阳。

⑥衢道：四通八达的道路。此指交叉路口。通谷：山谷通道。此指谷口。

⑦山城：谓防守坚固，整座山就像是城堡一样。

⑧奇正：见前《军势》篇注。

【译文】

太公回答："大凡军队位于山头，就容易被敌人在山下四处围住，就像鸟栖高树不能飞下一样，难脱困境；军队处山，下谷地就容易被敌人居高临下四处围住，就像囚犯被拘禁于狱中一样，不得自由。既然已经占据山头屯驻，那就一定要把部队布置成忽聚忽散的鸟云阵。鸟云阵既能防备山的北面，又能防御山的南面；我军有的屯驻在山的北面，有的屯驻在山的南面。位据山南，同时要防备山北；位据山北，同时要防备山南；位据山左，同时要防备山右；位据山右，同时要防备山左。山上凡是敌人可能攀登的地方，都要派兵防守，山下的交通要道、路口谷口，都要用大型战车封锁隔绝。高高地竖起旗帜，严肃地告诫命令全军，不让敌人了解我军的内情。这样严密设防，整座山可以称之为山城。我们队列已经排定，士兵已经布成阵势，法令已经执行，担任正面迎敌、侧面配合、奇袭埋伏、后备等任务的部队都已配置停当，各部都在山坡适宜军事行动的地方组成四武冲阵，又分出一部分战车、骑兵组成鸟云阵，随机应变。敌人如果来攻，全军奋力作战，敌军人数虽多，也能打败他们，活捉他们的主将。"

鸟云泽兵

武王问太公曰："引兵深入诸侯之地，与敌人临水相拒。敌富而众，我贫而寡。逾水击之则不能前，欲久其日则粮食少。吾居斥卤之地①，四旁无邑，又无草木，三军无所掠取，牛马无所刍牧②。为之奈何？"

太公曰："三军无备，牛马无食，士卒无粮。如此者，索便诈敌而亟去之③，设伏兵于后。"

【注释】

①斥卤：盐碱地。

②刍牧：饲养和放牧。刍，割草，又指以草料喂牲口。

③索便：寻找合适的机会。

【译文】

武王问太公说："率领军队深入敌国土地，同敌军隔河对峙。敌军物资丰富，人数众多，我军物资缺乏，人数又少。我想渡河进攻，但缺乏必要的器械，无此能力；想长期相持，但粮食不足。我军处于土多盐碱、植物难以生长的地方，四周既没有城邑，也不长草木，我军既无处可以掠取粮食物资，又无处放牧牛马、找到饲料。在这种情况下，应该怎么办?"

太公回答："军队没有必要的器械，牛马没有必需的饲料，士兵没有足够的粮食。处于这种境地，应该寻找合适的时机设计欺骗敌人，迅速离开，转移他处，而在大军之后布置伏兵，对付前来追击的敌军。"

武王曰："敌不可得而诈，吾士卒迷惑；敌人越我前后，吾三军败乱而走；为之奈何?"

太公曰："求途之道，金玉为主。必因敌使，精微为宝①。"

【注释】

①精微：精细隐秘。

【译文】

武王又问："如果敌人不受欺骗，我军士兵疑虑恐慌；敌军又在我军前后来回运动，准备进攻，我军溃败，队列大乱，奔逃不停；在这种情况下，应该怎么办?"

太公回答："这时寻找出路的办法，主要靠使用金玉财宝。一定要通过敌人的军使行施贿赂，最关

一辒重车图

辎重车
明刊本《练兵实纪》插图。

键的一点，是事情必须办得十分细致和隐秘，不能泄漏出去。"

武王曰："敌人知我伏兵，大军不肯济，别将分队以逾于水^①，吾三军大恐。为之奈何？"

太公曰："如此者，分为冲陈，便兵所处。须其毕出^②，发我伏兵，疾击其后，强弩两旁，射其左右，车骑分为鸟云之陈，备其前后。三军疾战。敌人见我战合，其大军必济水而来。发我伏兵，疾击其后，车骑冲其左右。敌人虽众，其将可走。

"凡用兵之大要，当敌临战，必置冲陈，便兵所处，然后以车骑分为鸟云之陈。此用兵之奇也。所谓鸟云者，鸟散而云合，变化无穷者也。"

武王曰："善哉！"

游艇
明刊本《武经总要》插图。

【注释】

①别将：率领分遣队的将领。

②须：等待。

【译文】

武王又问："如果敌人知道我军布置了伏兵，大军不肯渡河，而派遣将领分出一支小部队渡河进攻，我军大为惊恐。在这种情况下，应该怎么办？"

太公回答："遇到这种情况，应

把军队分开，组成若干四武冲阵，配置在地形适宜作战的地方。等待前来进攻的那支敌军全部渡过了河，就发动伏兵，急速攻击他们的后部，强弩在两旁射击他们左右两侧，战车和骑兵另外组成鸟云阵，在前后戒备策应。全军奋勇作战。对岸的敌人看到我军和他们过河的部队激战，其大军必定渡河而来接应。这时再次发动我军伏兵，急速攻击敌军后部，战车和骑兵则冲击敌军左右两侧。这样，敌军人数虽然众多，也能打败他们，迫使其主将逃跑。

"大凡用兵的要点，在同敌军对阵即将交战的时候，一定要把部队组成四武冲阵，配置在适宜作战的地方，然后再把战车和骑兵分别组成鸟云阵。这就是出奇制胜的用兵方法。所谓鸟云阵，是指能像飞鸟和行云一样，聚散不定，变化无穷。"

武王说："您讲得真好啊！"

少众

武王问太公曰："吾欲以少击众，以弱击强，为之奈何？"

太公曰："以少击众者，必以日之暮，伏于深草，要之隘路。以弱击强者，必得大国之与①，邻国之助。"

【注释】

①与：援助。

【译文】

武王问太公说："我想以少击众，以弱击强，应该怎么办？"

太公回答："以少击众，必须乘黄昏天黑，把军队埋伏在深深的草丛之中，在狭窄险要的道路上拦截袭击敌军。以弱击强，必须得到大国的支持、邻国的援助。"

武王曰："我无深草，又无隘路，敌人已至，不适日暮，我无大国之与，又无邻国之助，为之奈何？"

太公曰："妄张诈诱，以荧惑其将①。迂其道，令过深草；远其路，令会日暮。前行未渡水②，后行未及舍，发我伏兵，疾击其左右，车骑扰乱其前后。敌人虽众，其将可走。事大国之君，下邻国之士③，厚其币④，卑其辞。如此，则得大国之与，邻国之助矣。"

武王曰："善哉！"

【注释】

①荧惑：炫惑，迷惑。

②前行：前锋，先行的部队。下"后行"指后续部队。

③下：此指谦恭地对待，在礼貌上把自己放在比对方卑下的地位。

④币：本指缯帛，是古时朝聘进献或馈赠宾客的礼物，后又用以泛称各种财物。

《钦定书经图说》"弗迓克奔图"
此图描画周武王誓师将毕，勉力士卒奋勇杀敌的场景。

【译文】

武王又问："如果我军所处的地方既没有深深的草地，又没有狭窄险要的道路，敌军已经来到，时间又不是正好在黄昏天黑以后，我方既没有大国的支持，又没有邻国的援助，应该怎么办？”

太公回答："遇到这种情况，应该虚张声势，制造种种假象，来迷惑敌军的主将。诱骗敌军迂回行进，使他们经过长有深深的草丛、便于我军隐蔽埋伏的地方；又诱骗他多绕远路，多费时间，使他们正好在黄昏天黑的时候同我伏兵遭遇。在敌军前锋部队还来不及渡河，后续部队还来不及宿营的时候，发动伏兵，急速攻击敌军左右两侧，战车和骑兵则扰乱敌军前后两部。敌军虽然人数众多，也能打败他们，迫使他们主将逃跑。另外，再恭敬地服事大国的君主，谦卑地礼遇邻国的贤士，在交往时大量赠送财物，使用谦逊恭顺的辞令。这样，就能得到大国的支持和邻国的援助了。"

武王说："您讲得真好啊！"

分险

武王问太公曰："引兵深入诸侯之地，与敌人相遇于险厄之中。吾左山而右水，敌右山而左水，与我分险相拒。吾欲以守则固，以战则胜，为之奈何？"

【译文】

武王问太公说："率领军队深入敌国土地，与敌军在险要狭隘的地方相遇。我军左靠山，右临水，敌军右靠山，左临水，双方各占据一部分险要，相持不下。在这种情况下，我想采取守势则坚不可破，出战进攻则能败敌取胜，应该怎么办？"

太公曰:"处山之左,急备山之右;处山之右,急备山之左。险有大水,无舟楫者,以天潢济吾三军①。已济者,亟广吾道,以便战所。以武冲为前后②,列其强弩,令行陈皆固;衢道谷口,以武冲绝之,高置旌旗。是谓车城③。

【注释】

①天潢:一种渡河器械。见前《军用》篇。

②武冲:即武冲大扶胥,一种大型战车。见前《军用》篇。

③车城:谓用战车围绕,构成像城堡一样的防御阵地。

【译文】

太公回答:"如果我军占领的是山的左侧,要迅速加强对山的右侧的戒备;我军占据的是山的右侧,要迅速加强对山的左侧的戒备。这个险要狭隘的地方如有大河,而我军没有船只,就用天潢把全军渡过河去。先头渡河的部队,要迅速开阔道路,以便我军采取作战行动。要把武冲大扶胥配置在军前军后,同时排列强弩,使阵势稳定坚固;交通要道,岔路谷口,也用武冲大扶胥拦断隔绝;高高地竖起旗帜。这种用战车为主构成的防御阵势,可以称之为'车城'。

"凡险战之法,以武冲为前,大橹为卫①,材士强弩,翼吾左右。三千人为屯,必置冲陈,便兵所处。左军以左,右军以右,中军以中,并攻而前。已战者还归屯所,更战更息,必胜乃已。"

武王曰:"善哉!"

【注释】

①大橹：即武翼大橹矛戟扶胥，一种大型战车。见前《军用》篇。

【译文】

"在险要狭隘地区作战的方法，要用武冲大扶胥居前冲击，用武翼大橹矛戟扶胥担任后卫，用精锐的战士和强弩保护我左右两侧。每三千人为一个屯驻单位，一定要组成四武冲阵，配置在适宜采取作战行动的地方。左翼的部队在左路进攻，右翼的部队在右路进攻，中央的部队从中间进攻，齐头并进，一起向前攻击。战斗一阵以后，退回屯驻的地方休息，另一些单位接替作战，这样，轮番作战，轮番休息，一定要战胜敌人，才停止战斗。"

武王说："您讲得真好啊！"

犬　韬

【题解】

本卷10篇。分别论述军队集合、选拔士卒、训练军队以及车、骑、步各兵种性能、战力、阵法、战法等。本卷还特别论述了14种最利于打击敌人的战机，强调观察、把握战机的重要性。

分合

武王问太公曰：“王者帅师，三军分为数处。将欲期会合战①，约誓赏罚②，为之奈何”？

【注释】

①期会：约期聚集。合战：会合作战。

②约誓：军中告诫将士的规约信条。

【译文】

武王问太公说：“人君统率军队出征，全军分为数路。主将想约集各路部队会合作战，申明规约，规定赏罚条例，应该怎么办？”

太公曰：“凡用兵之法，三军之众，必有分合之变。其大将先定战地、战日，然后移檄书与诸将吏期①：攻城围邑，各会其所，明告战日，漏刻有时②。大将设营布陈，立表辕门③，清道而待。诸将吏至者，校其先后④，先期至者赏，后期至者斩。如此，则远近奔集，三军俱至，并力合战。"

【注释】

①移：这里是下达的意思。期：约定。

②漏刻：即漏壶，古代的一种计时器。由若干铜壶叠置组成，除最下一壶外，各壶底部都有小孔可以漏水。在最上一壶置水，水依次下漏，最下一壶置有直立的浮标，上有刻度，时间越长，最下一壶盛水越多，浮标升得越高，可据浮标露出壶口的刻度计算时间。

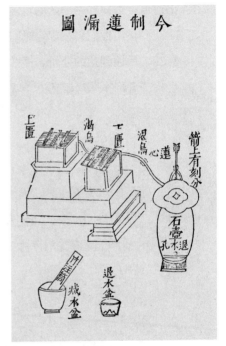

莲漏
明刊本《三才图会》插图。

③表：标杆，白天标杆影子的正斜长短随着太阳位置的不同而有所变化，立表也能测知时间。辕门：军营的正门。古代帝王外出巡狩、田猎，止宿处用车环绕为营，营门即用两车仰置，使车辕相向，称为"辕门"。后来辕门又被用来称军营的营门。

④校（jiào）：考核。

【译文】

太公回答："大凡用兵的方法，军队一定要有或者分兵数路，或者集中兵力的变化。如果需要约集各路部队会合作战，主将应该事先确定作战的地点和日期，然后向各路部队的将领、官长下达作战文书，同他们约定时日：一起围攻敌人的城邑，规定各路部队开往指定的地点，并明确告诉他们作战的日期，限定时刻，必须按时到达。主将在预定的会师地点设置营垒，布好阵势，在军营门外竖立标杆，观测时间，清理出通道，等候各路部队的将领、官长到达。各路部队的将领、官长来到时，要核实他们是在规定时间之前，还是在规定时间之后，先期到达的有赏，后期到达的处斩。这样，不论路近路远，各路部队都会迅速赶来会集，全部军队都已到达，就可合力作战了。"

武锋

武王问太公曰："凡用兵之要，必有武车骁骑，驰陈选锋①，见可则击之。如何则可击？"

太公曰："夫欲击者，当审察敌人十四变，变见则击之，敌人必败。"

【注释】

①驰陈：指敢于领头向敌阵驰骋冲锋的勇士。选锋：被选拔出来担任突击队员的精锐战士。

【译文】

武王问太公说："大凡用兵的要点，必定要配置并运用威力强大的战车、勇猛的骑兵，敢于冲向敌阵挑战的勇士和经过选拔能够冲锋突击的精兵，看到敌军有暇可击，就发动进攻。那么究竟在什么情况下，可以发动进攻呢？"

太公回答："要发动进攻，应该仔细慎重地观察敌军的十四种动态，这十四种动态一有显露，就抓紧时机进攻，敌人一定能被打败。"

武王曰：“十四变可得闻乎？”

太公曰：“敌人新集可击，人马未食可击，天时不顺可击，地形未得可击，奔走可击，不戒可击，疲劳可击，将离士卒可击，涉长路可击，济水可击，不暇可击[①]，阻难狭路可击，乱行可击，心怖可击。”

【注释】

①不暇：忙乱，不安定。

【译文】

武王又问：“您能把这十四种动态讲给我听吗？”

太公回答：“敌军刚刚集结，尚未布成阵势的时候，可以发动进攻；敌军人马饥饿，尚未进食喂料的时候，可以发动进攻；天象气候对敌军不利的时候，可以发动进攻；地形条件对敌军不利的时候，可以发动进攻；敌军奔走赶路的时候，可以发动进攻；敌军戒备懈怠的时候，可以发动进攻；敌军疲劳不堪的时候，可以发动进攻；敌军主将离开士兵，军中无主的时候，可以发动进攻；敌军长途跋涉的时候，可以发动进攻；敌军正在渡河的时候，可以发动进攻；敌军忙乱不定的时候，可以发动进攻；敌军通过险要狭隘的道路的时候，可以发动进攻；敌军队列错乱的时候，可以发动进攻；敌军斗志涣散，心中恐惧的时候，可以发动进攻。”

练士

武王问太公曰：“练士之道奈何[①]？”

太公曰：“军中有大勇敢死乐伤者，聚为一卒[②]，名曰冒刃之士；有锐气壮勇强暴者③，聚为一卒，名曰陷陈之士；有奇表长剑④，接武齐列者⑤，聚为一卒，名曰勇锐之士；有拔距伸钩⑥，强梁多力⑦，溃破金鼓⑧，绝灭旌旗者⑨，聚为一卒，名曰勇力之士；有逾高绝远，轻足善走者，聚为一卒，名曰冠兵之士⑩；有王臣失势，欲复见功者，聚为一卒，名曰死斗之士；有死将之人子弟，欲与其将报仇者，聚为一卒，名曰敢死之士；有赘婿人虏⑪，欲掩迹扬名者⑫，聚为一卒，名曰励钝之士⑬；有贫穷愤怒，欲快其心者，聚为一卒，名曰必死之士；有胥靡免罪之人⑭，欲逃其耻者，聚为一卒，名曰幸用之士⑮；有材技兼人⑯，能负重致远者，聚为一卒，名曰待命之士。此军之练士，不可不察也。"

【注释】

①练：通"拣"，简练，挑选。

②卒：古代军队的一种编制单位。如春秋时郑国以一百人为一卒，齐国以二百人为一卒。

③强暴：强横凶暴。在此表示武勇。

④奇表长剑：这里是显示有志之士与众不同。如屈原《九章·涉江》所谓"带长铗之陆离兮，冠切云之崔嵬"。

⑤接武：指后列踏着前列的足迹前进。武，足迹。

⑥拔距伸钩：在这里都是表示臂力强大。拔距，古代的一种练武方式，两人相对坐在地上，互相抓住对方手臂运力，以把对方从地上拔起为胜。伸钩，用力把钩子伸直。

⑦强梁：强横凶悍。

⑧溃破金鼓：指能攻破敌军金鼓所在的指挥中心。

⑨绝灭旌旗：指能夺取、毁灭敌军指挥中心的旗帜。

⑩冠兵：意谓行动在全军之前。

⑪赘（zhuì）婿：到女家结婚，加入女家家庭的男子。古代法律有歧视赘婿的规定，社会习惯也认为当赘婿是一种耻辱的事。虏：奴隶。

⑫掩迹：掩盖、消除耻辱的痕迹。

⑬钝：此指在人生道路上多受磨折而意志消沉。

⑭胥靡：用绳索系联在一起服劳役的刑徒。

⑮幸用：越出本分，侥幸得用。

⑯兼人：超过常人。

【译文】

武王问太公说："军中挑选士兵，编成各种队伍，有什么方法？"

太公回答："军中有非常勇敢，不怕战死，以战伤为光荣的人，把他们编为一队，称为'冒刃之士'；有锐气十足，健壮勇猛，强横凶暴的人，把他们编为一队，称为'陷阵之士'；有外貌和装束与众不同，爱用长剑，珍惜声誉，在战场上能排齐队列，稳步前进，不慌不忙的人，把他们编为一队，称为'勇锐之士'；有拔距能胜，伸钩使直，强横凶悍，臂力惊人，敢于直冲敌人中军，毁坏敌人金鼓，夺取

开扎衣势　　斜行势

仙人指路势　　滚牌势

跃步势　　低平势

金鸣畔头势　　埋伏势

习藤牌势
明刊本《纪效新书》插图。

敌人旗帜的人，把他们编为一队，称为'勇力之士'；有能够攀高行远，轻便灵活，善于奔跑的人，把他们编为一队，称为'冠兵之士'；有曾经是君王的臣僚，因故失势，不受宠信，需要重新立功，恢复原有地位的人，把他们编为一队，称为'死斗之士'；有阵亡将帅的子弟，一心想要为他们的父兄报仇，把他们编为一队，称为'敢死之士'；有上门女婿和奴仆，一心想消除自己身上耻辱的痕迹，显扬声名，把他们编为一队，称为'励钝之士'；有因贫困不得志而愤怒气闷，想通过建功立业满足心愿，以求扬眉吐气的人，把他们编为一队，称为'必死之士'；有曾是刑徒，服过劳役，后又免罪，想逃避、掩盖这一耻辱的人，把他们编为一队，称为'幸用之士'；有才能和技艺超过常人，能够背负重物长途跋涉的人，把他们编为一队，称为'待命之士'。以上所说的，就是从军中挑选士兵，把他们编成各种队伍的方法，当主将的不可不知。"

教战

武王问太公曰："合三军之众，欲令士卒服习教战之道①，奈何？"

太公曰："凡领三军，必有金鼓之节②，所以整齐士众者也。将必先明告吏士，申之以三令，以教操兵起居、旌旗指麾之变法③。故教吏士，使一人学战，教成，合之十人；十人学战，教成，合之百人；百人学战，教成，合之千人；千人学战，教成，合之万人；万人学战，教成，合之三军之众；大战之法，教成，合之百万之众。故能成其大兵，立威于天下。"

武王曰："善哉！"

【注释】

①服习：反复练习，熟练掌握。教战：谓军事训练。

②节：节制，指挥。

③操兵：指使用兵器。起居：指坐立进退、分合变化、列队布阵等
　基本动作。指麾：指挥。

【译文】

武王问太公说："会集全军，想使全体士兵都接受军事训练，熟练地掌握作战技能，有什么方法？"

太公回答："凡是率领军队，一定要有金鼓作为指挥、节制的号令，这是为了使士兵们能统一行动。主将必须明确地向全体官兵用军令的方式宣布训练办法，反复讲解，告诫注意事项；然后再具体地训练他们掌握有关兵器使用、单兵操作、队列阵势的要领和根据旗帜号令的变化而改变动作、变换队形的办法。训练官兵，先挑选一个人来学习各种战斗技能，把他训练好了，就可以集合十个人一起编练；十个人学习各种战斗技能，把他们训练好了，就可以集合

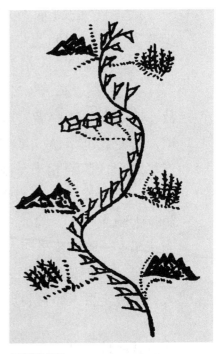

练搜伏防伏图
明刊本《纪效新书》插图。

一百个人一起编练；一百个人学习各种战斗技能，把他们训练好了，就可以集合一千个人一起编练；一千个人学习各种战斗技能，把他们训练好了，就可以集合一万个人一起编练；一万个人学习各种战斗技能，把他们训练好了，就可以集合全军一起编练；大兵团作战的方法，全军统

一训练，训练好了，可以编练百万大军。所以用这种方法进行训练，可以练成一支威力强大的军队，扬威天下。"

武王说："您讲得真好啊！"

均兵

武王问太公曰："以车与步卒战，一车当几步卒？几步卒当一车？以骑与步卒战，一骑当几步卒？几步卒当一骑？以车与骑战，一车当几骑？几骑当一车？"

太公曰："车者，军之羽翼也①，所以陷坚陈，要强敌，遮走北也；骑者，军之伺候也②，所以踵败军③，绝粮道，击便寇也④。故车骑不敌战⑤，则一骑不能当步卒一人。三军之众成陈而相当，则易战之法⑥，一车当步卒八十人，八十人当一车；一骑当步卒八人，八人当一骑；一车当十骑，十骑当一车。险战之法⑦，一车当步卒四十人，四十人当一车；一骑当步卒四人，四人当一骑；一车当六骑，六骑当一车。夫车骑者，军之武兵也⑧，十乘败千人，百乘败万人；十骑走百人，百骑走千人。此其大数也。"

【注释】

①羽翼：鸟有羽翼，才能奋飞。战车行动迅速，战斗力强，所以称之为"军之羽翼"。

②伺候：此指军中的侦察、突击部队。

③踵：紧跟，追逐。此指追击。

④便寇：行动敏捷的敌军。

⑤不敌战：此谓不能在适宜的条件下充分发挥战斗力。战车、骑兵
　都适宜于驰驱冲锋，临敌作战时，如果无法驰驱冲锋，就是"不
　敌战"。

⑥易战：在平易之地作战。

⑦险战：在险阻之地作战。

⑧武兵：战斗力最强的兵种。

【译文】

武王问太公说："用战车同敌人的步兵交战，一辆战车的战斗力相当多少个步兵？多少个步兵相当一辆战车？用骑兵同敌人的步兵交战，一个骑兵的战斗力相当多少个步兵？多少个步兵相当一个骑兵？用战车同敌人的骑兵交战，一辆战车的战斗力相当多少个骑兵，多少个骑兵相当一辆战车？"

太公回答："战车行动迅速、冲击力强，等于是全军的翅膀，可以用来攻破坚固的敌阵、拦截强大的敌军，阻击逃跑的敌人；骑兵，是军中的侦察队和突击队，可以用来追击败逃的敌军，封锁敌军运粮的通道，打击流动作战的敌军。所以说战车和骑兵如果配置在不适宜的地方，不能发挥其应有的作用，那么一个骑兵的战斗力甚至抵不上一个步兵。如果全军结成阵势，各兵种配合作战，那么在地形平整的战

《钦定书经图说》"朝步于征图"
描画周武王兴师伐商的情形。

场，一辆战车的战斗力相当八十个步兵，八十个步兵相当一辆战车；一个骑兵的战斗力相当八个步兵，八个步兵相当一个骑兵；一辆战车的战斗力相当十个骑兵，十个骑兵相当一辆战车。在地形险阻的战场，一辆战车的战斗力相当四十个步兵，四十个步兵相当一辆战车；一个骑兵的战斗力相当四个步兵，四个步兵相当一个骑兵；一辆战车的战斗力相当六个骑兵，六个骑兵相当一辆战车。战车和骑兵，是军中战斗力最强的兵种，十辆战车能打败一千个敌人，一百辆战车能打败一万个敌人；十个骑兵能打败一百个敌人，一百个骑兵能迫使一千个敌人逃跑。这些都是大致的数字。"

武王曰："车骑吏数与陈法奈何？"

太公曰："置车之吏数：五车一长，十车一吏，五十车一率①，百车一将。易战之法：五车为列，相去四十步，左右十步，队间六十步。险战之法：车必循道，十车为聚，二十车为屯，前后相去二十步，左右六步，队间三十六步。五车一长，纵横相去二里，各返故道。置骑之吏数：五骑一长，十骑一吏，百骑一率，二百骑一将。易战之法：五骑为列，前后相去二十步，左右四步，队间五十步。险战者：前后相去十步，左右二步，队间二十五步，三十骑为一屯，六十骑为一辈。十骑一吏，纵横相去百步，周环各复故处。"

武王曰："善哉！"

【注释】

①率：同"帅"。古代所谓帅，不一定指统帅，也泛指头目、首领。

【译文】

武王又问："应该怎样配备战车和骑兵部队中军官的数量？作战时又应该布置怎样的阵法队形？"

太公回答："战车部队军官的人数应该这样配备：每五辆战车设一长，每十辆战车设一吏，每五十辆战车设一率，每一百辆战车设一将。在地形平整的战场作战，布置队形的方法是：每五车组成一列，各车前后相距四十步，左右相距十步，车队与车队之间相距六十步。在地形险阻的战场作战，布置队形的方法是：每车都必须沿着道路行进，每十车编为一聚，每二十车编为一屯，各车前后相距二十步，左右相距六步，车队与车队之间相距三十六步。每五车设一长，作战时同队的战车前后左右相隔的距离不要超过二里，战毕各自回到原路，恢复队形。骑兵部队军官的人数应该这样配备：每五名骑兵设一长，每十名骑兵设一吏，每一百名骑兵设一率，每二百名骑兵设一将。在地形平整的战场作战，布置队形的方法是：每五骑组成一列，各骑前后相距二十步，左右相距四步，骑队与骑队之间相距五十步。在地形险阻的战场作战，布置队形的方法是：各骑前后相距十步，左右相距二步，骑队与骑队之间相距二十五步，每三十骑编为一屯，每六十骑编为一辈。每十骑设一长，作战时同队的骑兵前后左右相隔的距离不要越过一百步，战毕各自转回原地，恢复队形。"

武王说："您讲得真好啊！"

武车士

武王问太公曰："选车士奈何^①？"

太公曰："选车士之法：取年四十已下，长七尺五寸已上，走能逐奔马，及驰而乘之②，前后左右，上下周旋，能缚束旌旗，力能彀八石弩③，射前后左右皆便习者，名曰武车之士，不可不厚也。"

【注释】

①车士：指乘兵车作战的武士。

②及驰：谓能追及奔驰的战车。

③彀（gòu）：把弓弩拉满。八石（dàn）弩：拉力为八石的强弩。石，一百二十斤为一石，周制，每斤约合今228.86克。

【译文】

武王问太公说："怎样选用乘战车作战的武士？"

太公回答："选用乘战车作战的武士的方法：要挑选军中年龄在四十岁以下，身高在七尺五寸以上，奔跑速度能追得上飞驰的马，又能赶得上奔驰的战车跳上去立乘车上，身手矫健敏捷，前后左右，上下翻滚旋转，都十分自如，能够力卷大旗，把它缚住，又能把拉力八石的强弩完全拉开，无论向前向后，向左向右，射击时都非常熟练的人，把他们称为'武车士'，一定要给予优厚的待遇。"

武骑士

武王问太公曰："选骑士奈何？"

太公曰："选骑士之法：取年四十已下，长七尺五寸已上，壮健捷疾，超绝伦等，能驰骑彀射，前后左右，周旋进退，越沟堑，登丘陵，冒险阻，绝大泽，驰强敌，乱大众者①，名曰武骑之士，不可不厚也。"

【注释】

①大众：此指众多的敌军。

【译文】

武王问太公说："怎样选用骑兵?"

太公回答："选用骑兵的方法：要挑选军中年龄在四十岁以下，身高在七尺五寸以上，身体健壮，行动敏捷，素质远远超过同类，能够骑马奔驰，张弩射箭，前后左右，旋转进退，都十分自如，能够跨越沟堑，登上高地，敢于深入险阻、渡过大水，冲向强大的敌阵，打乱众多的敌人的人，把他们称为'武骑士'，一定要给予优厚的待遇。"

战车

武王问太公曰："战车奈何^①?"

太公曰："步贵知变动，车贵知地形，骑贵知别径奇道^②，三军同名而异用也。凡车之死地有十^③，其胜地有八^④。"

神转火球车
清抄本《兵钤》插图。

【注释】

①战车：谓用战车作战。

②别径奇道：小路，近路。

③死地：难以逃生的必死之地。指必
　　遭败亡的极端不利的地形条件。

④胜地：可以败敌取胜之地。此谓有
　　利的形势。

【译文】

武王问太公说："运用战车作战，应该怎么办？"

太公回答："运用步兵作战，最要紧的是懂得根据战场的形势随机应变；运用战车作战，最要紧的是懂得利用地形条件；运用骑兵作战，最要紧的是懂得走小路、抄近路；三个兵种都是作战部队，而他们的作用不同。战车作战讲究地形条件，概括起来说，有十种死地，八种胜地。"

武王曰："十死之地奈何？"

太公曰："往而无以还者，车之死地也。越绝险阻，乘敌远行者①，车之竭地也②。前易后险者，车之困地也③。陷之险阻而难出者，车之绝地也。圮下渐泽④，黑土黏埴者⑤，车之劳地也⑥。左险右易，上陵仰阪者⑦，车之逆地也⑧。殷草横亩⑨，犯历深泽者⑩，车之拂地也⑪。车少地易⑫，与步不敌者，车之败地也。后有沟渎，左有深水，右有峻阪者，车之坏地也。日夜霖雨，旬日不止，道路溃陷，前不能进，后不能解者⑬，车之陷地也。此十者，车之死地也。故拙将之所以见擒，明将之所以能避也。"

【注释】

①乘敌：战胜，追击敌军。

②竭：指因人马困乏而战斗力衰竭。

③困：指处境窘迫，十分困难。

④圮（pǐ）下：此指道路崩塌毁坏。渐（jiān）泽：低湿的洼地。

⑤黏埴（zhí）：指土性胶黏，遇水泥泞。埴，黏土。

⑥劳：指因在泥泞中行动不便而人马劳困。

⑦陵：土山。阪：山坡。

⑧逆：不顺。

⑨殷：茂盛。

⑩犯历：这里是进入、越过的意思。

⑪拂：逆，不顺利。

⑫地易：战车利于在平地驰驱，"地易"不
应是战车作战的不利条件，疑"易"字
有误。

⑬解：解脱，谓解开阵势，迅速退走。

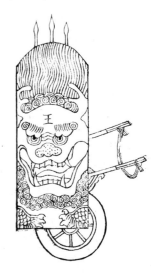

无敌神牌
清抄本《兵钤》插图。

【译文】

武王又问："什么是战车的十种死地？"

太公回答："可以进入而无法退回，这就是
战车的死地。越过种种险阻，追击敌军，长途远行，以致人马困
乏，这就是战车的竭地。前面平整，背后险阻，这就是战车的困
地。受困于险阻的地形，又难以脱走，这就是战车的绝地。道路崩
塌下陷，地势低洼潮湿，黑土黏泥，行动不便，这就是战车的劳
地。左边山势险峻，右边地形平坦，而需要登山上坡，这就是战
车的逆地。通过长满深草的地域，又要渡过深水，这就是战车的拂
地。虽然地势平坦，但战车数量太少，不能与敌人的步兵对敌，这
就是战车的败地。后方有沟渠，左方有深水，右方有陡峻的山坡，
这是车毁兵败的地方。大雨连绵，多日不停，道路崩塌毁坏，既无
法继续前进，又不能解开阵势，迅速撤离，这就是战车的陷地。这
十种地形条件，都是战车的死地。笨拙的将领往往在这种死地兵败
被擒，而明智的将领则能够设法避开这些不利的地形。"

武王曰："八胜之地奈何？"

太公曰："敌之前后、行陈未定，即陷之。旌旗扰乱，人马数动，即陷之。士卒或前或后，或左或右，即陷之。陈不坚固，士卒前后相离，即陷之。前往而疑，后恐而怯，即陷之。三军卒惊①，皆薄而起②，即陷之。战于易地，暮不能解③，即陷之。远行而暮舍，三军恐惧，即陷之。此八者，车之胜地也。将明于十害八胜，敌虽围周，千乘万骑，前驱旁驰，万战必胜。"

武王曰："善哉！"

【注释】

①卒（cù）：同"猝"，突然。

②薄：这里是急促的意思。

③解：两军分开，脱离接触。

【译文】

武王又问："什么是战车的八种胜地？"

太公回答："敌军前后未分，队列未定，阵势未成，这时就用战车猛烈进攻，可以打败他们。敌军旗帜杂乱，人马频频调动，这时就用战车猛烈进攻，可以打败他们。敌军士兵行动混乱，有的向前，有的向后，有的往左，有的往右，这时就用战车猛烈进攻，可以打败他们。敌军阵势尚未稳固，士兵前后互相顾望，心神不定，这时就用战车猛烈进攻，可以打败他们。敌军想前进而心存疑惑，想后退又恐慌胆怯，这时就用战车猛烈进攻，可以打败他们。敌军夜间突然自相惊扰，都从睡梦中仓促起身，这时就用战车猛烈进攻，可以打败他们。在平整的原野上同敌军交战，到黄昏时尚未分出胜负，结束战斗，这时就用战车猛烈进攻，可以打败他们。敌军经过长途行军，天黑宿营，全军疲劳不堪，又恐惧怯战，这时就用战车猛烈进攻，可以打败他们。这八种情况，都是战车的胜地。主将如果能够明了运用战车作战的十种死地、八种胜地，即使敌人四面包围，用千辆战车、万名骑兵在我军前后左右运动突击，我军也能每战必胜，万战万胜。"

武王说："您讲得真好啊！"

战骑

武王问太公曰："战骑奈何？"

太公曰："骑有十胜九败。"

【译文】

武王问太公说："运用骑兵作战，应该怎么办？"

太公回答："运用骑兵作战，有十种可以克敌制胜的情况和九种必然导致失败的不利的形势。"

武王曰："十胜奈何？"

太公曰："敌人始至，行陈未定，前后不属^①，陷其前骑，击其左右，敌人必走。敌人行陈整齐坚固，士卒欲斗，吾骑翼而勿去^②，或驰而往，或驰而来，其疾如风，其暴如雷，白昼而昏^③，数更旌旗，变易衣服，其军可克。敌人行陈不固，士卒不斗，薄其前后，猎其左右^④，翼而击之，敌人必惧。敌人暮欲归舍，三军恐骇，翼其两旁，疾击其后，薄其垒口，无使得入，敌人必败。敌人无险阻保固^⑤，深入长驱，绝其粮路，敌人必饥。地平而易，四面见敌，车骑陷之，敌人必乱。敌人奔走，士卒散乱，或翼其两旁，或插其前后，其将可擒。敌人暮返，其兵甚众，其行陈必乱，令我骑十而为队，百而为屯，车五而为聚，十而为群，多设旌旗，杂以强弩，或击其两旁，或绝其前后，敌将可虏。此骑之十胜也。"

【注释】

①属：连接。

②翼：此谓从两侧包抄。

③而：如同。

④猎：谓像猎取野兽一样追逐捕杀。

马队图
明刊本《练兵实纪》插图。

⑤保固：凭险固守。

【译文】

武王又问："什么是骑兵的十种可以克敌制胜的情况？"

太公回答："敌军刚刚来到，阵势尚未布好，前后不相连接，这时用骑兵猛攻并且击败敌军前锋骑兵，同时袭击敌军左右两侧，敌军一定败退逃走。敌军阵势整齐坚固，士兵急于投入战斗，士气高涨，我军应当用骑兵从两边远远包抄，不要离开，有的奔驰而去，有的奔驰而来，来来回回，疾如狂风，急如迅雷，尘土飞扬，使白昼如同黄昏，频频变动旗帜，更换衣服，使敌军摸不清底细，这样敌军就能打败。敌军阵势尚未稳定，士兵斗志涣散，我军用骑兵进逼敌军前后，又像打猎一样伺机捕杀敌军两侧处于突出部位的士兵，从左右两翼包抄夹击，这样敌军一定万分恐惧。敌军黄昏时急于归营宿歇，全军疲劳不堪，又恐惧慌乱，这时我军用骑兵从两旁包抄夹击，急速攻击敌军后部，进逼到敌军营垒的入口处，不让敌军进入营垒，敌军必定大败。敌军没有险要可以据以固守，我军用骑兵长驱直入，断绝敌军运粮的通道，敌军必然会因饥饿而败亡。敌军处于平坦空旷的地形，四面八方都容易受到攻击，我军用战车和骑兵猛烈进攻，敌军必然大乱。敌军东奔西走，士兵队伍分散混乱，这时我军使用骑兵进攻，有的从敌军两旁包抄夹击，有的插入敌军前后来回冲杀，必定能打败敌军，活捉敌军的主将。敌军黄昏时归营，人数众多，又急于退回，队列阵势一定混乱，这时命令我军骑兵每十人组成一队，每一百人组成一屯，命令我战车每五辆组成一聚，每十辆组成一群，多多设置各种旗帜，又配备混编强弩手，有的冲击敌军两侧，有的拦截敌军前后，这样必定能打败敌军，俘获敌军的主将。以上所说，就是骑兵的十种可以克敌制胜的情况。"

武王曰："九败奈何？"

太公曰："凡以骑陷敌而不能破陈，敌人佯走，以车骑返击我后，此骑之败地也。追北逾险，长驱不止，敌人伏我两旁，又绝我后，此骑之围地也。往而无以返，入而无以出，是谓陷于天井①，顿于地穴②，此骑之死地也。所从入者隘，所从出者远，彼弱可以击我强，彼寡可以击我众，此骑之没地也③。大涧深谷，翳荟林木④，此骑之竭地也。左右有水，前有大阜⑤，后有高山，三军战于两水之间，敌居表里，此骑之艰地也⑥。敌人绝我粮道，往而无以返，此骑之困地也⑦。汗下沮泽⑧，进退渐洳⑨，此骑之患地也。左有深沟，右有坑阜，高下如平地，进退诱敌，此骑之陷地也。此九者，骑之死地也。明将之所以远避，暗将之所以陷败也⑩。"

【注释】

①天井：指四周都是山丘高地、中间低下的地形。

②顿：停留，止息。地穴：下陷的洼地。

③没（mò）：覆没，覆灭。

④翳荟：草木茂盛的样子。

⑤阜：土山，丘陵。

⑥艰：谓处境艰险。

⑦困：谓处境窘迫，受制于人。

⑧汗（wū）：通"洿"，洼。沮（jù）泽：长满水草的沼泽。

⑨渐洳（jiān rù）：低湿之地。

⑩暗：指昏庸不明事理。陷败：陷落败亡。

【译文】

武王又问："什么是骑兵的九种必然导致失败的不利形势？"

太公回答："凡是用骑兵进攻敌军但未能攻破敌军的阵势，敌军假装败退，而用战车、骑兵绕回来从后面袭击我骑兵，这就是骑兵的败地。我骑兵追击败逃的敌军，越过险阻，长驱直入，而敌军在两旁布置了伏兵，又断绝了我骑兵的归路，这就是骑兵的围地。我骑兵来到某地，能去而不能回，能进而不能出，叫作被围困在天井，被限制在地穴，这就是骑兵的死地。我骑兵来到某地，进入的道路十分狭隘，出去的道路又非常迂远，敌军对我可以弱攻强，以少击众，这就是骑兵的没地。大溪深谷，杂草丛生，林木茂盛，骑兵行动不便，这就是骑兵的竭地。左右都有河流水泽，前有高大的丘陵，后有险峻的山峰，我军与敌军在两条河流之间交战，内外都有敌军，骑兵无法施展，这就是骑兵的艰地。敌军断绝我军运粮的通道，我骑兵能去而不能回，这就是骑兵的困地。地势低洼潮湿，长满水草，前进后退都是泥泞的沼泽地带，这就是骑兵的患地。左边有深沟，右边有深坑和土山，但远远看去，高下差别不大，如同平地，在这种地形下，无论前进还是后退，都会招致敌人前来围攻，这就是骑兵的陷地。这九种形势，都是骑兵的死地。英明的将领明了其中的不利条件，因而会远远避开，而昏庸愚蠢的将领不懂得避开这些不利条件，也就因而使全军败亡覆灭。"

战步

武王问太公曰："步兵与骑战奈何？"

太公曰："步兵与车骑战者，必依丘陵险阻，长兵强弩居前，短兵弱弩居后，更发更止①。敌之车骑虽众而至，坚陈疾战，材士强弩以备我后。”

【注释】

①更发更止：指把弩手分为两部分，轮番发射，轮番休息。

【译文】

武王问太公说：“用步兵同敌人的战车、骑兵交战，应该怎么办？”

太公回答：“用步兵同敌人的战车、骑兵交战，必然依托丘陵山地各种险阻，把长兵器和射程较远的强弩配备在前，把短兵器和射程较近的弱弩配备在后，弩手轮番发射，轮番休息。敌人的战车和骑兵虽然大批来到我军阵前，我军只要布成坚固的阵势，奋力作战，同时用精锐的战士和强弩防备后路，就不会战败。”

武王曰：“吾无丘陵，又无险阻，敌人之至，既众且武，车骑翼我两旁，猎我前后，吾三军恐怖，乱败而走，为之奈何？”

太公曰：“令我士卒，为行马、木蒺藜①，置牛马队伍②，为四武冲陈③。望敌车骑将来，均置蒺藜，掘地匝后④，广深五尺，名曰命笼⑤。人操行马进步，阑车以为垒⑥，推而前后，立而为屯，材士强弩，备我左右。然后令我三军，皆疾战而不解⑦。”

武王曰：“善哉！”

【注释】

①行马、木蒺藜：都是防御用的器械。参见前《农器》篇和《军用》篇。

步兵图
明刊本《练兵实纪》插图。

②牛马队伍：把牛马用绳索系连起来，编成队伍。

③四武冲陈：一种用于坚固防守的阵势。见前《疾战》篇注。

④匝（zā）：环绕。

⑤命笼："笼"指四周用壕沟和各种障碍物、防御器械环绕保护的核心阵地。因为它关系到三军生死胜败的命运，所以称为"命笼"。

⑥阑车：指把战车当作阻拦用的障碍物。阑，阻隔，阻拦。

⑦解（xiè）：通"懈"，松懈。

【译文】

武王又问："我步兵既无丘陵高山可以依托，又无各种险阻可以据守，敌军来到，人马众多，战斗力又强，战车和骑兵从两旁向我包抄，又在我军前后袭击捕杀处于突出位置的士兵，我全军大为恐惧，混乱溃败，纷纷逃跑。在这种情况下，应该怎么办?"

太公回答:"遇到这种情况，应该命令我军士兵准备好行马、木蒺藜，把军中的牛马系连起来，编为队伍，组成四武冲阵。远远望见敌军战车、骑兵将要前来进攻，都把木蒺藜安置在适当的地方，又在我军后面挖掘半圆形壕沟，围住中心阵地后部，壕沟宽度和广度都是五尺，这样的阵地可以称之为'命'笼。每人都推着行马前进，把战车编连起来组成营垒，用人力推动，或往前，或往后，停止时就围成屯兵的营寨，同时布置精锐的战士和强弩，注意防备我军左右两侧。然后命令全军，努力奋战，不得懈怠。这样就不会战败。"

武王说:"您讲得真好啊!"

唐太宗李卫公问对

骈骅 译注

前 言

《唐太宗李卫公问对》，亦称《李卫公问对》，是一部记录唐太宗和李靖关于军事问答的军事著作。全书共分上、中、下三卷。上卷四十问答，中卷三十三问答，下卷二十五问答，凡九十八次问答。

李靖像

作者李靖，本名药师，京兆三原（今陕西三原东北）人。因功封卫国公，所以亦称他为"李卫公"。他精熟兵法，著有多种兵书。据《宋史·艺文志》记载，李靖所著兵书有《阴符机》一卷、《韬钤秘术》一卷、《韬钤总要》一卷、《卫国公手记》一卷、《六军镜》三卷、《兵钤新书》一卷、《弓诀》一卷。但这些兵书早在宋神宗时就已"世无全书"了。到元丰三年（1080）诏定《武经七书》时，才明确将李靖《问对》一书列为七书之一。这是关于《问对》一书的最早记录。

该书所载内容十分广泛，其中对用兵的策略、军队的编制、作战的阵法、将领的选用以及军事教育等问题，都有所论及。《四库全书总目提要》云："其书分别奇正，指画攻守，交易主客，于兵家微意时有所得。"比如在论述奇正相交之术时，李靖认为奇正战术应根据战场的具体情况来临时制定，决不可"徒诵空文"，把它看作是一成不变的模式。他通过破突厥、征西域、诸葛亮七擒孟获、晋马隆

明尤求绘《红拂图》

红拂是唐传奇《虬髯客传》中的人物，为隋末权势杨素的侍女，因手持红拂而得名。李靖任马邑都丞时，曾以布衣的身份求见杨素，红拂见其抱负不凡，十分仰慕，便夜扮男装与李靖私奔，后辅佐李靖建功立业。图中所绘为李靖拜见杨素的场面。

征讨凉州、太宗霍邑擒宋老生、霍去病出击匈奴等战例来说明奇正相交的道理，并提出了"善用兵者，无不正，无不奇，使敌莫测，故正亦胜，奇亦胜"的著名论断。在关于军队训练的问对中，李靖非常注重训练的方法。他认为"教得其道，则士乐为用；教不得法，虽朝督暮责，无益于事矣"。他认为训练军队时，对于士卒的排列、阵形的布置、将吏的要求等都要有明确规定，而且要随时检查训练的情况和效果，要"誓众行罚"。他认为只有平素严格训练士卒，战时才能"绝而不离，却而不散"，才能"斗乱而法不乱"，"形圆而势不散"。在关于攻守战术的问对中，他明确提出了"攻是守之机，守是攻之策"的辩证关系，他认为在战中的"攻"和"守"，同样是要"归乎胜而已"，若"攻不知守，守不知攻"，虽然能口诵孙、吴兵法，也不能取得战争的胜利。总之，《问对》一书的内容十分丰富，而且在某些论述上颇有创见，可以认为该书是李靖三十多年戎马生涯的一个总结，是目前研究我国古代军事思想较有参考价值的文献资料。

卷　上

【题解】

本卷共分17节。通过分析具体战例，着重论述了"无处不用正，无处不用奇"，"正能胜，奇亦能胜"，"奇正相变，循环无穷"的道理，强调了兵法中"奇正"的辩证关系和灵活运用的重要性。此外，还论述了各种阵法的起源和发展以及孙子、吴子、曹操等军事家的兵法之同异。最后还结合唐朝当时的边疆实际，论述了如何治理边防以及选将、练兵等问题。

太宗曰："高丽数侵新罗①，朕遣使谕②，不奉诏，将讨之，如何？"

靖曰："探知盖苏文自恃知兵③，谓中国无能讨④，故违命。臣请师三万擒之。"

【注释】

①高丽、新罗：皆古国名。相传周初箕子封朝鲜。汉初卫氏继之，后为汉武帝所灭。后高丽、新罗、百济三分朝鲜各自立国。唐太宗时，灭高丽、百济，其地悉归新罗。高丽，亦作"高骊""高句骊""高句丽"，约位于今朝鲜北部，新罗约位于今朝鲜东南部。

②谕：告晓，告示。一般用于上对下。

③盖苏文：又号盖金，姓泉氏。状貌魁梧，十分凶残。贞观十六年

（642），他杀死了当时的高丽国王高武，立高武弟弟的儿子高藏为高丽王，他任莫离支（官名，相当于唐朝的兵部尚书），从此便掌握了高丽的实权，与唐王朝抗衡。同时联合百济进攻新罗。

④中国：泛指中原地区。上古时代，我国华夏族发源于黄河流域一带，以为居天下之中，故称为"中国"，而把中原以外的地区称为"四方"。

【译文】

太宗说："高丽曾多次侵犯新罗，我派遣使臣去命令罢兵，高丽不接受诏令，我将兴兵讨伐它，此事怎么样呢？"

李靖说："我打听到盖苏文自己倚仗着他通晓军事，说中原没有能

唐阎立本绘《步辇图》(局部)
画面记录了唐太宗李世民坐在步辇上接待松赞干布派到长安的使者的场面。

力去讨伐他，所以他才违抗命令。我请求率兵三万去捉拿他。"

太宗曰："兵少地遥，以何术临之？"
靖曰："臣以正兵①。"

【注释】

①正兵：古时用兵，以对阵交锋为正，以设计邀截袭击为奇。"奇"
　　与"正"是相对的两个概念，是古代兵家研究制敌取胜的一种理
　　论。通常以采用正常的、一般的作战方法为正兵，以采用变化的
　　作战方法为奇兵。

【译文】

太宗说："兵少路远，用什么样的方法去讨伐他呢？"
李靖说："我以正常的作战方法去作战。"

太宗曰："平突厥时用奇兵①，今言正兵，何也？"
靖曰："诸葛亮七擒孟获②，无他道也，正兵而已矣。"

【注释】

①平突厥：贞观二年（628），唐太宗以李靖为代州道行军总管，率
　　骑兵三千出塞，大破突厥军队。不久，又以定襄道行军总管讨伐
　　东突厥。大败东突厥，颉利可汗逃往遁口。后来李靖乘胜追击，
　　喋血虏庭，夺取定襄，颉利可汗逃往铁山，遣使者谢罪，请奉
　　国内附，从此突厥平定。突厥，我国古代民族名称。公元6世纪
　　时，游牧于金山一带。首领姓阿史那。金山形似兜鍪，方言俗称
　　"突厥"，因以名其部落。隋开皇二年（582）分裂为东、西突厥。

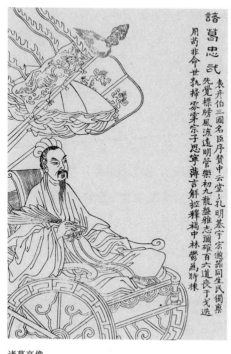

诸葛亮像

隋唐之际，占有漠北之地，东西万里。

②七擒孟获：建兴三年（225），诸葛亮平定南中，采用"攻心为上""心战为上"的策略，曾七次生擒孟获，又七次释放，最后孟获心悦诚服地降蜀。

【译文】

太宗说："你平定突厥时用的是奇兵，现在你说征高丽用正兵，为什么呢？"

李靖说："诸葛亮七擒孟获，没有采用别的战法，只采用了正常的战法。"

太宗曰："晋马隆讨凉州①，亦是依《八陈图》②，作偏箱车③。地广则用鹿角车营④，路狭则为木屋施于车上，且战且前。信乎，正兵古人所重也！"

靖曰："臣讨突厥，西行数千里，若非正兵，安能致远？偏箱、鹿角，兵之大要，一则治力⑤，一则前拒⑥，一则束部伍⑦，三者迭相为用，斯马隆所得古法深矣！"

【注释】

①马隆讨凉州：马隆，字孝兴，东平平陆（今山东汶上）人。晋武帝时，凉州刺史杨欣失羌戎之和，后为虏所没，河西断绝，凉

州失陷。武帝为此担忧，下诏求能讨虏通凉州者。马隆自请募勇士三千以行，帝许之。并任他为武威太守，又给他三年军资。于是马隆西渡温水，出讨凉州。树机能等率军数万，或乘险以遏隆前，或设伏以截隆后。马隆依《八阵图》作偏箱车，地广则鹿角车营，路狭则为木屋施于车上，且战且前，弓矢所及，应弦而倒。奇谋间发，出敌不意。转战数千里，杀伤以千数。马隆到武威后，猝跋韩、且万能率众归降。后又率没骨能战败树机能等，凉州遂平。事详见《晋书·马隆传》。凉州，古州名。魏晋时期辖境相当于今甘肃黄河以西地区。

② 《八阵图》："八阵"之说，据郑玄《周礼·春官·车仆》注云始于孙武，但今本《孙子兵法》却没有关于"八阵"的明确记载。《隋书·经籍志》著录《孙子八阵图》一卷，已亡佚，同时《隋书·经籍志》亦著录有《诸葛亮八阵图》一卷，这是关于《八阵图》的最早著录，但其内容已不得其详。至于"八阵"的含义，历来解释不同，主要有以下两种意见：一种解释认为"八阵"是八种阵形的代称，这种说法约始于隋唐之际，据《文选》李善注引《杂兵书》说有：方阵、圆阵、牝阵、牡阵、冲阵、轮阵、浮沮阵、雁行阵八种。至于本书中所讲的"天、地、风、云、龙、虎、鸟、蛇"八阵，确为后人穿凿附会之说，不足为据。另一种解释认为"八阵"是方阵自身队形变换的统称。这种变换的内容，概略地说，即本书中所谓"数起于五而终于八"。陈，同"阵"。

③ 偏箱车：古代的一种战车。据《明史·兵志四》记载："景泰元年，定襄伯郭登请仿古制为偏箱车。辕长丈三尺，阔九尺，高七尺五寸，箱用薄板，置铳。出则左右相连，前后相接，钩环牵互。车载衣粮、器械并鹿角二。屯处，十五步外设为藩。每车枪炮、弓

弩、刀牌甲士共十人，无事轮番推挽。外以长车二十，载大小将
军铳，每方五辆，转输樵采，皆在围中。又用四轮车一，列五色
旗，视敌指挥。"由此可见偏箱车不但可以用来作战，同时也可
以运输粮草武器，是兼有数种功能的战车。

④鹿角车营：是以偏箱车组成的一种车战队形。因偏箱车上有鹿角
　二，故以为名。

⑤治力：即掌握军队战斗力的方法。《孙子兵法·军争》云："以近
　待远，以逸待劳，以饱待饥，此治力者也。"

⑥前拒：阻止敌人前进的前锋部队。

⑦束部伍：约束队伍。使自己的队伍能依兵法部署，不致散乱，使
　指挥有序，运用灵活，是督促和鼓励部队奋勇杀敌的方法。《尉
　缭子》有《束伍令》篇。

【译文】

太宗说："西晋马隆讨伐凉州时，也是依照八阵图的战法，作偏箱
车。地域广阔时就用鹿角车营，道路狭窄时就做成木屋，放在车上，一
边战斗，一边前进。可以相信，正规的作战方法是古人所重视的。"

李靖说："我讨伐突厥时，向西行走了数千里，若不用正规的作战
方法，怎么能走这么远呢？偏箱车、鹿角车营，是用兵的关键，一方面
可以掌握军队的战斗力，一方面可以拒止敌人前进，一方面还可以约束
自己的队伍，三种方法交相使用，由此可知马隆所学到的古代作战方法
是够精深的。"

　　太宗曰："朕破宋老生①，初交锋，义师少却②。朕亲
以铁骑自南原驰下，横突之。老生兵断后，大溃，逐擒之。
此正兵乎？奇兵乎？"

　　靖曰："陛下天纵圣武③，非学而能。臣案兵法，自黄帝以来④，先正而后奇，先仁义而后权谲⑤。且霍邑之战⑥，师以义举者，正也；建成坠马⑦，右军少却者⑧，奇也。"

【注释】

①宋老生：隋炀帝时虎牙郎将。唐太宗破宋老生事，见《资治通鉴·隋纪》《隋书·炀帝纪》及新、旧《唐书·太宗纪》。《资治通鉴》云：义宁元年（617），"代王侑遣虎牙郎将宋老生帅精兵二万屯霍邑，左武侯大将军屈突通屯河东以拒渊"。李渊深知宋老生勇而无谋，于是亲率少数骑兵至霍邑城东，使李建成与李世民率军至霍邑城下，做出要围城的阵势，诱激宋老生出城作战。

敦煌壁画中持方盾的武士

宋老生果然中计，引兵三万出城应战，结果战败，宋老生被唐将刘弘基所擒杀。

② 义师：为正义而战斗的军队。这里是太宗称道自己出师正义。少：稍稍。

③ 天纵圣武：意谓上天所赋予的圣明英武。这是古代称颂帝王的套话。

④ 黄帝：传说中的中原各族的共同祖先。姬姓，号轩辕氏、有熊氏，少典之子。相传炎帝扰乱各部落，黄帝得到各部落的拥戴，在阪泉打败炎帝。后蚩尤扰乱，他又率领各部落在涿鹿击杀蚩尤。从此他由部落首领被拥戴为部落联盟首领。《汉书·艺文志·兵阴阳》著录有《黄帝》十六篇，图三卷。亡。

⑤ 权谲：权谋诡诈。

⑥ 霍邑：古邑名。在今山西霍州。

⑦ 建成：即李建成，唐高祖李渊嫡长子。大业十三年（617），随父起兵反隋，任左领军大都督。与其弟李世民结纳豪强，攻略城邑。武德元年（618），立为皇太子。据说曾多次阴谋危害其弟李世民。武德九年（626），玄武门之变，被其弟李世民所杀。

⑧ 右军：右翼部队。

【译文】

太宗说："我击破宋老生的那次战斗，刚一交战，我军稍稍后退。我亲自率领精锐的骑兵从南边的平原飞驰而下，横冲宋老生阵营，宋老生部队的后路被切断，因此大败，于是抓获了宋老生。这是用正兵呢？还是用奇兵呢？"

李靖说："上帝所赋予陛下的圣明英武，不是学习而能够得到的。我根据兵法看，自从黄帝以来，凡战都是先用正兵而后用奇兵，先用仁义而后用权诈。况且霍邑之战，您的军队是正义的举动，这是用了正常的作战方法；使李建成落马和右翼部队稍稍后退，这是用了变化的作战方法。"

太宗曰："彼时少却，几败大事，曷谓奇邪[①]？"

靖曰："凡兵以前向为正，后却为奇。且右军不却，则老生安致之来哉？《法》曰：'利而诱之，乱而取之[②]。'老生不知兵，恃勇急进，不意断后，见擒于陛下[③]。此所谓以奇为正也。"

太宗曰："霍去病暗与孙、吴合[④]，诚有是夫[⑤]！当右军之却也，高祖失色[⑥]，及朕奋击，反为我利，孙、吴暗合，卿实知言[⑦]。"

【注释】

①曷：为什么，何故。

②利而诱之，乱而取之：意谓给敌人以小利去引诱他，使敌人混乱，然后攻取他。这是引自《孙子兵法·始计》中的两句话。

③见：被。

④霍去病：河东平阳（今山西临汾西南）人。西汉时名将。官至大司马骠骑将军，封冠军侯。他曾多次率兵出击匈奴，解除了西汉初年以来匈奴对汉王朝的威胁。他为人少言不泄，有气敢往。汉武帝曾让他学习孙武、吴起兵法，他说："顾方略何如耳，不至学古兵法。"但他用兵策略，多以出奇制胜，与孙、吴相合。事详见《史记·卫将军骠骑列传》。孙、吴：指春秋战国时著名军事家孙武、吴起。孙武，曾以《兵法》十三篇见吴王阖闾，被任

为将，率吴军攻破楚国。他认为"兵者，国之大事"。提出"知己知彼，百战不殆"，他注重了解情况，全面地分析敌我、众寡、强弱、虚实、攻守、进退等矛盾双方，并通过对战争客观规律的认识来克敌制胜。他同时也强调战略战术上的"奇正相生"和灵活运用。他的军事思想全面反映在《孙子兵法》十三篇中。吴起，善用兵，初任鲁将，继任魏将，屡建战功，被魏文侯任为西河守。文侯死，遭陷害，逃奔楚国，辅佐楚悼王实行变法，促进了楚国的富强。他主张"内修文德，外治武备"，认为治理好军队是克敌制胜的先决条件，他主张"进有重赏，退有重刑"，"行之以信"。他很重视选将用人，使他们能发挥自己的长处。《汉书·艺文志》著录有《吴子》四十八篇，已佚。今本《吴子》六篇疑当为后人所托之作。

马踏匈奴石像
陕西兴平霍去病墓出土。

⑤诚：果然，确实。

⑥高祖：指唐高祖李渊。

⑦卿：古代对人的敬称。自唐以来，唯君主称臣民为卿。

【译文】

太宗说："那时右翼军稍稍后退，差点儿坏了大事，为什么说是用了奇兵呢？"

李靖说："大凡用兵作战，向前推进为正兵，向后退却为奇兵。若右翼军不退却，那么宋老生怎么会出来呢？《兵法》说：'要以利来引诱敌人，乘乱而攻取敌人。'宋老生不知用兵，只知倚仗勇敢而急速前进，没想到后路被截断，被陛下抓获。这就是所谓以奇为正。"

太宗说："霍去病用兵常与孙武、吴起兵法暗合，确有此事！当右翼军退却时，高祖大惊失色，等到我奋力反击时，反而对我们很有利，也与孙武、吴起兵法暗合，你所说的确实很对。"

太宗曰："凡兵却，皆谓之奇乎？"

靖曰："不然。夫兵却，旗参差而不齐，鼓大小而不应，令喧嚣而不一，此真败却也，非奇也。若旗齐鼓应，号令如一，纷纷纭纭，虽退走，非败也，必有奇也。《法》曰'佯北勿追'①，又曰'能而示之不能'②，皆奇之谓也。"

【注释】

①佯北勿追：语见《孙子兵法·军争》。原文作"佯北勿从"，意谓对假装败退的敌人不宜跟踪追击。佯北，即诈败。

②能而示之不能：语见《孙子兵法·始计》。意谓能进攻而装出不能进攻的样子。

【译文】

太宗说："凡是军队退却，都可以说是用奇兵吗？"

李靖说："不是这样。军队退却，若旗帜参差不齐，鼓声大小不一而彼此不能相应，号令喧嚣而不能一致，这是真正的败退者，不是在用奇兵。如果旗帜整齐，鼓声相应，号令一致，虽然显得杂乱而且向后退走，这不是真的败退，一定是在用奇兵。《孙子兵法》上说'假装败退的不要去追击'，又说'能进攻却装出不能进攻的样子'，这些都是所说的用奇兵。"

太宗曰："霍邑之战，右军少却，其天乎[①]？老生被擒，其人乎？"

靖曰："若非正兵变为奇，奇兵变为正，则安能胜哉？故善用兵者，奇正在人而已。变而神之[②]，所以推乎天也。"

太宗俯首[③]。

【注释】

①天：古人认为天是有意志的神，是万物的主宰者。

②变而神之：使变化达到出神入化的地步。

③俯首：低下头。这里表示赞同之意。

【译文】

太宗说："霍邑之战，右翼军稍稍退却，是天神要这样吗？宋老生被抓获，是人所为吗？"

李靖说："若不是使正兵变为奇兵，使奇兵变为正兵，那怎么能取得胜利呢？所以善于用兵的人，用奇用正在人为而已。使变化达到出神入化的地步，应该推之于天神。"

太宗低头赞许。

太宗曰："奇正素分之欤^①？临时制之欤？"

靖曰："案曹公《新书》云^②：'己二而敌一^③，则一术为正，一术为奇；己五而敌一，则三术为正，二术为奇。'此言大略耳。唯孙武云：'战势不过奇正^④，奇正之变，不可胜穷。奇正相生，如循环之无端，孰能穷之？'斯得之矣，安有素分之邪？若士卒未习吾法，偏裨未熟吾令^⑤，则必为之二术。教战时，各认旗鼓，迭相分合^⑥，故曰分合为变，此教战之术耳。教阅既成^⑦，众知吾法，然后如驱群羊，由将所指，孰分奇正之别哉？孙武所谓'形人而我无形'^⑧，此乃奇正之极致。是以素分者教阅也，临时制变者不可胜穷也。"

太宗曰："深乎！深乎！曹公必知之矣。但《新书》所以授诸将而已，非奇正本法。"

【注释】

①素：平素。欤（yú）：语气词。

②曹公《新书》：指曹操所著军事著作《新书》。此书今已失传，凡本书中所引《新书》文句，多见于曹操注《孙子》文。

③己二而敌一：《孙子兵法·谋攻》"倍则分之"句曹操注。曹操认为"倍则分之"即以二敌一，则一术为正，一术为奇，意谓如果敌我兵力为一比二的话，我便分兵为二，一部分为正兵，一部分为奇兵。下"己五而敌一"三句意同。

④战势不过奇正：语见《孙子兵法·兵势》。意谓作战的形态不外"奇""正"二种，然而"奇""正"的变化是无穷的。"奇""正"

互相转化，就像循环运行一样没有开始和结尾，谁能使它穷尽呢？

⑤偏裨（pí）：即偏将和裨将，古时将佐的统称。

⑥迭：更替，轮流。

⑦教阅：传授，考核。

⑧形人而我无形：语见《孙子兵法·虚实》。意谓能明察敌人情况而不让敌人明察我。第一个"形"是动词，第二个"形"是名词。形人，即设法使敌人的内部情况表现于外。我无形，即隐蔽自己的行动意图，使敌人看不出我的形迹。

《三国演义》"曹操煮酒论英雄图"

曹操，字孟德，小字阿瞒，沛国谯（今安徽亳州）人。灵帝末，征拜典军校尉。初平元年（190）春，与袁绍等同时起兵讨伐董卓。建安元年（196）迎献帝都许，取得了"挟天子以令诸侯"的地位。又兴办屯田，整训队伍。十三年（208）进位丞相。自建安二年至十六年（197—211），先后击败吕布、袁术、袁绍等豪强势力，征服乌桓，统一了北方。著有《孙子略解》《兵书接要》等兵书。

【译文】

太宗说："奇与正是平素就分的呢？还是临时决定的呢？"

李靖说："按曹操《新书》中说：'若敌我兵力是一比二的话，则一部分为正兵，一部分为奇兵；若敌我兵力是一比五的话，则三部分为正兵，两部分为奇兵。'这只是一种概略的说法。孙武说：'战争的阵势不过奇、正二种，奇、正的变化是不可穷尽的。奇、正相互转化，就像循环运行一样没有开头和结尾，谁能使它穷尽呢？'这样说就对了，哪有平素就分的呢？如果士卒不熟习我的兵法，偏将、裨将不熟习我的号令，那么就一定要分为奇、正二术来教授他们。教他们作战时，各认旗鼓，轮流地互相分合，所以说分合为变，这是教授战斗的一种方法。传授考核都已成功后，大家都知道了我的用兵方法，这样之后就如驱赶群羊一样，由将所指，谁还再分别奇正呢？孙武所谓'明察敌人情况而不让敌人明察我'，此乃是奇正的最高造诣。所以说平素分奇与正是为了教授和考核，临战时决定变化的是无穷无尽的。"

太宗说："深妙！深妙！曹操一定深知其中的道理。但曹操的《新书》只是用来教授诸将而已，不是论奇正的本法。"

太宗曰："曹公云'奇兵旁击'①，卿谓若何？"

靖曰："臣案曹公注《孙子》曰'先出合战为正，后出为奇'②，此与旁击之说异焉。臣愚谓大众所合为正，将所自出为奇，乌有先后旁击之拘哉③？"

【注释】

①奇兵旁击：见曹操《孙子兵法·兵势》注。《孙子兵法·兵势》云："凡战者，以正合，以奇胜。"曹操注云："正者当敌，奇兵从旁击不备也。"意谓从旁边攻击，出其不意。攻其不备者为奇兵。

②先出合战为正，后出为奇：见曹操《孙子兵法·兵势》注。意谓先出来与敌人交战者为正兵，后出来与敌人交战者为奇兵。合，古代称交战为"合"。

③乌有：没有。司马相如作《子虚赋》，虚拟了乌有先生与子虚二人，以互为问答串引全文。因本无此人，故称"乌有"。后因称

"无"为"乌有"。拘：限制。

【译文】

太宗说："曹公说'从旁边出击者为奇兵'，你说这种说法怎么样？"

李靖说："依曹公注《孙子》说'先出来与敌交战者为正兵，后出来与敌交战者为奇兵'来看，这与旁击之说不一样。我认为大军与敌交战为正兵，将领根据实际情况亲自做出作战方案并率兵出击为奇兵，哪里有受先后旁击的限制呢？"

太宗曰："吾之正，使敌视以为奇；吾之奇，使敌视以为正，斯所谓'形人者'欤？以奇为正，以正为奇，变化莫测，斯所谓'无形者'欤？"

靖再拜曰："陛下神圣①，迥出古人②，非臣所及。"

《三国演义》"曹操大宴铜雀台图"

【注释】

①神圣：圣明。

②迥（jiǒng）：远。

【译文】

太宗说："我用正兵，使敌人看后认为是奇兵；我用奇兵，使敌人看后认为是正兵；这就是所谓'使敌人的内部情况表现于外形'吗？能把奇兵变为正兵，把正兵变为奇兵，使变化莫测，这就是所谓'隐蔽自己的意图，使敌人看不出我的形迹'吗？"

李靖向太宗拜两次而后说："陛下圣明，远超古人，不是我所能达到的。"

太宗曰："分合为变者，奇正安在？"

靖曰："善用兵者，无不正，无不奇，使敌莫测，故正亦胜，奇亦胜。三军之士，止知其胜，莫知其所以胜。非变而能通，安能至是哉？分合所出，唯孙武能之，吴起而下，莫可及焉。"

【译文】

太宗说："或分或合，这样变化，哪里是奇？哪里是正呢？"

李靖说："善于用兵的人，没有不用正兵的，也没有不用奇兵的，他们的变化使敌人莫测，所以他们用正兵也胜，用奇兵也胜。三军的士卒只知道他们取得了胜利，但不知道他们之所以能取得胜利的原因。若不能把变化融会贯通，哪里能达到如此地步呢？能够巧妙地拿出和使用分合变化的方法，只有孙武能够这样，吴起以下，没有可以达到如此地步的。"

太宗曰："吴术若何？"

靖曰："臣请略言之。魏武侯问吴起两军相向①。起曰：'使贱而勇者前击，锋始交而北，北而勿罚。观敌进取，一坐一起，奔北不追，则敌有谋矣。若悉众追北，行止纵横，此敌人不才，击之勿疑②。'臣谓吴术大率多此类，非孙武所谓以正合也。"

【注释】

①魏武侯：即魏击。战国时魏国国君，魏文侯子。前395—前370
年在位。相向：互相观察。

②"使贱而勇者"几句：见《吴子·论将第四》。原文作："令贱而
勇者将轻锐以尝之，务于北，无务于得。观敌之来，一坐一起。
其政以理，其追北佯为不及，其见利佯为不知；如此将者，名为
智将，勿与战矣。若其众讙哗，旌旗烦乱，其卒自行自止，其兵
或纵或横，其追北恐不及，见利恐不得，此为愚将，虽众可获。"
意谓命令勇敢而地位低的军官率领轻锐部队去试探一下，一定要
装作败退的样子，不要装出想取胜的样子，观察敌人来追击的一
举一动。若敌军政令有条理，他们追击时装出赶不上的样子，看
到有利时机而装出不知道，像这样的将领是聪明的将领，不要和
他们作战。若敌军喧哗，旗帜混乱，士卒自行行止，士兵的队列
或纵或横，他们追击时唯恐追不上，见到有利时机唯恐得不到，
这样的将领是愚蠢的将领，虽然他们兵力很多也是可以擒获的。

【译文】

太宗说："吴起的用兵之术如何？"

李靖说："我请概略地说一说。魏武侯问吴起，若两军相遇而互相
观察对方的兵力，该怎么办。吴起说：'让地位低下而勇敢的军官向前
攻击一下，刚一交锋就败退，但败退后不要处罚。观察敌军进取的一举
一动，若败退后不来追击，那么就是敌将有谋略。若全部出动来追败
兵，前进或停止时队列一会儿纵，一会儿横，这样的敌将是无能之将，
奋力还击它，不要有什么疑虑。'我说吴起的用兵之术大多是这一类，
不是孙武所说的以正兵交战的方法。"

太宗曰："卿舅韩擒武尝言^①，卿可与论孙、吴，亦奇正之谓乎?"

靖曰："擒武安知奇正之极，但以奇为奇，以正为正耳。曾未知奇正相变，循环无穷者也。"

【注释】

①韩擒武：一作"韩擒虎"，字子通，东垣（今河南新安）人。初名豹。李靖的舅父。有文武才。初仕周，为都督。后入隋，为庐州总管。开皇九年（589），隋伐陈，他率五百人乘夜自采石矶渡江，从南路进攻建康。吴州总管贺若弼从京口渡江，从北路进攻建康。两军夹击，攻破建康。陈后主陈叔宝被擒。韩擒武因功封上柱国，别封寿光县公，终凉州总管。

韩擒虎像

【译文】

太宗说："你舅父韩擒武曾经说过，你可以和他谈论孙、吴兵法，是不是指说奇兵正兵呢?"

李靖说："韩擒武哪里知道奇正的最深奥妙，只能以奇为奇，以正为正罢了。他不知道奇正的互相交化是无穷无尽的。"

太宗曰："古人临陈出奇，攻人不意^①，斯亦相变之法乎?"

靖曰："前代战斗，多是以小术而胜无术^②，以片善而胜无善③，斯安足以论兵法也？若谢玄之破苻坚④，非谢玄之善也，盖苻坚之不善也。"

【注释】

①不意：意料之外。

②小术：即小技。

③片善：即小善，小的长处，小的优势。

④谢玄：字幼度，陈郡阳夏（今河南太康）人。东晋名将，谢安侄。安为宰相，任他为广陵相，组织北府兵，以御前秦。太元八年（383），在淝水大捷，并率军收复徐、兖、青、豫等州，进至黎阳，司马道子忌惮谢氏势力，使还镇淮阴。后以病改授会稽内史。苻坚：字永固，一名文玉，略阳临渭（今甘肃天水）人，氐族。初为东海王，后杀苻生自立。他先后率兵攻灭前燕、前凉、代国，统一了北方大部分地区，并夺取了东晋的益州。由于连年用兵，人民负担沉重，加深了境内的阶级矛盾。建元十九年（383），征调九十万军队攻晋，在淝水大败，各族首领乘机反秦自立。建元二十一年（385），被羌族首领姚苌所杀。"谢玄之破苻坚"，太元八年（383），前秦苻坚率九十万大军南下，企图一举灭晋。晋相谢安使谢玄等率北府兵八十万迎战，在洛涧大破秦军前哨。晋军进至淝水，以便渡河决战，苻坚想待晋军半渡时猛攻，乃挥军稍退。因各族士兵不愿作战，一退即不可止。各族将领也希望苻坚战败，以便割据独立。晋军乘机渡水攻击，于是秦军大败，苻坚逃至关中，后被姚苌所擒杀。

【译文】

太宗曰："古人临阵时派出奇兵，攻人不备，这也是奇、正相交的

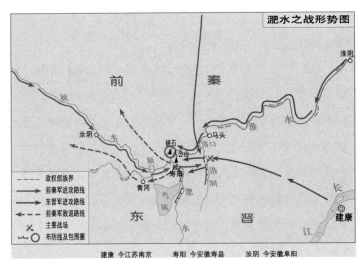

淝水之战形势图

方法吗?"

李靖说:"前代的战斗,多是以小的用兵之术来战胜不懂用兵之术的人,以小的优势来战胜没有优势的人,这怎么能够得上谈论兵法呢?像谢玄攻破苻坚,并非谢玄有什么长处,大概是苻坚不善于用兵。"

太宗顾侍臣检《谢玄传》阅之①,曰:"苻坚甚处是不善?"

靖曰:"臣观《苻坚载记》曰②:'秦诸军皆溃败,唯慕容垂一军独全③。坚以千余骑赴之,垂子宝劝垂杀坚④,不果⑤。'此有以见秦师之乱。慕容垂独全,盖坚为垂所陷明矣。夫为人所陷而欲胜敌,不亦难乎?臣故曰无术焉,苻坚之类是也。"

太宗曰:"《孙子》谓'多算胜少算'⑥,有以知少算胜无算,凡事皆然。"

【注释】

①顾：回视。

②《苻坚载记》：旧史为曾立名号而非正统者所作的传记称"载记"，以别于本纪、列传。《苻坚载记》见《晋书》卷一一三、一一四。

③慕容垂：字道明，昌黎棘城（今辽宁义县）人。慕容皝子，鲜卑族。十六国时后燕的建立者。前燕时封吴王。曾在枋头大败东晋桓温的军队。为太傅慕容评等排挤，投奔前秦。淝水之战，前秦失败，他乘机恢复燕国，定都中山。初称燕王，后称帝，年号建兴。晚年出兵攻北魏，到平城以北病重而还，死于军中。事详见《晋书·慕容垂载记》。

④宝：即慕容宝，字道祐，慕容垂的第四子。苻坚时为太子洗马、万年令。淮肥之役时，坚以宝为陵江将军。及为太子，砥砺自修，敦崇儒学，工谈论，善属文。慕容垂死后，他嗣位。396—398年在位。事详见《晋书·慕容宝载记》。

⑤不果：没有成为事实。事与预期相合的称"果"，不合的称"不果"。

⑥多算胜少算：古代用兵前在祖庙里举行一定的仪式讨论决定作战计谋叫"庙算"。"多算"指计划周密，"少算"指计划欠周，"无算"指无计划。《孙子》原文作"多算胜，少算不胜，而况于无算乎"，意谓计划周密的能胜利，计划不周密的不能胜利，何况毫无计划的呢？

【译文】

太宗回过头看侍臣，让检出《谢玄传》来看看，说："苻坚什么地方不善呢？"

李靖说："我看《苻坚载记》上说：'前秦各军都溃败了，只有慕容垂一军保全。苻坚率领千余骑兵来投奔他，慕容垂的儿子慕容宝劝说慕容垂杀死苻坚，但没杀成。'由此可以看出秦军的混乱。慕容垂所以独自保全，明显的是苻坚被慕容垂给陷害了。被人所陷害而想取胜于敌人，不也是很难的吗？所以我说不懂得用兵之术的人，苻坚就是这类。"

太宗说："《孙子》上说'计划周密的能战胜计划欠周密的'，由此可知，计划欠周密的能战胜毫无计划的，凡事都是这样。"

太宗曰："黄帝兵法，世传《握奇文》①，或谓为《握机文》，何谓也？"

靖曰："'奇'音'机'，故或传为'机'，其义则一。考其词云：'四为正，四为奇，余奇为握机。'奇，余零也，因此音'机'。臣愚谓兵无不是机，安在乎握而言也？当为余奇则是。夫正兵受之于君，奇兵将所自出。《法》曰'令素行以教其民者则民服'②，此受之于君者也。又曰'兵不豫言，君命有所不受'③，此将所自出者也。凡将，正而无奇则守将也，奇而无正则斗将也，奇正皆得，国之辅也。是故握机、握奇，本无二法，在学者兼通而已。"

【注释】

①《握奇文》：古兵书名。或作《握机文》《握奇经》《幄奇经》。相传为黄帝臣风后撰。《汉书·艺文志》《隋书·经籍志》、新旧《唐书·艺文志》均不见记载，《宋史·艺文志》始见著录。考其内容，似依托唐独孤及《八阵图记》而为之。宋高似孙《子略》称马隆本作"握机"，握，通"幄"，帐也，大将所居，因系军机要地，故称"幄机"。

②令素行以教其民者则民服：语见《孙子兵法·行军》。意谓平时

就用严格执行命令的要求来管教士卒，战时士卒就能服从指挥。

③兵不豫言，君命有所不受：意谓战争的情况是不可以预先讲清的，所以君主的命令有时可以不接受。因为战时的情况是千变万化的，战前难以估计清楚（即"兵不可豫言"），所以"君命有所不受"，要根据当时前线的具体情况来决定。这是《孙子兵法》中的一个特殊命题。豫言，即预言。豫，预先。

【译文】

太宗说："黄帝兵法，世传为《握奇文》，也有人说是《握机文》，这怎么讲？"

李靖说："'奇'音同'机'，所以有人传写为'机'，它的意思是一样的。考察其中有辞说：'四为正兵，四为奇兵，余下的零数大将掌握，

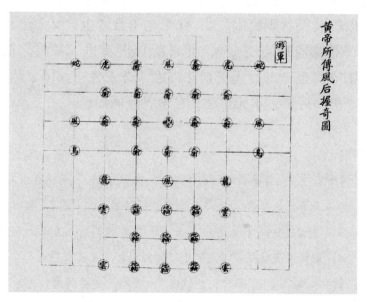

黄帝所传风后握奇阵图

《史记·五帝本纪》云：黄帝之时，"举风后、力牧、常先、大鸿以治民"。《四库全书》子部兵家类著录有风后《握奇经》一卷。

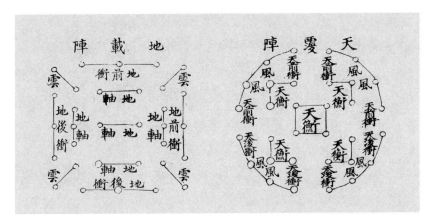

诸葛亮《八阵图》之天覆阵、地载阵
明刊本《兵录》插图。

所以称为"握机"。'奇，余下的零数，因此'奇'音'机'。我愚昧地认为，凡用兵无不是机谋，机谋怎么能说是握持着呢？应当是怎样去运筹余下的兵才是。如正规的作战是国君所授予的，出奇制胜则是将帅自己的意见。《孙子兵法》上说'平素就用严格执行命令的要求来教育士卒，战时士卒就能服从指挥'，这是指接受于君主的命令。《兵法》上又说'战争的情况是不可以预先讲明白的，所以君主的命令有时可以不接受'，这是指出自将帅的意见。凡是做将领的，只用正兵而不用奇兵的是守将，只用奇兵而不用正兵的是斗将，'奇''正'都能够掌握好的，是国家的辅佐之臣。所以'握机'和'握奇'本无二法，关键在于学者能融会贯通。"

太宗曰："陈数有九，中心零者，大将握之①，四面八向，皆取准焉②。陈间容陈，队间容队。以前为后，以后为前。进无速奔，退无遽走③。四头八尾，触处为首，敌冲其中，两头皆救。数起于五而终于八④，此何谓也？"

靖曰："诸葛亮以石纵横，布为八行，方陈之法即此图

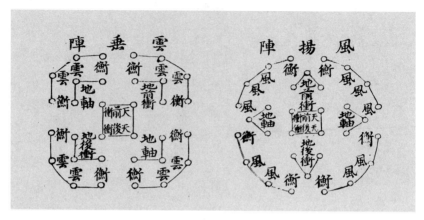

诸葛亮《八阵图》之风扬阵、云垂阵
明刊本《兵录》插图。

也⑤。臣尝教阅，必先此陈。世所传《握机文》，盖得其粗
也。"

【注释】

①陈数有九，中心零者，大将握之：《梦溪笔谈·补笔谈》云："风
　后八陈，大将握奇，处于中军，则并中军为九军也。……予按，
　九军乃方法……九军之次，李靖之后始变古法为：前军，策前
　军、右虞候军、右军、中军、左虞候军、左军、后军、策后军。"
　《续资治通鉴长编》卷二六〇云："靖以时遭久乱，将臣通晓其法
　（指八阵法）者颇多，故造六花陈，以变九军之法，使世人不能
　晓之。大抵八陈即九军，九军者方陈也；六花陈即七军，七军者
　圆陈也。……方以八包一，圆以六包一，此九军、六花陈大体
　也。""陈数有九"，即古之八阵。"中心零者，大将握之"，指方
　阵除外八阵外，中间一阵为大军掌握，以应付八阵之急。又据下
　文黄帝立丘井之法，"故井分四道，八家处之，其形井字，开方

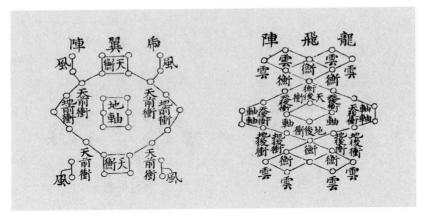

诸葛亮《八阵图》之龙飞阵、虎翼阵
明刊本《兵录》插图。

九焉",因以制兵。

②准：准则。

③遽（jù）：急，仓促。

④数起于五而终于八：下文李靖云："五为陈法，四为间地，此所
谓'数起于五'也。虚其中，大将居之，环其四面，诸部连绕，
此所谓'终于八'也。"由此可知，"数起于五而终于八"是指由
"五阵"变为"八阵"而言，即用五阵之前、后、左、右四个方
阵演变为八个方阵。若由"五阵"变为"八阵"，则将四块间地
也布为方阵即为八阵。中间为"大将居之"。

⑤"诸葛亮以石纵横"三句：据《三国志·蜀书·诸葛亮传》记载：
"（亮）推演兵法，作《八阵图》。"相传诸葛亮曾聚石布成八阵
图形。据记载，《八阵图》遗迹有三处：一、《水经·沔水注》及
《汉中府志》说在沔县（今陕西勉县）东南诸葛亮墓东；二、《太
平寰宇记》说在四川奉节南江边；三、《明一统志》说在四川新
都北三十里牟弥镇。

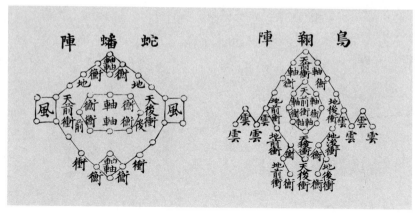

诸葛亮《八阵图》之鸟翔阵、蛇蟠阵
明刊本《兵录》插图。

【译文】

太宗说："阵数有九，中心奇零者为大将掌握，四面八方，都有准则。阵中间包含着小阵，队中间包含着小队。或以前为后，或以后为前。前进时没有迅速奔走的，后退时没有急着逃跑的。四头八尾，接触到敌人的地方就是阵首，敌人若冲击其中部，两头就来相救。所谓'数起于五而终于八'，这是说什么呢？"

李靖说："诸葛亮曾用小石块摆布为八行，方阵之法就是此图。我教授和考察官兵，一定先从这种阵法开始。世间所传的《握机文》，大盖仅得其梗概而已。"

太宗曰："天、地、风、云、龙、虎、鸟、蛇①，斯八陈何义也？"

靖曰："传之者误也。古人秘藏此法，故诡设八名耳②。八陈本一也，分为八焉。若天、地者本乎旗号，风、云者本乎名幡③，龙、虎、鸟、蛇者本乎队伍之别。后世误传，诡设物象，何止八而已乎?"

【注释】

①天、地、风、云、龙、虎、
　鸟、蛇：此八阵名称始见李筌
　《太白阴经》。这是对古代"八
　阵"名称的一种附会之说。李
　靖在回答太宗所问时，认为
　这些阵名都是以讹传讹，天、
　地、风、云、龙、虎、鸟、蛇
　在古代都是部队的军旗徽号
　而已。《礼记·曲礼》云："行，
　前朱雀而后玄武，左青龙而右
　白虎，招摇在上，急缮其怒。"

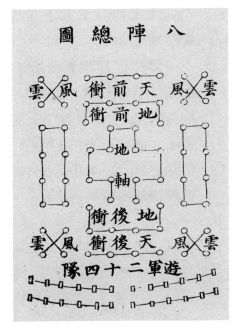

诸葛亮《八阵总图》
明刊本《兵录》插图。

从这里也可看出李靖的解释是有一定根据的。《尉缭子》中也有
　类似的记载，可参考。

②诡设：诈设，假设。

③幡（fān）：旗帜。

【译文】

　　太宗说："天、地、风、云、龙、虎、鸟、蛇，这八种阵形是什么
意思呢?"

　　李靖说："这是相传的错误。古人对此法是秘藏不泄的，所以假设
了这样八种名称。八阵本为一体，分为八。像'天''地'本来是一种
旗帜的徽号，'风''云'本来是一种旗帜的名称，'龙''虎''鸟''蛇'
本来是队伍的不同称呼。后世误传，假设物象，何止八种呢?"

太宗曰："数起于五而终于八，则非设象，实古制也。卿试陈之①。"

靖曰："臣案黄帝始立丘井之法②，因以制兵③，故井分四道，八家处之，其形井字，开方九焉。五为陈法，四为间地④，此所谓'数起于五'也。虚其中，大将居之，环其四面，诸部连绕，此所谓'终于八'也。及乎变化制敌，则纷纷纭纭⑤，斗乱而法不乱；混混沌沌⑥，形圆而势不散，此所谓散而成八，复而为一者也。"

【注释】

①陈：陈列，部署。

②丘井之法：原指古代划分田地、区域的一种制度。《周礼·地官·小司徒》云："九夫为井，四井为邑，四邑为丘。"后来这种方法也被战争中的阵法所吸收应用。"丘""井"都是古代划分田地、区域的单位。

③制兵：管理军队。

④间地：亦作"闲地"。

⑤纷纷纭纭：纷乱的样子。

⑥混混沌沌：杂乱的样子，像翻江倒海一般。

【译文】

太宗说："阵数起于五而终于八，并非假设的物象，确实是古代的一种制度。你试着布置一下。"

李靖说："我考察到，黄帝最早设立丘井之法，后来用此方法来管理军队。所以一井分为四道，八家住在一井之内，它的形状像个'井'字，分开则是九块方地。以前、后、左、右、中为五阵，四隅为间地，这就是所说的'数起于五'。把中间空出来，让大将住在里面，它的周围四面，各部都相连环绕，这就是所说的'终于八'，前、后、左、右四阵再加上四隅四阵，共八阵。到了变化阵形来克制敌人的时候，则显得很纷乱，战斗显得纷乱但阵法却不乱；有时乱得像翻江倒海一般，阵形也变成了圆形，但阵势却不散，这就是所说的散开就成了八小阵，合起来就是一个大阵。"

太宗曰："深乎，黄帝之制兵也！后世虽有天智神略，莫能出其阃阈①。降此孰有继之者乎②？"

靖曰："周之始兴③，则太公实缮其法④。始于岐都⑤，以建井亩⑥；戎车三百辆，虎贲三千人⑦，以立军制；六步七步，六伐七伐⑧，以教战法。陈师牧野⑨，太公以百夫制师⑩，以成武功，以四万五千人胜纣七十万众⑪。周《司马法》⑫，本太公者也。太公既没，齐人得其遗法，至桓公霸天下⑬，任管仲⑭，复修太公法，谓之节制之师⑮，诸侯毕服。"

【注释】

①阃阈（kǔn yù）：阃，即门栏。门栏为屋里屋外的界，"阃阈"则引申为范围之义。

②降此：从此以后。

③周：朝代名。公元前11世纪周武王灭商后建立，建都于镐（今陕西西安西南）。

④太公：姜太公，即吕尚，姜姓，吕氏，名望，字子牙。西周初年官太师，也称"师尚父"。因辅佐武王灭商有功，封于齐。有"太公"之称。兵书《六韬》相传为太公所撰，但不见《汉书·艺

《钦定书经图说》"筐筺迎师图"
描绘武王伐商，民心所向的情形。

文志》，《隋书·经籍志》始著录。经史学家们考证，认为《六韬》为战国时人依托他的作品，并非周初太公所撰。缉：修补，整理。

⑤岐都：古邑名。在今陕西岐山东北。周族古公亶父因受戎狄威逼，自豳迁于岐山下周原，筑城郭，建居室。

⑥井亩：相传古代以八家为一井，"井亩"即指一井之人在一起耕作。这里引申为乡里、人口聚居地。

⑦虎贲：古代勇士的通称。

⑧六步七步，六伐七伐：语出《尚书·牧誓》："今日之事，不愆于六步七步，乃止，齐焉。夫子勖哉，不愆于四伐五伐六伐七伐，乃止，齐焉。勖哉夫子！"意谓今天的这场战斗，在行进中不超过六步七步就停下来，把部队整齐一下。战士们，努力吧！在刺杀中，不超过四次、五次、六次、七次就停下来，把部队整齐一下。

⑨牧野：古地名。在今河南淇县西南。

⑩制师：编制军队。

⑪纣：亦称"帝辛"。商代最后的君主。周武王会合西南各族，率领兵车三百乘，虎贲三千人，甲士四万五千人向商进攻。纣兵败自焚于鹿台。

⑫《司马法》：我国古代著名兵书。书中主要是论述统率军队和指

挥作战的经验，以及指挥员应具备的条件。据《史记》记载，司马穰苴死后一百五十年左右，齐威王命齐国的大夫追论以前的司马兵法，而且把穰苴兵法也附在其中，定名为《司马穰苴兵法》。

⑬桓公：姜姓，名小白，春秋时齐国国君。前685—前643年在位。襄公被杀后，他从莒回国取得政权，任用管仲进行改革，国力富强，成为春秋时第一个霸主。

⑭管仲：名夷吾，字仲，颍上（今属安徽）人。春秋初期政治家。由于鲍叔牙的推荐，被齐桓公任命为卿，尊称"仲父"。他在齐国，对土地制度、军事制度、选用人才等进行了改革，并大力发展商业，使齐国国力大振。他帮助齐桓公以"尊王攘夷"相号召，使齐桓公成为春秋时的第一个霸主。事详见《史记·管晏列传》。

管仲像

⑮节制之师：节制，节度法制，后因称军律严整之师为"节制之师"。

【译文】

太宗说："黄帝制定的兵法真深邃啊！后世虽有天智神略，都未能超出他的范围。从此之后，谁能继承他的兵法呢？"

李靖说："周朝开始兴起的时候，太公就整理他的兵法。从岐都开始，就聚集人口，建立乡里；组织戎车三百辆，勇士三千人，建立军制；前进六步七步就整齐一下队列，刺杀六下七下就整齐一下队列，来教练作战方法。在牧野排开队列，太公以百夫编成军队，建立了武功，用四万五千人胜了商纣七十万大军。周代的《司马法》，本来是太公的兵法。太公死了以后，齐国人得到他留下来的兵法，至齐桓公称霸天下时，任用管仲，重新整理太公兵法，称他统率的军队为节制之师，诸侯们都服从他的指挥。"

太宗曰："儒者多言管仲霸臣而已，殊不知兵法乃本于王制也①。诸葛亮王佐之才，自比管、乐②，以此知管仲亦王佐也。但周衰时，王不能用，故假齐兴师尔。"

靖再拜曰："陛下神圣，知人如此，老臣虽死，无愧昔贤也。臣请言管仲制齐之法：三分齐国，以为三军；五家为轨③，故五人为伍④；十轨为里⑤，故五十人为小戎⑥；四里为连⑦，故二百人为卒⑧；十连为乡⑨，故二千人为旅⑩；五乡一师⑪，故万人为军⑫。亦犹《司马法》'一师五旅，一旅五卒'之义焉，其实皆得太公之遗法。"

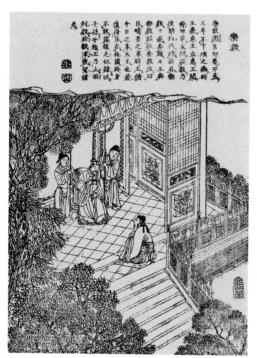

乐毅像
《唐土名胜图会》插图。

【注释】

①王制：王者的制度。《礼记》《荀子》皆有《王制》篇。孔颖达《礼记·王制》疏云："王制者，以其记先王班爵、授禄、祭祀、养老之法度。"

②管、乐：指管仲、乐毅。二人皆为春秋时著名的政治家、军事家，故常连

称。乐毅为战国时燕将，中山国灵寿（今河北灵寿西北）人。燕昭王时任亚卿。昭王二十八年（前287）率军击破齐国，先后攻下七十余城，因功封于昌国（今山东淄博东南），号昌国君。燕惠王即位，中齐反间计，改用骑劫为将军，他出奔赵国，被封于观津，号望诸君。后死在赵国。

③轨：古代户籍的编制单位。《国语·齐语》云："五家为轨，故五人为伍，轨长帅之。"注云："居则为轨，出则为伍。"

④伍：古代军队的编制单位。古代军队以五人为伍，户籍以五户为伍。

⑤里：古代户籍的编制单位。齐国以五十家为一里（一轨五家）。

⑥小戎：古代的一种兵车。《国语·齐语》云："十轨为里，故五十人为小戎，里有司帅之。"注云："小戎，兵车也。此有司之所乘，故曰'小戎'。《诗》云：'小戎伐收。'古者戎车一乘，步卒七十二人。今齐五十人。"

⑦连：古代户籍的编制单位。《国语·齐语》云："四里为连，故二百人为卒，连长帅之。"齐国以二百家为一连。

⑧卒：古代军队的编制单位。齐国以二百人为一卒。

⑨乡：古代行政区域的名称。所辖范围不同。齐国以二千家为一乡。

⑩旅：古代军队的编制单位。齐国以二千人为一旅。

⑪师：古代行政区域的名称。齐国以一万家为一师。

⑫军：古代军队的编制单位。齐国以一万人为一军。

【译文】

太宗说："儒家多说管仲不过是一个霸者之臣而已，殊不知兵法是本于王者的制度的。诸葛亮有辅佐王者的才能，自比管仲、乐毅，由此可以知道管仲也是有辅佐王者的才能。但周朝衰弱时，周王不能任用管仲，所以就借齐桓公兴师，来匡正天下。"

李靖再拜说："陛下神圣，知人如此，老臣我虽死，也无愧于过去的贤者。我请为您说明管仲治理齐国的方法：他三分齐国之民编为三军；五家为一轨，所以五人为一伍；十轨为一里，所以戎车一乘用五十人；四里为一连，所以二百人为一卒；十连为一乡，所以二千人为一旅；五乡为一师，所以一万人为一军。也就像《司马法》的'一师五旅，一旅五卒'的意思一样，其实这些都是根据太公的遗法来的。"

太宗曰："《司马法》，人言穰苴所述①，是欤否也？"

靖曰："案《史记·穰苴传》，齐景公时②，穰苴善用兵，败燕、晋之师，景公尊为司马之官③，由是称司马穰苴，子孙号司马氏。至齐威王④，追论古司马法，又述穰苴所学，遂有《司马穰苴书》数十篇。今世所传兵家者流⑤，又分权谋、形势、阴阳、技巧四种⑥，皆出《司马法》也。"

【注释】

①穰苴：即司马穰苴。田氏，名穰苴。春秋时齐国大夫。田完的后裔。他深通兵法，曾奉齐景公命，打败了晋、燕的进攻，夺回失地。齐景公因此封他为大司马，所以亦称他为司马穰苴。战国时，齐威王命令大臣整理古司马法，并把他的兵法也附在里面，称为《司马穰苴兵法》，亦称《司马法》。事见《史记·司马穰苴列传》。述：传承，记述。

②齐景公：名杵臼。春秋时齐国国君。大夫崔杼杀死齐庄公后立他为君。前547—前490年在位。

③司马：官名。周置，春秋战国时沿用。掌军政和军赋。

④齐威王：田氏，名因齐（一作"婴齐"），战国时齐国国君。前356—前320年在位。他任用邹忌为相，田忌、孙膑为将和军师，改革政治，国力渐强。他还继承其父桓公在国都临淄（今属山东）稷门外稷下广置学官，招揽学者，任其讲学议论。

⑤流：流派。

⑥权谋：指作战的权略。形势：指行军的阵势和作战的形势。阴阳：我国古代哲学的一对范畴。古代思想家看到事物都有反正两个方面，于是他们就用阴阳这个概念来解释自然界两种对立和互相消长的物质力量。在战争中指敌我双方。技巧：指作战的技术。

【译文】

太宗说："《司马法》，人们说是司马穰苴所传承记述的，是不是这样呢？"

李靖说："按《史记·司马穰苴列传》所载，齐景公时，穰苴善于用兵，曾击败燕国、晋国的军队，景公尊他做了司马之官，因此也就称他为司马穰苴，他的子孙也以司马为氏。到齐威王时，追论古代司马兵法，又记述了穰苴所学的兵法，于是就有了《司马穰苴书》数十篇。现在世间所传的兵家流派，又分为权谋、形势、阴阳、技巧四种，这些都出自《司马法》。"

太宗曰："汉张良、韩信序次兵法①，凡百八十二家，删取要用，定著三十五家。今失其传，何也？"

靖曰："张良所学，太公《六韬》《三略》是也②；韩信所学，穰苴、孙武是也；然大体不出三门四种而已。"

留侯张良像

淮阴侯韩信像

【注释】

①张良：字子房。传说为城父（今安徽亳州东南）人。他的祖父、父亲相继为韩昭侯、宣惠王等五世之相。秦灭韩后，他企图恢复韩国，结交刺客，遇黄石公，得《太公兵法》。秦末农民战争中，他聚众归刘邦。不久游说项梁立韩贵族成为韩王，他任韩司徒。后韩成王被项羽所杀，复归刘邦，为其重要谋士。汉朝建立，封为留侯。事详见《史记·留侯世家》及《汉书·张良传》。韩信：淮阴（今江苏淮安淮阴区）人。汉初诸侯王。初属项羽，继归刘邦，被任为大将。在楚汉战争中，刘邦多用其策，攻占关中，破赵取齐，屡建功勋。后刘邦封他为齐王。不久率军与刘邦会合，击灭项羽于垓下。汉朝建立，改封楚王。后有人告他谋反，降为淮阴侯。后又被告与陈豨勾结在长安谋反，为吕后所杀。他善于将兵，著有兵法三篇，今佚。事详见《史记·淮阴侯列传》。序次：指编排整理。张良、韩信序次兵法事，见《汉书·艺文志》。

②《六韬》：我国古代兵书，相传为周代

吕望（姜太公）所作。经过多家研究，目前多数人认为是战国时的作品。后人假托太公之名，并非周初太公所撰。现传本有六卷，即文韬、武韬、龙韬、虎韬、豹韬、犬韬，约二万余字。《三略》：一名《黄石公三略》，我国古代兵书。传为汉初黄石公所作，经一些史学家考证，该书并非秦汉时作品，系后人依托之作。现传本分上、中、下三卷，约四千余字。其内容主要讲国君和主将在治国整军，用人统兵时的统治措施以及应遵循的范围。

【译文】

太宗说："汉朝张良、韩信编排整理兵法时，共有一百八十二家，他们删取重要有用的，定著三十五家。现在这些兵书失传了，是什么缘故呢？"

李靖说："张良所学的是太公《六韬》《三略》，韩信所学的是穰苴、孙武兵法，这些大体都不出三门四种而已。"

太宗曰："何谓三门？"

靖曰："臣按，《太公谋》八十一篇①，所谓阴谋，不可以言穷；《太公言》七十一篇，不可以兵穷；《太公兵》八十五篇，不可以财穷。此三门也。"

【注释】

①《太公谋》：疑为太公所著兵书。下文《太公言》《太公兵》也当为太公所著兵书。

【译文】

太宗说："什么叫作'三门'？"

李靖说："我考察，《太公谋》有八十一篇，上面所讲的阴谋，不可以言尽其意;《太公言》有七十一篇，不可以兵穷其妙;《太公兵》有八十五篇，不可以财穷其术。这就是所说的'三门'。"

太宗曰："何谓四种?"

靖曰："汉任宏所论是也①。凡兵家者流，权谋为一种，形势为一种，及阴阳、技巧二种，此四种也。"

【注释】

①任宏：汉成帝时人，任步兵校尉。成帝使陈农求遗书于天下，命任宏校理兵书。事见《汉书·艺文志》。

【译文】

太宗说："什么叫作'四种'?"

李靖说："汉代任宏所论述的是正确的。大凡兵家流派，以权谋为一种，形势为一种，和阴阳、技巧二种，这就是所说的'四种'。"

太宗曰："《司马法》首序蒐狩①，何也?"

靖曰："顺其时而要之以神②，重其事也。《周礼》最为大政③，成有岐阳之蒐④，康有酆宫之朝⑤，穆有涂山之会⑥，此天子之事也。及周衰，齐桓有召陵之师⑦，晋文有践土之盟⑧，此诸侯奉行天子之事也。其实用九伐之法以威不恪⑨，假之以朝会⑩，因之以巡狩⑪，训之以甲兵。言无事兵不妄举，必于农隙⑫，不忘武备也。故首序蒐狩，不其深乎!"

【注释】

①蒐（sōu）狩：检阅练兵。《左传·宣公十四年》："告于诸侯，蒐

焉而还。"杜预注:"蒐,简阅车马。"又《成公十六年》云:"蒐乘补卒,秣马利兵。"古代冬季打猎练兵称"狩",以前注家多以为"蒐狩"指春季打猎和冬季打猎,疑非是。

②要:求。

③《周礼》:书名。原名《周官》,也称《周官经》,儒家经典之一。西汉末列为经而属于礼,故有《周礼》之名。其内容是搜集周王室官制和战国时代各国制度,添附儒家政治思想,增减排比而成的汇编。古文学家认为是周公所作,今文学家认为出自战国,也有人认为是西汉末年刘歆伪造。近人曾依周秦铜器铭文所载的官制,参证该书中的政治、经济制度和学术思想,定为战国时代的作品。全书共有《天官》《地官》《春官》《夏官》《秋官》《冬官》六篇。西汉时河间献王得《周官》,缺《冬官》,补以《考工记》。今本有四十二卷。

④成:指周成王。岐阳之蒐:周成王曾在岐山的南面进行春蒐。

⑤康:指周康王。酆宫:即丰宫,当为文王庙,在今陕西西安西南沣河以西。

⑥穆:指周穆王。涂山:在今安徽怀远东南,淮河北岸。

《钦定书经图说》"率众东征图"

周武王死后,成王继位。年幼,由周公辅政。东夷叛乱,周公东征。此图描画成王告诫三军之后,周公率军东征的情形。

⑦召陵：春秋时楚邑，在今河南漯河召陵镇。据《左传·僖公四年》记载，僖公四年（前656），齐桓公会合鲁、宋等国伐楚，楚子派屈完与诸侯结盟于召陵，于是齐、鲁等军撤退。事详见《史记·齐世家》《史记·楚世家》。

⑧践土：郑地，在今河南原阳西南。据记载，周襄王十九年（前633），楚成王率陈、蔡等国军队围攻宋国，宋国向晋国求救。次年，晋文公派兵进攻楚的盟国曹、卫，后晋、楚二军在城濮（今山东鄄城西南）对阵，结果楚军大败。晋军胜利后，周襄王亲自犒劳晋军，于是晋文公在践土修作王宫，迎接襄王，并与诸侯盟会。

⑨九伐之法：九种征伐的方法。《周礼·夏官·大司马》云："以九伐之法正邦国。冯弱犯寡则眚之（削其地），贼贤害民则伐之，暴内陵外则坛之（坛，通"埠"，谓废其君），野荒民散则削之，负固不服则侵之，贼杀其亲则正之（正治其罪而杀之），放弑其君则残之，犯令陵政（轻视国家政法）则杜之（杜绝与邻国交通），外内乱（悖乱外内人伦）、鸟兽行（行为同于鸟兽）则灭之。"以威不恪：以威力慑服不谨慎、不恭敬的行为。不恪，不谨慎，不恭敬。

⑩朝会：诸侯或臣属朝见君主。

⑪巡狩：来往察看的意思。

⑫农隙：指农闲时。

【译文】

太宗说："《司马法》一开始就叙述检阅练兵的事，为什么呢？"

李靖说："顺应天时而求之于神，郑重其事。《周礼》所载都是重要的政事，周成王在岐阳检阅练兵，康王在酆宫朝觐，穆王在涂山会见诸侯，这是天子的事情。到了周朝衰落时，齐桓公在召陵会师，晋文公在践土盟会，这是诸侯奉行天子的事情。其实用九伐之法的威力来慑服那些不谨慎的行为，假借朝会的名义，以此去各国视察所守，训练士兵。说没有事情不能妄动干戈，在农闲的时候一定不要忘了备战练兵。所以一开始就叙述检阅练兵，难道用意不深远吗！"

　　太宗曰："春秋楚子二广之法云①：'百官象物而动②，军政不戒而备③。'此亦得周制欤？"

　　靖曰："案左氏说④，楚子乘广三十乘⑤，广有一卒⑥，卒偏之两⑦。军行，右辕⑧，以辕为法，故挟辕而战，皆周制也。臣谓百人曰卒，五十人曰两，此是每车一乘，用士百五十人，比周制差多耳。周一乘，步卒七十二人，甲士三人。以二十五人为一甲，凡三甲，共七十五人。楚山泽之国，车少而人多，分为三队，则与周制同矣。"

【注释】

①楚子：即楚庄王，芈姓，名旅，春秋时楚国国君。穆王子。他曾率军先后灭庸、伐宋、伐陈，围郑，伐陆浑戎。为当时五霸之一。他曾封为子爵，故称"楚子"。二广之法：谓分兵为左、右两列。广，春秋时楚军制名。《左传·宣公十二年》云："其君之戎，分为二广，广有一卒，卒偏之两。"杜预注云："十五乘为一广，《司马法》百人为卒，二十五人为两，车十五乘为大偏。今广十五乘，亦用旧偏法，复以二十五人为承副也。"

②物：本是旌旗的一种，此则借为旌旗之统称。

③戒：敕令。

④左氏：指《春秋左氏传》。

⑤乘广：战车。此句意谓楚子分乘广为左、右，每广三十乘。

⑥广有一卒：意谓每广之战车有一卒三十辆。此"卒"为战车之数，非指徒兵之数。

⑦卒偏之两：意谓每卒又分为左、右两偏。偏，春秋战国时战车的编制单位。两，古代军队的编制单位。《周礼·地官·小司徒》云："五人为伍，五伍为两（五伍即二十五人）。"此是周制，下文云"五十人为两"，疑当为楚制。

⑧右辕：言右军从将军之辕所向而进退。辕，谓将军之辕。

【译文】

太宗说："春秋时楚子二广的兵法说：'各级军官根据象征自己旗帜的指挥而行动，军事政教不必等待命令而再完备。'这些与周制合不合？"

李靖说："按《春秋左传》说，楚子的战车一广三十乘，每广战车有一卒三十辆，每卒又分为左、右两偏。军队出动，右军跟随主将的车辕，以辕为法，所以要挟着车辕而战，这些都是周朝的制度。我说一百人为一卒，五十人为一两，是指楚制每一辆车为一乘，用士兵一百五十人，比周朝的制度差得很多。周朝的一乘，用步卒七十二人，甲士三人，以二十五人为一甲，凡三甲，共七十五人。楚国是山多水多，车少而人多，把一百五十人分为三队，就和周制相同了。"

太宗曰："春秋荀吴伐狄①，毁车为行②，亦正兵欤？奇兵欤？"

靖曰："荀吴用车法耳，虽舍车而法在其中焉。一为左角，一为右角③，一为前拒④，分为三队，此一乘法也。千万乘皆然。臣案曹公《新书》云：攻车七十五人，前拒一队，左右角二队；守车一队，炊子十人，守装五人⑤，厮养五人⑥，樵汲五人⑦，共二十五人。攻守二乘，凡百人。兴兵十万，用车千乘，轻重二千⑧，此大率荀吴之旧法也。又观汉魏之间军制：五车为队，仆射一人⑨；十车为师，率长一人⑩；凡车千乘，将吏二人。多多仿此。臣以今法参用之⑪，则跳荡⑫，骑兵也；战锋队⑬，步骑相半也；驻队⑭，兼车乘而出也。臣西讨突厥，越险数千里，此制未尝敢易。盖古法节制，信可重也⑮。"

【注释】

①荀吴：荀偃子，晋臣。鲁昭公元年（前541），荀吴率兵与无终、群狄战于太原。因地险，不便用战车，魏舒建议荀吴不用战车，纯用步兵。荀吴采纳了魏舒的建议，舍去了战车，以步兵交战，结果大败无终、群狄。

②毁：舍弃，去而不用。

③左角、右角：指作战时战场上左、右方向的角落。

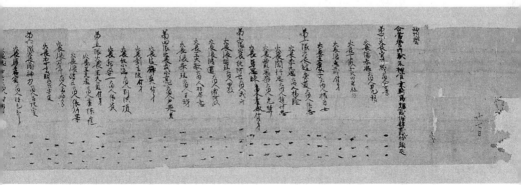

西州营谍
此为唐开元年间西州府兵的一支临时部队的营谍，记录有西州营的编制、配给等。

④前拒：阻止敌人前进的前锋部队。

⑤守装：看守装备的人。

⑥厩养：养马的人。

⑦樵汲：砍柴和担水的人。

⑧轻重：指轻车（轻捷的车）和重车（军中载武器粮食的车）。

⑨仆射：官名。统率一队的官吏。《汉书·百官公卿表》云："古者重武官，有主射以督课之。"

⑩率长：即帅长，统率一师的官吏。

⑪参：参酌。

⑫跳荡：指临战前用突袭的方法击破敌军。《新唐书·百官志》云："矢石未交，陷坚突众，敌因而败者，曰跳荡。"

⑬战锋队：指战争中的前锋部队。

⑭驻队：指暂时停留下来的援军。

⑮信：确实。重：重视。

【译文】

太宗说："春秋时荀吴讨伐狄族，舍弃了战车而以步兵布列，这是用正兵呢？还是用奇兵呢？"

李靖说："荀吴用的仍是车战之法，虽然弃车不用，但法仍在其中。一队为左角，一队为右角，一队为前阵，分为三队，这是一个车队的战法。千万个车队作战都和这一样。曹操《新书》说：进攻的战车用七十五人，前锋一队，左、右角二队；守备的战车一队，其中有炊事兵十人，看守装备的兵五人，饲养军马的兵五人，砍柴担水的兵五人，共二十五人。进攻和守备的两个车队，共有一百人。兴兵十万，用车一千辆，轻重车共二千，这大概是荀吴过去用的方法。再看汉魏期间的军制：五辆车为一队，有仆射一人；十辆车为一师，有帅长一人；一共有战车一千辆，有将吏二人。多数是仿照这样。我用今天的制度参酌而用，那么在战前突袭胜敌的部队是全用骑兵；战争中的前锋部队是用骑兵和步兵各半；援军部队还要兼有战车队，战时一起出动。我西进讨伐突厥时，跨越险阻数千里，这种制度未曾敢改变。大概在古代用节制之法，确实可信而且应当重视。"

太宗幸灵州回①，召靖赐坐，曰："朕命道宗及阿史那社尔等讨薛延陀②，而铁勒诸部乞置汉官③，朕皆从其请。延陀西走，恐为后患，故遣李勣讨之④。今北荒悉平，然诸部蕃汉杂处⑤，以何道经久，使得两全安之？"

靖曰："陛下敕自突厥至回纥部落⑥，凡置驿六十六处⑦，以通斥候⑧，斯已得策矣。然臣愚以谓，汉成宜自为一法⑨，蕃落宜自为一法⑩，教习各异，勿使混同。或遇寇至，则密敕主将临时变号易服，出奇击之。"

【注释】

①幸：古代称帝王亲临为幸。灵州：唐时州名。治所在旧薄骨律镇（今宁夏吴忠）。唐时辖境相当今宁夏中卫、中宁以北地区。为朔方节度使治所。

②道宗：即李道宗，字承范。唐初大臣，曾封江夏王。李世民为秦王时，曾随秦王讨刘武周、窦建德、王世充，追战灭之，出任灵州总管。李世民即位后，曾随李靖破突厥，亲执颉利可汗，任刑部尚书、迁礼部尚书。曾以百骑渡辽，窥高丽形势，与李勣为前锋，大破敌军。永徽初，为长孙无忌所诬，流象州，道病卒。阿史那社尔：唐初大将。东突厥处罗可汗次子。曾趁西突厥内讧，

李勣像
唐太宗"凌烟阁二十四功臣"之一。

袭地为王，自号都布可汗。后为薛延陀所败，又惧西突厥的袭击，于贞观十年（636）率众归唐，任左骁卫大将军。历任交河道行军总管、昆丘道行军总管等职，曾率军击败高昌、龟兹。薛延陀：部族名。为匈奴的别种，铁勒族诸部之一。初与薛族杂居，后灭并延陀部，因号薛延陀。唐初，西突厥强大，薛延陀遂为其附庸。唐太宗破突厥以后，于贞观三年（629）授其首领夷男为真珠毗加可汗，建牙于大漠之郁督军山，统领漠北回纥诸部。夷男死后，其部渐衰落离散，回纥代之兴起。

③铁勒：我国古代北方民族名。其先匈奴之苗裔为丁零，部族甚多。南北朝时为突厥所并，北魏时也称"敕勒""高车部"。唐称"回纥"。参阅《旧唐书·铁勒传》。

④李勣（jì）：本姓徐，名世勣，字懋功，东郡离狐（今河南濮阳）人。初从翟让起义，参加瓦岗军，因功封东海郡公。瓦岗军失败后降唐，任右武候大将军，封曹国公。赐姓李，因避太宗讳，改单名。后被窦建德击败，到长安，从李世民镇压窦建德、刘黑闼等起义军。贞观三年（629）与李靖出击东突厥，因功封曹国公，守并州十六年。

⑤蕃：通"番"，古时对汉族以外的民族的通称。

⑥回纥（hé）：古代民族名。其先匈奴，北魏时称"高车部""敕勒"。散居漠北，以游牧为生。大业中，因反抗突厥贵族的压

迫，同仆骨、同罗、拔野古等部组成回纥部落联盟，与唐一直保
持友好和从属关系。

⑦驿：即驿站。古代掌管传递公文、转运官物及供来往官员休息的
机构。唐制凡三十里一驿，驿有长。

⑧斥候：放哨，也指侦察的人。斥，远。候，侦察。

⑨戍：指守边的士兵。

⑩落：部落。指少数民族居住的地方。

【译文】

太宗从灵州返回时，召见李靖，并让他坐下，说："我命令李道宗
和阿史那社尔等去讨伐薛延陀，而铁勒诸部请求设置汉官，他们的请求
我都同意了。薛延陀向西逃跑，恐会成为后患，所以就派李勣去讨伐
他。现在北边边远地区都已平定，然而诸部都是番汉杂居，用什么方法
才能长久治理，使他们彼此之间得以两全相安呢？"

李靖说："陛下命令自突厥至回纥的部落中，共置驿站六十六处，
用来联络侦察人员，这已经很得策略。然而以臣的愚见来说，汉族的戍
卒应当自为一法，少数民族的部落应自为一法，教练的方法各不相同，
不使他们相混同。如果遇有敌寇来犯，就密令主将临时变换信号和服
装，出奇兵袭击他们。"

太宗曰："何道也？"

靖曰："此所谓'多方以误之'之术也①。蕃而示之汉②，
汉而示之蕃，彼不知蕃汉之别，则莫能测我攻守之计矣。
善用兵者，先为不可测，则敌乖其所之也③。"

【注释】

①多方以误之：意谓采用多种方法来迷惑敌人。

②示：通"视"。

③乖：背离，不一致。

【译文】

太宗说："这是什么道理呢？"

李靖说："这就是所说的'用多种方法来迷惑敌人'的方法。本来是番兵而让敌人看成是汉兵，本来是汉兵而让敌人看成是番兵，他们不知道番、汉的区别，就不能够揣测到我方攻守的策略。善于用兵的人，首先做到让敌人不能窥测，敌人就会违背他所要去的地方。"

太宗曰："正合朕意，卿可密教边将。只以此蕃汉，便见奇正之法矣。"

靖再拜曰："圣虑天纵，闻一知十，臣安能极其说哉？"

【译文】

太宗说："正合我的意思，你可以去密授边塞将领。只以此番、汉不可区别的道理，便可以看到奇、正的方法。"

李靖再拜以后说："圣上英明的考虑是上天所赋予的，闻一知十，我怎么能够说得详尽呢？"

太宗曰："诸葛亮言：'有制之兵，无能之将，不可败也；无制之兵，有能之将，不可胜也①。朕疑此谈，非极致之论。"

　　靖曰：“武侯有所激云耳②。臣案《孙子》有曰：‘教道不明，吏卒无常，陈兵纵横，曰乱③。’自古乱军引胜④，不可胜纪⑤。夫教道不明者，言教阅无古法也；吏卒无常者，言将臣权任无久职也；乱军引胜者，言己自溃败，非敌胜之也。是以武侯言，兵卒有制，虽庸将未败；若兵卒自乱，虽贤将危之，又何疑焉？”

【注释】

①"有制之兵"六句：意谓纪律严明的军队用无能之将指挥，也是不可被打败的；没有严明纪律的军队，即使用有作战指挥能力的将领来指挥，也是不可以夺取胜利的。语见诸葛亮《兵要》。

②武侯：即诸葛亮。据《三国志·蜀书·诸葛亮传》记载，建兴元年（252），封为武乡侯。"武侯"即"武乡侯"的简称。激：激发勉励。

③"教道不明"四句：语见《孙子兵法·地形》。意谓对军队的指挥训练不明确，官兵没有一定的规矩，出兵列阵时横冲直撞，叫作"乱"。教道，指对军队的指挥训练。无常，指变化无常，没有一定规矩。陈，列，布置。

④乱军引胜：《孙子兵法·谋攻》云："三军既惑且疑，则诸侯之难至矣，是谓乱军引胜。"意谓若自己的三军将士疑惑不安，各诸侯就会乘机来犯，这就会把军心搞乱而导致敌人的胜利。

⑤不可胜纪：不可尽纪，形容有很多很多。

【译文】

太宗说："诸葛亮说：'纪律严明的军队，用没有才能的将领去指挥也是不可以被打败的；没有严明纪律的军队，用有才能的将领去指挥也是不可以战胜敌人的。'我怀疑这种说法，这不是很高的谈论。"

李靖说："诸葛武侯的话是有所激发和勉励。我据《孙子兵法》里有这样的说法：'对军队的指挥训练不明确，官兵没有规矩，出兵布列阵形时横冲直撞，这叫作"乱"。'自古以来自己把军队搞乱而引来了敌人的胜利，这种情况是有很多很多的。所谓对军队指挥训练不明确，说的是教授和考核军队没有用古法；所谓官兵没有一定的规矩，说的是将帅没有长久的权力和任职；所谓自己把军队搞乱而引来了敌人的胜利，说的是自己内部溃败，并非敌人战胜了自己。所以诸葛武侯说，士卒纪律严明，虽然是没能力的将领指挥也是不会战败的；如果士卒自己溃乱，虽然用善于指挥作战的将领来指挥也是很危险的，这还有什么可怀疑的吗?"

太宗曰："教阅之法，信不可忽①。"

靖曰："教得其道，则士乐为用；教不得法，虽朝督暮责②，无益于事矣。臣所以区区古制皆纂以图者③，庶乎成有制之兵也④。"

太宗曰："卿为我择古陈法，悉图以上。"

【注释】

①忽：忽视。

②朝督暮责：早上督察，晚上责罚。

③区区：小，少。纂：编纂。

④庶：将近，差不多。

【译文】

太宗说："训练考核士兵的方法，确实不可忽视。"

李靖说："若训练得法，那么士卒就乐意为我使用；若训练不得法，虽然早上督察晚上责罚，也无益于事。所以我把很少的古代训练方法都编纂起来并绘图说明，用它来训练将士，差不多能成为纪律严明的军队。"

太宗说："你为我选择一些古代阵法和绘制的图全都送上来。"

太宗曰："蕃兵唯劲马奔冲，此奇兵欤？汉兵唯强弩犄角^①，此正兵欤？"

靖曰："按《孙子》云：'善用兵者，求之于势，不责于人^②，故能择人而任势。'夫所谓择人者，各随蕃汉所长而战也。蕃长于马，马利乎速斗；汉长于弩，弩利乎缓战。此自然各任其势也，然非奇正所分。臣前曾述蕃汉必变号易服者，奇正相生之法也。马亦有正，弩亦有奇，何常之有哉？"

【注释】

①强弩：力量很大的弓。弩，是古代用机械原理发射的一种弓，力强可以及远。其种类很多，大者或用脚踏，或用腰开，亦有数矢并发者称为"连弩"。犄（jī）角：或作"掎角"，古人称分兵牵制或夹击敌人为"掎角"。角，指抓角。掎，指拉腿。

②"善用兵者"三句：语见《孙子兵法·兵势》。意谓善于指挥作战的人，要依靠有利的态势去取胜，而不去苛求别人的责任，所以能选择指挥人员并利用造成的有利态势。

【译文】

太宗说："番兵作战唯以劲马冲击，这是奇兵吗？汉兵作战唯以强弩射击来扼制敌人，这是正兵吗？"

李靖说："按《孙子兵法》说：'善于指挥作战的人，是依靠有利的势态，而不苛求于别人，所以能选择指挥人员并利用有利的势态。'所谓能择人任事，就是分别用番、汉之所长去作战。番兵长于用马，马利于迅速战斗；汉兵长于用弩，弩利于缓战。这是分别利用他们各自的自然势态，并不是奇、正的分别。我在前面曾论述过番汉一定要变号易服，那是奇正相生的办法。马也有正，弩也有奇，怎么能经常那样而不变呢？"

太宗曰："卿更细言其术。"

靖曰："先形之，使敌从之，是其术也。"

【译文】

太宗说："你再详细地说一说变号易服的方法。"

李靖说："先诈摆一种阵形，使敌人服从我们的安排，这就是变号易服的方法。"

太宗曰："朕悟之矣！《孙子》曰：'形兵之极，至于无形①。'又曰：'因形而措胜于众，众不能知②。'其此之谓乎？"

靖再拜曰："深乎！陛下圣虑，已思过半矣③。"

【注释】

①形兵之极，至于无形：语见《孙子兵法·虚实》。意谓布阵的方法运用极其巧妙时，可以达到一点形迹也没有。形，指用兵时故意表现出来的假象。

②因形而措胜于众，众不能知：语见《孙子兵法·虚实》。意谓依靠变化无穷的阵形而取得胜利，摆在众人面前，而众人还不知道怎样取得胜利。措，迫逼。

③思过半：意谓思虑得益已超过一半。

【译文】

太宗说："我明白了！《孙子兵法》说：'布阵的方法运用极其巧妙时，达到一点形迹也没有。'又说：'依靠变化无穷的阵形而战胜了敌人，当胜利摆在众人面前时，而众人还不知道是怎样取得胜利的。' 就是这种说法吧？"

李靖再次拜过以后说："陛下高明的考虑太深远了！已经得益过半了。"

太宗曰："近契丹、奚皆内属①，置松漠、饶乐二都督②，统于安北都护③。朕用薛万彻④，如何？"

靖曰："万彻不如阿史那社尔及执失思力、契苾何力⑤，此皆蕃臣之知兵者也。因常与之言松漠、饶乐山川道路、蕃情逆顺，远至于西域部落十数种⑥，历历可信。臣教之以陈法，无不点头服义⑦。望陛下任之勿疑。若万彻，则勇而无谋，难以独任。"

太宗笑曰："蕃人皆为卿役使。古人云，以蛮夷攻蛮夷⑧，中国之势也。卿得之矣！"

【注释】

①契丹：我国古民族名。为东胡族的一支，居今辽河上游西拉木伦河一带，以游牧为生。北魏时自号契丹，分属八部。唐于此置松漠都督府，以契丹首领为都督。唐末耶律阿保机统一各部，于公元916年建契丹国，自称皇帝。奚：我国古民族名。为东胡族的一支。原居辽水上游，柳城西北。汉时为匈奴所破，因居乌丸山，故称"乌桓"。北魏时自号"库真奚"。隋、唐时称"奚"。参阅《新唐书·北狄传》。属：归属，隶属。

②松漠：唐都督府名。贞观二十二年（648）以契丹、摩哥等部求内属，乃置松漠都督府，领峭落、无逢、羽陵、日连、徒河、匹

黎、赤山、万丹等八州，辖境相当于今辽宁省西南部。饶乐：唐都督府名。贞观二十二年（648）在奚族地置。治所在今内蒙古宁城西。辖境相当于今内蒙古老哈河上游及河北滦河中上游一带。开元二十三年（735）改名奉城都督府。

③安北都护：唐代六都护府之一。贞观二十一年（647），铁勒、回纥等十三部落内附，因置燕然都护府，统辖瀚海等六都督府、皋兰等七州。龙朔三年（663），移燕然都护府于碛北，改名瀚海都护府，总章二年（669），再改名安北都护府，府治先后移至西受降城和中受降城。

④薛万彻：本敦煌人，后迁咸阳。薛世雄之子。与其兄薛万钧共事

唐步甲兵俑

罗艺，后归唐。他曾因功授统军，后进爵武安郡公。

⑤执失思力：突厥酋长。贞观时，送隋萧后入朝，授左领军将军。后以战功尚九江公主，拜驸马都尉。契苾何力：铁勒哥论易勿施莫贺之孙。后归唐，在征吐谷浑、薛延陀、龟兹、西突厥等战争中屡建战功。太宗时，历任葱山道副大总管、辽东道行军大总管，封郕国公。高宗时，曾封镇军大将军、左卫大将军、凉国公。以上二人事详见《旧唐书·契苾何力列传》。

⑥西域：汉以后对于玉门关（今甘肃敦煌西北）以西地区的总称，始见于《汉书·西域传》。唐朝时，曾在西域设安西、北庭二都护。

⑦服义：奉行仁义。

⑧蛮夷：古代泛指华夏中原民族以外的少数民族。

【译文】

太宗说："近来契丹、奚都归降，现置松漠、饶乐二都督府，统归于安北都护府。我起用薛万彻怎么样？"

李靖说："薛万彻不如阿史那社尔及执失思力、契苾何力，这几个人都是番臣中懂得用兵作战的人。我曾和他们谈及松漠、饶乐二地的山川道路、番情顺逆的情况，远的地方谈到了西域数十种部落，分明可信。我把阵法教给他们，没有不点头奉行的。请陛下任用他们，不要有什么疑虑。像薛万彻这个人则有勇无谋，难以单独承担重任。"

太宗笑着说："这些番臣都被你役使过。古人说，用蛮夷之人来进攻蛮夷之人，这是中原统治边塞的必然趋势。你讲得很正确。"

卷 中

【题解】

本卷共17节。论述了军队的编制、指挥和训练的方法，以及如何提高战斗力的方法。其中重点介绍了各种阵法（包括八阵图、六花阵、五行阵、四兽阵等阵）以及教战之法（伍法开始，分级施教，循序渐进）。另外，还论述了车、骑、步各兵种的配合，治军如何处理赏罚恩威的关系，作战中变客为主、变主为客的方法。

太宗曰："朕观诸兵书，无出孙武。孙武十三篇，无出虚实[①]。夫用兵，识虚实之势则无不胜焉。今诸将中，但能言避实击虚，及其临敌，则鲜识虚实者，盖不能致人而反为敌所致故也[②]。如何？卿悉为诸将言其要。"

靖曰："先教之以奇正相变之术，然后语之以虚实之形可也。诸将多不知以奇为正，以正为奇，且安识虚是实，实是虚哉？"

【注释】

①虚实：虚和实，多指军情。《孙子兵法》有《虚实》篇。该篇的中心思想是阐述"虚"和"实"是相互依存，在一定条件下是相互变化的。孙武根据这一思想提出了"避实击虚"的战略原则。

②致人：这里指调动敌人。《孙子兵法·虚实》云："故善战者，致人而不致于人。"意即善于指挥作战的人，能调动敌人而不被敌

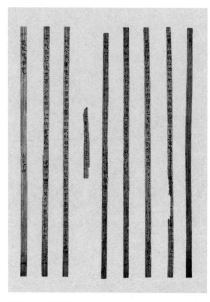
《孙子兵法》竹简

人所调动。致，引来。这里是调动的意思。

【译文】

太宗说："我看诸家兵书，没有超出孙武的。孙武十三篇所论，没有超出虚实的范围。用兵作战，能搞清楚虚实情况的，没有不取得胜利的。现在诸位将领中，只能空谈避实击虚，等到他们临敌作战时，就很少有能搞清楚虚实的人，大概是他们不能调动敌人而反被敌人所调动的缘故。为什么呢？你把关键的地方全部给诸位将领说一说。"

李靖说："先教给他们用奇正相变化的方法，然后告诉他们虚实的情况就可以了。诸位将领多不知以奇为正，以正为奇，怎么能识别了虚是实，实是虚呢？"

太宗曰："策之而知得失之计①，作之而知动静之理②，形之而知死生之地③，角之而知有余不足之处④。此则奇正在我，虚实在敌欤？"

靖曰："奇正者，所以致敌之虚实也。敌实则我必以正，敌虚则我必为奇。苟将不知奇正⑤，则虽知敌虚实，安能致之哉？臣奉诏但教诸将以奇正，然后虚实自知焉。"

【注释】

①策之而知得失之计：意谓测算一下敌人就可以知道取得胜利和失

败所应用的方法。策，策划，测算。

②作之而知动静之理：意谓触动一下敌人就可以知道该动该静的道理。作，起。这里引申为触动。

③形之而知死生之地：意谓假装表现出一种阵形使敌人看到，敌人出来应战就可以知道哪里是能生存的地方，哪里是不能生存的地方。形，显露，表现。

④角之而知有余不足之处：意谓和敌人较量一下就可以知道哪些地方力量有余，哪些地方力量不足。角，较量。

⑤苟：假若，如果。

【译文】

太宗说："测算一下敌人就可以知道取得胜利和失败所应用的方法，触动一下敌人就可以知道该动该静的道理，假装表现出一种阵形使敌人看到，敌人出来应战就可以知道哪里是可以生存的地方，哪里是不能生存的地方，和敌人较量一下就可以知道哪些地方力量有余，哪些地方力量不足。这样看来，用奇用正则在我方，而军情的虚实则在敌方吗？"

李靖说："用奇正这种作战方法，是用来搞清和调动敌人的虚实情况的。敌人坚实的地方我一定要用正兵的方法，敌人虚假的地方我一定要用奇兵的方法。如果将领不知道使用奇正的方法，虽然知道敌人的虚实情况，又怎能调动他和取胜他呢？我将遵命只教诸将使用奇正的作战方法，战场上的虚实情况他们就会自己明白了。"

太宗曰："以奇为正者，敌意其奇①，则吾正击之；以正为奇者，敌意其正，则吾奇击之。使敌势常虚，我势常实。当以此法授诸将，使易晓耳。"

靖曰："千章万句，不出乎'致人而不致于人'而已。臣当以此教诸将。"

【注释】

①意：料想，猜测。

【译文】

太宗说："用奇兵变为正兵，敌人猜想我们是用奇兵，而我却以正兵攻击他；用正兵变为奇兵，敌人猜想我们是用正兵，而我却以奇兵攻击他。使敌人的阵势常虚，我军的阵势常实。应当用这种方法来教育诸将，使他们容易明白其中的道理。"

李靖说："千章万句，都超不出'致人而不致于人'这句话罢了。我将用这种方法来教育诸将。"

太宗曰："朕置瑶池都督①，以隶安西都护②。蕃汉之兵，如何处置？"

靖曰："天之生人，本无蕃汉之别。然地远荒漠，必以射猎而生，由此常习战斗。若我恩信抚之，衣食周之③，则皆汉人矣。陛下置此都护，臣请收汉戍卒处之内地，减省粮馈④，兵家所谓治力之法也⑤。但择汉吏有熟蕃情者，散守堡障⑥，此足以经久。或遇有警，则汉卒出焉。"

【注释】

①瑶池都督：唐贞观间所置，治所在庭州莫贺城，即今新疆维吾尔自治区阜康市，隶属于安西都护府。

②安西都护：唐代六都护府之一。贞观十四年（640）置于交河城，

属陇右道。

③周：周济，救济。

④馈（kuì）：食，吃。这里指
食物。

⑤治力：掌握军队战斗力的
方法。

⑥堡障：土筑的防御工事。

【译文】

太宗说："我设置瑶池都督，
隶属于安西都护。那个地方的番
汉士兵如何处置？"

李靖说："上天生下的人，本
来没有番、汉的区别，但番人处
边远荒凉之地，必然以射猎为生，
因此经常练习战斗。如果我们用
恩德信义来抚慰他们，在衣食方

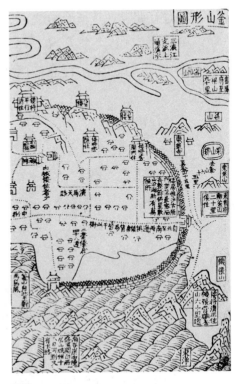

堡障
明刊本《武略神机》插图。

面周济他们，就会都变为汉人。陛下设置这一都护，我请求把汉卒收回
来安置在内地，减少粮物的运输，这就是兵家所说的治力之法。只需选
择汉族官吏中熟习番族情况的人，分散守卫各个堡障，这种方法足以长
久。一旦遇有危急情况，汉兵就出去作战。"

太宗曰："《孙子》所言治力何如？"

靖曰："'以近待远，以佚待劳，以饱待饥'①，此略言
其概耳。善用兵者，推此三义而有六焉：以诱待来，以静待
躁，以重待轻②，以严待懈，以治待乱③，以守待攻。反是

则力有弗逮④。非治力之求，安能临兵哉⑤?"

太宗曰："今人习《孙子》者，但诵空文，鲜克推广其义⑥。治力之法，宜遍告诸将。"

【注释】

①"以近待远"三句：语见《孙子兵法·军争》。意谓以自己靠近战场来等待敌人长途跋涉，以自己的从容休整来等待敌人的奔走疲劳，以自己的粮足食饱来等待敌人的粮尽人饥。

②重：指持重稳妥。轻：指轻举妄动。

③治：指军阵严整。乱：指军阵混乱。

④逮：及。

⑤临兵：指挥作战。

⑥克：能。

【译文】

太宗说："《孙子兵法》所论述的掌握军队战斗力的方法怎么样呢?"

李靖说："'以自己靠近战场来等待长途远涉的敌人，以自己的从容休整来等待奔走疲劳的敌人，以自己的粮足食饱来等待粮尽人饥的敌人'，这只是简略地说了个大概。善于用兵作战的人，将这三种意思推衍有六个方面内容：用引诱的方法等待敌人的到来，用镇静来等待敌人急躁，用持重稳妥来等待敌人轻举妄动，用严明的军纪来等待敌人的懈怠，用严整的阵势来等待敌人混乱，用防守来等待敌人进攻。不是这样则是能力有所不及，不用保存军队战斗力的方法，怎么能临阵指挥作战呢?"

太宗说："现在的人学习《孙子兵法》，只能背诵些空文，很少有能推广它的意思的。掌握军队战斗力的方法，应当全部告诉各将领。"

太宗曰："旧将老卒，凋零殆尽^①，诸军新置，不经陈敌。今教以何道为要？"

靖曰："臣尝教士，分为三等：必先结伍法^②，伍法既成，授之军校^③，此一等也；军校之法，以一为十，以十为百，此一等也；授之裨将^④，裨将乃总诸校之队，聚为陈图，此一等也。大将察此三等之教，于是大阅，稽考制度^⑤，分别奇正，誓众行罚^⑥。陛下临高观之，无施不可^⑦。"

【注释】

①凋零：这里指人事衰落。

②伍法：古代军队编制的一种方法。以五人为一伍。

③军校：古代任辅助之职的军官。下文"军校之法"之"军校"则是指军队的编制单位。和这句的"军校"不同。古代军之一部曰"校"。

④裨（pí）将：副将。

⑤稽考：考核。

⑥誓众行罚：告诫大众以刑罚来惩戒有罪者。

⑦施：推行。

【译文】

太宗说："旧将老兵，凋零衰落，军队都是新设置的，没有经过临阵和临敌。现在教他们用什么方法最为重要？"

李靖说："我过去训练官兵，都分为三等：首先一定要按伍法来编制队伍，按伍法编成队伍之后，再传授给军校，这是一等；军校的编制方法，是以一伍为十伍，以十伍为百伍，这是一等；军校编成以后传授给副将，副将是总合指挥各校的队伍的，把他们集合按阵法图排列起来，这是一等。大将们明白这三等教法以后，于是检阅部队，考核制度，分别奇正，誓众行罚。陛下居高临下观察，没有不可以推行的。"

太宗曰："伍法有数家，孰者为要？"

靖曰："臣案《春秋左氏传》云'先偏后伍'①，又《司马法》曰'五人为伍'②，《尉缭子》有《束伍令》③，汉制有尺籍伍符④。后世符籍，以纸为之，于是失其制矣。臣酌其法，自五人而变为二十五人，自二十五人而变为七十五人，此则步卒七十二人、甲士三人之制也⑤。舍车为骑，则二十五人当八马，此则五兵五当之制也⑥。是则诸家兵法，唯伍法为要。小列之五人，大列之二十五人，参列之七十五人，又五参其数⑦，得三百七十五人。三百人为正，六十人为奇，此则百五十人分为二正，而三十人分为二奇，盖左右等也。穰苴所谓'五人为伍，十伍为队'，至今因之，此其要也。"

【注释】

①先偏后伍：见《左传·桓公五年》。杜预注云："《司马法》：车战二十五乘为偏，以车居前，以伍次之，承偏之隙而弥缝阙漏也。五人为伍。此盖鱼丽陈法也。"江永引《周礼·夏官·司右》云："凡军旅、会同，合其车之卒伍而比其乘。"注云："车亦有卒伍。"又引《司马法》云"二十五乘为偏"，"百二十五乘为伍"。此盖谓以二十五乘居前，以百二十五乘承其后而弥缝之，若鱼之相丽而进。杨伯峻《春秋左传注》云："杜注谓五人为伍，恐误。然《司马法》既非春秋战法，杜注固难从。即如江说，以百二十五

乘而弥二十五乘之缝，于理亦未必合。后代颇多异说，莫衷一
是。文献不足征，考古又难为证，姑阙疑可。"杨说近是。

②五人为伍：五人为一伍。今本《司马法》中无此句，《通典·立军》
有："司马穰苴曰：'五人为伍，十伍为队。'"

③《束伍令》：见《尉缭子》卷四。《尉缭子·束伍令》主要记载了
战场上的赏罚制度和各级军吏的惩处权限，以此来督促和鼓励队

伍奋勇杀敌。束伍令，指约束队伍的规定。

④尺籍：汉代将杀敌立功的成绩书写在一尺长的竹（木）牍上，称为"尺籍"。伍符：汉代军队中各伍互相作保的符信。

⑤"自五人"四句：二十五人为五伍之数，七十五人为十五伍之数，这是用古代一车步卒七十二人、甲士三人（共七十五人）的制度。

⑥五兵：指五种兵器，即弓矢、殳、矛、戈、戟五种。上文云"舍车为骑"，即用骑兵来作战。"二十五人当八马"，即八马当五伍，二十五人为五伍，每伍（五人）拿一种武器，则五种兵拿五种武器，此则为"五兵五当"之意。

⑦五参：五个参列之数。

【译文】

太宗说："伍的编制方法有好几家，哪一家的比较重要？"

李靖说："我考察了下，《春秋左传》说'先偏后伍'，又《司马法》说'五人为伍'，《尉缭子》内有《束伍令》，汉朝的制度有尺籍伍符。后世的符籍，是用纸来写的，于是失传了这种制度。我估计这种方法，自五人而变为二十五人，自二十五人而变为七十五人，这就是古代步兵七十二人、甲士三人的制度。如弃车用骑兵，那么就是二十五人当八马，这就是五种兵当五种武器的制度。所以诸家兵法，只有伍法最为重要。小队列五人，大队列二十五人，三列七十五人，五个三列之数得三百七十五人。三百人为正兵，六十人为奇兵，这里是左右各一百五十人为两队正兵，左右各三十人为两队奇兵，大概左右相等。司马穰苴所讲的'五人为伍，十伍为队'，至今还沿用不废，这也是它重要的原因。"

太宗曰："朕与李勣论兵，多同卿说，但勣不究出处尔①。卿所制六花陈法②，出何术乎？"

靖曰："臣所本诸葛亮八陈法也。大陈包小陈，大营包小营，隅落钩连③，曲折相对，古制如此，臣为图因之。故外画之方，内环之圆，是成六花，俗所号尔。"

【注释】

①究：推寻，深求。

②六花陈法：李靖根据诸葛亮八阵法而创造的一种阵法。李靖按照"大陈包小陈，大营包小营，隅落钩连，曲折相对"等情况，画成外方内圆的六花形状，俗称"六花阵"。据下文云"六花阵"的画地方法是："大阅，地方千二百步者，其义六陈，各占地四百步，分为东、西两厢，空地一千二百步为教战之所。臣常教士三万，每

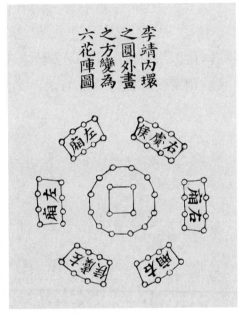

李靖六花阵法
明刊本《兵录》插图。

陈五千人，以其一为营法（六花阵中进行训练时的一阵），五为方、圆、曲、直、锐之形，每陈五变，凡二十五变为止。"

③隅落：角落。方形的四角亦称四隅。

【译文】

太宗说："我与李勣谈论兵法，他讲的多数和你相同，但李勣不能推寻它的出处。你所创造的六花阵法，出自哪一种战术呢？"

李靖说："我的六花阵法本之于诸葛亮的八阵法。大阵中包含小阵，

大营中包含小营，各个角落互相勾连，曲折相对，古时的制度就是这样，我绘阵图就是根据它来的。所以外面画成方形，里面画成圆形，这样就成了六朵花形，通俗称呼为'六花阵'。"

太宗曰："内圆外方，何谓也？"

靖曰："方生于步①，圆生于奇②。方所以矩其步③，圆所以缀其旋④。是以步数定于地⑤，行缀应于天⑥，步定缀齐则变化不乱。八陈为六，武侯之旧法焉。"

【注释】

①步：古代以六尺为步。方者中矩，则每边的步数当相等。《武经七书直解》云："方生于步，步必方，折旋中矩也。"亦解"步"为长度的量词。

②圆生于奇：《武经七书直解》云："圆生于奇，奇必圆，周旋中规也。"

③矩：画直角或方形用的曲尺。《孟子·离娄上》云："不以规矩，不能成方圆。"《武经七书直解》云："矩，所以为方之器也。矩其步，使之方也。"

④缀：连结。《武经七书直解》云："缀，联属也。缀其旋，

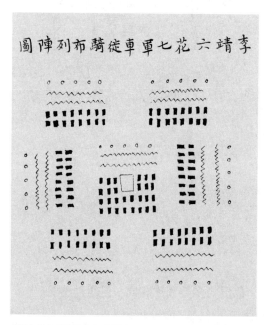

李靖六花七军车徒骑布列阵图
清抄本《兵钤》插图。

使之圆也。"旋：旋转。

⑤步数定于地：古人认为地呈方形，所以方阵的步数亦由此而定。

⑥行缀应于天：古人认为天呈圆形，所以圆阵的队列应于天相吻合。行缀，队列。

【译文】

太宗说："内圆外方是什么意思呢？"

李靖说："方阵是由步数形成的，圆阵是由一个半径画成的。所以量出步数则可以定方阵，连结起圆周上旋转的点就可以定圆阵。所以步数是根据地来决定的，圆阵是根据天来决定的，步数决定了，圆也画齐了，变化起来就不会混乱。八阵变为六阵，武侯的旧法就是这样。"

太宗曰："画方以见步①，点圆以见兵②。步教足法，兵教手法，手足便利，思过半乎？"

靖曰："吴起云'绝而不离，却而不散'③，此步法也。教士犹布棋于盘，若无画路，棋安用之？孙武曰'地生度，度生量，量生数，数生称，称生胜。胜兵若以镒称铢，败兵若以铢称镒'④，皆起于度量方圆也。"

【注释】

①步：这里指阵中每个士兵之间保持的距离，以供练习步法用。

②兵：武器。

③绝而不离，却而不散：意谓虽然阵形被冲断，但仍然不离散；虽然退却，但阵形仍不散乱。

④"地生度"七句：语见《孙子兵法·军形》。意谓根据战地地形的具体情况做出利用地形的判断，根据对战地地形的判断得出战

场容量的大小，根据战场容量的大小估计出双方可能投入兵力的数量，根据双方投入兵力的数量进行衡量对比，根据双方兵力的对比判断出战争的胜负情形。所以胜利的军队对失败的军队来说，就好像以镒称铢（镒占绝对优势）；失败的军队对胜利的军队来说，就好像以铢称镒（铢占绝对劣势）一样。度，忖度，判断。量，容量。数，指双方投入战斗的兵力。称，权衡。这里指双方力量的对比。镒、铢，都是古代的重量单位。一镒为二十四两（一说为二十两），一两为二十四铢。镒比铢重五百多倍。这里比喻两军实力的悬殊。

【译文】

太宗说："画出方阵就可以清楚士兵间的距离，把圆周的每个点都

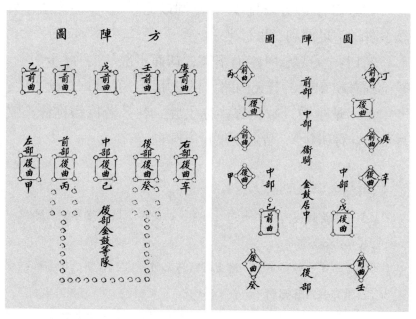

方阵　圆阵（明刊本《武经总要》插图）
《孙膑兵法・十陈》："凡陈有十：有方陈，有圆陈……"《宋史・兵志九》："盖陈以圆为体，方陈者内圆外方，圆陈即内、外俱圆矣。"

画出来就可以清楚士兵使用的武器。步数是用来训练脚法的，武器是用来训练手法的，手足便利以后，成绩就达到一半了吗?”

李靖说:“吴起曾说过‘阵形被冲断，但仍不离散;队伍虽退却，但仍不散乱’，这是因为平素训练步法的原因。训练士兵就像在棋盘上布置棋子一般，如果没有画出棋走的路线，那棋子怎么布置呢? 孙武曾说‘根据地形情况做出利用地形的判断，根据判断做出阵容的大小，根据阵容的大小估计出投入的兵力，根据兵力进行衡量对比，根据兵力的对比做出取胜的决定。胜利的军队对于失败的军队来说就像以镒称铢，失败的军队对于胜利的军队来说就像以铢称镒’，这些都是起源于对方圆的度量。”

太宗曰:“深乎! 孙武之言。不度地之远近，形之广狭，则何以制其节乎①?

靖曰:“庸将罕能知其节者也。‘善战者，其势险，其节短;势如彍弩，节如发机②。’臣修其术，凡立队，相去各十步，驻队去师队二十步③，每隔一队，立一战队④。前进以五十步为节。角一声，诸队皆散立，不过十步之内。至第四角声，笼枪跪坐⑤。于是鼓之，三呼三击，三十步至五十步以制敌之变。马军从背出，亦以五十步临时节止。前正后奇，观敌如何。再鼓之，则前奇后正，复邀敌来⑥，伺隙捣虚⑦。此六花大率皆然也。”

【注释】

①节：指节奏。

②“善战者”五句：意谓善于指挥作战的将领，他所造成的形势是

险峻的，他所掌握的节奏是短促的，他所造成的形势如张满的
弓弩，他所掌握的节奏如触发的弩机。彍（guō）弩，指拉满的
弓弩。彍，把弓拉满。发机，触发弩机。机，弩机，弩的一个机
件，类似今天枪上的扳机。

③驻队：指驻扎的军队。师队：疑指大部队。《武经七书直解》云：
“师队，疑即前所谓跳荡骑兵也。”

④战队：疑指准备战斗的部队。《武经七书直解》云：“战队，疑即
前所谓战锋队，步骑相半者也。”

⑤笼：举。

⑥邀：阻截。

⑦伺隙：趁空。捣虚：乘其空虚懈怠而进行攻击。

【译文】

太宗说：“孙武所说的很深刻啊！不审度地理的远近，地形的广狭，
那怎么来控制作战的节奏呢？”

李靖说：“平庸的将领很少能够知道作战的节奏。‘善于指挥作战的
将领，他所造成的形势是险峻的，他所掌握的节奏是短促的；他所造成
的形势如张满的弓弩，他所掌握的节奏如触发的弩机。’我遵照这种方
法，凡布置军队，彼此相距各十步，驻军距大部队二十步，每隔一队，
设置一个准备战斗的军队。前进时以五十步为一节奏。号角一声，各队
都散开，相距不超过十步之内。到了第四次角声时，举枪跪坐。在这时
开始击鼓，三呼三击，在三十步至五十步内控制敌人的变化。骑兵从背
后出击，也以五十步临时节止。前正后奇，看敌人如何。再击鼓则前奇
后正，再阻截敌人的到来，趁敌人的空虚而进行攻击。六花阵大致就是
这样。”

太宗曰："曹公《新书》云：'作陈对敌，必先立表^①，引兵就表而陈^②。一部受敌，余部不进救者斩。'此何术乎？"

靖曰："临敌立表，非也，此但教战时法耳。古人善用兵者，教正不教奇，驱众若驱群羊，与之进，与之退，不知所之也。曹公骄而好胜，当时诸将奉《新书》者，莫敢攻其短。且临敌立表，无乃晚乎？臣窃观陛下所制破陈乐舞^③，前出四表，后缀八幡，左右折旋，趋步金鼓，各有其节，此即八陈图四头八尾之制也。人间但见乐舞之盛，岂有知军容如斯焉。"

太宗曰："昔汉高帝定天下，歌云'安得猛士兮守四方'，盖兵法可以意授^④，不可以语传^⑤。朕为破陈乐舞，唯

高祖提剑斩白蛇
明刻本《赤松记》插图。

卿以晓其表矣⑥，后世其知我不苟作也⑦。"

【注释】

①表：标识，标志。

②就：接近。

③破陈乐舞：即破阵乐和破阵舞。破阵乐，唐法部大曲。唐太宗
贞观七年（633）制《秦王破阵乐》之曲，使吕才协音律，李百
药、虞世南、褚亮、魏徵等制歌辞。包括三变（大段）、十二阵、
五十二遍，以讨叛为主题，歌颂太宗征伐四方的武功。破阵舞，
唐武舞。唐太宗贞观七年（633）制《秦王破阵乐舞图》，舞式左
圆右方，先偏后伍，交错屈伸，首尾回互，以象战阵之形。舞者
皆被甲执戟，雷大鼓，杂以龟兹之乐。

④意授：意会，内心领会。

⑤语传：用语言传达。

⑥表：外部。这里指"表里"，太宗夸赞只有李靖明白他所制定的

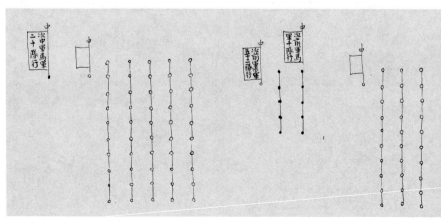

李靖六花阵行军次第图（局部）
清抄本《兵钤》插图

破阵乐舞的外表和内涵。

⑦苟：随便。

【译文】

太宗说："曹操的《新书》说：'布阵对敌，一定要先立一标志，率领士兵靠近标志而布置阵形。若一部分受到敌人攻击，其余的部分如不前进援救就斩首。'这是什么方法呢？"

李靖说："临敌作战时才立标志是不对的，这只是训练作战时的方法。古代善于指挥作战的人，只训练正兵不训练奇兵，驱使众人如同驱赶羊群一般，和他们一起前进，和他们一起后退，让他们不知到底去哪里。曹操骄傲而且喜欢取胜，当时各位将领都遵奉《新书》，但没有人敢批评他的缺点和过失之处。况且临敌作战时才立标志，不也太晚吗？我私下认为陛下所创造的破阵乐舞，前面摆出四个标志，后面连着八面旗帜，左右回旋，步伐合乎金鼓，各有它的节奏。这就是八阵图四头八尾的制度。人间只见乐舞的盛况，哪里有人知道军队的仪容就像这样呢？"

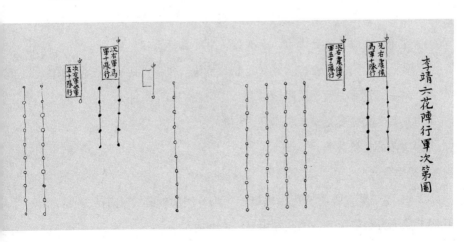

太宗说："从前汉高祖平定天下后，曾唱道'安得猛士兮守四方'，大概兵法是可以意会，不可以言传的。我所创造的破阵乐舞，只有你明白了它的外表和内涵，后世的人们知道我不是随便创作的。"

太宗曰："方色五旗为正乎^①？幡麾折冲为奇乎^②？分合为变，其队数曷为得宜？"

靖曰："臣参用古法，凡三队合则旗相倚而不交^③，五队合则两旗交，十队合则五旗交。吹角，开五交之旗，则一复散而为十^④，开二交之旗，则一复散而为五，开相倚不交之旗则一复散而为三。兵散则以合为奇，合则以散为奇。三令五申，三散三合，复归于正，四头八尾乃可教焉。此队法所宜也。"

太宗称善。

【注释】

①五旗：指五种方位的五种颜色的旗帜。《武经七书直解》云："东方青，南方赤，西方白，北方黑，中央黄是也。"

②幡麾：古代用来指挥作战的旗帜。折冲：使敌人的战车后撤，即指击退敌军。冲，战车的一种。

③倚：靠。这里指旗帜相靠。交：交叉。

④复散：重新散开。

【译文】

太宗说："呈方阵用五色旗帜是正兵吗？用旗帜指挥击退敌人是奇兵吗？队形分合变化，它的队数用多少为合适？"

李靖说："我参考古代的方法，凡三队相合为一队，旗帜就互相靠拢而不要相交叉；五队相合则两旗交叉；十队相合则五旗交叉。号角一响，五面相交叉的旗帜重新打开分散就变为十面；打开两面相交叉的旗帜，重新分散开就变为五面；打开互相靠拢而不相交叉的旗帜，重新散开就变为三面。部队散开时就以合为奇，部队相合时就以分散开为奇。三令五申，三散三合，重新恢复为正兵，四头八尾就可以训练了。训练队法应当这样。"

太宗认为这样很好。

太宗曰："曹公有战骑、陷骑、游骑①，今马军何等比乎？"

靖曰："臣案《新书》云：战骑居前，陷骑居中，游骑居后，如此则是各立名号，分为三类耳。大抵骑队八马当车徒二十四人②，二十四骑当车徒七十二人，此古制也。车徒常教以正，骑队常教以奇。据曹公，前后及中分为三覆③，不言两厢④，举一端言也。后人不晓'三覆'之义，则战骑必前于陷骑、游骑，如何使用？臣熟用此法，回军转陈则游骑当前，战骑当后，陷骑临变而分，皆曹公之术也。"

太宗笑曰："多少人为曹公所惑！"

【注释】

①战骑、陷骑、游骑：疑指三种骑兵，各种骑兵的职责和功能不得而知。或云："战骑"指对敌冲锋的骑兵，"陷骑"指利用战骑的战果而突入敌阵的轻骑兵，"游骑"指待令应援及担负警戒的骑兵。

②车徒：跟从兵车的步卒。

③三覆：兵分三批，故曰"三覆"。

④两厢：两旁。这里指两旁的军队。唐制，诸军分左、右厢统之。

【译文】

太宗说："曹操讲的有战骑、陷骑、游骑，和今天的骑兵一样呢？"

李靖说："我参照《新书》所讲：战骑在前面，陷骑在中间，游骑在后面，像这样是各立名号，分为三类。大抵骑兵八马相当于车徒二十四人，二十四骑相当于车徒七十二人，这是古代的制度。车徒经常教他们用正兵的方法，骑兵经常教他们用奇兵的方法。据曹操所讲，前、后及中分为三批伏兵，不说两旁的军队，这是举一方面而言。后人不明白'三覆'的意思，就把战骑一定要排在陷骑和游骑的前面，那么怎么使用呢？我对这种用法很熟练，回军转阵时游骑在前，战骑在后，陷骑是面临变化时分开使用，这都是曹操的战术。"

太宗笑着说："有多少人被曹操所迷惑啊！"

太宗曰："车、步、骑三者，一法也。其用在人乎？"

靖曰："臣案春秋鱼丽陈①，先偏后伍，此则车步无骑，谓之左右拒②，言拒御而已③，非取出奇胜也。晋荀吴伐狄，舍车为行，此则骑多为便，唯务奇胜，非拒御而已。臣均其术④，凡一马当三人，车徒称之，混为一法，用之在人。敌安知吾车果何出？骑果何来？徒果何从哉？或潜九地⑤，或动九天⑥，其知如神⑦，唯陛下有焉，臣何足以知之？"

【注释】

①鱼丽陈：春秋时的一种阵法。具体阵形说法不一。《左传·桓公五年》注引《司马法》云："车战二十五乘为偏，以车居前，以伍次之，承偏之隙而弥缝阙漏也。五人为伍。此盖鱼丽陈法。"杨

伯峻《春秋左传注》谓"此盖以二十五乘居前，以百二十五乘承其后而弥缝之，若鱼之相丽而进。"《李卫公问对校注》谓此阵为："春秋时郑庄公所创。郑国有左拒、中军、右拒三军，一军有五偏（二十五乘车为一偏），一偏有五队，一队有五车。把五偏部署在五方，即成方阵。各偏以兵车居前，步卒居后，弥补偏间的缝隙（接合部）。把左拒、右拒、中军排成倒'品'字形的队势，成为兵车和步卒配合的一种鱼网状的队形。'丽'通'䍥'。"

②拒：方阵。

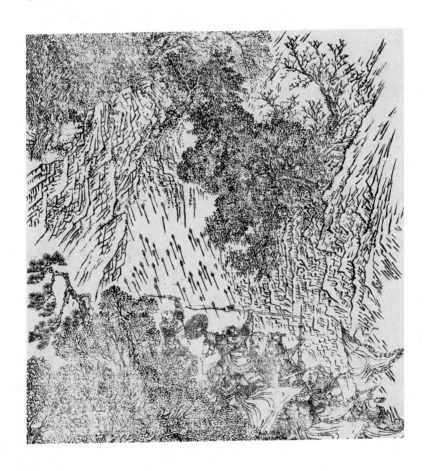

③拒御：防御，抵御。

④均：调和，折中。

⑤潜九地：隐藏在地下最深处。九地，指地下最深处。

⑥动九天：撼动最高的天空。九天，指极高之处。

⑦知：同"智"，智慧。

【译文】

太宗说："车、步、骑三种兵，用法一样。它们的使用是否在于人呢？"

李靖说："我根据春秋时的鱼丽之阵，先偏后伍，这种方法是只有车兵、步兵而没有骑兵，叫作'左右方阵'，讲的是防御而已，不是出奇制胜。晋国荀吴伐狄时，弃车用步兵，这是因骑兵多比较方便，专门致力以奇兵取胜，不是用来做防御的。我折中它的方法，大凡一马相当三个人，车步兵也和它相当，混为一法，使用时在于人的掌握。敌人怎么能知道我们的车兵真的从何处来？骑兵真的从何处来？车徒真的从何处来呢？有时隐藏在地下最深处，有时能撼动高空的最高处，它的智慧如同神一般，只有陛下有这种智慧，我那里能知道呢？"

太宗曰："《太公书》云①：'地方六百步，或六十步，表十二辰②。'其术如何？"

靖曰："画地方一千二百步，开方之形也③。每部占地二十步之方④，横以五步立一人，纵以四步立一人，凡二千五百人，分五方，空地四处，所谓陈间容陈者是也。武王伐纣，虎贲各掌三千人⑤，每陈六千人，共三万之众，此太公画地之法也。"

【注释】

①《太公书》：姜太公所著兵书。

②辰：十二支的通称。古代以干支纪日，"干"称为日，"支"称为辰。从甲至癸为十日，从子至亥为十二辰。十二辰为：子、丑、寅、卯、辰、巳、午、未、申、酉，戌、亥。

③开方：此指周围一千二百步见方，即每边为三百步的正方形。

④每部占地二十步之方：疑此句有误。"二十步"当作"百步"或"一百步"。《武经七书直解》云："'二十步'恐误，乃二百二十步也。"疑《直解》作"二百二十步"亦误。因为下文云"横以五步立一人，纵以四步立一人，凡二千五百人"，若以"二百二十步"方形计算，当立二千四百二十人，与"凡二千五百人"亦不合。又一千二百步之方形亦容纳不下每边二百二十步方形的五个阵营。若以"百步"方形来计算，"横以五步立一人，纵以四步立一人"，每阵可立五百人，五阵恰"凡二千五百人"。且大阵周长为一千二百步，每边则为三百步，恰可容纳五个每边一百步的方阵，所以疑当作"百步"为是。

⑤虎贲：此指掌管三千人的军官。与前注（指勇猛之士）含义不同。

【译文】

太宗说："太公书上说：'地方六百步，或六十步，用十二辰来表示。'这种方法怎么样？"

李靖说："画块周长一千二百步的方形，每部占地百步见方，横向以五步立一人，纵向以四步立一人，共二千五百人，分为五方块，空地四处，这就是所说的阵间容阵的那种。武王伐纣，每虎贲掌领三千人，每阵六千人，共三万之多，这就是太公所讲的画地的方法。"

太宗曰："卿六花陈，画地几何？"

靖曰："大阅，地方千二百步者，其义六陈，各占地四百步，分为东西两厢，空地一千二百步为教战之所。臣常教士三万①，每陈五千人，以其一为营法，五为方、圆、曲、直、锐之形②，每陈五变，凡二十五变而止。"

【注释】

①常：通"尝"。

②方、圆、曲、直、锐：指五阵所排列的形状。《武经七书直解》云："方为义，义为秋为金；圆曰智，智为冬为水；曲为春为木；直为信为土；锐为夏为火。"

【译文】

太宗说："你的六花阵，要画地多少呢？"

李靖说："大检阅时，画地方一千二百步，它应当分为六阵，每阵各占地四百步，分为东、西两厢，中间空地一千二百步为教练的地方。我曾训练士卒三万人，每阵五千人，用一阵做营法，其余五阵为方、圆、曲、直、锐等阵形，每阵变化五次，五阵共变二十五次。"

太宗曰："五行陈如何①？"

靖曰："本因五方色立此名②。方、圆、曲、直、锐，实因地形使然。凡军不素习此五者，安可以临敌乎？兵，诡道也③，故强名五行焉，文之以术数相生相克之义④。其实兵形象水，因地制流，此其旨也。"

【注释】

①五行陈：用金、木、水、火、土五行来表示五个方位的阵形。即东方木，西方金，南方火，北方水，中央土。

②本因五方色立此名：五种方位也有五种颜色相配，即东方碧，西方白，南方赤，北方皂，中央黄。

③诡道：即诡诈之道。见《孙子兵法·始计》。曹操注《孙子》云："兵无常形，以诡诈为道。"

④文：记述。术数：用阴阳五行生克制化的数理来推断人事的凶吉。

【译文】

太宗说："五行阵怎么样呢？"

李靖说："本是依据五个方位的颜色来确立这种名称。方、圆、曲、直、锐，实际上是因为地形的不同形成了这五种阵形。大凡军队平素不练习这五种阵形，怎么可以临阵与敌作战呢？用兵是诡诈之道，所以硬以五行来给它们规定名称，记述它们时要用术数相生相克的道理来记述。其实用兵的阵形像水一样，是因地形的不同来安排它的流向，这是它的根本旨义。"

太宗曰："李勣言牝牡、方圆伏兵法①，古有是否？"

靖曰："牝牡之法，出于俗传，其实阴阳二义而已。臣按范蠡云②：'后则用阴，先则用阳。尽敌阳节，盈吾阴节而夺之。'此兵家阴阳之妙也。范蠡又云：'设右为牝，益左为牡③，早晏以顺天道④。'此则左右早晏临时不同，在乎奇正之变者也。左右者，人之阴阳；早晏者，天之阴阳；奇正者，天人相变之阴阳。若执而不变，则阴阳俱废，如何？守牝牡之形而已。故形之者，以奇示敌，非吾正也；胜之者，以正击敌，非吾奇也，此谓奇正相变。兵伏者，不止山谷草木伏藏所以为伏也，其正如山，其奇如雷，敌虽对面，莫测吾奇正所在。至此，夫何形之有焉？"

范蠡像
范蠡，自称"鸱夷子皮""陶朱公"。为勾践谋划二十多年，终于灭亡吴国。后泛舟五湖，以经商致富，资累巨万。

【注释】

①牝（pìn）牡：本指雌雄二性，在这里用来表示阴阳。

②范蠡：字少伯，楚国宛（今河南南阳）人。春秋末政治家。曾任越国大夫。后游齐国，称鸱夷子皮。到陶（今山东定陶西北），改名陶朱公。他认为天时、气节都随着阴阳二气的矛盾而变化，国势的盛衰也不断在转化。对付敌人要随形势变化而制定策略，强盛时要戒骄，衰弱时要争取有利时机，转弱为强。《汉书·艺文志》著录有《范蠡》二篇，已佚。他的言论散见于《国语·越语下》和《史记·货殖列传》中。

③益：进一步，增加。

④早晏：即早晚。

【译文】

太宗说："李勣所说的牝牡、方圆伏兵法，在古代有没有这种方法？"

李靖说："牝牡之法，出于民间传说，其实是阴阳二义。范蠡所讲的：'后则用阴，先则用阳。使敌军阳气衰竭，使我军阴气增加来夺取敌人。'这是兵家在阴阳方面的妙用。范蠡又说：'在右边设为牝，在左边增设为牡，早晚顺应天道。'这是因为左右早晚临时各有不同，关键在于应用奇正的变化。左右，指人的阴阳；早晚，指天的阴阳；奇正，指天人相变化的阴阳。如果坚持不变化，那么阴阳之道就会全部废弃没用。为什么呢？因为固守牝牡之形的缘故。所以摆出阵形的原因是用奇兵的方法来告示敌人，并非我们用正兵；取得胜利的原因是用正兵来打击敌人，并非我们用奇兵，这说的就是奇正相变的道理。用伏兵，不止在山谷草木中隐藏就算是伏兵，如用正兵时就像岿然不动的山一样，用

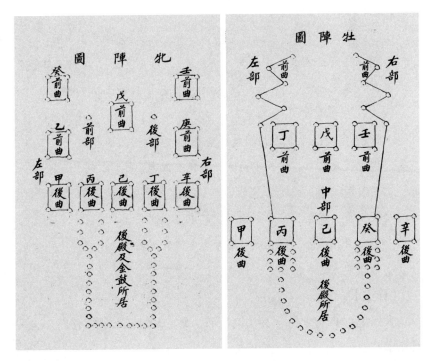

牝阵　牡阵

清彩绘本《治平胜算全书》插图。古代的两种阵法。牝阵，《武经总要·制度四·本朝八阵法》："牝阵即黄帝五行之水阵，孙子之牝阵，吴起之曲阵，诸葛亮之龙腾，刘裕之却月也。"牡阵，《武经总要·制度四·本朝八阵法》："牡阵即黄帝五行之火阵，孙子之牡阵，吴起之锐阵，诸葛亮之鸟翔。"

奇兵时就像迅雷一样，虽然敌人就在对面，也不能估计到我们哪里用奇兵哪里用正兵。到了这种地步，还用什么阵形呢?"

太宗曰:"四兽之陈^①，又以商、羽、徵、角象之^②，何道也?"

靖曰:"诡道也。"

太宗曰:"可废乎?"

靖曰:"存之所以能废之也。若废而不用，诡愈甚焉。"

【注释】

①四兽之陈:"四兽"指龙、虎、鸟、蛇。《礼记·曲礼上》云:"行，前朱鸟而后玄武，左青龙而右白虎。"郑玄注云:"以此四兽为军陈，象天也。"何彻云:"军行画此四兽于旌旗上，以标前、后、左、右之陈也。"孔颖达疏:"玄武，龟也。"又李贤注《后汉书》云:"玄武，北方之神，龟蛇合体。"在古代，四兽又代表四方，即龙代表东方，虎代表西方，鸟代表南方，蛇(或龟)代表北方。

②商、羽、徵、角:古代的四音。在古代也用来代表东、西、南、北四方，并象征四兽，同时也配以金、木、水、火四行。商为西方之音，属金，代表虎;羽为北方之音，属水，代表蛇(或龟);徵为南方之音，属火，代表鸟;角为东方之音，属木，代表龙。

【译文】

太宗说:"四兽之阵，又用商、羽、徵、角四音来象征它们，这是什么道?"

李靖说:"这是诡诈之道。"

太宗说:"可以废掉吗?"

李靖说:"只有保存了它,因此才能废掉它。如果真的废而不用,那诡诈之道就会越来越厉害。"

太宗曰:"何谓也?"

靖曰:"假之以四兽之陈及天、地、风、云之号①,又加商金、羽水、徵火、角木之配,此皆兵家自古诡道。存之则余诡不复增矣,废之则使贪使愚之术从何而施哉②?"

太宗良久曰:"卿宜秘之,无泄于外。"

【注释】

①天、地、风、云:四种旗帜的名号。

②使贪使愚:使他们爱财,使他们愚昧。贪愚之人容易被驱使利用,诡诈之道就是驱使利用贪财、愚昧的人的。

【译文】

太宗说:"怎么讲呢?"

李靖说:"假借四兽之阵和天、地、风、云的旗号,再加上商金、羽水、徵火、角木四音四行的配合,这些都是自古以来兵家的诡诈之道。只有保存了它剩下的诡诈之道就不会再增多了,若废弃不用此道,那让他们贪财愚昧的方法又从哪里施行呢?"

太宗深思了很久说:"你应当保密,不要泄露。"

太宗曰:"严刑峻法,使人畏我而不畏敌,朕甚惑之。昔光武以孤军当王莽百万之众①,非有刑法临之②,此何由乎?"

靖曰:"兵家胜败,情状万殊③,不可以一事推也。如陈胜、吴广败秦师④，岂胜、广刑法能加于秦乎⑤？光武之起，盖顺人心之怨莽也，况又王寻、王邑不晓兵法⑥，徒夸兵众，所以自败。臣案《孙子》曰：'卒未亲附而罚之则不服，已亲附而罚不行则不可用⑦。'此言凡将先有爱结于士，然后可以严刑也，若爱未加而独用峻法，鲜克济焉⑧。"

【注释】

①光武：即东汉王朝建立者汉光武帝刘秀，字文叔，南阳蔡阳（今湖北枣阳西南）人。汉高祖九世孙。王莽末年农民起义爆发后，他乘机起兵于舂陵，共同反莽。地皇三年（22），受命于更始帝刘玄，大破莽军于昆阳。更始元年（23），受命巡行河北，以恢复汉家制度为号召，取得部分官僚、地主的支持，镇压和收编铜马等起义军，力量逐渐壮大。公元25年称帝，建元建武。在位33年（25—57）。王莽：字巨君，汉元帝皇后侄。新王朝的建立者。西汉末年，以外戚掌握政权，成帝时封新都侯。元始五年（5），他毒死汉平帝，自称假皇帝。次年，立年仅二岁的刘婴为太子。初始元年（8）称帝，改国号为新。他统治时期，由于法令苛细，赋役繁重，阶级矛盾不断激化。天凤四年（17）爆发了全国性的农民大起义。更始元年（23），新莽政权终于在赤眉、绿林等农民起义军的打击下崩溃，他也在绿林军攻入长安时被杀。事详见《汉书·王莽传》。

光武帝像

②临：统治，管理。

③殊：异，不同。

④陈胜：字涉，阳城（今河南登封东南）人。秦末农民起义领袖。
秦二世元年（前209），他被征屯戍渔阳（今北京密云西南），同
吴广在蕲县大泽乡（今安徽宿州东南大泽乡）发动同行戍卒九百
人起义。起义军迅速发展到数万人，并在陈县（今河南淮阳）建
立张楚政权，他被推举为王。旋即派兵攻取赵、魏之地，又派周
文率主力军进攻关中。后周文战败，秦将章邯以优势兵力反扑，
围攻陈县。他率起义军英勇奋战，失利后退至下城父（今安徽亳
州东南），为叛徒庄贾杀害。吴广：字叔，阳夏（今河南太康）
人。秦末农民起义领袖。秦二世元年（前209），被征屯戍渔阳，
同陈胜在大泽乡一起发动起义。起义军建立张楚政权后，他任假
王，率诸军西征，围攻荥阳（今属河南）。后为部将田藏假借陈
胜命令杀害。以上二人事见《史记·陈涉世家》。

⑤加：施加。

⑥王寻：王莽时任大司徒，封章新公。后在昆阳战役中被杀。王
邑：王莽时先任步兵将军、成都侯，后任大司空，封为隆新公。
晓：明白。

⑦卒未亲附而罚之则不服，已亲附而罚不行则不可用：语见《孙子
兵法·行军》。意谓士卒尚未亲近依附时就施用惩罚，他们一定
不服；如果已经亲近依附了而不执行惩罚，那么这样的军队就不
能用来作战。

⑧济：成功。

【译文】

太宗说："采用严刑峻法，使部下怕我而不怕敌人，我很疑惑这句

话。从前汉光武帝用孤军来抵挡王莽的百万之众，光武帝并没有用刑罚来施加于士兵，这是什么原因呢？”

李靖说："兵家的胜败，情况是千差万别的，不能用一件事情来推断。比如陈胜、吴广打败秦国的军队，难道是陈胜、吴广的刑法能超过秦国吗？汉光武帝起兵，大概是顺应了民心怨恨王莽，况且王寻、王邑又不通晓兵法，只是空夸他的兵多，所以自己失败了。《孙子兵法》所讲：'士卒尚未亲近依附之前就施用惩罚，他们就会不服；如果士卒已经亲近依附以后而不执行惩罚，那这样的军队就不能用来作战。'这就是说凡做将领的首先要爱护和结交士卒，然后才可以使用严刑，如果对士卒尚未施加爱护就独用严刑峻法，这样很少能够成功。"

太宗曰："《尚书》云：'威克厥爱，允济；爱克厥威，允罔功①。'何谓也？"

靖曰："爱设于先，威设于后，不可反是也。若威加于前，爱救于后，无益于事矣。《尚书》所以慎戒其终②，非所以作谋于始也，故《孙子》之法，万世不刊③。"

【注释】

①"威克厥爱"四句：语见《古文尚书·胤征四篇》。意谓威胜于爱，可以成功；爱胜于威，不可成功。克，能够，可以。厥，同"蹶"，挫败，取胜。允，诚信，确实。济，成功。

②慎戒：谨慎防备。

③不刊：不可改易。

【译文】

太宗说："《尚书》上说：'威胜于爱，事情就可以成功；爱胜于威，事情就不可以成功。'这几句话怎么讲?"

李靖说:"爱要施于先,威要施于后,不可与此相反。如果威施于前,爱施于后来补救,对于事情没什么好。《尚书》是用来告诫人们要谨慎防备到最后,并不是用来告诫人们要谋划于事情的开始。所以《孙子》的方法,世世代代不可以改变。"

太宗曰:"卿平萧铣①,诸将皆欲籍伪臣家以赏士卒②,卿独不从,以谓蒯通不戮于汉③,既而江汉归顺。朕由是思古人有言曰'文能附众,武能威敌'④,其卿之谓乎?"

靖曰:"汉光武平赤眉⑤,入贼营中案行⑥,贼曰'萧王推赤心于人腹中'⑦,此盖先料人情本非为恶,岂不豫虑哉⑧?臣顷讨突厥,总蕃汉之众,出塞千里,未尝戮一扬干⑨,斩一庄贾⑩,亦推赤诚存至公而已矣。陛下过听⑪,擢臣以不次之位⑫,若于文武则何敢当?"

【注释】

①萧铣(xiǎn):后梁宣帝曾孙。隋末任罗县(一名罗川,今湖南汨罗西北)令。大业十三年(617)巴陵校尉董景珍、雷世猛等起兵,他被推为主。五日内得数万人,自称梁王。次年称帝,迁都江陵,割据长江中游等地。有兵四十万。武德四年(621),李靖攻其不备,直薄江陵,萧铣兵败降唐,在长安被杀。

②籍:即籍没,指没收财产入公。

③蒯通不戮于汉:蒯通,即蒯彻。因避汉武帝刘彻讳,史家改"彻"为"通",汉初范阳(今河北定兴南固城镇)人。楚汉时因善辩而著名,有权变,武信君用其策,不战而得赵三十余城。后又劝

说韩信取齐地，韩信用其策，遂定齐地。他还劝说韩信背叛刘邦
而自立，刘邦欲烹杀他，但因善辩得免。惠帝时，为丞相曹参宾
客。《汉书·艺文志》纵横家有《蒯子》五篇，今佚。事详见《汉
书·蒯通传》。

④附：通"拊"，抚爱。

⑤赤眉：天凤五年（18），青、徐（今山东东部和江苏北部）一带
发生了大灾荒，琅邪人樊崇在莒县起义，逄安、谢禄等起兵响
应，聚众数万人。因用赤色染眉做标识，故称"赤眉军"。更始
政权建立后，樊崇等曾表示愿意归降，后因未得适当安排，乃于
更始二年（24）分兵两路进攻更始政权。次年会师于弘农（今河
南灵宝北），发展到三十万人，立刘盆子为帝。不久攻入长安，
刘玄投降。这时关中豪强地主隐蔽粮食，组织武装反抗。建武二

明刻本《全像汉刘秀云台记》插图。《云台记》为明传奇之一种，刘秀灭王莽，复兴汉室为其
主线。

年（26），赤眉军因饥荒退出长安。次年在新安、宜阳一带遭到刘秀所部的围击，樊崇等投降。

⑥按行：巡视。

⑦萧王：即刘秀。更始二年（24），更始帝遣使立刘秀为萧王。

⑧豫虑：事先考虑。豫，通"预"。

⑨扬干：晋悼公之弟。他在曲梁（今河北永年广府镇）乱了军阵，司马魏绛杀了扬干之仆，悼公大怒。魏绛向悼公请罪，悼公感悟，不但没责怪魏绛，反而从此以后在各方面都更加优待魏绛。"未尝杀一杨干"，这里是李靖用来比喻未尝杀害一人。下文"斩一庄贾"也是比喻未曾杀害一人。

⑩庄贾：景公时，晋及燕伐齐，晏婴推荐田穰苴为将，景公许之。并使庄贾前往监军。穰苴与庄贾相约，次日约日中在军门相会。穰苴先至。庄贾平素骄贵，亲戚左右为之送行，因留饮而夕时乃至。穰苴以迟到而斩杀庄贾，以徇三军。

⑪过听：误听。这里是李靖谦虚的说法。

⑫擢：提拔。不次：不按寻常的次序。

【译文】

太宗说："你平定萧铣时，诸位将领都想没收萧铣的家产用来奖赏士卒们，只有你不同意，用蒯通不被汉朝所杀的原因来说服大家，不久江汉一带都来归顺。我因此想到古人有句话说'文能抚众，武能威敌'，这说的就是你吧？"

李靖说："光武帝平定赤眉起义军后，曾到起义军营内巡视，起义军士们说'萧王推心置腹'，这大概是萧王先料到人性本来并不是恶的，难道不是事先考虑吗？我讨伐覆灭突厥时，总领番汉之兵，出塞千里，未曾杀害人，也同样是推赤诚之心而保持了极公正的做法。陛下所听，言过其词，没按次序而破格提拔我，说到文武方面的才能，我怎么敢当呢?"

太宗曰："昔唐俭使突厥①，卿因击而败之。人言卿以俭为死间②，朕至今疑焉。如何?"

靖再拜曰："臣与俭比肩事主，料俭说必不能柔服，故臣因纵兵击之，所以去大患不顾小义也。人谓以俭为死间，非臣之心。案《孙子》，用间最为下策，臣尝著论，其末云：水能载舟，亦能覆舟。或用间以成功，或凭间以倾败，若束发事君③，当朝正色④，忠以尽节⑤，信以竭诚，虽有善间，安可用乎? 唐俭小义，陛下何疑?"

太宗曰："诚哉! 非仁义不能使间，此岂纤人所为乎⑥? 周公大义灭亲⑦，况一使人乎? 灼无疑矣⑧!"

【注释】

①唐俭：字茂约，并州晋阳（今山西太原）人。曾劝太宗趁隋政乱而建大事。后佐太宗平定天下。并多次出使突厥，为太宗平定突厥创造了有利条件。

②死间：指在敌方从事间谍活动，故意将我方假情报泄露给敌人来扰乱敌人，使敌方以假为真，中我间计。因搞这种活动的人被发现后，往往被处死，所以称为"死间"。

③束发：古代男孩成童，将头发束成一髻，因用以代指成童。这里指长大成人。

④正色：表情端庄严肃。

⑤尽节：尽心竭力，保全节操。

⑥纤人：品格卑劣的人。犹言小人。

⑦周公：姬旦，周文王子。曾辅助武王灭纣，建立周王朝。他被封
　于鲁。武王死后，成王年幼，周公摄政。后管叔、蔡叔挟殷的后
　代武庚作乱，周公东征，平定了武庚等叛乱。事详《史记·鲁周
　公世家》。

⑧灼：明白，清楚。

【译文】

太宗说："从前唐俭出使突厥，你趁势击败了突厥。有人说你让唐
俭做死间，我至今仍疑惑这件事。到底怎么样呢？"

李靖拜了两拜以后说："我和唐俭并肩事奉您，我估计到唐俭靠劝
说一定不能使突厥顺服，所以我就起兵出击突厥，因此为了消除大患
就顾不得小义了。有人说我以唐俭为死间，不是我的本心。按《孙子兵
法》所讲，用间谍为最下策，我曾论述这种观点，在末尾说：水能浮船，
但也能使船颠翻。有人用间因此而成功，有人用间因此而失败，就像一
个人从长大成人后就事奉君主，在朝上端庄严肃，尽心竭力地效忠君
主，竭尽真诚来取信于君主，在这种情况下虽有善于做间谍的人，又怎
么可以用得上呢？唐俭这种小的情义，陛下有什么可疑惑的呢？"

太宗说："确实是这样啊！不仁义就不能使用间谍，这哪里是小人
能做到呢？周公大义灭亲，何况一个使者呢？我现在明白无疑了！"

太宗曰："兵贵为主①，不贵为客②；贵速，不贵久。何
也？"

靖曰："兵，不得已而用之，安在为客且久哉？《孙子》
曰'远输则百姓贫'③，此为客之弊也。又曰'役不再籍，
粮不三载'④，此不可久之验也。臣较量主客之势，则有变
客为主、变主为客之术。"

【注释】

①主：古代军事术语。指战争中在自己的土地上防御的一方。

②客：古代军事术语。指在战争中进入他人境内的一方，即指进攻的一方。

③远输则百姓贫：语见《孙子兵法·作战》。意谓远道运输就会使百姓贫困。

④役不再籍，粮不三载：语见《孙子兵法·作战》。意谓兵员不能多次征集，粮食不多次运送。役，这里指士卒兵员。籍，征。再、三，这里都是指多次的意思，非确指。

唐墨绿地狩猎纹绢

【译文】

太宗说："用兵以防御为贵，不以进攻为贵；进攻时要迅速，不能太久。这是为什么呢？"

李靖说："用兵作战，是在不得已的情况下才使用的，哪里能在进攻时拖延太久呢？《孙子兵法》上说'远途运输就会使百姓困窘'，这是进攻一方的最大弊端。又说'兵员不可以多次征集，粮食不可以多次运输'，这是作战不可太久的经验。我比较了一下防御和进攻两方的形势，就有了变客为主、变主为客的方法。"

太宗曰："何谓也？"

靖曰："'因粮于敌'①，是变客为主也；饱能饥之，佚能劳之'②，是变主为客也。故兵不拘主客迟速③，唯发必中节④，所以为宜。"

【注释】

①因粮于敌：语见《孙子兵法·作战》。意谓在敌人的领土上就地解决粮食。因，依靠。

②饱能饥之，佚能劳之：语见《孙子兵法·虚实》。原文作"佚能劳之，饱能饥之"，意谓敌军粮食充足，我军能使他饥饿；敌军休息得好，我军能使他疲劳。饱，指粮食充足，可以使士兵吃饱。佚，安逸，舒缓。

③拘：拘泥。

④中节：合乎法度。

【译文】

太宗说："主客变易的方法如何讲呢？"

李靖说："依靠敌方解决粮草，是变客为主的方法；敌人饱了能使他饥饿，敌人安逸舒缓了能使他疲劳，是变主为客的方法。所以用兵不能拘泥于主、客、迟、速，只要用兵能合乎法度，就算合适。"

太宗曰："古人有诸①？"

靖曰："昔越伐吴②，以左右二军鸣鼓而进，吴分兵御之。越以中军潜涉不鼓③，袭败吴师，此变客为主之验也。石勒与姬澹战④，澹兵远来，勒遣孔苌为前锋，逆击澹军⑤，孔苌退而澹来追，勒以伏兵夹击之，澹军大败，此变劳为佚之验也。古人如此者多。"

【注释】

①诸："之乎"的合音。

②越：古国名。亦称"於越"。姒姓。相传始祖是夏代少康的庶子无余，建都会稽（今浙江绍兴）。春秋末年，常与吴国相战，公元前494年为吴王夫差所败。越王勾践卧薪尝胆，刻苦图强，于公元前473年攻灭吴国。并向北发展，成为霸主。疆域为今江苏北部运河以东地区、江苏南部、安徽南部、江西东部和浙江北部。战国时国力衰弱，约在公元前306年为楚所灭。吴：古国名。也称"句吴""攻吴"。姬姓。始祖是周太王之子太伯、仲雍，疆域为今江苏、上海大部和安徽、浙江的一部分地区。建都于吴（今江苏苏州）。春秋后期，国力始强。公元前506年吴王阖闾一度攻破楚国。传到其子夫差，又战胜越国，迫使越王勾践屈服求和，并北上与晋争霸。公元前473年为越所灭。

③潜涉：偷渡。

④石勒与姬澹战：石勒，字世龙，上党武乡（今山西榆社北）人。羯族。公元319年，自称赵王，建立政权，史称"后赵"。太和元年（328）灭前赵，取得中国北方的大部分地区，建都襄国（今河北邢台）。三年（330），称帝。死后子弘嗣位，被石虎所废。姬澹，《资治通鉴》作"箕澹"，字世稚，代（今河北蔚县）人。晋愍帝建兴四年（316），石勒率兵围攻乐平（今山西昔阳西南），乐平郡太守韩据向侍中太尉刘琨求救，刘琨命姬澹率步骑二万为前锋，刘琨屯兵广牧作为援兵。石勒遣孔苌为前锋，自己占据险要地区，在山上广设疑兵，命轻骑与姬澹战，后石勒兵伴

败而退，姬澹纵兵追击，结果中计，被石勒所败。事见《晋书·石勒载记》。

⑤逆：迎。

【译文】

太宗说："古人有这种方法吗？"

李靖说："从前越国讨伐吴国时，分左、右二军击鼓而进，吴国分兵抵御越国军队。越国用中军息鼓偷渡，击败了吴国军队，这是变客为主的经验。石勒与姬澹作战，姬澹的军队远道而来，石勒派孔苌为前锋，迎战姬澹的军队，孔苌装败而退，姬澹前来追击，石勒用伏兵来夹击澹军，结果姬澹的军队大败，这是变劳为逸的经验。古人像这样的事例有很多。"

明刊本《春秋列国志》"吴越大交兵图"

太宗曰："铁蒺藜、行马①，太公所制，是乎？"

靖曰："有之，然拒敌而已。兵贵致人，非欲拒之也。太公《六韬》言守御之具尔，非攻战所施也。"

【注释】

①铁蒺藜：亦称"渠答"，中国古代军用障碍物。一种状似蒺藜籽的多刺钉，通常布设在地上或浅水中，用以阻碍敌方人马、车辆的行动。古时用尖锐的铁片连缀而成，形如蒺藜。《六韬·虎

韬·军用》云："狭路微径，张铁蒺藜，芒高四寸，广八寸，长六尺以上，千二百具。"行马：古代军事上的防御武器。《六韬·虎韬·军用》云："三军拒守：木螳螂剑刃扶胥，广二丈，百二十具，一名行马。"

【译文】

太宗说："铁蒺藜、行马，有人说是姜太公所发明的，是吗？"

李靖说："有这件事，不过这是拒止敌人前进的工具而已。用兵贵在调动敌人，不是要拒止敌人。姜太公《六韬》中说的是守卫防御的工具，不是攻战的设施。"

卷　下

【题解】

　　本卷共14节。针对《孙子兵法》《六韬》《司马法》《尉缭子》《吴子》等兵书中的"诡道""分合""误敌""攻守""慎战""治气"等原则做了比较详细的阐述，并提出了自己的看法。此外，又借鉴汉朝历史故事和当时的情况论述了选将用人之道。最后，还论述了学习兵法应该采用循序渐进的方法，以为总结。

　　太宗曰："太公云'以步兵与车骑战者，必依丘墓险阻'①，又孙子云'天隙之地，丘墓故城，兵不可处'②，如何？"

　　靖曰："用众在乎心一，心一在乎禁祥去疑③。倘主将有所疑忌则群情摇，群情摇则敌乘衅而至矣。安营据地，便乎人事而已。若涧、井、陷、隙之地④，及如牢如罗之处⑤，人事不便者也，故兵家引而避之，防敌乘我。丘墓故城，非绝险处，我得之为利，岂宜反去之乎？太公所说，兵之至要也。"

【注释】

　　①丘墓：丘陵墓穴。

　　②"又孙子云"句：今本《孙子兵法》无此文。今本《孙子兵法·行军》有类似的文句，云："凡地有绝涧、天井、天牢、天罗、天

陷、天隙，必亟去之，勿近也。"意谓凡遇到绝涧（两岸峭壁，
水流其间的地形）、天井（四周高峻，中间低洼的地形）、天牢
（三面环绝，易进难出的地形）、天罗（荆棘丛生，行动困难的地
形）、天陷（地势低洼，泥泞易陷的地形）、天隙（深山峡谷的
地形），一定要迅速离开，不要靠近。

③禁祥去疑：禁止迷信活动，消除疑虑。祥，妖祥。这里泛指占卜
　等迷信活动。

④涧：绝涧。井：天井。陷：天陷。隙：天隙。以上四种地形参见
　上注。

⑤如牢如罗：像天牢、天罗的地形。

【译文】

太宗说："太公说'用步兵和车骑作战时，一定要依靠丘陵墓穴等
险阻地形'，孙子又说'天隙之地，丘陵墓穴及旧城废墟的地方，军队
不可停留'，为什么呢？"

李靖说："使用士卒在于心志专一，心志专一在于禁止迷信活动和
消除疑虑。倘若主将有所疑忌，那么广大士卒的心情就会动摇，广大士
卒一动摇，敌人就会乘着背叛的心理而进攻。安营扎寨的地方，要方便
行事。像绝涧、天井、天陷、天隙等地形和像天牢、天罗的地形，是人
事不便利的地方，所以兵家都要带领军队避开这种地方，防御敌人乘我
不便而进攻。丘陵墓穴和旧城废墟之地，也并非绝对危险的地方，我们
能得到它并变为有利之处，难道反而舍弃它吗？太公所说的，是用兵时
至关重要的。"

太宗曰："朕思凶器无甚于兵者，行兵苟便于人事，岂
以避忌为疑？今后诸将有以阴阳拘忌失于事宜者①，卿当丁

宁诫之^②。"

靖再拜谢曰："臣案《尉缭子》云，黄帝以德守之，以刑伐之，是谓'刑德'，非天官时日之谓也^③。然诡道可使由之^④，不可使知之。后世庸将泥于术数，是以多败，不可不诫也。陛下圣训，臣宜宣告诸将。"

【注释】

①拘忌：拘束畏忌。

②丁宁：即叮咛。

③天官：天文星象等的总称。凡所谓瞻云、望日、察气、观星、奇门遁甲都与天象有关，故称"天官"。这里的"天官时日"指日月星辰的运行变化。古人十分重视日月星辰的运行变化，他们往往把这种自然现象和人事附会起来，认为天、人是相应的。李靖在这里批判了这种迷信思想。《尉缭子》有《天官》篇，论述较详，可参考。

④由：用，行。

【译文】

太宗说："我想凶器中没有能比过兵器的，军事行动如果便于人事，岂可因为避忌来怀疑？今后诸位将领如有因为拘束畏忌而耽误了大事的，你应当再三叮嘱告诫他们。"

李靖拜了两拜后说："我参考《尉缭子》上说，黄帝用德来守天下，用刑来讨伐暴乱，这就叫作'刑德'，不是天官时日的说法。然而诡诈之道可以让人去执行，但不可以让他们知道为什么要去执行的原因。后来的平庸之将拘泥于阴阳五行生克制化的数理，所以大多失败，不可不告诫他们。陛下圣明的训导，我当宣告诸位将领。"

太宗曰:"兵有分有聚,各贵适宜。前代事迹,孰为善此者?"

靖曰:"苻坚总百万之众而败于淝水,此兵能合不能分之所致也。吴汉讨公孙述①,与副将刘尚分屯②,相去二十里,述来攻汉,尚出合击,大破之,此兵分而能合之所致也。太公云:'分不分,为縻军;聚不聚,为孤旅③。'"

太宗曰:"然。苻坚初得王猛④,实知兵,遂取中原。及猛卒,坚果败,此縻军之谓乎?吴汉为光武所任,兵不遥制,故汉果平蜀,此不陷孤旅之谓乎?得失事迹,足为万代鉴。"

吴汉像
汉光武帝"云台二十八将"之一。

【注释】

①吴汉:字子颜,南阳宛(今河南南阳)人。新莽末年,亡命渔阳(今北京密云),以贩马为业。后归刘秀,为偏将军,征发渔阳等郡骑兵,助刘秀消灭王郎的割据势力,并镇压铜马、重连等农民起义军。刘秀即位后,任大司马,封广平侯,转战各地,率军伐蜀,攻灭了割据益州的公孙述。公孙述:字子阳,扶风茂陵(今陕西兴平东北)人。新莽时,为导江卒正(蜀郡太守)。后起兵,据益州称帝,号成家。建武十二年(36)为汉军所破,被杀。

②刘尚:吴汉的副将,曾任武威将军。在

歼灭公孙述的战役中，率军万余屯驻江南，策应吴汉主力攻打成都公孙述。

③"分不分"四句：意谓欲分而不能分的军队叫作"縻军"，欲聚而不能聚的军队叫作"孤旅"。縻军，束缚其军，使不得自由行动。《孙子兵法·谋攻》亦云："不知军之不可以进而谓之进，不知军之不可以退而谓之退，是谓'縻军'。"孤旅，孤独无援的军队。

④王猛：字景略，北海剧（今山东寿光东南）人。十六国时前秦大臣。出身贫寒。桓温入关，他曾往见，扪虱而谈天下大事。后为符坚谋士，甚见信任，累迁司徒、录尚书事。他整顿吏治，加强中央集权。建元六年（370），统兵消灭前燕，留镇邺，都督关东六州。不久，入朝为丞相。建元十一年（375）他病危时，曾认为东晋无隙可乘，建议符坚不宜攻晋，但未被采纳，结果符坚战败于淝水。

【译文】

太宗说："作战用兵有时分散，有时聚集，贵在使用恰当。前代的事迹，谁在这方面用得好呢？"

李靖说："符坚率百万之众而在淝水战败，这就是用兵时只能合而不能分开的原因所致。吴汉讨伐公孙述时，与副将刘尚分别屯驻在两地，彼此相离二十里，公孙述率兵来攻吴汉时，刘尚出兵会合共同还击，把公孙述打得大败，这就是本来部队是分开的但使用时能集中使用的原因所致。太公说：'想分而分不开的军队，叫作"縻军"；想集中而集中不起来的军队，叫作"孤旅"。'"

太宗说："是这样。符坚一开始得到王猛时，确实知道王猛懂得用兵，于是能夺取中原地区。到王猛死后，符坚果然失败了，这就是所说的'麋军'吗？吴汉被光武帝所信任，用兵作战不受远处挟制，所以吴汉果然平定了蜀地，这不是所说的陷入孤军吗？一得一失的事迹，足可以作为万代的借鉴。"

太宗曰："朕观千章万句，不出乎'多方以误之'一句而已^①。"

靖良久曰："诚如圣语。大凡用兵，若敌人不误，则我师安能克哉？譬如弈棋，两敌均焉，一着或失，竟莫能救。是古今胜败，率由一误而已^②，况多失者乎？"

【注释】

①多方以误之：多设方略来迷惑敌人。

②率：大概，一般。

【译文】

太宗说："我看了很多兵书，都出不了'多方以误之'一句。"

李靖停了好久说："确实像陛下所说。大凡用兵作战，如果敌人不误，我军怎么能取得胜利呢？比如下棋，双方势均力敌，一步失误了，竟不能挽救。古今胜败，大概皆因为一误而已，何况经常失误呢？"

太宗曰："攻、守二事，其实一法欤？《孙子》言：'善攻者，敌不知其所守；善守者，敌不知其所攻^①。'即不言敌来攻我，我亦攻之；我若自守，敌亦守之。攻守两齐，其术奈何？"

靖曰："前代似此相攻相守者多矣，皆曰'守则不足，攻则有余'^②。便谓不足为弱，有余为强，盖不悟攻守之法也。臣案《孙子》云：'不可胜者，守也；可胜者，攻也^③。'

谓敌未可胜则我且自守，待敌可胜则攻之尔，非以强弱为辞也。后人不晓其义，则当攻而守，当守而攻。二役既殊，故不能一其法。"

【注释】

①"善攻者"四句：语见《孙子兵法·虚实》。意谓善于进攻的军队，能使敌人不知怎么防守；善于防守的军队，能使敌人不知怎么进攻。

②守则不足，攻则有余：意谓采取守势是因为取胜的条件不足，采取攻势是因为取胜的条件有余。

③"不可胜者"四句：语见《孙子兵法·军形》。意谓不能战胜敌人时应采取防守的办法，可以战胜敌人时应采取进攻的方法。

【译文】

太宗说："攻、守这两类事，其实际内容是一种法则吗？《孙子兵法》说：'善于进攻的军队，敌人不知怎么防守；善于防守的军队，敌人不知怎么进攻。'却没讲敌来攻我，我也攻敌；我如果采取防守，敌人也采取防守这类情况。如进攻和防守都有，那又该用什么方法呢？"

李靖说："前代像这样互相攻守的事很多，都说'采取防守是因为取胜的条件不足，采取攻势是因为取胜的条件有余'。这便是说不足就是弱，有余就是强，大概是不明白进攻和防守的方法。我参考《孙子兵法》上所说：'不能战胜敌人时，就采取防守的办法；可以战胜敌人时，就采取进攻的方法。'这是说敌人不能被战胜时我就暂且先自守，等到敌人可以被战胜时就进攻他，不是根据强弱来说的。后人不明白它的含义，应当进攻时反而防守，应当防守时反而进攻。两种情况既然不同，所以也不能采取一种方法。"

太宗曰："信乎^①！有余不足，使后人惑其强弱，殊不知守之法要在示敌以不足，攻之法要在示敌以有余也。示敌以不足则敌必来攻，此是敌不知其所攻者也；示敌以有余则敌必自守，此是敌不知其所守者也。攻守一法，敌与我分为二事。若我事得则敌事败，敌事得则我事败，得失成败，彼我之事分焉。攻守者，一而已矣，得一者百战百胜，故曰'知彼知己，百战不殆'。其'知一'之谓乎？"

靖再拜曰："深乎！圣人之法也。攻是守之机，守是攻之策，同归乎胜而已矣。若攻不知守，守不知攻，不惟二其事^②，抑又二其官^③，虽口诵孙、吴，而心不思妙攻、守二齐之说，其孰能知其然哉？"

【注释】

①信：的确，确实。

②二其事：把二事分开。

③官：这里指职责。

【译文】

太宗说："的确是这样啊！有余和不足这两种情况，使后来的人误认为是指力量的强弱而言，殊不知防守的关键是要使敌人误认为我们力量不足，而进攻的关键是要使敌人误认为我们的力量有余。让敌人认为我们的力量不足，敌人一定来进攻我们，这就是敌人不明白他所要进攻的原因；让敌人认为我们的力量有余，敌人一定闭门自守，这就是敌人不明白他所要自守的原因。进攻和防守的法则一样，敌人和我们分为两个方面。如果我们得手，敌人就会失败；如果敌人得手，我们就会失败，敌我得失成败之事分得很清楚。进攻和防守的方法是一样的，能得一的人百战

百胜,所以说'知彼知己,百战不殆',这就是所说的'知一'吗?"

　　李靖拜了再拜后说:"圣人之法是很深远的啊!进攻是防守的转机,防守是进攻的策略,进攻和防守都是为了达到胜利而已。如果只知进攻不知防守,只知防守不知进攻,这不仅是把二事分开,而且又把二者的职责也分开了,虽然口中说着孙、吴兵法,而内心却不去思考进攻和防守两全齐美的妙用,那谁能知道它为什么要这样呢?"

　　太宗曰:"《司马法》言:'国虽大,好战必亡;天下虽平,忘战必危^①。'此亦攻守一道乎?"

　　靖曰:"有国有家者^②,曷尝不讲乎攻守也?夫攻者,不止攻其城击其陈而已,必有攻其心之术焉^③;守者,不止完其壁坚其陈而已^④,必也守吾气而有待焉。大而言之,为君之道；小而言之，为将之法。夫攻其心者，所谓知彼者也；守吾气者，所谓知己者也。"

【注释】

①"国虽大"四句：语见《司马法·仁本》。意谓国家虽然强大，但好战者一定会灭亡。天下虽然安定，但忘记了战争就一定会危险。

②有国有家者：即有国家者，指主持国政的君主。

③攻其心之术：从精神上或思想上瓦解对方的斗志，使之心服。《三国志·蜀书·马谡传》注引《襄阳记》云："夫用兵之道，攻心为上，攻城为下；心战为上，兵战为下。"

④壁：营垒。

【译文】

太宗说："《司马法》上说：'国家虽然强大，但好战者一定会灭亡；天下虽然平安，但忘记了战争就一定会危险。'这也是进攻和防守的一种道理吧？"

李靖说："主持国政的君主，何尝不讲求攻防之道？所谓进攻，不仅要攻击它的城池攻击它的阵营，还必须有攻心的方法；所谓防守，不仅要保全自己的营垒坚固自己的阵地，还必须保持我的士气而有所等待。大的方面说，这是做君主的道理；小的方面说，这是做将领的方法。攻其心，就是所讲的知彼那种情况；保持我的士气，就是所讲的知己那种情况。"

太宗曰："诚哉！朕常临陈，先料敌之心与己之心孰审①，然后彼可得而知焉；察敌之气与己之气孰治②，然后我可得而知焉。是以知彼知己，兵家大要。今之将臣，虽未知彼，苟能知己，则安有失利者哉？"

靖曰："孙武所谓'先为不可胜'者③，知己者也；'以待敌之可胜'者④，知彼者也。又曰：'不可胜在己，可胜在敌⑤。'臣斯须不敢失此诫⑥。"

【注释】

①审：慎重，谨慎。这里指周密。

②治：安定。

③先为不可胜：意谓首先要创造条件，使自己不致被敌人战胜。

④以待敌之可胜：意谓等待和寻求敌人可能被我战胜的时机。

⑤不可胜在己，可胜在敌：语见《孙子兵法·军形》。意谓使自己不可被敌人战胜的主动权在于自己，可能战胜敌人的原因在于敌人有可乘之隙。或者说首先克服自己的缺点，使敌人不能胜我，这个主动权在自己手里；敌人犯不犯错误、什么时候暴露弱点使我可战胜敌人，这事在于敌人。

⑥斯须：片刻。

【译文】

太宗说："确实是这样啊！我从前临阵作战时，首先要估计一下敌人的思想和我军的思想谁比较谨慎，然后敌军的虚实情况就可以知道；仔细观察敌军的士气和我军的士气谁比较安定，然后我军的强弱情况就可以明白。所以知彼知己是兵家的要旨。现在的将臣们虽然不能了解敌人，如果能了解自己，哪里还会失利呢？"

李靖说："孙武所说的'先创造条件使自己不被敌人所战胜'的情况，是知己；'等待敌人可以被我战胜的时机'的情况，是知彼。他又说：'使自己不被敌人所战胜的主动权在自己，可以战胜敌人的原因在于敌人有隙可乘。'我片刻也不敢忘记这一训诫。"

太宗曰："《孙子》言三军可夺气之法①：'朝气锐，昼气惰，暮气归。善用兵者，避其锐气，击其惰归②。'如何？"

靖曰："夫含生禀血③，鼓作斗争，虽死不省者④，气使然也。故用兵之法，必先察吾士众，激吾胜气，乃可以击敌焉。吴起'四机'⑤，以气机为上，无他道也。能使人人自斗，则其锐莫当。所谓朝气锐者，非限时刻而言也，举一日始末为喻也。凡三鼓而敌不衰不竭，则安能必使之惰归哉？盖学者徒诵空文，而为敌所诱。苟悟夺之之理，则兵可任也。"

【注释】

①夺气：挫伤士气。

②"朝气锐"六句：语见《孙子兵法·军争》。孙武在这里用早、午、晚三段时间来比喻作战时开始、中间、末尾三个阶段的士气。意谓军队初战时士气较旺盛，经过一段时间后就逐渐怠惰，到了后期士卒就会气竭思归。所以善于用兵的人，总是避开敌人的锐气，等到敌人气竭思归时才去出击。

③含生禀血：指有生命者。含生，佛教名词。泛指一切有生命者。禀血，禀受于天的血气。

④省（xǐng）：省悟。

⑤四机：《吴子·论将》云："凡兵有四机：一曰气机，二曰地机，三曰事机，四曰力机。"又云："三军之众，百万之师，张设轻

重，在于一人，是谓气机；路狭道险，名山大塞，十夫所守，千夫不过，是谓地机；善行间谍，轻兵往来，分散其众，使其君臣相怨，上下相咎，是谓事机；车坚管辖（车轴两头的插销，用来防止车轮脱落），舟利橹楫（划船工具），士习战陈，马闲驰逐，是谓力机。"

【译文】

太宗说："《孙子兵法》上讲的三军可以挫伤士气的方法：'初战时士气旺盛，经过一段时间后就逐渐怠惰，到了后期士卒就会气竭思归。善于用兵的人，能避开敌人的锐气，而在气竭思归时去进攻它。'此说如何？"

李靖说："人是有生命的，一旦被鼓舞参加斗争，虽死也不会省悟，这是气血使他这样。所以用兵的方法，一定要先考察我的士卒，激发我军必胜的士气，这样才可以去进攻敌人。吴起所讲的'四机'，以气机为上，没有别的道理。能使每个人都奋战自斗，那么他将锐不可当。所谓一开始士气旺盛，不是指限于时刻而言，而是举一天的始末作为比喻。凡三鼓以后而敌人气势不衰不竭，那怎么能一定让敌人气竭思归呢？大概有些学兵法的人只会背诵空文，而被敌人所诱骗。如果一旦领悟了能战胜敌人的道理，就可以带兵作战了。"

太宗曰："卿尝言李勣能兵法①，久可用否？然非朕控御则不可用也，他日太子治若何御之②？"

靖曰："为陛下计，莫若黜勣③，令太子复用之，则必感恩图报，于理何损乎？"

太宗曰："善！朕无疑矣。"

【注释】

①能兵法：通晓兵法。

②他日：以后。太子治：即唐高宗。名治，字为善。公元643年立
　为太子，公元650年即位。

③黜：贬职，废免。

【译文】

太宗说："你曾说李勣通晓兵法，久后可以任用吗？然而不是我控
制驾驭他就不可以用，以后太子李治治理国家时，如何控制驾驭他呢？"

李靖说："我为陛下筹划，不如废免李勣，令太子再起用他，他一
定会感恩图报，在道理上有什么伤害呢？"

太宗说："很好！我没什么疑虑了。"

太宗曰："李勣若与长孙无忌共掌国政①，他日如何？"

靖曰："勣，忠义臣，可保任也②。无忌佐命大功③，陛
下以肺腑之亲④，委之辅相；然外貌下士，内实嫉贤。故尉
迟敬德面折其短⑤，遂引退焉；侯君集恨其忘旧⑥，因以犯
逆。皆无忌致其然也。陛下询及臣，臣不敢避其说。"

太宗曰："勿泄也，朕徐思其处置。"

【注释】

①长孙无忌：字辅机，洛阳（今属河南）人。太宗长孙后之兄。武
　德九年（626）策动玄武门之变，助太宗夺取了帝位。以皇亲及
　元勋地位，历任尚书右仆射、司空、司徒等职，封赵国公。曾
　奉命与房玄龄等修定唐律。贞观二十三年（649）受命辅立高宗。
　高宗即位，任太尉、同中书门下三品。又奉命与律学之士对唐律

逐条解释，成《唐律疏议》三十卷。后因反对高宗立武则天为后，被放逐于黔州，自缢而死。

②保任：担保。据唐律，被保任的人如有罪，举主按所任罪减二等处分。

③佐命：古代帝王建立王朝，自谓承天受命，故称辅佐之臣为"佐命"。

④肺腑：比喻帝王的亲近。

⑤尉迟敬德：即尉迟恭，字敬德，朔州善阳（今山西朔州）人。隋末从刘武周为将，后降唐。曾击败王世充军，并参加镇压窦建德、刘黑闼起义军。武德九年（626）玄武门之变，助李世民夺取帝位。历任泾州道行军总管、襄州都督等职。始封吴国公，后

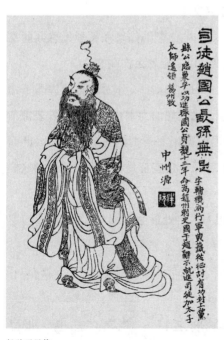

长孙无忌像
唐太宗"凌烟阁二十四功臣"之一。

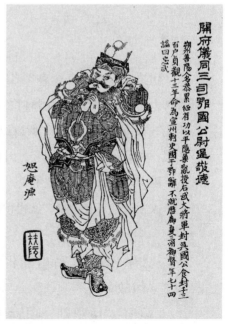

尉迟敬德像
唐太宗"凌烟阁二十四功臣"之一。

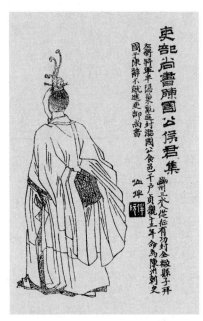

侯君集像
唐太宗"凌烟阁二十四功臣"之一。

封鄂国公。晚年笃信方术，杜门不出。面折其短：当面犯颜，指责人的缺点。

⑥侯君集：豳州三水（今陕西旬邑）人。初从李世民作战，累迁至左虞候、车骑将军。太宗即位后历任右卫大将军、兵部尚书等职。贞观九年（635）从李靖攻吐谷浑。十三年（639）末任交道河行军大总管。次年，平定高昌。后与太子李承乾谋反，被杀。

【译文】

太宗说："李勣如果和长孙无忌共同掌管国事，以后会怎么样呢？"

李靖说："李勣是个忠义之臣，可以担保。长孙无忌有辅佐陛下建国的大功，陛下把他当作肺腑之亲，又委任他为宰相；然而他外表谦恭下士，内心却嫉妒贤能。所以尉迟敬德当面指责他的短处，并因此而引退；侯君集恨他忘记旧交，因此谋反。这些都是长孙无忌使他们这样的。陛下问及我，我不敢不说。"

太宗说："不要泄漏，我慢慢思考后再处置他。"

太宗曰："汉高祖能将将，其后韩、彭见诛①，萧何下狱②，何故如此？"

靖曰："臣观刘、项皆非将将之君③。当秦之亡也，张良本为韩报仇，陈平、韩信皆怨楚不用④，故假汉之势，自为奋尔。至于萧、曹、樊、灌⑤，悉由亡命⑥，高祖因之以得天下。设使六国之后复立⑦，人人各怀其旧，则虽有能将将之才，岂为汉用哉？臣谓汉得天下，由张良借箸之谋、萧何漕挽之功也⑧。以此言之，韩、彭见诛，范增不用⑨，其事同也。臣故谓刘、项皆非将将之君。"

【注释】

①韩：指韩信。彭：指彭越，字仲，砀郡昌邑（今山东巨鹿）人。秦末聚兵起义。楚汉战争中，将兵三万余归刘邦，略定梁地，屡断项羽粮道。不久率兵从刘邦击败项羽于垓下（今安徽灵璧南）。封梁王。汉朝建立后，因被告发谋反，为刘邦所杀。

②萧何：沛县（今属江苏）人。曾为沛县吏，秦末佐刘邦起义。楚汉战争中，荐韩信为大将，他以丞相身份留守关中，输送士卒粮饷，支援作战。对刘邦战胜项羽、建立汉朝起了重要作用。后封酂侯。定律令制度。协助刘邦消灭韩信、陈豨、英布等异姓诸侯

鸿门宴壁画（摹本）

鸿门，为地名。秦末，项羽与刘邦争夺天下，项羽于鸿门设宴，想在宴会上除掉刘邦。宴会前后，刘邦积极应变，最后逢凶化吉。事见《史记·高祖本纪》。

王。高祖十二年（前195），因奏请开放上林苑为耕地而被下狱。

③刘：指刘邦。项：指项羽，名籍，字羽，下相（今江苏宿迁西南）人。秦二世元年（前209）从叔父项梁在吴（今江苏苏州）起义。项梁战死后，秦将章邯围赵，楚怀王任宋义为上将军，任他为次将，率军往救。宋义到安阳逗留不进，他杀死宋义，亲自率兵前往救赵。在巨鹿之战中摧毁秦军主力。秦亡后，自立为西楚霸王，并大封诸侯王。在楚汉战争中，为刘邦击败。最后从垓下突围到乌江（今安徽和县东北）自杀。将将之君：率领将领的君主。

④陈平：汉初阳武（今河南原阳东南）人。陈胜起义，他投魏王咎，为太仆。后从项羽入关，任都尉。旋归刘邦，任护军中尉。曾建议用反间计使项羽去谋士范增，并以爵位笼络大将韩信，为刘邦

明刻本《赤松记》"项羽垓下之围图"

所采纳。汉朝建立，封曲逆侯。

⑤萧：指萧何。曹：指曹参，沛县（今属江苏）人。秦末从刘邦起义，屡建战功。汉朝建立后，封平阳侯，曾任齐相九年。协助高祖平定陈豨、英布等异姓诸侯王叛乱。樊：指樊哙，沛县（今属江苏）人。初随刘邦起义，为其部将，以军功封贤成君。秦亡后，项羽谋士范增拟在鸿门宴上谋杀刘邦，他直入营门，斥责项羽，刘邦始得脱走。汉初，随刘邦击破臧荼、陈豨和韩王信的叛乱，任左丞相，封舞阳侯。灌：指灌婴，睢阳（今河南商丘南）人。秦末农民战争中从刘邦转战各地。后从韩信击破齐军，并攻杀项羽。刘邦称帝后，他任车骑将军，封颍阳侯。

⑥亡命：逃亡在外。《史记索隐》引崔浩曰："亡，无也；命，名也。逃匿则削除名籍，故以逃为亡命。"

⑦设使：假使，假若。

⑧张良借箸之谋：秦末楚汉相争，郦食其劝刘邦立六国后代，共同攻楚。正当刘邦吃饭时，张良入见，认为此计不可行。于是借刘邦吃饭用的筷子来摆画当时的形势，为刘邦谋划。后以"借箸之谋"指代人策划。萧何漕挽之功：楚汉战争中，刘邦常失军亡众。由于萧何不断从关中利用水、陆运输补助军需粮秣，才使刘邦扭转局势，并为战胜项羽提供了雄厚的物质基础。漕挽，运输粮饷。水运曰"漕"，陆运曰"挽"。

⑨范增：居巢（今安徽六安）人。秦末农民战争时，劝项梁立楚王族后裔为楚怀王。秦军围巨鹿，楚怀王派宋义、项羽等救赵，以他为末将。后属项羽，为其主要谋士，被尊为亚父。他屡劝项羽杀刘邦，项羽不听。后项羽中刘邦反间计，削其权力，他愤而离去，途中病死。

【译文】

太宗说："汉高祖是能够统率将领的君主，但到后来韩信、彭越都被诛杀，萧何被下狱，为什么要这样做呢?"

李靖说："我认为刘邦、项羽都不是能统率将领的君主。在秦朝灭亡之后，张良本来是想为韩国报仇，陈平、韩信都怨恨楚王不任用他们，所以借汉王的势力，自己奋斗。至于像萧何、曹参、樊哙、灌婴，他们都是在外逃亡的人，高祖利用这些人而建立了政权。假使六国的后代重新建立国家，人人都怀念各自的旧国，虽然有统率将领的才能，难道可以被汉王利用吗? 我认为汉王能得天下，是因为张良借箸之谋、萧何漕挽之功。从这方面讲，韩信、彭越被杀，范增不被任用，他们的事情是相同的。所以我说刘邦、项羽都不是能统率将领的君主。"

太宗曰："光武中兴^①，能保全功臣，不任以吏事，此则善于将将乎?"

靖曰："光武虽藉前构^②，易于成功，然莽势不下于项籍，寇、邓未越于萧、曹^③，独能推赤心、用柔治^④，保全功臣，贤于高祖远矣! 以此论将将之道，臣谓光武得之。"

【注释】

①中兴：由衰落而重新兴盛。

②藉：同"借"。前构：前人缔造。

③寇：指寇恂，字子翼，上谷昌平（今北京昌平）人。世为地方豪强。刘秀占有河内，他被任为太守，负责转运军需，并与冯异镇压绿林军苏茂、贾强等部。后历任颍川、汝南太守，封雍奴侯。事见《后汉书·寇恂传》。邓：指邓禹，字仲华，南阳新野（今

河南新野南）人。初从刘秀镇
压河北的铜马等农民起义军。
后为前将军，率军入河东，镇
压绿林军王匡、成丹等部。刘
秀即位后，任大司徒，封酂侯。
后又渡河入关，所部号称百万，
不久为赤眉起义军所败。刘秀
统一全国以后，改封高密侯。

④推赤心：指以至诚待人。赤心，
真诚的心。柔治：以柔和温顺
的方法治事。

寇恂像
汉光武帝"云台二十八将"之一。

【译文】

太宗说："光武帝能由衰落而重新
兴盛，并能保全有功之臣，不让他们
担任官吏，这是善于统率将领吗？"

李靖说："光武帝虽然凭借前人缔造的事业，易于成功，但是王莽的
势力并不在项羽之下，寇恂、邓禹的能力也未超过萧何、曹参，只不过能
以至诚待人，用柔和温顺的方法治理事情，保全了有功之臣，他们的贤明
远远超过了高祖！以此来谈论统率将领之道，我认为光武帝做到了。"

太宗曰："古者出师，命将斋三日①，授之以钺，曰：
'从此至天，将军制之。'又授之以斧，曰：'从此至地，将
军制之。'又推其毂②，曰：'进退唯时。'既行，军中但闻将
军之令，不闻君命。朕谓此礼久废，今欲与卿参定遣将之
仪，如何？"

靖曰：“臣窃谓圣人制作③，致斋于庙者，所以假威于神也。授斧钺又推其毂者，所以委寄以权也。今陛下每有出师，必与公卿议论，告庙而后遣④，此则邀以神至矣。每有任将，必使之便宜从事⑤，此则假以权重矣，何异于致斋推毂邪？尽合古礼，其义同焉，不须参定。”

上曰：“善。”

乃命近臣书此二事，为后世法。

【注释】

①斋：斋戒。古代祭祀前整洁心身，以示虔敬。

②毂（gǔ）：车轮中间车轴贯入处的圆木。安装在车轮两侧轴上，使轮保持直立不至内外倾斜。这里“毂”指车辆。

③制作：制度。

④告庙：古代凡有大事，必先告于祖先之庙。

⑤便宜从事：不待上奏，自行决断处置。

【译文】

太宗说：“古人出师作战，要命令将领斋戒三日，君主授给他钺，说：‘从此至天，由将军控制。’又授给他斧，说：“从此至地，由将军控制。’然后推动他的车，说：‘要按时进退。’军队出发以后，军中只能听到将军的命令，听不到君主的命令。我认为这种礼仪废弃已久，现在我想和你参定遣将的仪式，怎么样呢？”

李靖说：“我私下认为圣人的制度，在祖庙里斋戒，是借用神的威灵。授予斧钺又推其车，是委任给他权力。现在陛下每逢出师作战，都一定要与公卿们议论，先告祖庙而后出师，这是求神的威灵。每逢任命将领，一定要让他遇事自行决断处置，这是借权的威力，这和斋戒、推车有什么不同呢？这完全合乎古代礼仪，其中意义也是相同的，不须再做参定。"

太宗说："好。"

于是命令近侍大臣记下这两件事，让后世效法。

太宗曰："阴阳术数，废之可乎？"

靖曰："不可。兵者，诡道也，托之以阴阳术数则使贪使愚，兹不可废也。"

【译文】

太宗说："阴阳术数，废掉它可以吗？"

李靖说："不可以。因为用兵是一种诡诈的方法，假托于阴阳术数就可以使他们贪利使他们愚昧，所以这个不可以废除。"

太宗曰："卿尝言天官时日，明将不法，暗者拘之①。废亦宜然？"

靖曰："纣以甲子日亡，武王以甲子日兴。天官时日，甲子一也，殷乱周治，兴亡异焉。又宋武帝以往亡日起兵②，军吏以为不可，帝曰'我往彼亡'，果克之。以此言之，可废明矣。然而田单为燕所围③，单命一人为神，拜而祠之。神言'燕可破'，单于是以火牛出击燕④，大破之。此是兵家诡道，天官时日亦犹此也。"

【注释】

①暗者：指昏昧的人。

宋武帝像

②宋武帝：即刘裕，字德舆，小字寄奴，祖为彭城（今江苏徐州）人，迁居京口（今江苏镇江）。曾为东晋北府兵将领，从刘牢之镇压孙恩起义。义熙元年（405）击败桓玄，掌握东晋大权。义熙六年（410）率军讨伐南燕。他定于丁亥日攻燕城，军吏们劝他说丁亥日是往亡日，不利作战。他坚持出兵，结果大胜而还。后又消灭后秦。官至相国，封宋王。元熙二年（420）代晋称帝，国号宋。往亡日：凶日名。也叫"天门日"。旧历每月都有，或在寅日，

或在巳日。古人迷信，是日诸多禁忌。《资治通鉴·晋纪·义熙六年》注云："旧历：二月以惊蛰后十四日为往亡日。"《堪舆经》云："往者去也，亡者无也。其日忌拜官上任、远行归家、出军征讨、婚娶寻医。"

③田单：临淄（今属山东）人。燕将乐毅破齐时，他坚守即墨（今山东平度东南）。齐襄王五年（前279）施反间计，使燕惠王改用骑劫为将，他用火牛阵击败燕军，一举收复七十多城，被齐襄王任为相国，封安平君。齐王建元年（前264）入赵，

田单火牛图

被任为相国，封平都君。

④单于是以火牛出击燕：即指田单击败燕军时采用的火牛阵战术。当时，田单派人向燕军诈降，使燕军麻痹，又用千余头牛，角上缚兵刃，尾上缚苇灌油，夜间以火点燃，使猛冲燕军，并以五千勇士随后冲杀，结果大败燕军。

【译文】

太宗说："你曾说过天官时日，聪明的将领不效法它，昏昧的将领拘泥于它。废掉它不也是应该的吗？"

李靖说："纣在甲子日亡，武王在甲子日兴。天官时日，甲子是一样的，殷商动乱，周朝长治，一兴一亡，各不相同。又，宋武帝在往亡日起兵，军吏们认为不可行，宋武帝却说'我去了他就灭亡'，果然击败了南燕。由此而言，天官时日可以废掉是非常明显了。然而田单被燕军所围困时，田单命令一人为神，给他叩头，并把他供奉起来。这个神说'燕军可以攻破'，田单于是用火牛阵出击燕军，结果大破燕军。这是兵家善用的诡诈之道，天官时日也和这个一样。"

太宗曰："田单托神怪而破燕，太公焚蓍龟而灭纣①，二事相反，何也？"

靖曰："其机一也②，或逆而取之，或顺而行之是也③。昔太公佐武王，至牧野遇雷雨，旗鼓毁折，散宜生欲卜吉而后行④，此则因军中疑惧，必假卜以问神焉。太公以谓腐草枯骨无足问⑤，且以臣伐君，岂可再乎？然观散宜生发机于前，太公成机于后，逆顺虽异，其理致则同。臣前所谓术数不可废者，盖存其机于未萌也⑥，及其成功，在人事而已。"

【注释】

①蓍（shī）龟：蓍草和龟壳，皆为古代卜筮用具，筮用蓍草，卜用龟甲。谓卜筮。

②机：指制胜的机会。

③逆而取之：指假托神怪，造成制胜的机会，来战胜对方。顺而行之：指根据时事的需要，进而行之。

④散宜生：西周初年大臣。与闳夭、太颠等同辅周文王。周文王被商纣囚禁，他们把有莘氏之女、骊戎的文马等献给商纣，使周文王获释。后助周武王灭商。

⑤腐草枯骨：指蓍草龟壳。

⑥未萌：这里指战争未开始之前。

《钦定书经图说》"乱臣十人图"
乱臣，这里是指辅佐帝王善于治国的贤臣。《尚书·泰誓》曰："予有乱臣十人，同心同德。"此图即描绘了周朝周公旦、召公奭、太公望、毕公、荣公、太颠、闳夭、散宜生、南宫括等治世之臣。

【译文】

太宗说："田单假托神怪而击破燕军，太公烧蓍灼龟卜筮而消灭了纣王，两件事所托相反，却都成功，为什么呢？"

李靖说："他们制胜的时机是一样的，或者假托神怪、造成制胜的机会来取胜对方，或者根据时事的需要来决定行动计划。从前太公辅佐武王伐纣，到了牧野，遇上了雷雨，军旗战鼓都被毁坏了，散宜生打算卜筮吉利而后出兵，这是因为军中有了疑惧之心，必须假借卜筮来问神。太公认为腐草枯骨不足问，况且是臣下去讨伐君主，难道可以二次进攻吗？然而从散宜生打算用占卜巩固军心的动机在前，太公反对占卜来巩固军心的动机在后来看，逆顺虽然不同，但是他们的道理是相同的。我前面所讲术数不可以废弃的原因，是要在事情没有发生之前制造取胜的机会，要取得成功，就靠人事了。"

太宗曰："当今将帅，唯李勣、道宗、薛万彻，除道宗以亲属外，孰堪大用①？"

靖曰："陛下尝言勣、道宗用兵，不大胜也不大败，万彻若不大胜即须大败。臣愚思圣言，不求大胜亦不大败者，节制之兵也；或大胜或大败者，幸而成功者也。故孙武云：'善战者，立于不败之地，而不失敌之败也②。'节制在我云尔。"

【注释】

①堪：能够，可以。

②"善战者"三句：语见《孙子兵法·军形》。意谓善于作战的人自己先立于不败之地，而又不放过使敌人失败的机会。

【译文】

太宗说："当今的将帅，只有李勣、李道宗、薛万彻，除了李道宗属于宗室亲属外，谁可以大用？"

李靖说："陛下曾讲过李勣、李道宗的用兵情况，他们不大胜也不大败，而薛万彻如果不大胜就要大败。臣下愚昧，思考陛下所说的不求大胜也不大败的军队是军纪严整的军队，或者大胜或者大败的军队是侥幸成功的军队。所以孙武说：'善于作战的人，立于不败之地，而又不放过使敌人失败的机会。'使军纪严整的方法在于自己掌握。"

太宗曰："两陈相临，欲言不战，安可得乎？"

靖曰："昔晋师伐秦①，交绥而退②。《司马法》曰：'逐奔不远，纵绥不及③。'臣谓绥者，御辔之索也④。我兵既有节制，彼敌亦正行伍⑤，岂敢轻战哉？故有出而交绥，退而不逐，各防其失败者也。孙武云：'勿击堂堂之陈，无邀正正之旗⑥。'若两军体均势等，苟一轻肆，为其所乘，则或大败，理使然也。是故兵有不战，有必战，夫不战者在我，必战者在敌。"

【注释】

①晋师伐秦：指鲁文公十二年（前615），晋、秦两国在河曲（今山西芮城西南）的战争。七年（前620）四月，晋军在令狐（今山西临猗西）打败了秦军。十二年（前615），秦国为了报复晋国，在河曲再次与晋军交战。秦军袭击晋军的上军，晋军赵穿带领他的部下迎战秦军，由于两军士卒斗志不坚，结果双方刚一接触就彼此又退兵了。

②交绥（suí）而退：双方军队刚一交战就各自撤退。

③逐奔不远，纵绥不及：语见《司马法·天子之义》。意谓追击逃军时不能太远，追击退兵时不要靠近，以防伏兵。

④辔（pèi）：马缰。这里引申为驾驭。

⑤正行伍：当作阵容整齐的军队讲。

⑥勿击堂堂之陈，无邀正正之旗：语见《孙子兵法·军争》。原文作"无邀正正之旗，勿击堂堂之陈"，意谓不要去攻击实力雄厚、

阵容整齐的军队，不要去拦击旗帜整齐、部署周密的军队。

【译文】

太宗说："两军相对，打算不战，怎么可以做到呢？"

李靖说："从前晋军讨伐秦军时，两军未战而退。《司马法》上讲：'追击逃军时不能追得太远，追击退兵时不能靠得太近。'我认为'绥'就是驭马的缰索。我军既有严整的军纪，敌人也是阵容整齐，哪敢轻易挑战？所以有时出发后就撤退，撤退时不去追击，各自预防他们的失败。孙武说：'不要去攻击实力雄厚、阵容整齐的军队，不要去拦截旗帜整齐、部署周密的军队。'如果两军势均力敌，若一方轻举妄动，被对方钻了空子，就会大败，战争的道理是这样的。所以用兵出击，有时不战，有时一定要战，不战的原因在我方，必战的原因在敌方。"

太宗曰："不战在我，何谓也？"

靖曰："孙武云：'我不欲战者，画地而守之，敌不得与我战者，乖其所之也①。'敌有人焉，则交绥之间未可图也，故曰不战在我。夫必战在敌者，孙武云：'善动敌者，形之，敌必从之；予之，敌必取之。以利动之，以本待之②。'敌无人焉，则必来战，吾得以乘而破之，故曰必战者在敌。"

【注释】

① "我不欲战者"四句：语见《孙子兵法·虚实》。意谓我若不想交战，即使画地防守，敌人也无法和我交战，是因为我设法改变了敌人的进攻方向。乖，违背，背离。这里是改变的意思。

② "善动敌者"七句：语见《孙子兵法·兵势》。意谓善于调动敌人的将帅，伪装假象来迷惑敌人，敌人必为其所骗而听从调动；

给敌人点利益，敌人必为其所诱而来索取。以小利引诱调动敌人，以伏兵待机来掩击敌人。形之，以假象暴露给敌人。

【译文】

太宗说："不战在我，怎么讲呢？"

李靖说："孙武说：'我若不想交战，即使画地防守，敌人也无法和我交战，是因为我设法改变了他的进攻方向。'若敌人有会指挥作战的人，那么在撤退时是不可以去图谋他的，所以说不战在我。至于必战在敌，孙武说：'善于调动敌人的将领，把假象暴露给敌人，敌人就一定会听从你的调动；给他点好处，敌人就一定会来索取。用小利来引诱调动敌人，用伏兵待机来掩击敌人。'若敌人没有会指挥作战的人，那么就一定会出来交战，我们就可以乘机来击败他，所以说必战在敌。"

太宗曰："深乎节制之兵！得其法则昌，失其法则亡。

卿为纂述历代善于节制者，具图来上，朕当择其精微^①，垂于后世。"

靖曰："臣前所进黄帝、太公二陈图，并《司马法》、诸葛亮奇正之法，此已精悉^②。历代名将，用其一二，成功者亦众矣。但史官鲜克知兵，不能纪其实迹焉。臣敢不奉诏^③，当纂述以闻。"

【注释】

①精微：这里指精华。

②精悉：精细详尽。

③敢不奉诏：即一定遵命之意。

【译文】

太宗说："节制之兵真深奥啊！得其法就会昌盛，失其法就会灭亡。你为我将历代善于用节制之兵的事迹编纂起来，并连图送上来，我当选择精华部分传于后代。"

李靖说："我以前曾呈上的黄帝、太公两种阵图，以及《司马法》、诸葛亮的奇正之法，对此都已经详述了。历代名将只要用其中的一二种取得成功的人也很多。只因史官很少有能懂兵法的，所以未能记录下来。我一定遵命，编纂好呈上。"

太宗曰："兵法孰为最深者？"

靖曰："臣常分为三等，使学者当渐而至焉。一曰道^①，二曰天地^②，三曰将法^③。夫道之说，至精至微，《易》所谓'聪明睿智神武而不杀'者是也^④。夫天之说阴阳，地之说险易，善用兵者，能以阴夺阳，以险攻易，《孟子》所谓'天时地利'者是也。夫将法之说，在乎任人利器⑤，《三略》所谓'得士者昌'、管仲所谓'器必坚利'者是也⑥。"

【注释】

①道：《孙子兵法·始计》云："道者，令民与上同意，可以与之死，可以与之生，而不畏危也。"意谓"道"是指使民众与国君意愿一致，能同生死而不怕危险。

②天：《孙子兵法·始计》云："天者，阴阳、寒暑、时制也。"即指昼夜、冷热、四季等自然气候的变化。地：《孙子兵法·始计》云："地者，远近、险易、广狭、死生也。"指道路的远近、地势的险易、地域的广狭、地形是否能生存。

③将：《孙子兵法·始计》云："将者，智、信、仁、勇、严也。"即指统率全军的将领应当具备以下几个特点：智谋才能、赏罚有信、爱抚士卒、作战勇敢、军纪严明。法：《孙子兵法·计》云："法者，曲制、官道、主用也。"即指军队组织编制等方面的制度、各级将吏的职责区分和统辖管理等制度、军需物质和军用器械以及军事费用等的供应管理制度。

④聪明睿智神武而不杀：语见《周易·系辞》。《武经七书直解》云："聪明睿智，圣之四德也。聪是无所不闻，明是无所不见，睿是无所不通，智是无所不知。变化不测之谓神，戡定祸乱之谓武。不杀者，言不用威刑而服万方也。"

⑤任人利器：任用贤能之人，便利战守之器。

⑥得士者昌：《三略》原文为"得贤士而任之则国必昌"，意谓得到贤能之士并且任用他，那么国势就会昌盛。器必坚利：《管子》原文为"所谓攻战之器，必欲坚利者"，意谓打仗用的武器一定

要坚硬锋利。

【译文】

太宗说:"哪家兵法最为深妙?"

李靖说:"我曾经分为三等,使学者能够循序渐进而学到手。一叫作'道',二叫作'天地',三叫作'将法'。所说的道,精细隐微,《周易》上所讲的'聪明睿智神武而不杀'就是这种情况。天里面所讲的阴阳,地里面所讲的险易,善于用兵作战的人,能够用阴来战胜阳,用险来战胜易,《孟子》上所讲的'天时地利'就是这种情况。所说的将法,在于任用贤能之人和有锐利的武器,《三略》里所讲的'得士者昌'、管仲所讲的'器必坚利'就是这种情况。"

太宗曰:"然。吾谓不战而屈人之兵者上也①,百战百胜者中也,深沟高垒以自守者下也。以是校量②,孙武著书,三等皆具焉。"

靖曰:"观其文,迹其事③,亦可差别矣。若张良、范蠡、孙武,脱然高引④,不知所往,此非知道,安能尔乎?若乐毅、管仲、诸葛亮,战必胜,守必固,此非察天时地利,安能尔乎?其次,王猛之保秦,谢安之守晋⑤,非任将择才,缮完自固⑥,安能尔乎?故习兵之学,必先由下以及中,由中以及上,则渐而深矣。不然则垂空言⑦,徒记诵,无足取也。"

【注释】

①屈:屈服,摧折。

②校(jiào)量:比较、衡量。

③迹：推究。

④脱：超脱。

⑤谢安：字安石，陈郡阳夏（今河南太康）人。出生士族。年四十余始出仕。孝武帝时位至宰相。时前秦强盛，攻破梁、益、樊、邓等地，他使弟石与侄玄为将领，加强防御。太元八年（383）前秦军南下，江东大震，他又使石、玄等力拒，获得淝水之战的胜利，并乘机北伐收复洛阳及青、兖、徐、豫等州。会稽王司马道子执政，排除谢氏，他出镇广陵，不久回京病

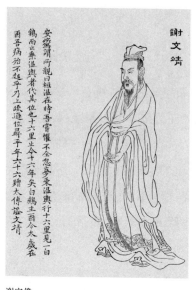

谢安像

死。事详见《晋书》本传。

⑥缮完：修治完善。

⑦垂：留传。

【译文】

太宗说："是这样。我认为不战就能屈服敌人的是上等，百战百胜的是中等，深挖沟、高筑垒来坚阵自守的是下等。以此来衡量，孙武所著的书中三等都已具备了。"

李靖说："看他们留下的著作，推究他们的事迹，也可以把他们区别开来。像张良、范蠡、孙武，超脱高引，不知所往，这如果不是知'道'，哪能做到呢？像乐毅、管仲、诸葛亮，战必取胜，守必坚固，这如果不是审察明白天时地利，哪能做到呢？其次，像王猛保卫前秦，谢安守卫东晋，这如果不是能任用贤将，选用良才，修治完善，坚守自固，哪能做到呢？所以学习兵法，一定要由下及中，由中及上，逐渐深

入。不然就会留下空话，仅仅会死记硬背，没有什么可取的。"

太宗曰："道家忌三世为将者，不可妄传也，亦不可不传也，卿其慎之。"

靖再拜出，尽传其书与李勣。

【译文】

太宗说："道家忌讳三世皆为将领，兵法不可以妄传，也不可以不传，你要慎重。"

李靖拜了两拜后退出，把他的书全部传给李勣。